本书的出版得到

国家重点文物保护专项补助经费资助

句容寨花头土墩墓群发掘报告

（上）

南 京 博 物 院
镇 江 博 物 馆　编著
常 州 博 物 馆
句 容 市 博 物 馆

文物出版社

图书在版编目（CIP）数据

句容寨花头土墩墓群发掘报告/南京博物院等编著.
-北京：文物出版社，2019.9
ISBN 978-7-5010-6106-8

Ⅰ.①句… Ⅱ.①南… Ⅲ.①墓群－发掘报告－句
容 Ⅳ.①K878.85

中国版本图书馆CIP数据核字（2019）第053412号

句容寨花头土墩墓群发掘报告

编　　著：南京博物院、镇江博物馆
　　　　　常州博物馆、句容市博物馆

封面设计：秦　彧
责任编辑：秦　彧
英文翻译：黄义军
责任印制：梁秋卉

出版发行：文 物 出 版 社
地　　址：北京市东直门内北小街2号楼
邮　　编：100007
网　　址：http://www.wenwu.com
邮　　箱：web@wenwu.com
印　　刷：北京荣宝艺品印刷有限公司
经　　销：新华书店
开　　本：889mm×1194mm　1/16
印　　张：41.25
版　　次：2019年9月第1版
印　　次：2019年9月第1次印刷
书　　号：ISBN 978-7-5010-6106-8
定　　价：620.00元（全二册）

Excavation Report on Burial Mounds at Zhaihuatou in Jurong

(I)

by

Nanjing Museum
Zhenjiang Museum
Changzhou Museum
Jurong Museum

Cultural Relics Press

内容简介

2004年7～8月，南京博物院考古研究所与镇江博物馆等单位对宁常、镇溧高速公路所经区域范围进行了考古调查和勘探，发现了句容寨花头和周岗土墩墓群。2005年4～9月，南京博物院考古研究所主持了句容寨花头土墩墓群6座、周岗土墩墓群2座共8座土墩墓的抢救性发掘。

两者均为茅山以西范围更广大的句容浮山果园土墩墓群片区的重要组成部分，西侧紧邻浮山果园。相对来说，西侧的寨花头土墩墓群地势稍高，处于浮山北面的岗丘和高地之上；东侧的周岗土墩墓群地势较低，处于浮山东北部的平原地带之上。两者的地理位置决定了两者具有相似的外部特征、时代特点和内涵。

土墩墓的发掘坚持科学性和可操作性。在土墩墓中心设正南北和正东西各一条隔梁，将土墩墓分为四个部分，既相对独立，又按照统一的发掘进度进行。实施"剥洋葱"式的发掘揭露方法，对墓葬的营造过程进行逆向操作，既保证了对于土墩墓堆筑过程的把握，又能全面地掌控发掘进度和对各类遗迹的整体认识。

8座土墩墓出土了丰富的遗存，对于复原土墩墓的营建过程、时代特征和发展演变提供了丰富的材料。通过科学发掘方法的运用和多学科合作，两处土墩墓群的发掘取得了重要的成果和学术成就。

第一，8座土墩墓共发现墓葬95座，器物群50组，灰坑12座，建筑遗存4座。出土商周时期可复原器物共1334件，其中原始瓷器294件、硬陶器379件、软陶器644件、玉器11件、石器6件。

第二，进一步确认了土墩墓存在一墩多墓、一墩一墓两种不同的埋葬习俗，为研究商周时期的丧葬文化提供了第一手的翔实材料。

第三，首次发现一墩多墓的向心结构布局形式，即年代最早（或较早）的主墓往往位于土墩中央，后代墓葬的墓向均朝向土墩中心围绕土墩四周封土埋葬，为研究江南土著居民的家族结构和社会结构提供了珍贵的素材。

第四，发现多种形式、多种规格的丧葬用石床以及与丧葬建筑关系密切的柱洞和基槽，可以复原墓葬埋葬前后的丧葬建筑结构的原始面貌。"人"字坡顶的墓葬建筑遗存为认识吴越文化的关系提供了新材料。

第五，发现了土垄、平台、小龛内放置祭祀器物群的特殊遗存，为认识土墩墓的营造过程及社会祭祀形式提供了丰富的材料。

　　第六，进一步证实宁镇地区土墩墓的主要存续时间为西周早期至春秋晚期。土墩墓的主要形式为土墩，而非石室土墩。

　　两处土墩墓群的发掘，受到社会各界的广泛关注，新闻媒体和网络媒体都进行了大量的宣传报道，提高了公民的文物保护意识。这次发掘为土墩墓的研究提供了丰富的材料，并被评为2005年度全国十大考古新发现之一。

Abstract

In July and August 2004, Institute of Archaeology of Nanjing Museum, Zhenjiang Museum and other institutions conducted an archaeological investigation and survey on the zone where the Ningchang and Zhenli expressway are designed to pass by and discovered several burial mounds at Zhaihuatou and Zhougang in Jurong. From April to September 2005, Institute of Archaeology of Nanjing Museum carried out a rescue excavation a total of 8 burial mounds, six at Zhaihuatou of Jurong and two at Zhougang.

Adjacent to the west boundary of an orchard at Fushan in Jurong, these burial mounds compose an important part of a larger cluster of burial mounds distributed to the west of Maoshan. Located at the hills in the north of Fushan, Zhaihuatou burial mounds are slightly higher in terrain than Zhougang burial mounds which are on the plain in the northeast of Fushan. Due to similar circumstance, mounds at the two locations share physical resemblance and other characteristics.

A scientific and operable method is applied in the excavation of the burial mounds. Perpendicular to each other at the center of the mound, two baulks were designed for the convenience of observing the layers of earth fill of the mound. And then, from top to bottom, just like peeling the onion, the excavation was carried out reversing to the process of earth filling so that the excavator can understand the construction process of the burial mound as well as exploring different kinds of remains.

Abundant finds are revealed from the eight burial mounds, providing rich materials for the restoration of the construction process, the characteristics and evolution of the burial mound at that time. With the application of scientific excavation methods and multidisciplinary cooperation, the excavation of the two groups of burial mounds has made significant discoveries and academic achievements.

First, a total of 95 graves are found in the eight mounds. Fifty groups of artifacts, twelve trash pits and four architectural ruins have been unearthed. A total of 1,334 pieces of repairable objects from Shang and Zhou periods were discovered, including 294 pieces of proto porcelain, 379 pieces of hard pottery vessels, and 644 pieces of soft pottery vessels, 11 pieces of jade and 6 pieces of stone forms.

Second, it is further confirmed that there are two different burial customs involved in the burial mound known as mass burials in one mound or single burial in one mound. This will provide the first hand detailed materials for the study of mortuary rites.

Third, it was found for the first time that a centripetal patterned relationship exists among the contained burials in the same mound. The earliest or dominant burial was interred in the center of the mound and other burial were present on the capping of the central burial and oriented to the later. This provides precious data for the research of family clan and social structure of indigenous people in the south of Yangtze River.

Fourthly, some skeletons are presented on a layer of rock. Pile holes and ditches remain in the surrounding of the grave, which will help us to rediscover the architecture on the top of the burial. The remains of temporarily built herringbone roof on the entrance of the burial, which is of the Yue style, provides new data for the understanding of the cultural exchange between Wu State and Yue State.

Fifth, earth walls served as a boundary of the burial mound, platforms and niches with ceremonial objects will enrich our understanding of the construction process of the burial mound and the practice of funeral rites.

Sixth, it is further confirmed by this excavation that the period of prevalence of the burial mound in Nanjing and Zhenjiang (Ningzhen) area was from the early Western Zhou to the late Spring and Autumn period. The dominant specimen in the region is burial mound with earthen pit instead of that with stone chamber.

The excavations of the two mounds have attracted extensive attention from all levels of the society. A large amount of publicity and reports have been carried out by the news media and online media, which has improved citizens' awareness of cultural relic protection. Providing rich materials for the archaeological study, this excavation was rated as one of the Top Ten New Archaeological Discoveries in China in 2005.

序

江苏金坛、句容土墩墓群大型考古发掘报告即将出版，这是江南土墩墓考古的重大学术成果。

催生这一重大学术成果的契机是江苏宁常、镇溧高速公路建设引发的"江苏金坛、句容土墩墓群"文物保护工程。2004年江苏宁常、镇溧高速公路开工建设，这两条公路穿越茅山东、西两侧句容、金坛土墩墓特别密集的区域。南京博物院考古研究所主持了对高速公路沿线土墩墓的抢救性发掘，从4月11日至9月中旬，历时150余天，共发掘土墩墓群40座。这次共清理墓葬233座、祭祀器物群（坑）229个、丧葬建筑14座，出土文物3800余件（组）。此次抢救性考古发掘取得了重大收获，先被评为中国社会科学院考古论坛"2005年中国考古新发现"，随之又被国家文物局、中国考古学会、中国文物报社评为"2005年度全国十大考古新发现"。2007年又荣获国家文物局"2006—2007年度田野考古奖二等奖"（一等奖空缺），以得票数第一排名二等奖第一名。此次土墩墓考古在方法论、学术研究和文化遗产保护三个方面都具有重要的意义。

一 地层学与埋藏学的结合——"剥洋葱"

"2005年江苏金坛、句容土墩墓群"考古发掘过程科学、严谨，出土文物和重要遗迹等阶段性研究成果为解开江南土墩墓之谜提供了第一手科学资料，也为江南土墩墓及青铜时代江南地区社会结构的进一步研究提供了新资料。国家文物局专家组组长黄景略、中国考古学会理事长张忠培先生在考察土墩墓发掘现场后给予高度评价，称之为是我国基本建设工程中考古工作的样板，著名考古学家、"夏商周断代工程"项目首席科学家、北京大学教授李伯谦先生更是称此次土墩墓的发掘是"江南土墩墓考古的里程碑"！

一个考古项目得到国内外学术界的高度关注，获得如此多的荣誉，是基于它的重要收获，而取得这些重大收获是基于考古工作思路、理念、方法的创新。这次抢救性发掘是土墩墓考古史上规模最大的一次，是揭开江南土墩墓之谜的一次历史性机遇。

首先，根据发掘对象的特殊性，我们抛开以前土墩墓考古的框框，引进了遗址的发掘方法，采用四分法和探方法相结合，即土墩留1米宽的十字形交叉隔梁，将土墩分为四个探方。在发掘过程中，改变以往"切蛋糕式"的解剖，四个探方保持同样的进度，根据土质、土色和其他微现象划分地层和遗迹单位，由晚及早，逐层揭露覆土，严格把握每一层每一堆土的平面范围、立体走向和堆积形成过程及其原因，用逆向操作过程还原土墩的营造过程，收到了良好的效果。这一方法，我将其形象的譬喻为"剥洋葱"。在坚持地层学的基础上，引入了埋藏学，将两者结合，从方法上有效解决了20世纪70年代以来中国南方青铜时代土墩墓考古中的重大谜团，还原了青铜时代江南土墩墓的内涵，取得了重大收获。

其次，坚持强化课题意识，带着学术问题去发掘，在发掘中解决问题，发现新问题，抓住每一条线索、每一个信息，尽最大可能解决土墩墓考古中的诸多学术问题。比方说，困扰学术界多年的，土墩墓是一墩一墓，还是一墩多墓？是平地掩埋还是竖穴挖坑？祭祀器物群与主墓葬到底是什么关系？正是这些工作方法和思路，使我们在这次土墩墓考古中有了一系列新的发现，在土墩墓的形制结构、埋葬方式、祭祀习俗等方面取得了诸多重要的学术收获和重大突破。

二　主要收获与学术突破

（一）一墩一墓与一墩多墓并存

在本次发掘的40座土墩中，除了被破坏而埋葬情况不详外，可以确定的一墩一墓有3座，一墩多墓有28座。一墩一墓的土墩除中心部位的一座墓葬外，在其四周不同层面上一般放置数量不等的祭祀器物群（坑），如东边山D2、薛埠上水D2、薛埠磨盘林场D1等。一墩多墓的土墩除一座中心墓葬外，在其四周不同层面上再埋有多座墓葬，如句容寨花头D2底径约20、高约4.5米，在中心墓葬周围的不同层面上葬有26座墓葬、D4在中心墓葬周围埋有20座墓葬和8组祭祀器物群，东边山D1底径约22、高约2.3米，在中心墓葬周围葬有14座墓葬。而浮山果园D29为一底径约30、高约2.8米的土墩，除中心墓葬外，在周边先后埋有44座墓葬和一组祭祀器物群，这是目前发现的在一座土墩中埋葬墓葬最多的土墩。这次发掘充分说明，江南土墩墓不仅存在一墩一墓，而且存在一墩多墓，本次发掘资料显示，一墩多墓的现象明显较一墩一墓普遍存在。

（二）多种埋葬方式共存

"土墩墓是西周时期江南地区一种特殊的埋葬方式，主要分布在苏南、皖南和浙江、上海等长江下游一带。这种墓有坟丘而无墓穴，利用丘陵地带的山冈或平原上的高地，在地面上安置死者和随葬器物，然后堆积起未经夯打的馒头状土墩。每个墩内埋一墓或埋几座甚至十几座墓……"以往学术界普遍认为，作为先秦时期有别于其他地区的特殊葬俗的江南土墩墓一般没有墓坑，采用平地掩埋、平地起封的特殊方式安葬。后来也发现有土坑现象，但并不普遍，主要集中在一墩一墓的土墩中。本次发掘的40座土墩共清理墓葬233座，埋葬方式主要有四种。

第一种埋葬方式为挖坑埋葬，占绝大多数。墓坑为长方形或梯形，直壁，底近水平，墓坑长3米左右，宽1米左右，坑深浅不一，多数墓坑朝墩心一段较深，如寨花头D2M3。

第二种埋葬方式为堆坑掩埋，仅发现一座。东边山D1M13为中心墓葬，在墩子的基础上用较细腻的灰黄土堆成圆形土包，中部预留一带墓道的近长方形墓坑，在东、西、北三面用红褐土夯实堆出宽约50厘米的土墙，形成与墓道相通类似椁室的空间，在其中垫厚约50厘米土后放置船棺和随葬品，再覆土掩埋。墓坑长4.25、宽2.2～3.3米，船棺长2.12、宽0.8、高0.12～0.15米，方向32°，棺内有明显的人骨腐痕，在脚部放置一陶盂，在棺的周围放置豆、碗、瓿、罐、坛、壶、鼎、石器等随葬品41件。这种埋葬方式在一墩一墓土墩中曾有发现，但在一墩多墓土墩中首次发现。

第三种埋葬方式为堆土掩埋，仅属个别现象。如浮山果园D29M41、许家沟D2M4。浮山果园D29M41位于墩子的东北，将⑥a层面略作平整后，堆土掩埋，平地起小封土，封土平面呈长方形，断面为弧形，封土长3.3、宽约1.45、高0.5米，方向205°，出土人牙一组及碗、豆、瓿、罐、坛、鼎等随葬品28件。

第四种埋葬方式为挖浅坑，其上堆小封土。如浮山果园D29M29、M42、浮山果园D27M2。浮山果园D29M29位于墩子西北侧，开口⑤层面上，挖浅坑，直壁，平底，然后上面封土，封土可分两层，墓坑长2.9、宽1.1、深约0.15米，封土最高点约0.5米，随葬豆、碗、瓿、罐、坛、鼎等器物32件。

在很多墓葬中还发现了人牙和人骨朽痕，从另一个方面佐证这些竖穴土坑就是墓葬。

（三）一墩多墓的向心布局

这次土墩墓发掘表明，一墩多墓土墩的墓葬布局方式多样，其中向心结构的布局方式较为特别，与中原及周边地区的墓地布局有着显著的差别，具有浓郁的江南土著特色，在土墩墓考古中也是首次发现。

向心式布局即在土墩中心墓葬周围的不同层面安葬的多座墓葬，头向均朝向中心墓葬，周围的墓葬常出现复杂的叠压打破关系，但与中心墓葬发生叠压打破关系的现象非常罕见。在40座土墩中明确存在这一布局方式的有14座。东边山D1共清理墓葬15座，开口于②、③层面上的14座墓葬均朝向墩子中心的M13。寨花头D2共清理墓葬27座，中心墓葬为M22，开口于周围的不同层面上的26座墓葬均朝向中心墓葬。浮山果园D29共清理墓葬45座，开口于不同层位的44座墓葬均朝向中心的M45，其中②层面上分布有墓葬14座，④层面上分布有墓葬17座，⑤层面上分布有9座墓葬，⑥b层面上的墓葬共5座，每层所有墓葬都朝向土墩中心的主墓，周围墓葬有较多的复杂的叠压打破关系。

（四）形式多样的丧葬建筑遗存

这次发掘的40座土墩中有9座墩子发现了14座丧葬建筑，包括墓上和墓下两种。

墓上建筑主要指在墩子中心墓葬上的建筑，由基槽、两面坡的棚子、石床等部分组成，有的还有通往墓葬的道路，在棚子上再堆土成丘。如浮山果园D29M45为墩子的中心墓葬，由墓门、基槽、柱子、石床及小路组成，墓葬总长7.2米，其中石床长4.3、宽2.1米，路长2.8、宽约1米。从发掘情况推断，M45在墩子基础层面的中心部位挖弧壁、圜底基槽，在基槽内埋剖开的树木片，搭成人字形两面坡的棚子，在东端立柱留门，门两侧用石块垒砌；门外用黑土堆成通往棚内的斜坡道路；棚内垫20厘米厚的土，其上铺设石床。这类棚子建筑与浙江印山越王墓较为类似，这类建筑遗存实际上就是截面呈三角形的两面坡椁室。

墓下建筑一般位于墩子基础层面的中心，建筑内不见遗物，它在中心墓葬的下一层，与中心墓葬没有直接关系，但上下基本对应，在建造中心墓葬时已经撤除或毁坏，仅存基槽、柱洞等，基槽有的全封闭，有的半封闭，有的在基槽内垫有石块。如寨花头D5F1、寨花头D2M22F1、寨花头D1G1和G2、上水D3F1、上水D4F1等等。寨花头D5F1建在土墩中部的⑥层面上，由基槽和柱洞组成，基槽南、北、西三面环绕形成长条状，东部缺口，基槽内密集分布柱洞32个，柱洞基本向内倾斜。基槽的东西中轴线上还有4个圆形柱洞，推测原为两面坡人字形建筑，中心墓葬的石床与基槽范围基本一致。这类建筑应属营造墓地时的标识性祭祀建筑。

（五）墓地界域

本次发掘中有1座土墩有明显的界墙和护坡，1座土墩有土垄，这在土墩墓发掘中首次发现。

句容东边山D1的界墙平面近方形，建造于墓地土墩的基础层面上，外侧有一周护坡，在西、南两面有两个缺口，土墩的堆积基本在界墙范围内，仅最上一层堆积局部溢出墙外。界墙边长约20、残高0.10～0.70米，墙宽约0.15、护坡宽约0.40米。

金坛薛埠上水D4的土垄平面呈弧形，建造于生土面上，中部有一缺口，墩子的基础和各层堆积均在土垄范围内。

从发掘情况看，界墙和土垄起到确定墓地四至的作用。在另两座土墩中发现护坡堆积，其功用可能与界墙、土垄相似。

没有明显界墙、土垄的土墩，其墓地的界域与墩子的基础范围大体一致，墩子堆积包括墓葬和祭祀器物群等活动基本在基础范围内，除最后覆土外，溢出现象较为罕见。也就是说在墩子基础铺垫完后，墓地的范围也就确定了，尚未见扩大墓地基础的现象，这类土墩的基础间接起到了墓地界域的作用。

这些现象说明土墩作为墓地在建造之初就有了明确的规划。

（六）以瘗埋器物群为主要特征的祭祀习俗

以瘗埋器物群祭祀的土墩墓主要是一墩一墓或一墩几墓的土墩，一墩多墓的土墩鲜见或可见一两组零星的祭祀器物群，大量祭祀器物群（坑）在茅山东侧土墩墓中较为常见。祭祀器物群（坑）放置于中心墓葬周围的封土层面上，有的将斜向层面进行平整，形成簸箕形小龛或浅坑。一个墩子里祭祀器物群（坑）的数量在1到25组之间，放置器物数量1到24件不等，器形包括罐、瓿、坛、鼎、豆、碗、盅、盖等。如金坛薛埠茅东D5呈漫坡馒头状，平面大体呈圆形，南北约33、东西约35.5、高约2.1米，保存较好。堆积分10层，共发现墓葬2座，祭祀器物群25组，其中有两组器物群用小土包覆盖。金坛裕巷D1墓葬3座，发现起自于生土面上的平台，在四周发现10组器物群，其中部分器物群有簸箕形坑，如裕巷D1Q6簸箕形坑，开口于②层下，直壁，平底。底部放置器物12件，器形包括硬陶坛、泥质灰陶罐、原始瓷盅和杯等。

（七）还原土墩营造过程

采用"剥洋葱"的方法，通过逆向操作过程还原了土墩的营造过程。从发掘的情况看，本次发掘的多数土墩墓的营造过程：首先平整土地；再在其上铺垫1～3层土，形成土墩的基础，现有资料显示基础完成，也就确定了墩子的范围，即确定了墓地的范围；在基础的中心部位建造中心墓葬及相关建筑，封土形成最早的坟丘。也有在土墩中部生土面或基础面上建造标识性祭祀建筑，后在建筑基础上堆土再建造中心墓葬；以后不同的时期在坟丘上堆土埋墓，或进行祭祀活动；在一定时期后再进行一次封土，停止埋墓和祭祀活动，完成该土墩即墓地的经营过程。

（八）出土了大量有明确层位关系的遗物

这次发掘的40座土墩，共清理墓葬233座、祭祀器物群（坑）229个，出土器物3800余件（组）。墓葬的随葬品组合主要包括原始瓷豆或碗、硬陶瓿、坛、泥质陶罐和夹砂陶鼎等，随葬品一般放置于墓坑的一侧和脚部，其中硬陶坛等高大的器物多放置于脚部，少数墓葬的随葬品仅放置于坑的一侧或脚部，如浮山果园D29M8长4.2、宽约1.2、深0.44～0.8米，方向350°，25件随葬器物沿墓坑一侧放置。随葬品数量少则五六件，多则四十多件，多数在十多件。

无论是墓葬还是器物群都有明确的层位关系，尤其在一墩多墓的土墩中，许多墓葬还存在诸多直接的叠压打破关系，如浮山果园D29仅直接叠压打破关系就有10多组。这在以往土墩墓考古中较为少见。为弥补土墩墓分期中的不足，建立一个更为细化、科学的江南土墩墓分期标尺提供了翔实的第一手资料。

三 土墩墓是见证中华文明一体化进程的重要文化遗产

土墩墓主要分布在江、浙、沪、皖、赣和闽北，它们分布范围大，延续时间长，在中国青铜时代考古当中占据有重要地位。但是，从20世纪70年代江苏句容开始正式发掘并命名，80年代浙江、安徽也发现、发掘土墩墓以来，由于各地发现的土墩结构异常复杂，争议不断，诸多问题遂使土墩墓成为长期以来困扰南方考古学界的谜。土墩墓遗产价值得不到学术的支持。此次发掘使江南土墩墓自20世纪70年代发现以来，首次以其明确、翔实、可靠的田野考古学资料确立了土墩墓在中国青铜时代考古学中的地位，对研究商周时期中原文化和江南土著文化的关系、中华文明的一体化进程等重大课题具有重要意义，同时为推动江南土墩墓的保护提供了最新的价值判断和学术支撑。

"2005年江苏金坛、句容土墩墓群"是江苏大型工程建设中规模最大的考古项目，在江苏考古学史以及文化遗产保护史上都显得尤为重要。这时段恰逢中国考古的目标与任务发生转变的关键时期，也就是说中国考古由"发掘、研究、保护"向"发掘、研究、保护、利用、传承"悄然转变。考古不仅仅是发现，也不仅仅在于研究，更重要的在于保护，在于利用和传承。苏南地区属于城市化进程最为快速发展的地区，土墩墓因为建设而遭到的破坏时有发生，保护的形势也非常严峻，只有充分发掘研究和认识到它的历史价值、文化价值、科学价值，才能引起地方政府对土墩墓的重视，从而做好文物保护工作。土墩墓所蕴含的文化价值与中华文化传统紧密相关，譬如土墩墓的向心结构就具有独特性和唯一性，土墩墓向心结构的布局方式与当时中原地区抑或其他地区的墓地截然不同，它仅仅见于青铜时代的江南地区；土墩墓封土等诸多文化因素也被中原文化所吸纳，成为中国古代陵墓制度和丧葬传统文化中的显著特征。此次土墩墓考古的成果不仅仅是大家所见到的这三部考古报告，还有在茅山东西两侧两个同时被公布为全国重点文物保护单位的春城土墩墓群和薛埠土墩墓群，还有矗立在茅山脚下的江南土墩墓博物馆和南京博物院江南工作站。从文化遗产保护角度看，金坛、句容土墩墓考古成为江苏考古"探索地域文明、保护文化遗产、服务社会公众"的典范。

基于金坛、句容土墩墓群考古重要收获和突破所取得的科学成果廓清了土墩墓自20世纪50年代发现以来的模糊认识，在国内学术界引发了土墩墓源流的讨论，导致了"汉代土墩墓"概念与内涵的大讨论；在东亚范围内，引发了中国土墩墓对朝鲜半岛马韩坟丘墓以及日本古坟影响的讨论。

土墩墓是吴越文化的典型遗存，是江南文脉承前启后的重要物质遗存，是中华文明一体化进程的见证，也是东亚土墩遗存文化圈中具有核心地位的重要文化遗产。江南土墩墓发掘、研究、保护、利用、传承任重道远，还需要我们考古人一如既往的执着与担当，需要我们保持遇到风暴"云娜""麦莎"的那份淡定，面对"极度干旱"和"禽流感"的那份从容——在十四年前句容、金坛土墩墓发掘的夏天。

总领队：林留根

2019年8月26日

前　言

一　缘起与经过

宁（南京）常（常州）、镇（镇江）溧（溧阳）高速公路是江苏省建设的大型基础设施工程项目。宁常高速公路为沿江高速公路的组成部分，西起南京溧水，向东经过镇江句容、常州金坛、武进等地，连接常澄高速公路，全长约87.3千米。镇溧高速公路是扬（扬州）溧（溧阳）高速公路的组成部分，北接润扬大桥，通过丹徒枢纽与沪宁高速公路互通，向南经过镇江丹徒、常州金坛、溧阳等地，在溧阳新昌与宁杭高速公路互连，全长约66.2千米。这两条高速公路是上海至洛阳国家重点公路和江苏省"四纵四横四联"高速公路路网中的重要组成部分。建成后进一步完善江苏省高速公路网络，加快推进长三角公路交通一体化进程，为"泛长三角"地区的形成及其公路交通现代化的实现奠定基础；同时，对改善苏南地区西南部，尤其是茅山老区的交通条件，充分发挥禄口国际机场的通行功能，有效缓解沪宁高速公路运输压力，激活沿线地区发展潜力，促进区域共同发展等均将起到积极的作用。镇溧高速公路先导试验段于2003年10月在镇江丹徒开工建设，宁常高速公路也于2003年10月27日在金坛正式动工。

2004年7～8月，受江苏省文化厅、文物局委托，南京博物院考古研究所对宁常、镇溧高速公路工程所经地域范围进行先期的考古调查和勘探。调查小组由田名利、杭涛、赵东升、盛之翰、朱国平、周润垦等组成，调查发现高速公路将穿越镇江句容、常州金坛土墩墓特别密集的区域，工程沿线涉及四十多座土墩墓。调查组于8月底完成了"宁常、镇溧高速公路文物保护规划"的编制，江苏省文化厅、文物局以及南京博物院考古研究所与省交通厅、省高速公路建设指挥部随即就两条高速公路涉及的文物保护问题开始磋商和协调，形成了抢救性发掘保护的协议。在获国家文物局批准后，2005年4～9月，江苏省文物局专门成立了宁常、镇溧高速公路文物保护工作领导小组。领导小组组织南京博物院、南京市博物馆、镇江博物馆、常州博物馆、南京大学、南京师范大学以及溧水、句容、金坛和溧阳文管会、博物馆等单位共同参加，并从全省其他地市博物馆和考古队抽调了多名专业人员，总共由80余名专业人员分别组成8支考古队同时对高速公路沿线的土墩墓和其他文物点进行抢救性考古发掘，发掘工作由南京博物院主持。江苏省文物局还成立了专家组，对各工地进行业务检查和指导，专家组成员有邹厚本、张敏、魏正瑾、肖梦龙、陈丽华等。发掘工作开始之前，领导小组根据此次抢救性发掘的对象和具体情况，制定和颁发了"宁常、镇溧高速公路考古发掘田野阶段工作要求"，对田野考古操作规程做了强调和细化，如发掘和测量方法、绘图、摄影以及自然遗物标本采集等。

句容和金坛土墩墓群发掘工作由林留根任总领队，王奇志任副总领队，总体负责有关方面的协调、发掘进程的安排、发掘方案的制定和各考古队人员的组织、经费的安排等工作，并分别管理句容片和金坛片的发掘工作，句容片浮山果园、寨花头土墩墓群的具体发掘分别由李虎仁和田名利领队负责，金坛片薛埠土墩墓群的具体发掘则由王奇志和杭涛领队负责。参加人员有：南京博物院考古研究所周润垦、郝明华、赵东升、盛之翰、周恒明，江苏省文物局吕春华，南京大学黄建秋，镇江博物馆王书敏、何未艾、何汉生、李永军，常州博物馆黄建康、唐星良、李威，句容市博物馆翟忠华、文茂秀、胡宁，金坛博物馆（现常州市金坛区博物馆）王卫东、丁明宏、李媛媛，徐州博物馆原丰，淮安博物馆胡兵，新沂博物馆张浩林，此外参加发掘的还有南京大学考古专业04级研究生孙名利，南京大学02级本科生，南京师范大学文博专业02级14名本科生等。

考古发掘从4月11日开始，9月中旬结束，历时150余天。发掘过程中，国家文物局专家组组长黄景略、上海博物馆考古部主任宋建以及省内专家组成员察看发掘现场并举行了现场座谈会，对考古队发掘方法及取得的成绩表示了肯定，并对下一步发掘提出了有益的建议。本次调查在高速公路占地范围内发现土墩墓46座，其中被高速公路建设彻底破坏的6座，实际发掘土墩墓40座。共清理墓葬233座、器物群（坑）229个、建筑遗存14座，出土文物3800多件。发掘过程中，各考古队还对高速公路两侧约1千米范围内的先秦遗址、墓葬进行了调查。

2005年9月至2008年9月，考古队进行了考古资料的整理工作。林留根对整理工作做了统筹安排，具体由王奇志、李虎仁和田名利负责，参加人员有：南京博物院考古研究所杭涛、盛之翰、郝明华、顾筼、朱国平、周润垦、赵东升、马永强，镇江博物馆何未艾、何汉生，常州博物馆黄建康、彭辉，句容市博物馆翟忠华、文茂秀、胡宁，泰州博物馆张长东等。整理期间，南京博物院召开了句容、金坛土墩墓群发掘成果研讨会，国家文物局专家组副组长、故宫博物院原院长张忠培、北京大学中国考古学研究中心主任李伯谦教授、南京博物院邹厚本研究员、中国社会科学院考古研究所副所长白云翔研究员、中国文物报社副总编曹兵武、中国社会科学院考古研究所编辑室主任施劲松研究员、上海博物馆考古部主任宋建研究员、浙江考古研究所所长曹锦炎研究员、副所长陈元甫研究员、陕西考古研究所副所长王占奎研究员、南京大学历史系博士生导师水涛教授、南京师范大学社会发展学院博士生导师裴安平教授，视察了整理工作现场，充分肯定了发掘所取得的成果，对所发现的一些考古现象作了研讨，并对整理工作提出了要求和建议。

二 发掘方法

本次发掘采用探方发掘法，即以墩顶为中心，按正方向将土墩分成4个象限，以1米宽隔梁为间隔形成外侧敞开的4个探方，4个探方按照堆积情况逐层同时下挖，基本保持同步进行，这样既可以通过隔梁的剖面观察封土堆积情况及遗迹现象，又可以控制平面，从而更为清楚地获得土墩堆积各层面以及各层面遗迹的平面关系。

测量则以墩顶为基点，所有测量数据皆采用象限法记录，如：深度为负数，处于第一象限的测点数据皆为正数，处于第三象限的测点数据皆为负数。

关于遗迹的判断，由于学术界对于土墩墓"一墩一墓"和"一墩多墓"存在不同看法，形成不同看法的原因主要是以往土墩墓发掘中很少发现人骨，更未发现过葬具，再加上存在平地掩埋的葬俗，仅靠成组的器物很难作出准确的判断，因而本次发掘时特别关注了土墩墓中成组器物是否有人骨、葬具和石床、器物放置的方式和位置、器物的数量和组合等现象，以期能对其性质作出判断。在未发现人骨、葬具和石床的情况下，发掘中判定墓葬的标准是：一般具有长方形土坑竖穴，少数为平地掩埋但有独自的封土，封土形制较为规整，平面略呈长方形，截面略呈上小下大的梯形，且大多出土有数量较多、器类较为齐全的随葬品，随葬品的放置常沿墓坑壁呈一条直线或"L"形，围绕着埋葬空间排列；也有少数定性为墓葬的器物组器物较少，器类不全，但它们有明显的长方形竖穴土坑，是墓葬的可能性较大；本次发掘对不能明确断定为墓葬的成组器物采用了"器物群"的名称（简称Q），这个名称带有描述性，而非严格的性质判断，其特点器物一般较少，器类不全，多集中成堆分布于土墩外围，多放置于层面或置于地层之中，放置面多倾斜或不平整，少数有较小的土坑，但也有些器物群出土器物较多、器类较全，有的还带有独自的封土，不排除其中有的是墓葬的可能。土墩中堆土（有意而为者，土垄）与一般的封土地层相比有较为规整的形制，同样带有描述性，其性质尚待研究。

土墩的地层堆积根据叠压关系依次编号，有的在同一地层中还划分出小层，以地层名称后加英文字母a、b、c等记录。遗迹则以发现先后为序依次编号。

三　整理与报告编写

1.整理人员

整理期间，主要进行了发掘资料的检查核对、器物修复、统一定名、器物卡片绘制、器物拓片和摄影。参加器物摄影有王奇志、李虎仁、周润垦、盛之翰。参加器物绘图有王奇志、李虎仁、田名利、杭涛、盛之翰、郝明华、何未艾、何汉生、黄健康、顾篔、彭辉、赵东升、朱国平、周润垦、马永强。进行电脑制作有周润垦、盛之翰、张长东、钱春峰。参加器物修复有周恒明、花纯强、齐军、钱松浦、钱发家等。进行器物拓片有花纯强、文茂秀、胡宁、陈长荣、王凤花。

2.整理方法

器物的定名方法：土墩墓出土器物的主要器型有釜、鼎、鬲、罐、坛、瓿、大口器、豆、碗、盂、器盖、纺轮等，以往诸多报告中，经常出现不同报告对部分同类器物的名称不同，不同类器物名称相同的情况，如碗、盂、豆和盅，盘、盆、小盆和钵，坛、罐和瓿。本报告采用以往土墩墓报告惯用的名称，如鼎、釜、鬲、大口器、器盖（有的报告将覆豆形器盖称为豆）、纺轮等，对名称较为混乱的器物作如下区别和界定：

（1）坛、罐和瓿

坛：基本为硬陶，少数火候较低类似泥质陶，与罐相比器型较大，器高明显大于器宽。

罐：多为硬陶和泥质陶，少量为原始瓷，侈口，弧腹或折腹，平底。

瓿：大多为硬陶，少量为泥质陶和原始瓷，与罐相比器型较小，器高明显小于器宽。

（2）豆、碗、盂和盅

器型均较小。

豆：一般为原始瓷，与碗和盂的区别在于有或高或矮的圈足。

碗：多为原始瓷，也有少量质地为泥质陶和硬陶，一般为敞口、直口或侈口，弧腹或弧折腹，饼形底或平底，部分内凹。

盂：以硬陶居多，也有少量原始瓷，敛口或侈口小折沿，弧腹或折腹，平底。

盅：皆为原始瓷，多带盖，直口或略敞，也有子母口的，腹较深，上腹壁直，下腹折内收，平底或有内凹。

（3）盘、盆、小盆和钵

盘：器型较碗、盂等为大。大多为泥质陶，敞口或直口，浅腹，平底。

盆：绝大多数为泥质陶，腹部比盘深。

小盆：陶质、形制与盆相似，但器型明显较小。

钵：器型较小，原始瓷，敛口，腹较深。

器物纹饰的名称也采用以往土墩墓报告惯用的定名方法：主要纹饰有方格纹、席纹、菱形填线纹、回纹、折线纹、窗格纹、变体凤鸟纹、堆饰（瓣形、S形、倒U形）、弦纹、水波纹、叶脉纹等。绘图对于印纹的处理大多只是绘制器物中部从口到底的一条，带有示意性质。

3. 报告编写

资料整理工作完成后，考古队随即开始了发掘报告的编写。本发掘报告以自然地理单元和土墩墓群的分布为依据分为金坛薛埠土墩墓群、句容浮山果园土墩墓群和句容寨花头土墩墓群三部分。

每一部分按照自然地理单元分成土墩墓群逐个介绍，每个土墩墓群则以土墩为单位逐个介绍，内容包括：

位置和概况：介绍自然位置、在该群中的相对位置、地表情况、土墩形状、保存状况等。

地层堆积：介绍地层、地层中出土遗物、采集（包括盗洞和现代坑中出土的）遗物以及地层与遗迹的关系等。

遗迹和遗物：为了较为全面完整地反映遗迹及其中出土遗物的情况，本报告对发现的所有遗迹逐个介绍，其中的出土遗物也是逐件全部（包括残破的）介绍。

　　小结：大致概括该土墩墓的地层堆积、遗迹、遗物的特点和关系，根据出土遗物大致推测土墩墓形成年代上、下限。

　　本卷报告由田名利任主编，赵东升、翟中华任副主编。第一章由执笔田名利；第二章第一节由田名利执笔，第二节由原丰、胡颖芳执笔，第三节由田名利、吕春华执笔，第四节由赵东升执笔，第五节由张浩林、赵东升执笔，第六节由盛之翰执笔，第七节由张长东、罗虎执笔；第三章第一节由盛之翰执笔，第二节由唐根顺、刘剑执笔，第三节由吕春华、夏侃执笔；第四章由赵东升执笔。

目　录

（下）

彩　版

插图目录

第一章 概述

第一节 地理位置与自然环境

寨花头土墩墓群隶属于江苏省句容市天王镇农林行政村寨花头自然村，位于村西和村北300～600米的宁常高速（沿江高速）公路主线和取土场范围内；周岗土墩墓群隶属于天王镇浮山行政村周岗自然村，位于村西和村南20～100米的宁常高速（沿江高速）公路主线和取土场范围内（图一）。天王镇得名于天王寺，1929年为建制镇，是句容市南部的主要集镇，北距句容市区25千米。

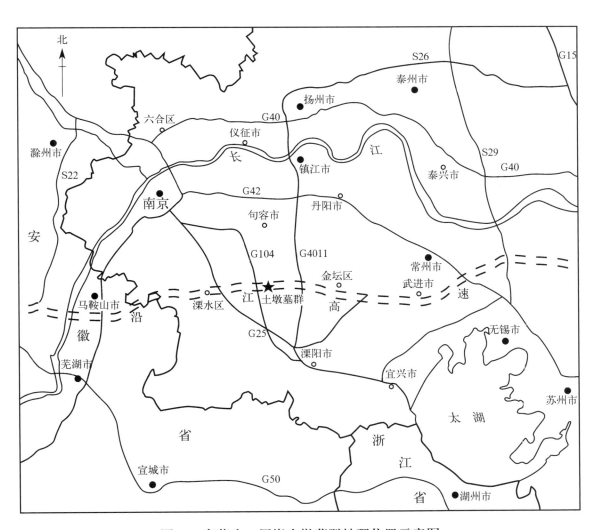

图一　寨花头、周岗土墩墓群地理位置示意图

两处土墩墓群大致位于天王镇西南约 5 千米处。

寨花头和周岗土墩墓群均属于浮山果园土墩墓群的重要组成部分，浮山果园土墩墓群是 20 世纪 70 年代所确立的一处重要的土墩墓分布区域，大致处于浮山北麓，天王镇至旬岗（浮山果园所在地）之西长 6～7 千米的冈峦起伏的丘陵之地。

寨花头和周岗土墩墓群西侧紧邻浮山果园。相对来说，西侧的寨花头土墩墓群地势稍高，处于浮山北面的岗丘和高地之上；东侧的周岗土墩墓群地势较低，处于浮山东北部的平原地带之上。

浮山蟊立在天王镇西南部，高程 215 米，由大小 8 个山峰组成，是属于茅山山脉的一个低山，方圆 20 多千米。因在早晨和傍晚由北向南看低处，烟雾缭绕，若悬于空间，又像漂浮在水面上的船只一样，所以称之为浮山。

从地质上看浮山属于火山山脉。亿万年前因火山运动，山石形成了高密度的玄武岩结构，熔浆团则演化成质地坚密带蜂窝状的卵石块，当地人称为麻石，巨型卵石群，犹如人工开凿，蔚为壮观。当地人们利用浮山麻石制作各种生产生活用品，据史书记载已有 1500 余年的历史（茅山道院保存的 1500 年前许长史井栏，就是浮山麻石制作，井栏撰有隶书曰："此是晋世真人许长史旧井天监十四年吏开治十六年安阑"）。

由于火山后期喷发减弱，造就了山顶宽阔、肥沃而平坦的浮山山顶，阳光充足，火山灰丰富，非常适宜茶树和果树的种植。至今浮山之巅，仍然留存有康有为亲手种植的古茶园。

可见，对于浮山的认知古已有之。

中华人民共和国成立后，对浮山区域大规模的开发，造就了土墩墓发现和研究的热潮。1974、1975、1977 年南京博物院、镇江博物馆分三次发掘了 7 座，并在浮山果园东南约 4 平方千米的范围内，调查确认了 150 多座土墩墓。这些成为浮山土墩墓群得名的基础。

本次发掘的寨花头和周岗土墩墓群正是这 150 余座土墩墓中的 8 座。

第二节　发掘概况

2004 年 7、8 月，南京博物院考古研究所与镇江博物馆等单位对宁常、镇溧高速公路所经区域范围进行了考古调查和勘探，发现了句容寨花头和周岗土墩墓群。2005 年 4～9 月，南京博物院考古研究所主持了句容寨花头土墩墓群 6 座、周岗土墩墓群 2 座共 8 座土墩墓的抢救性发掘。寨花头 1 号墩、2 号墩和周岗 1 号墩三座土墩墓位于宁常高速公路主线内，其他位于高速公路取土场范围内。发掘共清理墓葬 95 座、器物群 50 组、建筑遗存 4 座、灰坑 12 座，出土遗物 1334 余件，其中原始瓷器 294 件、硬陶器 379 件、软陶器 644 件、玉器 11 件、石器 6 件。

具体发掘由田名利领队负责，参加人员有田名利、吕春华、郝明华、盛之翰、胡颖芳、齐军、花纯强、原丰、张浩林、夏侃、刘剑、孙敬宇、马林、毕蓉、罗虎、王蒙、钱发家、钱海江、吕宏乐等。其中寨花头 D1 发掘人员有田名利、原丰、吕春华、夏侃、孙敬宇、钱海江等；寨花头 D2 发掘人员有田名利、吕春华、齐军、夏侃、毕蓉、钱发家等；寨花头 D3 发掘人员有田名利、罗虎、王蒙、钱发家、吕宏乐等；寨花头 D4 发掘人员有田名利、原丰、张浩林、花纯强、吕春华、胡颖芳、夏侃、毕蓉、马林、罗虎、钱发家等；寨花头 D5 发掘人员有：田名利、盛之翰、胡颖芳、张浩林、花纯强、夏侃、马林、毕蓉、吕宏乐、钱发家等；寨花头 D6 发掘人员有田名利、罗虎、张浩林等；周岗 D1 发掘人员有田名利、郝明华、吕春华、王蒙、夏侃、刘剑等；周岗 D2 发掘人员有田名利、郝明华、吕春华、齐军、王蒙、夏侃、刘剑、孙敬宇、马林、钱发家等。

第二章 寨花头土墩墓群

第一节 概述

寨花头土墩墓群（简称 JNZ）位于江苏省句容市天王镇农林行政村寨花头自然村，北距句容市区约 25、西北距天王镇约 5 千米。经过发掘的寨花头土墩墓群共包括 6 座土墩墓，其中 JNZD1、D2 位于宁常高速公路主线范围内，东距寨花头自然村 300 ～ 400 米，JNZD3 ～ D6 位于高速公路取土场范围内，南或西南距寨花头自然村 500 ～ 600 米，它们处于浮山北面高低不平、错落有致的岗丘高地之上，和寨花头自然村西部经过发掘的东边山土墩墓群、浮山果园土墩墓群以及寨花头自然村东部的周岗土墩墓群共同构成了范围广大，数量密集的茅山以西句容浮山果园土墩墓群（图二）。

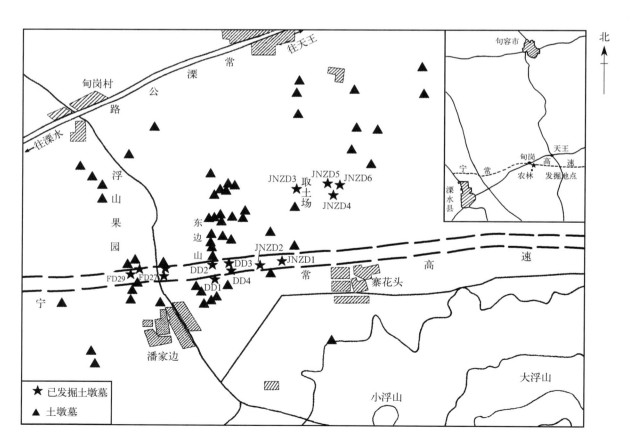

图二 句容寨花头土墩墓位置示意图

第二节 寨花头土墩墓D1

一 概况

寨花头土墩墓 D1（编号 JNZD1）位于江苏省句容市区以南约 25 千米的天王镇农林行政村寨花头自然村西部约 300 米，西侧紧邻浮山果园，处于浮山北面的岗丘高地之上，为茅山以西句容浮山果园土墩墓群的组成部分（图三）。

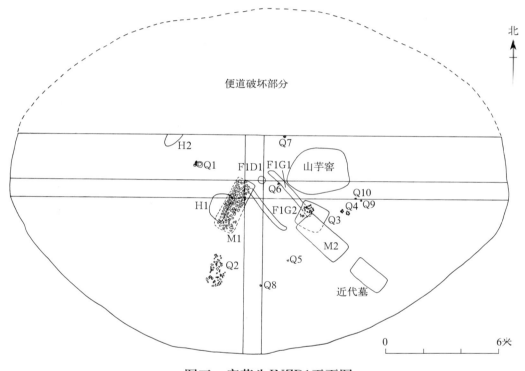

图三 寨花头JNZD1平面图

2004 年 7～8 月，南京博物院考古研究所对宁常高速公路所经地域范围进行考古调查和勘探时发现。2005 年 4～6 月，南京博物院考古研究所主持了寨花头土墩墓 JNZD1 的抢救性科学考古发掘。

JNZD1 位于宁常高速公路主线范围内，西距 JNZD2 约 100 米。土墩上原种植松树，建设单位在修建便道和工程清表过程中，土墩北部和墩表遭到一定程度的破坏。其外观大体呈圆形漫坡状，现存底径东西长 26.60、南北残长 12.10、残高约 1.00 米，残存面积约为原土墩面积的三分之二，约 230 平方米。中心地理坐标为 N31°43′049″，E119°10′078″，海拔高度 40 米（图四；彩版一，1、2）。

二 地层堆积

以 JNZD1 南北隔梁东壁和东西隔梁南壁剖面为例介绍（图四、五）。

第①层：耕土层，可分为两小层。

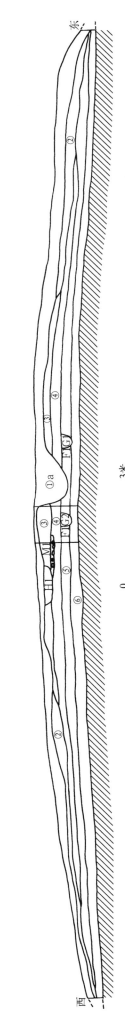

图四　寨花头JNZD1南北隔梁东壁剖面图

图五　寨花头JNZD1东西隔梁南壁剖面图

第①a层：土色呈浅灰色，厚0.10～0.85米。土质疏松，该层内夹杂有大量树根，出土少量印纹陶片及原始瓷片。JNZD1H1、H2开口于该层下，分别打破③层和②层；JNZD1Q2在该层下，②层表；该层下还有山芋窖和近代墓各1个。

第①b层：土色灰白，深0.15～0.25、厚0～0.20米。土质疏松，局部分布于土墩南部，未见包含物。

第②层：红褐色土，深0.10～0.60、厚0～0.25米。土质较疏松，内夹杂有红烧土颗粒和木灰，分布于土墩四周。JNZD1Q8在该层下，④层表。

第③层：花白土夹红褐色土块，深0.05～0.60、厚0～0.40米。土质较硬，该层分布在土墩中部，器物群JNZD1Q1、Q3～Q7、Q9、Q10和JNZD1M1、M2在该层下，叠压于第④层表或打破第④层，其中JNZD1M2打破JNZD1Q3。

第④层：花白土夹少量红褐色土块，深0.20～0.75、厚0～0.35米。土质较硬，内含零星草木灰和红烧土粒，该层遍布土墩。建筑遗存JNZD1F1相关的JNZD1G1、G2及ZD1开口于该层下，打破第⑤层。

第⑤层：浅白色土，深0.15～0.75、厚0～0.25米。土质较硬，纯净无出土物，本层遍布全土墩。

第⑥层：红褐色土，深0.15～1.00、厚0.10～0.30米。土质较硬，纯净无包含物，为次生土层。

第⑥层下为红褐色内夹杂黑斑点生土，土质较坚硬。

三　遗迹遗物

JNZD1共清理墓葬2座，器物群10组，灰坑2个以及建筑遗存JNZD1F1相关的沟槽（JNZD1G1、G2）2条、柱洞1个（JNZD1ZD1）。建筑遗存JNZD1F1的沟槽和柱洞在④层下，打破⑤层。JNZD1M1、M2、Q1、Q3～Q7、Q9、Q10在③层下（Q8在②层下），均打破或叠压④层，其中JNZD1M2打破JNZD1Q3。JNZD1M1大体位于土墩中部，墓底有平铺石床，结构特殊。其他遗迹大体散布于周围。JNZD1Q2在①a层下，打破②、③层，为次生堆积遗存。JNZD1H1、H2在①a层下，打破③或②层。

（一）墓葬
共2座。

1．JNZD1M1
JNZD1M1大体位于土墩中部的Ⅰ区、Ⅲ区和隔梁之间，层位关系为③-M1→④（图六、七；彩版二，1）。为东北-西南向。墓向为27°。长方形浅坑，长约3.00、宽约0.98～1.18、深约0.10米。填土为红褐色，墓底有石床，用100块大小不等的石块平铺而成，排列较紧密，墓底相对较平，南部受到灰坑JNZD1H1和树根扰动，浅坑边界不够清晰，有些石块已被扰乱和翻动。在南部石床上有器物7件，有些较大型的器物仅余下半部，在其南部约1.20米有一处次生的器物群JNZD1Q2，所出器物残片基本能够与JNZD1M1出土物拼对，估计为扰动所致。

随葬品有鬲1、坛2、罐1、豆3共7件。

鬲　1件。

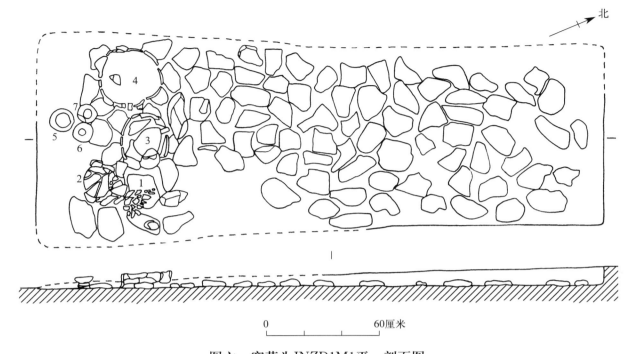

图六　寨花头JNZD1M1平、剖面图
1. 陶鬲　2. 硬陶坛　3. 原始瓷罐　4. 陶坛　5～7. 原始瓷豆

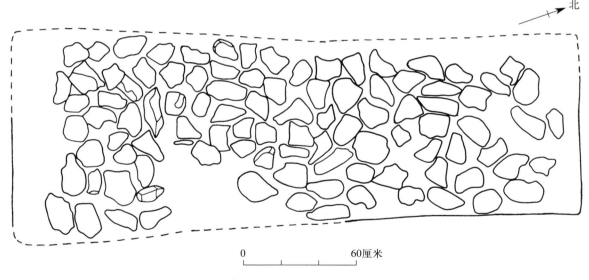

图七　寨花头JNZD1M1石床平面图

JNZD1M1：1，夹砂红陶。侈口，圆唇，折沿，弧腹，下部残。口径21.2、残高9.0厘米。JNZD1Q2：1有2个质地基本一致的鬲足和部分腹片，个别腹片可与JNZD1M1：1拼对（图八，1）。

坛　2件。

JNZD1M1：2，灰色硬陶。侈口，尖圆唇，卷沿，束颈，耸肩，弧腹，平底。颈部饰弦纹，肩及上腹部饰两组折线纹，间以一组回纹，中腹以下饰回纹。口径16.4、底径17.6、高36.4厘米。由JNZD1M1：2和JNZD1Q2：2拼对而成（图八，2；彩版二，2）。

JNZD1M1：4，泥质红陶。下腹斜收，平底，腹部饰回纹。底径18.9、残高13.4厘米。由JNZD1M1：4和JNZD1Q2：3部分拼接而成（图八，3）。

罐　1件。

JNZD1M1：3，原始瓷。侈口，尖唇，折沿，沿面凹，鼓腹微折，平底。肩部有刺点纹和制作中形成的弦痕，内壁也有弦痕。器表施黄绿釉，剥落较甚。口径15.2、底径17.2、高17.1厘米。由JNZD1M1：3和JNZD1Q2：4拼接而成（图八，4；彩版二，3）。

豆　3件。

JNZD1M1：5，原始瓷，灰白胎。敞口，尖圆唇，折腹，矮圈足，底部有一刻划符号。内外壁均有浅弦痕，器身变形严重。除圈足外通体施青绿釉。口径12.8、足径5.6、高4.8厘米（图九，1；彩版二，4）。

JNZD1M1：6，原始瓷，灰胎。敞口，尖唇，折腹，矮圈足。内壁有弦纹，器身变形。釉面剥落殆尽。口径15.1、足径5.1、高5.2厘米（图九，2；彩版二，5）。

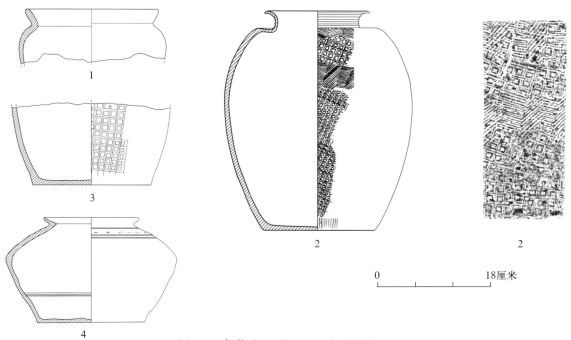

图八　寨花头JNZD1M1出土器物

1. 陶鬲JNZD1M1：1　2. 硬陶坛JNZD1M1：2（本书纹饰拓片均为1/3，下同不注）　3. 红陶坛JNZD1M1：4　4. 原始瓷罐JNZD1M1：3

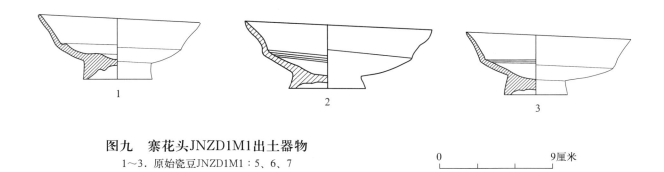

图九　寨花头JNZD1M1出土器物

1～3. 原始瓷豆JNZD1M1：5、6、7

JNZD1M1∶7，原始瓷。敞口，圆唇，折腹，矮圈足。内壁有弦痕。器身变形。除圈足外通体施黄绿釉，剥落较甚。口径 12.8、足径 4.9、高 5.3 厘米（图九，3；彩版二，6）。

2．JNZD1M2

JNZD1M2 位于土墩东南部的Ⅳ区，层位关系为③ − M2 → Q3 →④（图一〇；彩版三，1）。为东北 − 西南向，方向 315°。长方形竖穴浅坑，直壁，平底，无明显加工痕迹，长 2.85、宽 1.15 ～ 1.20、深 0.25 ～ 0.28 米，填土为浅褐色土，土质较硬，较纯净。

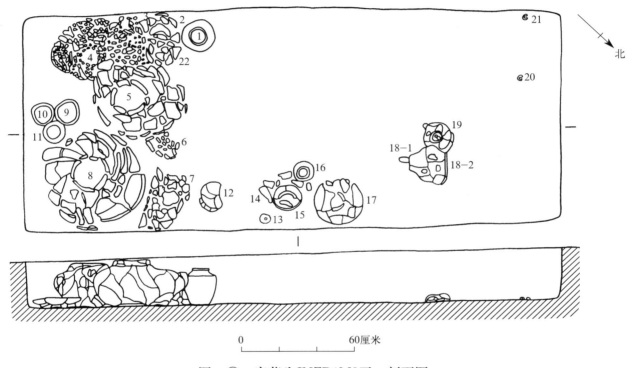

图一〇　寨花头 JNZD1M2 平、剖面图

1、2．硬陶罐　3、6、14、18-2．陶鼎　4、12、16、18-1、19．陶器盖　5、8．硬陶坛　7．陶盆　9、10．原始瓷碗　11．原始瓷豆　13．陶纺轮　15．硬陶瓿　17、22．陶罐　20、21．玉玦

随葬品有鼎 4、坛 2、罐 4、瓿 1、豆 1、盆 1、碗 2、器盖 5、纺轮 1、玉玦 2 共 23 件。

鼎　4 件。

JNZD1M2∶3，夹粗砂红陶。敛口，圆唇，三圆锥形足，残破严重。口部残宽 3.2、残高 3.2 厘米（图一一，1）。

JNZD1M2∶6，夹砂褐陶。侈口，圆唇，折沿，沿面微凸，溜肩，折腹，三扁锥形足。足尖和底部残。手制，不够规整。口径 13.8、残高 6.0 厘米（图一一，2；彩版三，2）。

JNZD1M2∶14，夹砂红褐陶。侈口，圆唇，折沿，底腹残，三扁锥形足。口径 20.0 厘米（图一一，3）。

JNZD1M2∶18-2，夹砂红陶。侈口，圆唇，折沿，腹底残，三扁锥形足。口径 21.8 厘米（图一一，4）。

坛　2 件。

JNZD1M2∶5，灰色硬陶。侈口，圆唇，卷沿，沿面有一道凹槽，束颈，溜肩，弧腹，平底内凹

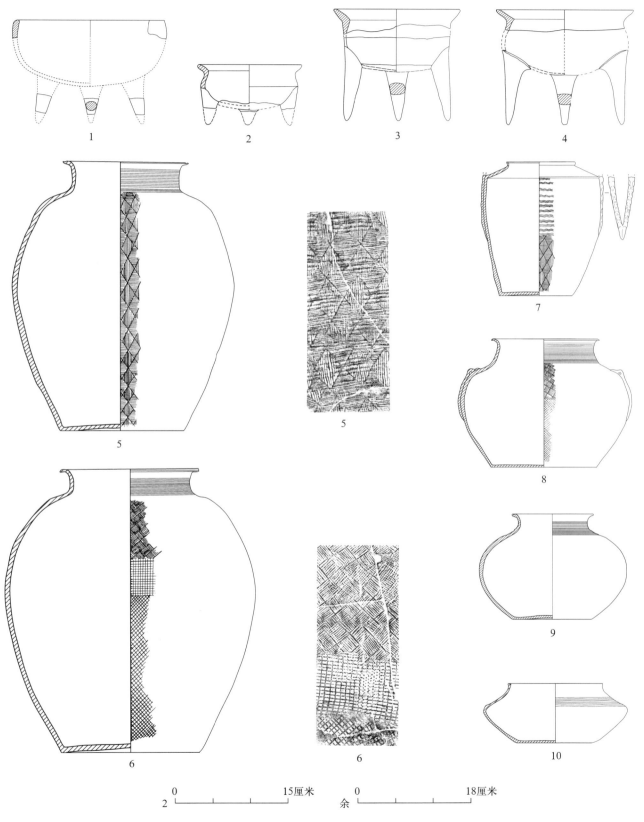

图一一　寨花头JNZD1M2出土器物

1~4.陶鼎JNZD1M2：3、6、14、18-2　5、6.硬陶坛JNZD1M2：5、8　7、8.硬陶罐JNZD1M2：1、2　9、10.陶罐JNZD1M2：17、22

颈部饰弦纹，肩、腹部饰菱形填线纹。泥条盘筑，口轮修。口径19.8、底径20.0、高44.6厘米（图一一，5；彩版三，3）。

JNZD1M2：8，灰色硬陶。侈口，圆唇，卷沿，沿面有一道凹槽，束颈，溜肩，弧腹，平底内凹。颈部饰弦纹。肩、腹部饰席纹和方格纹。泥条盘筑，口轮修。口径22.4、底径22.2、高46.6厘米（图一一，6；彩版三，4）。

罐　4件。

JNZD1M2：1，灰褐色硬陶，灰白胎。口微侈，尖唇，微卷沿，沿面有一周凹槽，折肩，斜弧腹，平底内凹。上腹部堆贴对称泥条堆饰，肩、腹部饰水波纹和菱形填线纹。口径10.8、底径11.6、高22.0厘米（图一一，7；彩版四，1）。

JNZD1M2：2，灰色硬陶。侈口，尖唇，卷沿，沿面有一周凹槽，束颈，溜肩，鼓腹，平底。腹部堆贴对称泥条堆饰。颈部饰弦纹，肩、腹部饰席纹和方格纹。口径17.2、底径16.8、高21.3厘米（图一一，8；彩版四，2）。

JNZD1M2：17，泥质灰胎黑皮陶，黑皮剥落较甚。侈口，圆唇，卷沿，束颈，溜肩，鼓腹，平底内凹。颈部饰弦纹，腹部有不太明显的折线纹。口径13.0、底径12.6、高17.2厘米（图一一，9；彩版四，3）。

JNZD1M2：22，泥质灰胎黑皮陶。口微敛，方唇，唇面内凹。斜肩，鼓腹，下腹斜收，平底。肩部饰弦纹。口径15.2、底径12.0、高9.8厘米（图一一，10；彩版四，4）。

瓿　1件。

JNZD1M2：15，灰色硬陶，灰红胎。侈口，尖唇，卷沿，沿面有一周凹槽，束颈，溜肩，鼓腹，平底内凹，腹底交接处有一周刮抹痕迹。腹部堆贴对称泥条堆饰。颈部饰弦纹，肩及上腹部饰席纹，下腹部饰方格纹。口径11.6、底径12.6、高12.6厘米（图一二，1；彩版四，5）。

豆　1件。

JNZD1M2：11，原始瓷。敞口，尖圆唇，微卷沿，折腹，喇叭状圈足外撇。内壁近底部有弦痕。内外壁施黄绿釉。口径12.0、底径5.0、高5.4厘米（图一二，2；彩版四，6）。

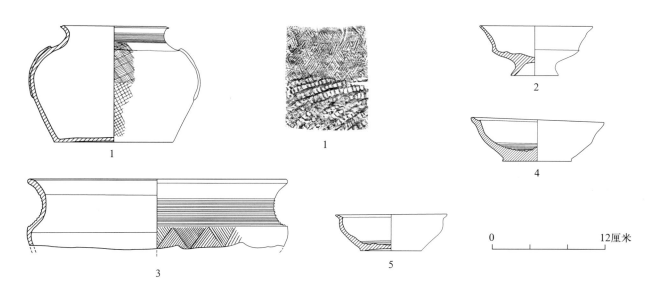

图一二　寨花头JNZD1M2出土器物

1. 硬陶瓿JNZD1M2：15　2. 原始瓷豆JNZD1M2：11　3. 陶盆JNZD1M2：7　4、5. 原始瓷碗JNZD1M2：9、10

盆　1件。

JNZD1M2：7，泥质黑皮陶。敞口，圆唇，卷沿，沿面有一周凹槽，束颈，折腹，下腹以下残。颈部饰弦纹，腹部饰菱形填线纹。口径27.6、残高7.6厘米（图一二，3）。

碗　2件。

JNZD1M2：9，原始瓷，灰褐胎。敞口，尖圆唇，折沿，沿面内凹，弧腹，平底。内壁有螺旋凹槽。器表施黄绿釉，有积釉、流釉现象，釉脱落较多。口径14.2、底径7.3、高4.8厘米（图一二，4；彩版五，1）。

JNZD1M2：10，原始瓷，灰褐胎。敞口，尖圆唇，折沿，沿面内凹，弧腹，平底内凹。内壁有螺旋凹槽。除器底外通体施青绿釉。口径11.9、底径6.5、高3.9厘米（图一二，5；彩版五，2）。

器盖　5件。

JNZD1M2：4，泥质红胎黑皮陶。盖口圆唇，内沿面内凹，残损严重。残宽4.9、残高1.9厘米（图一三，1）。

JNZD1M2：12，泥质红胎黑皮陶。喇叭状捉手，弧顶，内弧壁，顶、壁间折，敞口，卷沿，沿面有一周凹槽，圆唇。捉手径8.6、口径16.5、高6.8厘米（图一三，2）。

JNZD1M2：16，泥质灰陶。喇叭状捉手，弧顶，内弧壁，顶、壁间折，敞口，卷沿，沿面有一周凹槽，圆唇。捉手径7.1、口径12.2、高5.2厘米（图一三，3；彩版五，3）。

JNZD1M2：19，泥质灰陶。喇叭状捉手，弧顶，内弧壁，顶、壁间折，敞口，卷沿，沿面有一周凹槽，圆唇。捉手径7.6、口径15.4、高6.4厘米（图一三，4）。

JNZD1M2：18-1，夹砂红陶。桥形提梁，弧顶，弧壁，直口微敛，圆唇。口径24.8、高18.8厘米（图一三，5；彩版五，4）。

纺轮　1件。

JNZD1M2：13，泥质黑陶。算珠形，中有穿孔，上下表面有细弦纹。外径3.75、孔径0.6、高2.1厘米（图一三，6；彩版五，5）。

玉玦　2件。

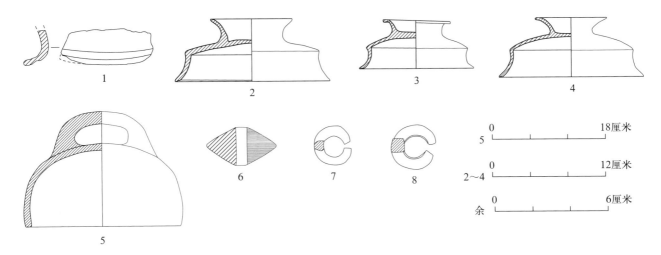

图一三　寨花头JNZD1M2出土器物

1～5.陶器盖JNZD1M2：4、12、16、19、18-1　6.陶纺轮JNZD1M2：13　7、8.玉玦JNZD1M2：20、21

扁平环形，孔径大于肉边宽，一侧有块口。绿松石质，呈绿色。

JNZD1M2：20，直径2.1、孔径1.1、厚0.5厘米（图一三，7；彩版五，6）。

JNZD1M2：21，似一面管钻。直径2.5、孔径1.3、厚0.8厘米（图一三，8）。

（二）器物群

器物群共10处。围绕JNZD1M1分布于土墩中部外围，各器物群出土器物不一。

1. JNZD1Q1

JNZD1Q1位于土墩西北部靠近墩心处的Ⅰ区，层位关系为③－Q1－④（图一四；彩版六，1）。

出土器物有硬陶坛1、原始瓷豆2共3件。

坛　1件。

JNZD1Q1：1，灰褐色硬陶。口颈残缺，弧腹，平底内凹。腹部饰回纹，间以一组折线纹，纹饰不及底，腹底交接处有一周刮削痕迹。底径19.2、残高30.0厘米（图一四，1）。

豆　2件。

JNZD1Q1：2，原始瓷，灰色胎。敞口，尖圆唇，折腹，束颈，上腹外壁饰弦纹，喇叭状圈足外撇。圈足内壁呈红褐色，器身略有变形。器表施黄釉，大部已剥落。口径13.2～14.2、足径6.8、高5.8厘米（图一四，2；彩版六，2）。

JNZD1Q1：3，原始瓷，灰白胎。敞口，尖圆唇，束颈折腹，喇叭状圈足外撇。仅剩全器的一半，器身变形。内外壁均施青釉。口径13.2、足径5.5、高4.6厘米（图一四，3；彩版六，3）。

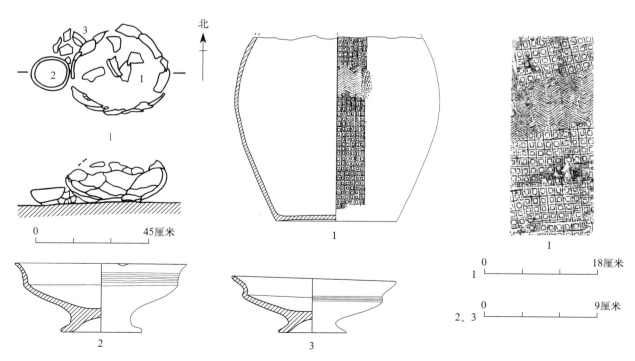

图一四　寨花头JNZD1Q1及出土器物
1. 硬陶坛JNZD1Q1：1　2、3. 原始瓷豆JNZD1Q1：2、3

2．JNZD1Q2

位于土墩西南部的Ⅲ区，层位关系为① a－Q2－②（图一五；彩版六，4）。

有较为残损的器物大概5件，器物下残留有树枝叶，基本可以与JNZD1M1出土器物拼对，应为后期扰动JNZD1M1时形成，发掘时定为器物群，整理时发现和M1的联系。编号的残损器物共5件，1～4号部分残片可与JNZD1M1的器物拼对。JNZD1Q2：5相关陶片不见于JNZD1M1。

鬲足 1件。

JNZD1Q2：1，夹砂红陶。袋足，足尖圆钝。残宽4.6、残高9.6厘米。质地与M1：1基本一致，未能拼接（图一五，1）。

陶片 1件。

JNZD1Q2：5，泥质红陶。颈部饰弦纹，折腹，腹部饰粗席纹。残宽6.6、残高5.2厘米（图一五，5）。

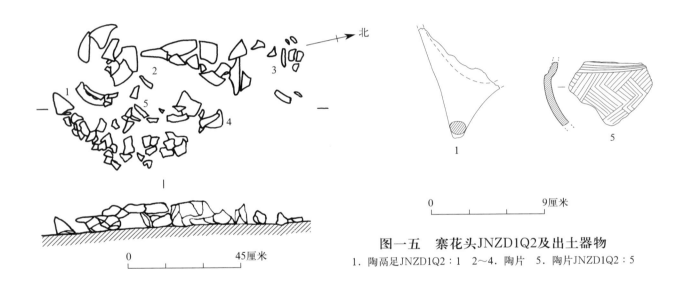

图一五 寨花头JNZD1Q2及出土器物
1．陶鬲足JNZD1Q2：1 2～4．陶片 5．陶片JNZD1Q2：5

3．JNZD1Q3

JNZD1Q3位于土墩东南部的Ⅳ区，层位关系为③－M2→Q3→④（图一六；彩版七，1）。有一平面近方形的浅坑，长1.45、残宽约1.42、深约0.15米。填红褐土夹有灰色土块，相对较为疏松。

出土器物有坛1、罐1共2件。

坛 1件。

JNZD1Q3：1，灰褐色硬陶。侈口，尖圆唇，卷沿外翻，沿面外侧有一周宽凹面，束颈，溜肩，弧腹，平底内凹。颈部饰弦纹，肩及上腹部饰两组折线纹间以一组回纹，中腹部以下饰回纹。口径22.4、底径20.8、高43.2厘米（图一六，1；彩版七，2）。

罐 1件。

JNZD1Q3：2，红色硬陶。被M2打破仅有约一半器身，修复完整。侈口，圆唇，卷沿，束颈，溜肩，弧腹，平底内凹。颈部饰弦纹，肩及上腹部饰两组折线纹间以一组回纹，中腹以下饰回纹。口径17.0、底径19.6、高28.8厘米（图一六，2）。

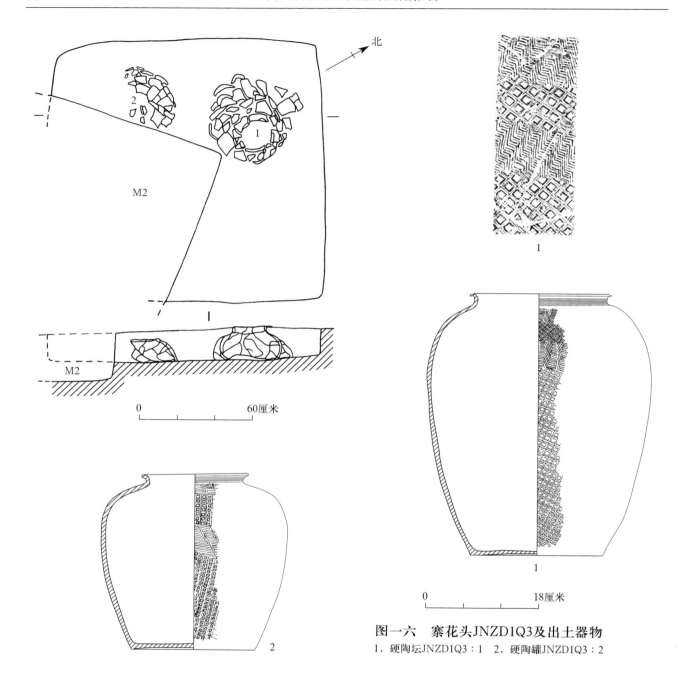

图一六　寨花头JNZD1Q3及出土器物

1. 硬陶坛JNZD1Q3：1　2. 硬陶罐JNZD1Q3：2

4. JNZD1Q4

JNZD1Q4位于土墩东南部的Ⅳ区，层位关系为③－Q4→④（图一七；彩版七，3）。顺着土墩坡势有一个簸箕形的浅坑，东南边缘不清，西北深约0.07、长约0.64、宽0.47～0.49米。填浅红褐土，相对较为疏松。

出土器物有鼎1、器盖1共2件。

鼎　1件。

JNZD1Q4：2，夹砂红陶。侈口，圆唇，卷沿，弧腹，三扁锥足，底部残。口径16.0、高14.8厘米（图一七，2）。

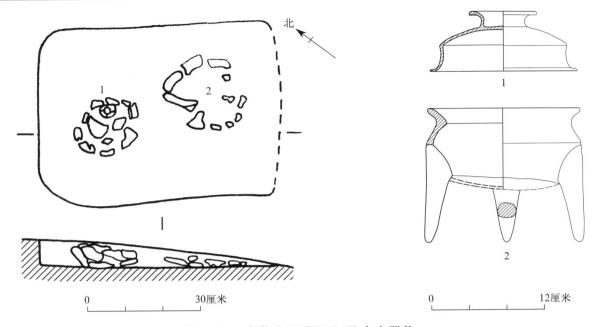

图一七　寨花头JNZD1Q4及出土器物
1. 陶器盖JNZD1Q4：1　2. 陶鼎JNZD1Q4：2

器盖　1件。

JNZD1Q4：1，泥质灰胎黑皮陶。喇叭状捉手，弧顶，弧壁，顶、壁间折，敞口，尖圆唇，卷沿，内沿面有一道凹槽。捉手径7.2、口径15.6、高6.6厘米（图一七，1；彩版七，4）。

5．JNZD1Q5

JNZD1Q5位于土墩东南部的Ⅳ区，层位关系为③－Q5－④（图一八；彩版七，5）。

出土器物有原始瓷豆1件。

豆　1件。

JNZD1Q5：1，原始瓷。敞口，尖圆唇，束颈，折腹，喇叭状圈足。内壁有两条轮制过程中形成的弦纹带。除圈足胎釉结合较差外，通体施青釉，结合较好。口径11.4、足径5.2、高5.4厘米（图一八，1；彩版七，6）。

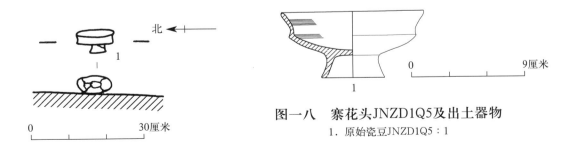

图一八　寨花头JNZD1Q5及出土器物
1. 原始瓷豆JNZD1Q5：1

6．JNZD1Q6

JNZD1Q6位于JNZD1M1的东北侧，接近土墩中部的Ⅱ、Ⅳ区之间，层位关系为③－Q6－④（图一九；彩版八，1）。

出土器物有原始瓷豆3件。

豆　3件。

原始瓷。敞口，尖圆唇，内沿面有一道凹槽，卷沿，束颈，折腹，喇叭状矮圈足。内壁折腹处有轮旋痕。器体略有变形。黄绿釉剥落较甚。

JNZD1Q6：1，口径11.7、足径4.8、高5.2厘米（图一九，1；彩版八，2）。

JNZD1Q6：2，口径11.5、足径4.0、高5.3厘米（图一九，2；彩版八，3）。

JNZD1Q6：3，口径11.8、足径4.7、高4.8厘米（图一九，3；彩版八，4）。

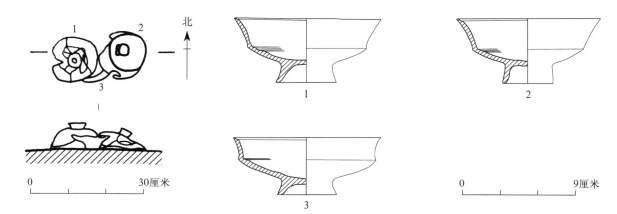

图一九　寨花头JNZD1Q6及出土器物

1~3. 原始瓷豆JNZD1Q6：1~3

7. JNZD1Q7

JNZD1Q7位于土墩东北部的Ⅱ区，层位关系为③－Q7－④（图二〇；彩版八，5）。

出土器物有器盖1件。

器盖　1件。

JNZD1Q7：1，泥质灰胎黑皮陶。喇叭状捉手，弧顶，弧壁，顶、壁间折，盖口部残缺。捉手径8.4、残高5.6厘米（图二〇，1）。

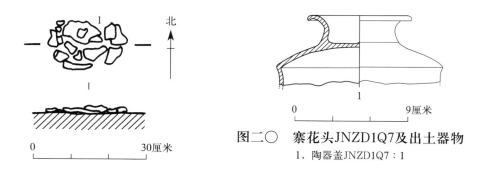

图二〇　寨花头JNZD1Q7及出土器物

1. 陶器盖JNZD1Q7：1

8. JNZD1Q8

JNZD1Q8位于土墩南部的Ⅲ、Ⅳ区之间，层位关系为②－Q8－④（图二一；彩版九，1）。

出土器物有陶豆1件。

豆　1件。

JNZD1Q8：1，泥质灰胎黑皮陶。敞口，圆唇，微束颈，折腹，喇叭形矮圈足，略残。口径17.4、残高5.9厘米（图二一，1；彩版九，2）。

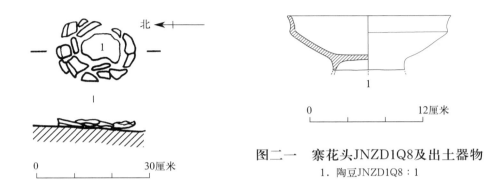

图二一　寨花头JNZD1Q8及出土器物
1. 陶豆JNZD1Q8：1

9．JNZD1Q9

JNZD1Q9位于土墩东南部的Ⅳ区，层位关系为③－Q9－④（图二二；彩版九，3）。

出土器物有陶罐1件。

罐　1件。

JNZD1Q9：1，泥质红胎黑皮陶。残损严重，折肩，颈部有弦痕，平底微内凹（图二二，1）。

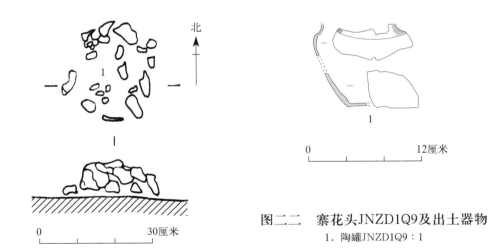

图二二　寨花头JNZD1Q9及出土器物
1. 陶罐JNZD1Q9：1

10．JNZD1Q10

JNZD1Q10位于土墩东部的Ⅱ、Ⅳ区之间，层位关系为③－Q10－④（图二三；彩版九，4）。

出土器物有陶罐1件。

罐　1件。

JNZD1Q10：1，泥质红陶。侈口，圆唇，卷沿，沿面有一道凹槽，束颈，溜肩，肩部以下残。颈部饰弦纹，上腹部饰席纹。口径21.6、残高6.6厘米（图二三，1）。

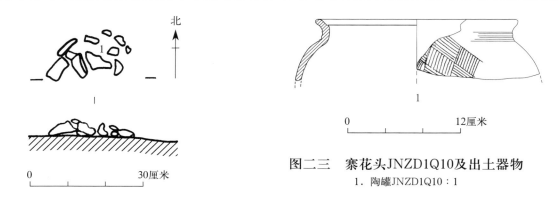

图二三　寨花头JNZD1Q10及出土器物
1. 陶罐JNZD1Q10：1

11．采集

土墩发掘前受到一定程度的破坏。采集器物有碗1、豆2共3件。

碗　1件。

JNZD1采：3，泥质灰胎黑皮陶。敞口，圆唇，卷沿，束颈，折腹，下腹弧收，平底内凹。口径10.6、底径6.1、高4.4厘米（图二四，1；彩版一〇，1）。

豆　2件。

JNZD1采：1，原始瓷。敞口，尖圆唇，束颈，折腹，喇叭状矮圈足。黄绿釉脱落较甚。口径14.8、足径6.6、高7.5厘米（图二四，2；彩版一〇，2）。

JNZD1采：2，原始瓷。敞口，圆唇，折腹，喇叭状圈足。内壁折腹处有弦纹。黄绿釉脱落较甚。口径15.3、足径5.6、高6.3厘米（图二四，3；彩版一〇，3）。

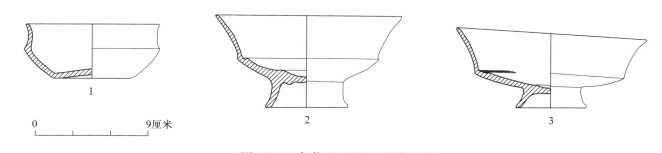

图二四　寨花头JNZD1采集器物
1. 陶碗JNZD1采：3　2、3. 原始瓷豆JNZD1采：1、2

（三）建筑遗存

JNZD1F1位于土墩近中部的Ⅱ、Ⅲ、Ⅳ区及隔梁之间，层位关系为④－F1→⑤层。

JNZD1F1由两条西北－东南向的长条形沟槽（JNZD1G1、G2）和柱洞（发现1个，编号JNZD1ZD1，可能有2个)构成，方向约323°（图二五；彩版一〇，5）。东北侧沟槽长3.37、宽0.28～0.30、深0.30米，西南侧沟槽长3.01、宽0.23～0.28、深0.30米，沟槽结构为斜壁圆底，填黄灰色土，土质较硬，无出土物。两条沟槽间距1.27～1.43米，沟槽之间的西北端有一个圆形柱洞，直径0.40、深 0.30 米，斜壁、平底，填土与沟槽相同。沟槽之间的东南端土壤因受白蚁扰动影响，土色土质发生较大改变，估计可能存在另一柱洞。

（四）灰坑

2 个。

1. JNZD1H1

JNZD1H1 位于土墩西南近中部的Ⅲ区，层位关系为① a－H1→③－M1→④（图二六；彩版一○，4）。呈不太规整的椭圆形，长 1.52、宽 1.04、深 0.34 米。填土灰白色，土质较为松软，较纯净。

无出土物。

2. JNZD1H2

JNZD1H2 位于土墩西北部的Ⅰ区，部分被便道破坏，层位关系为① a－H2→②（图二七）。呈不规则形，残长 1.10、残宽 0.64、深 0.16 米。填土灰白色，土质较硬，较纯净。

无包含物。

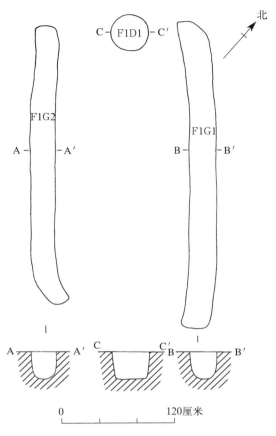

图二五　寨花头JNZD1F1平、剖面图

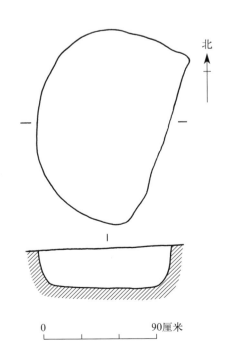

图二六　寨花头JNZD1H1平、剖面图

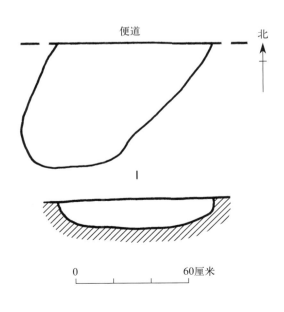

图二七　寨花头JNZD1H2平、剖面图

四　小结

句容寨花头 JNZD1 共包含 2 座墓葬、10 个器物群、1 处建筑遗存和 2 座灰坑。综合以往的土墩墓分期，及本批土墩墓分期，本座土墩墓的发展可分为三个阶段，即西周前期、西周中期和西周后期至春秋早期。JNZD1M1 和 JNZD1Q2、Q10 属于第一阶段；JNZD1Q1、Q3、Q5、Q8 属于第二阶段；JNZD1M2 和 JNZD1Q4、Q6、Q7 和 Q9 属于第三阶段。其中 JNZD1Q2 为扰动 JNZD1M1 的次生散落遗存。该土墩墓被破坏较为严重，所幸中心部位大部分保留，JNZD1M1 为石床墓，应为中心主墓，旁边的 JNZD1F1 建筑遗存应与其相关。器物群为祭祀遗存，除祭祀 JNZD1M1、M2 外，也不排除祭祀分布于已被破坏部分的墓葬。因为 JNZD1M1、M2 两座墓葬时代相差较大，两者之间应该有其它墓葬的设置。

第三节　寨花头土墩墓D2

一　概况

寨花头土墩墓 D2（编号 JNZD2）位于江苏省句容市区以南约 25 千米的天王镇农林行政村寨花头自然村西部约 400 米，西侧紧邻浮山果园，处于浮山北面的岗丘高地之上，为茅山以西句容浮山果园土墩墓群的组成部分（见图三）。

2004 年 7～8 月，南京博物院考古研究所对宁常、镇溧高速公路所经地域范围进行考古调查和勘探时发现。2005 年 4～9 月，南京博物院考古研究所主持了寨花头土墩墓 D2 的抢救性科学考古发掘。

JNZD2 位于宁常高速公路主线范围内，东距 JNZD1 约 100 米。外观为明显突出地表的馒头形，保存较好，土墩上原种植花椒。底径东西长 22.50、南北宽 22.70 米，面积约 400 平方米，墩顶至生土面高度 4.25 米（图二八；彩版一一，1、2）。中心地理坐标为 N31°43′20″，E119°09′957″，海拔高度约 45 米。

二　地层堆积

以 JNZD2 东西隔梁南壁和南北隔梁东壁剖面为例介绍（图二九，1、2）。

第①层：耕土层，土色浅褐色，厚 0.10～0.35 米。土质较硬，内夹杂植物根茎、炭渣、红烧土块及近现代瓦片。本层下有灰坑 JNZD2H1。

第②层：浅棕红色土，深 0.10～0.90、厚 0～0.75 米。土质较硬，内夹杂零星木灰星和松树根，分布于土墩四周。该层下有墓葬 JNZD2M1 和灰坑 JNZD2H2。另在②层下土墩南部靠近墩脚处有一小片红褐土夹层，内夹杂零星黑斑点，深 0.45～0.75、厚 0～0.40 米。土质较硬，无出土物。

第③层：黄灰色土，深 0.25～0.90、厚 0～0.75 米。土质较硬，内夹杂零星红烧土粒和木灰星，未见出土物，遍布全墩。该层下有墓葬 JNZD2M2 和器物群 JNZD2Q1。

第④层：灰黄色土，深 0.55～1.20、厚 0.25～0.90 米。土质较硬，未见出土物，遍布全墩。该

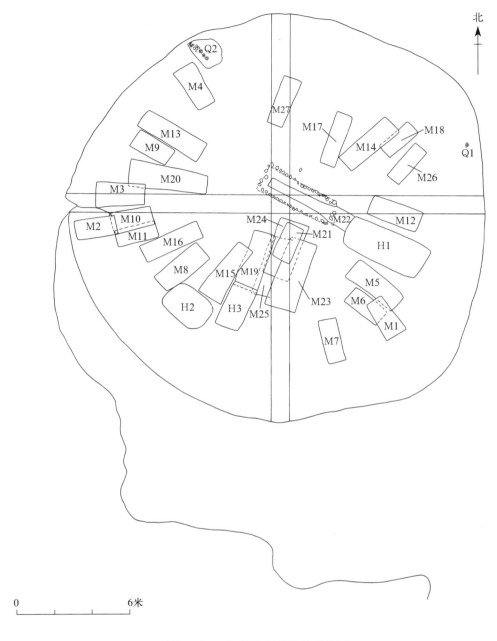

图二八　寨花头JNZD2平面图

层下有墓葬 JNZD2M3 ～ M12 等 10 座、器物群 JNZD2Q2、灰坑 JNZD2H3。

第⑤层：浅黄色土，深 0.90 ～ 1.80、厚 0.15 ～ 0.90 米。土质较硬，内夹杂零星木炭和红烧土粒，未见出土物，本层遍布全墩。该层下有墓葬 JNZD2M13 ～ M27 等 15 座，其中 JNZD2M22 为位于土墩中部的中心主墓。

第⑥层：黄褐色土，深 1.60 ～ 1.75、厚 0 ～ 0.50 米。土质极其坚硬，似经夯拍，内夹杂红色锈斑及水锈丝，无出土物，本层分布在土墩中部。

第⑦层：黄灰色土，内杂红褐色条块状土块，深 1.95 ～ 2.5、厚 0 ～ 0.75 米。土质极其坚硬，似经夯拍，纯净无出土物，堆积分布在土墩中部。

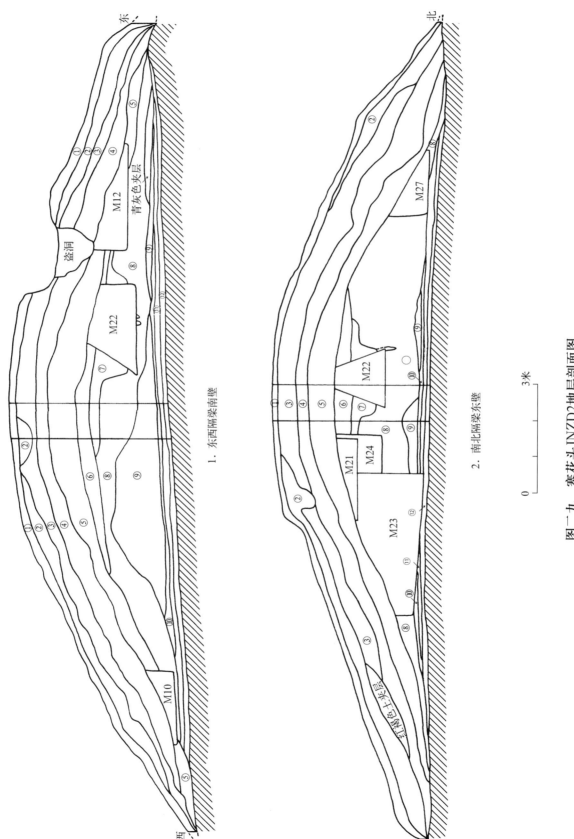

1. 东西隔梁南壁

2. 南北隔梁东壁

图二九　寨花头 JNZD2 地层剖面图

0　　　　　3米

第⑧层：灰褐色土，内夹条块状堆积的黄褐色土，深 1.20～3.00、厚 0～1.95 米。土质极其坚硬，似经夯拍，无出土物。该层堆积呈现中心内凹、四周呈垄状的特征，与中心主墓 JNZD2M22 关系密切的建筑遗存应建于该层表。另该层下土墩东部有一小片青色土夹层，深 1.60～2.20、厚 0～0.20 米。土质较硬，纯净无出土物。

第⑨层：黄褐色土与灰褐色土间隔堆积层，夹杂有植物腐朽后形成的红色锈斑，深 1.95～3.90、厚 0～1.50 米。土质极其坚硬，似经夯拍，堆积起伏较大，在土墩中部偏西处堆积较厚，向东逐渐变薄。

第⑩层：青灰色土，深 2.00～3.90、厚 0～0.20 米。土质较硬，纯净无出土物，堆积较平坦，遍布全方。

第⑪层：浅黄色土，深 2.05～4.00、厚 0～0.20 米。土质较硬，纯净无夹杂物，堆积较平坦。

第⑫层：次生土层，土色红褐色，深 1.55～4.20、厚 0～0.15 米。土质较硬，内夹杂黑色小斑点，堆积较平坦。

第⑬层下为枣红色内夹杂黑斑点的生土，土质坚硬。

三　遗迹遗物

（一）墓葬

JNZD2 共清理墓葬 27 座，属于江南土墩墓中的一墩多墓类型。②层下墓葬 1 座（JNZD2M1）；③层下墓葬 1 座（JNZD2M2）；④层下墓葬 10 座（JNZD2M3～M12），其中 JNZD2M10 打破 M11；⑤层下墓葬 15 座（JNZD2M13～M27），其中 JNZD2M14 打破 M18，JNZD2M15 打破 M19，JNZD2M21 打破 M23，JNZD2M19 和 M23 共同打破 JNZD2M24，JNZD2M24 打破 M25。JNZD2M22 为土墩中部的中心主墓，形制相对较为特殊，其余各层各座墓葬均为直壁平底竖穴土坑墓，环绕着土墩四周。因江南地区特殊的偏酸性的土壤条件，尸骨大多很难保存，仅 JNZD2M3、M13、M14、M16、M23 等墓残留少量牙齿和骨灰粉末，葬式似直肢，头向朝向土墩中心，呈现出一种向心结构布局。

1．JNZD2M1

JNZD2M1 位于土墩东南部Ⅳ区，层位关系为②－M1→③－④－M6→⑤（图三〇；彩版一二，1）。为 JNZD2 年代最晚的墓葬，同层有灰坑 JNZD2H2。长梯形竖穴土坑墓，西北窄东南宽，直壁，平底，壁、底无明显加工痕迹，墓口和墓底西北高东南低，呈斜坡状，长 2.30、宽 1.00～1.30、深 0.10～0.40 米。墓向为西北－东南向，头向 335°。内填浅黄色土，土质较硬，内夹杂零星红烧土粒和木灰星。

随葬品有鼎 1、坛 2、碗 4、钵 1 共 8 件。

鼎　1 件。

JNZD2M1：6，夹砂红陶。侈口，圆唇，折沿，弧腹，浅圜底，三扁锥状足，足截面呈扁圆形。手制。素面。口径 17.2、高 10.8 厘米（图三一，1；彩版一二，2）。

坛　2 件。

JNZD2M1：2，灰色硬陶。侈口，尖唇，卷沿外翻，沿面内凹，耸肩，鼓腹，下腹斜收，平底微内凹。颈、肩、腹部饰弦纹、小方格纹、菱形填线纹。腹身泥条盘筑，口、颈部轮制。口径 20.6、

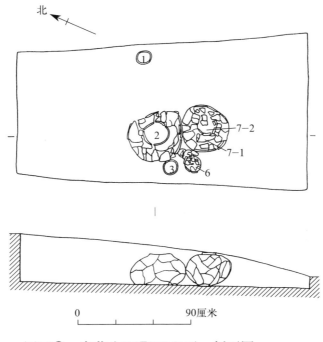

图三〇　寨花头JNZD2M1平、剖面图
1、3～5. 原始瓷碗　2、7-2. 硬陶坛　6. 陶鼎　7-1. 陶钵

底径 18.6、高 44.0 厘米（图三一，2；彩版一二，3）。

　　JNZD2M1：7-2，灰色硬陶。侈口，方唇，唇面有一道凹弦，卷沿，束颈，耸肩微折，鼓腹，最大腹径接近肩部，下腹斜收，平底微凹。颈、肩、腹部饰弦纹、席纹和菱形填线纹。腹身泥条盘筑，口、颈部轮修。口径 21.6、底径 22.4、高 40.0 厘米（图三一，3；彩版一三，1）。

　　碗　4 件。

　　JNZD2M1：1，原始瓷。敛口，尖唇，平沿，折腹，下腹斜收，底心微凹。器内有多道轮制凹弦痕。器身内外施青绿色薄釉，有积釉和开片现象。轮制。素面。口径 11.7、底径 7.4、高 4.6 厘米（图三一，4；彩版一三，2）。

　　JNZD2M1：3，原始瓷。敛口，尖圆唇，沿面有凹弦，鼓腹，平底内凹。器内有多道轮制凹弦痕，底部有支钉。器表施青绿色釉，釉较匀实，有积釉现象。轮制。素面。口径 11.6、底径 8.0、高 4.4 厘米（图三一，5；彩版一三，3）。

　　JNZD2M1：4，原始瓷。敛口，尖唇，唇面有凹弦，弧腹，平底内凹。碗内有多道轮制凹弦痕，底面有切割留下的痕迹。器表施青绿色薄釉，有积釉现象。轮制。素面。口径 8.4、底径 4.8、高 3.6 厘米（图三一，6；彩版一三，4）。

　　JNZD2M1：5，原始瓷。敞口，方唇，直腹弧收，平底微凹。碗内有多道轮制凹弦痕。器身内外施青绿色釉。轮制。素面。口径 14.0、底径 8.0、高 4.6 厘米（图三一，7；彩版一三，5）。

　　钵　1 件。

　　JNZD2M1：7-1，泥质灰陶。敛口，方唇，弧肩，弧腹，底残。肩部饰水波纹。轮制。口径 24.0 厘米。作器盖使用（图三一，8）。

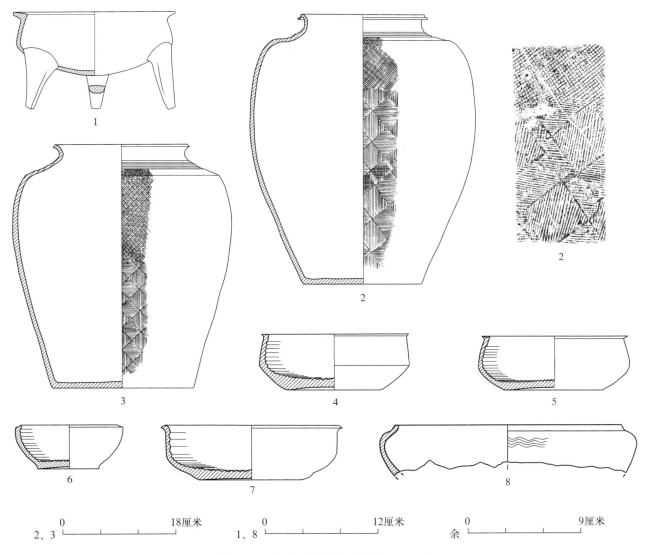

图三一 寨花头JNZD2M1出土器物

1. 陶鼎JNZD2M1：6 2、3. 硬陶坛JNZD2M1：2、7-2 4～7. 原始瓷碗JNZD2M1：1、3～5 8. 陶钵JNZD2M1：7-1

2. JNZD2M2

JNZD2M2位于土墩西部Ⅲ区，层位关系为③－M2→④（图三二；彩版一四，1）。长方形竖穴土坑墓，直壁，平底，壁、底无明显加工痕迹，墓口东高西低呈斜坡状，长2.21、宽1.01～1.07、深0.10～0.50米。墓向为近东西向，头向80°。内填浅红色土，土质较硬，内夹零星红烧土粒和木灰星。

随葬品有鼎1、坛3、碗4、钵1、纺轮1共10件。

鼎 1件。

JNZD2M2：5，夹砂红陶。微侈口，圆唇，微束颈，腹稍直，中腹以下残。轮制。素面。口径12.1、残高3.6厘米（图三三，1）。

坛 3件。

JNZD2M2：8-2，泥质红陶。侈口，尖圆唇，外沿面外凸下垂，短束颈，溜肩，鼓腹，最大腹

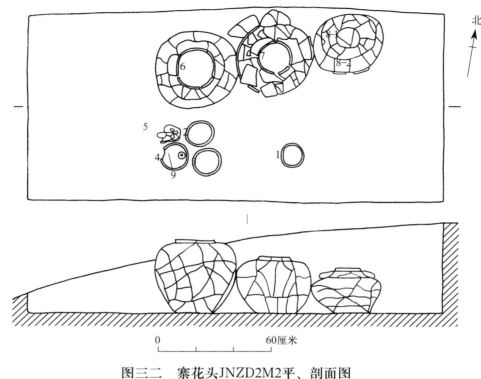

图三二　寨花头JNZD2M2平、剖面图

1～4. 原始瓷碗　5. 陶鼎　6、7. 硬陶坛　8-1. 陶钵　8-2. 陶坛　9. 陶纺轮

径在器中，下腹弧收，平底。腹部饰席纹和菱形填线纹。腹身泥条盘筑，口、颈部轮制。口径17.6、底径18.2、高33.8厘米（图三三，2；彩版一四，2）。

JNZD2M2：6，灰色硬陶。侈口，尖圆唇，卷沿外翻，外沿外凸，沿面有凹线，短斜颈，广肩，鼓腹，最大腹径在器中上部，下腹斜弧收，平底微凹。颈部饰弦纹，肩、腹部饰小方格纹和菱形填线纹。腹身泥条盘筑，口、颈部轮制。口径21.2、底径22.4、高43.6厘米（图三三，3；彩版一四，3）。

JNZD2M2：7，红色硬陶，局部偏灰。侈口，尖圆唇，卷沿外凸，沿面下垂，唇缘内凹，短束颈，广肩，鼓腹，最大腹径在器中上部，下腹弧收，底部内凹。口部在烧造时有变形。颈部饰弦纹，肩、腹部饰小方格纹和菱形填线纹。腹身泥条盘筑，口、颈部轮制。口径19.2、底径21.2、高46.2厘米（图三三，4；彩版一四，4）。

碗　4件。

JNZD2M2：1，原始瓷。敛口，尖唇，唇面内凹，弧腹，平底微凹。碗内有多道轮制时留下的凹旋痕，底面有轮制留下的痕迹。施青绿色釉，有积釉现象，器外不施釉。轮制。素面。口径14.6、底径6.2、高4.9厘米（图三三，5；彩版一五，1）。

JNZD2M2：2，原始瓷。微敛口，方唇，唇面微内凹，斜弧腹至底，平底微凹。碗内有多道轮制时留下的凹旋痕，碗心凸鼓，底面有旋痕和垫烧砂粒痕。器身施青绿色釉，釉较匀厚，有积釉现象。轮制。素面。口径14.2、底径6.6、高4.7厘米（图三三，6；彩版一五，2）。

JNZD2M2：3，原始瓷。敞口，方唇，沿面略斜微凸，上有两道凹旋痕，弧腹微折弧收，平底微内凹。碗内有多道轮制凹旋痕，中心处凹入。器身施一层白色化妆土，仅在碗内底处存有一层青绿色薄釉，散点状。轮制。素面。口径15.0、底径6.4、高4.6厘米（图三三，7；彩版一五，3）。

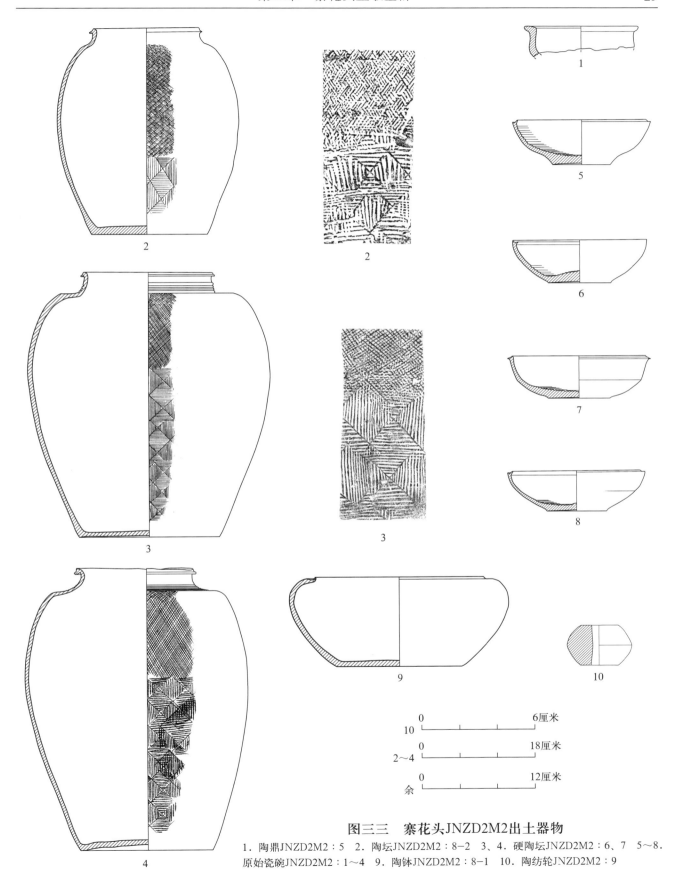

图三三　寨花头JNZD2M2出土器物

1. 陶鼎JNZD2M2：5　2. 陶坛JNZD2M2：8-2　3、4. 硬陶坛JNZD2M2：6、7　5～8.
原始瓷碗JNZD2M2：1～4　9. 陶钵JNZD2M2：8-1　10. 陶纺轮JNZD2M2：9

JNZD2M2：4，原始瓷。敛口，尖唇，唇面内凹，弧腹，平底微内凹。碗内有多道轮制凹旋痕，底面有线拉割留下的旋线。器身施青绿色釉，釉呈散点状，有积釉和流釉现象。轮制。素面。口径14.6、底径6.2、高4.4厘米（图三三，8；彩版一五，4）。

钵　1件。

JNZD2M2：8-1，泥质褐陶。敛口，尖唇，弧肩，肩面略平，腹弧收，平底。手制，轮修。素面。口径17.8、底径13.4、高9.7厘米。作为器盖之用（图三三，9；彩版一五，5）。

纺轮　1件。

JNZD2M2：9，泥质红陶。算珠形，上下台面较平，中孔系对穿而成，中央有台痕。轮制。素面。外径3.4、孔径0.3～0.5、厚2.2厘米（图三三，10；彩版一五，6）。

3．JNZD2M3

JNZD2M3位于土墩西部Ⅰ、Ⅲ区之间。层位关系为④－M3→⑤（图三四；彩版一六，1）。长梯形竖穴土坑墓，东窄西宽，直壁，平底，壁、底无明显加工痕迹，墓口东高西低呈斜坡状，长2.60、宽1.10～1.40、深0.25～1.00米。墓向为东西向，头向90°。内填花白色土，土质较硬，内夹杂红烧土块。在墓底东侧发现少量牙齿。

随葬品有鼎3、坛2、罐1、瓿2、盆2、碗11、钵2、器盖2共25件。

鼎　3件。

JNZD2M3：13-2，夹砂红陶。微侈口，尖圆唇，斜折沿，折腹，上腹稍直，下腹弧收，三扁圆形锥状足。手制，轮修。素面。口径21.4、高16.2厘米（图三五，1）。

JNZD2M3：14-2，夹砂红陶。敛口微侈，尖圆唇，折沿，沿面内斜，微束颈，折腹，最大腹径在器中部，不太规整的三扁圆柱状足。手制，轮修。素面。口径14.8、高9.7厘米（图三五，2；彩版一六，2）。

JNZD2M3：15-2，夹砂红陶。微侈口，圆唇，腹底残损严重，三扁圆锥状足。素面。口径20.0厘米（图三五，3）。

坛　2件。

JNZD2M3：17，灰色硬陶。侈口，尖唇，卷沿外翻下垂，短束颈，折肩，鼓腹，最大腹径在器中部，下腹弧收，平底微内凹。颈部饰弦纹，腹部饰席纹和菱形填线纹。腹身泥条盘筑，口、颈部轮制。口径17.6、底径17.8、高34.8厘米（图三五，4；彩版一六，3）。

JNZD2M3：19，灰色硬陶。侈口，方唇，唇面微内凹，微卷沿，短束颈，广肩，鼓腹，最大腹径偏上部，下腹弧收，平底内凹。颈部饰弦纹，腹部饰小方格纹和菱形填线纹。腹身泥条盘筑，口、颈部轮制。口径17.2、底径20.8、高41.0厘米（图三五，5；彩版一六，4）。

罐　1件。

JNZD2M3：16-2，灰色硬陶。侈口，尖圆唇，卷沿外翻下垂，短束颈，广肩，弧腹，平底。颈部饰弦纹，肩、腹部饰小方格纹和菱形填线纹。泥条盘筑，轮修。口径16.6、底径16.0、高29.4厘米（图三五，6；彩版一七，1）。

瓿　2件。

JNZD2M3：11-2，灰褐色硬陶。侈口，尖唇，卷沿，外沿外凸下垂，短束颈，广肩，鼓腹，最

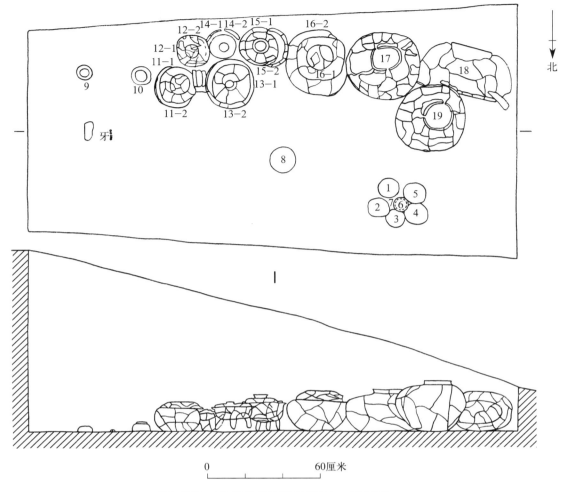

图三四　寨花头JNZD2M3平、剖面图

1、2～10、14-1. 原始瓷碗　11-1、16-1. 陶钵　11-2、12-2. 硬陶瓿　12-1、18. 陶盆　13-1、15-1. 陶器盖　13-2、14-2、
15-2. 陶鼎　16-2. 硬陶罐　17、19. 硬陶坛

大腹径偏上部，下腹弧收，平底微内凹。颈部饰弦纹，腹部饰席纹。器内壁有凸凹不平的制作痕迹，腹身泥条盘筑，口、颈部轮制。口径13.7、底径14.0、高13.4厘米（图三五，7；彩版一七，2）。

JNZD2M3：12-2，褐色硬陶。侈口，尖唇，卷沿，短束颈，广肩，鼓腹，最大腹径偏上部，下腹弧收，平底内凹。颈部饰弦纹，腹部饰席纹。腹身泥条盘筑，口、颈部轮制。口径14.8、底径14.0、高15.3厘米（图三五，8；彩版一七，3）。

盆　2件。

JNZD2M3：12-1，泥质黑皮陶。敞口，圆唇，内沿面微凹，弧腹，上腹部有一道凸棱，中腹残，下腹弧收，平底微凹。泥条盘筑，轮修。素面。口径25.0、底径12.0厘米。作为器盖之用（图三六，1）。

JNZD2M3：18，泥质灰胎黑皮陶。侈口，圆唇，宽沿微卷，内沿面有几道凹弦痕，束颈，鼓腹，最大腹径在腹中上部，平底微内凹。腹部饰席纹。泥条盘筑，口、颈部轮制。口径35.8、底径19.2、高22.5厘米（图三六，2；彩版一七，4）。

碗　11件。

　　JNZD2M3：1，原始瓷。敞口，方唇，唇面微凹，弧腹微折，下腹稍内收，平底内凹。碗内有多道轮制旋痕，底部有砂粒。器表不施釉，仅刷一层黄色化妆土。轮制。素面。口径11.8、底径6.5、高4.4厘米（图三六，3；彩版一七，5）。

　　JNZD2M3：2，原始瓷。敞口，方唇，沿面微内凹，弧腹微折，下腹弧收，平底微内凹。碗内有多道轮制旋痕，底部有砂粒。器表不施釉，仅刷一层黄色化妆土。轮制。素面。口径13.1、底径6.0、高4.6厘米（图三六，4；彩版一七，6）。

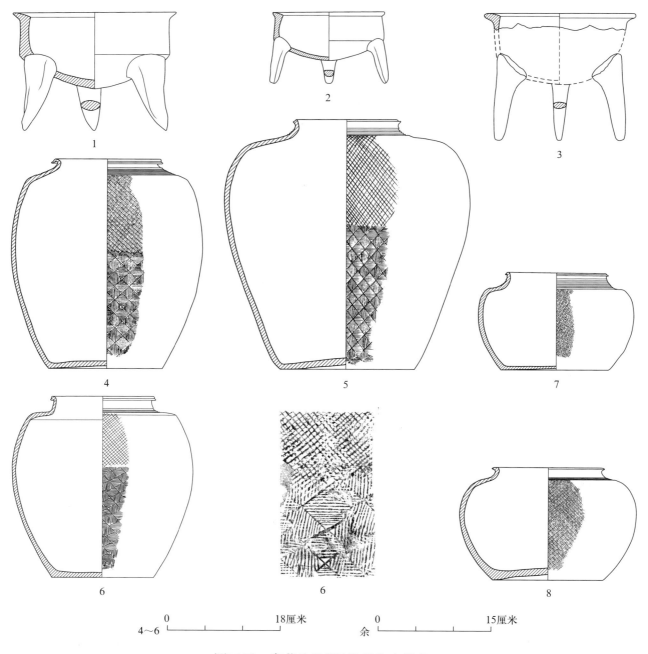

图三五　寨花头JNZD2M3出土器物

1～3. 陶鼎JNZD2M3：13-2、14-2、15-2　4、5. 硬陶坛JNZD2M3：17、19　6. 硬陶罐JNZD2M3：16-2　7、8. 硬陶瓿JNZD2M3：11-2、12-2

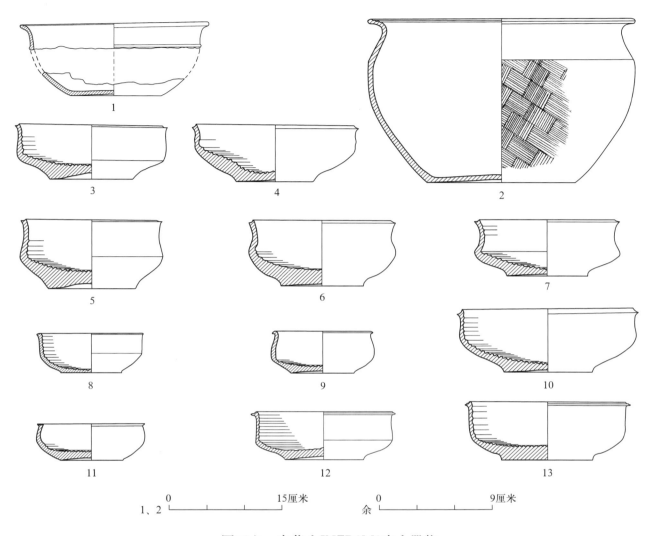

图三六　寨花头JNZD2M3出土器物
1、2. 陶盆JNZD2M3：12-1、18　3~13. 原始瓷碗JNZD2M3：1~10、14-1

JNZD2M3：3，原始瓷。敞口，方唇，唇面微凹，弧腹微折，下腹微内收，平底微内凹。碗内有多道轮制旋痕，底部有制作时留下的拉切痕迹和砂粒。器表不施釉，仅刷一层黄色化妆土。轮制。素面。口径11.2、底径7.0、高5.6厘米（图三六，5；彩版一八，1）。

JNZD2M3：4，原始瓷。敞口，方唇，唇面内凹，上腹稍内收，最大腹径在中部，平底微内凹。碗内有多道旋痕和支钉痕，底面有拉切割痕迹，周边有指纳痕。器表施青绿色薄釉，有积釉和脱釉现象。轮制。素面。口径11.5、底径6.5、高5.4厘米（图三六，6；彩版一八，2）。

JNZD2M3：5，原始瓷。敞口，方唇，唇面内凹，上腹内收，鼓腹，下腹弧收，平底内凹。碗内有多道轮制旋痕，底面有拉切痕迹。器表不施釉，仅刷一层化妆土。轮制。素面。口径11.7、底径6.4、高4.6厘米（图三六，7；彩版一八，3）。

JNZD2M3：6，原始瓷。敞口较直，方唇，折腹，下腹弧收，平底。碗内有多道轮制旋痕，底面有拉切割痕迹。器表不施釉，仅刷一层黄色化妆土。轮制。素面。口径8.2、底径4.8、高3.2厘米（图三六，8；彩版一八，4）。

JNZD2M3：7，原始瓷。微敛口，尖唇，卷沿，鼓腹，下腹微弧内收，平底微凹。碗内有多道轮制旋痕，底部有拉切痕迹。器身内外施青绿色釉，釉呈散点状，有流釉、积釉现象，局部釉面发生窑变。轮制。素面。口径 7.6、底径 5.0、高 3.4 厘米（图三六，9）。

JNZD2M3：8，原始瓷。敞口较直，斜方唇，唇面内凹，下腹弧收，平底内凹。碗内有多道轮制凹旋痕，底部有砂粒。器表不施釉，仅刷一层黄色化妆土。轮制。素面。口径 14.4、底径 7.0、高 5.2 厘米（图三六，10；彩版一八，5）。

JNZD2M3：9，原始瓷。敛口，方唇微内凹，弧腹，平底。碗内有多道轮制凹弦痕，底部有砂粒。器表施青绿釉，有积釉现象。轮制。素面。口径 8.2、底径 4.8、高 3.0 厘米（图三六，11）。

JNZD2M3：10，原始瓷。口较直，斜方唇，方唇微内凹形成一道凹槽，直腹弧收，平底内凹。碗内有多道轮制凹弦痕，底部有拉切痕迹。器表施黄釉。轮制。素面。口径 11.4、底径 6.5、高 4.0 厘米（图三六，12；彩版一八，6）。

JNZD2M3：14-1，原始瓷。敞口，斜方唇，唇面有两道凹旋痕，弧腹微折，饼形平底。碗内有多道轮制旋痕，底面有拉切痕迹。器表不施釉。轮制。素面。口径 12.9、底径 7.1、高 4.8 厘米。作为器盖之用（图三六，13）。

钵　2 件。

JNZD2M3：11-1，泥质红胎黑皮陶。敞口微敛，近方唇，折腹，上腹内收，有一圈斜线刻划纹，下腹弧收，平底微凹。泥条盘筑，轮修。素面。口径 18.0、底径 10.0、高 4.8 厘米。作为器盖之用（图三七，1）。

JNZD2M3：16-1，泥质红胎黑皮陶。敛口，斜方唇，折肩，弧腹，平底，中腹残。手制。口径 18.0、底径 11.6 厘米。作为器盖之用（图三七，2）。

器盖　2 件。

JNZD2M3：13-1，泥质黑皮陶。圈足状捉手，弧形盖面，盖缘内唇面微凹，残损。捉手径 6.8、口径 20.0 厘米（图三七，3）。

JNZD2M3：15-1，泥质红胎黑皮陶。仅存圈足状捉手，捉手径 7.8、残高 2.4 厘米（图三七，4）。

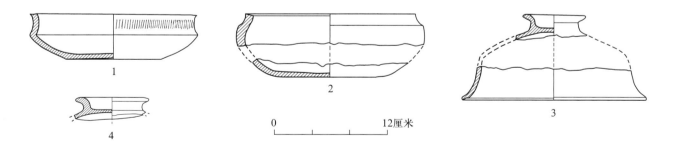

图三七　寨花头 JNZD2M3 出土器物
1、2. 陶钵 JNZD2M3：11-1、16-1　3、4. 陶器盖 JNZD2M3：13-1、15-1

4．JNZD2M4

JNZD2M4 位于土墩西北部 I 区，层位关系为④－M4→⑤（图三八；彩版一九，1）。长梯形竖穴土坑墓，西北宽东南窄，直壁，平底，壁、底无明显加工痕迹，墓口东南高西北低，呈斜坡状，长 2.45、宽 1.06～1.24、深 0.20～0.95 米。墓向为东南－西北向，头向 152°。内填浅红色土，土质较硬，内夹零星红烧土粒和木灰星。

随葬品有鼎 2、坛 2、罐 3、瓿 6、碗 6、钵 4、器盖 2 共 25 件。

鼎 2 件。

JNZD2M4：10，夹砂红陶。侈口，圆唇，折沿，腹部残，三扁圆锥状足。素面，器外有烟熏痕迹。口径 15.3 厘米（图三九，1）。

JNZD2M4：11−2，夹砂红陶。侈口，圆唇，折沿，三锥状足，截面呈椭圆形，残损严重。素面（图三九，2）。

坛 2 件。

JNZD2M4：12，红色硬陶。侈口，尖圆唇，卷沿，短束颈，广肩，鼓腹，最大腹径在器中上部，下腹弧收，平底微凹。颈部饰弦纹，腹部饰小方格纹和菱形填线纹。腹身泥条盘筑，口、颈部轮制。口径 22.8、底径 20.6、高 45.2 厘米（图三九，3）。

JNZD2M4：13−2，灰色硬陶。侈口，尖圆唇，卷沿外翻，溜肩，鼓腹，最大腹径在器中上部，下腹弧收，

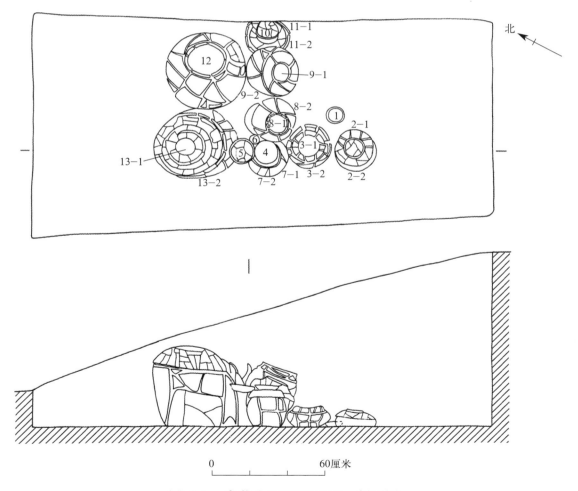

图三八 寨花头JNZD2M4平、剖面图

1、5. 原始瓷碗 2−1、7−1、9−1、11−1. 陶钵 M4：2−2、9−2、15−2、16. 硬陶瓿 3−1、15−1. 陶器盖 3−2、14−2. 陶瓿 4、6、8−1、14−1. 陶碗 7−2、8−2、13−1. 陶罐 10、11−2. 陶鼎 12、13−2. 硬陶坛

平底内凹。肩以下依次饰折线纹和回纹。口径24.0、底径22.0、高45.6厘米（图三九，4）。

罐　3件。

JNZD2M4：7-2，泥质红陶。侈口，口唇略残，短颈，折溜肩，肩面微内凹，鼓腹，最大腹径在器中部，下腹弧收，平底微内凹。腹部满饰席纹。泥条盘筑。口径约10.6、底径16.8、残高18.8

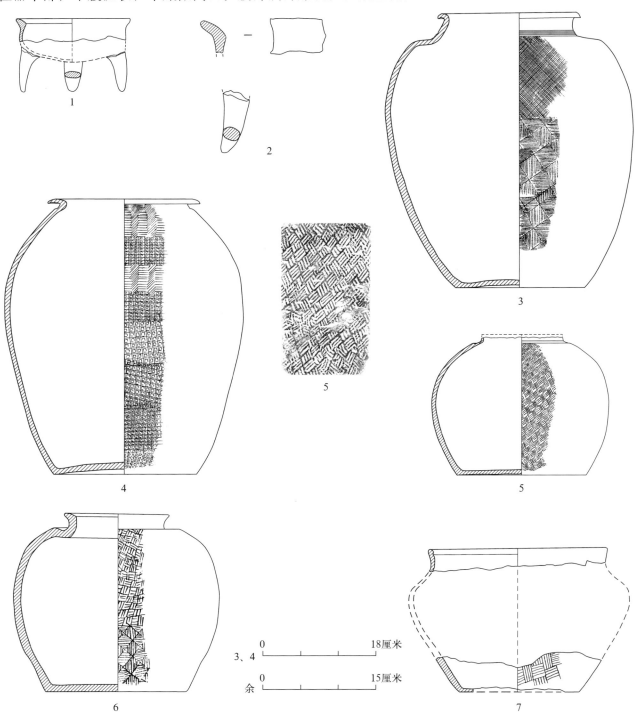

图三九　寨花头JNZD2M4出土器物

1、2. 陶鼎JNZD2M4：10、11-2　3、4. 硬陶坛JNZD2M4：12、13-2　5～7. 陶罐JNZD2M4：7-2、8-2、13-1

厘米（图三九，5）。

JNZD2M4：8-2，泥质红陶。侈口，尖圆唇，卷沿微折，短束颈，肩部略高耸，弧腹，最大腹径偏上，下腹弧收，平底。肩、腹部满饰席纹和菱形填线纹。泥条盘筑腹身，口、颈部轮制。口径13.6、底径18.6、高24.2厘米（图三九，6；彩版一九，2）。

JNZD2M4：13-1，泥质红陶。微侈口，圆唇，内沿面略凹，腹部残，约为平底，腹部饰席纹。泥条盘筑。口径23.8厘米（图三九，7）。

瓿　6件。

JNZD2M4：2-2，红褐硬陶。侈口，方唇，唇面内凹，短直颈，溜肩，鼓腹，最大腹径在器中，平底内凹。肩、腹部饰席纹和叶脉纹。器内可见篦刮和指抹痕，肩部可见口肩相接痕。泥条盘筑，口沿轮修，口底另接。口径10.0、底径10.8、高10.4厘米（图四〇，1）。

JNZD2M4：3-2，泥质灰陶。直口，方唇，短直颈，广肩，鼓腹，最大腹径偏上，平底。手制，轮修。素面。口径15.0、底径16.0、高12.6厘米（图四〇，2）。

JNZD2M4：9-2，灰色硬陶。侈口，尖圆唇，卷沿，沿面内凹，短束颈，广肩，鼓腹，最大腹

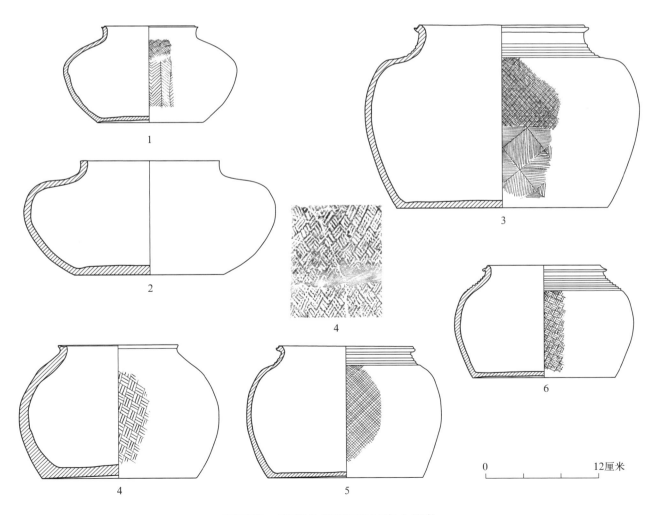

图四〇　寨花头JNZD2M4出土器物

1、3、5、6. 硬陶瓿JNZD2M4：2-2、9-2、15-2、16　2、4. 陶瓿JNZD2M4：3-2、14-2

径在器中上部，下腹弧收，平底。颈部饰弦纹，腹部饰席纹和菱形填线纹。腹身泥条盘筑，颈部轮制。口径 18.0、底径 21.8、高 20.0 厘米（图四〇，3；彩版一九，3）。

JNZD2M4：14-2，泥质红陶。敛口，方唇，唇面内凹，溜肩，鼓腹弧收，平底略内凹。腹部饰席纹。轮制。口径 12.6、底径 16.2、高 14.5 厘米（图四〇，4）。

JNZD2M4：15-2，褐色硬陶。侈口，尖圆唇，卷沿，唇面微内凹，短束颈，溜肩，鼓腹，最大腹径在中部，平底略内凹。颈部饰弦纹，腹部饰小方格纹。轮制。口径 14.9、底径 16.0、高 14.4 厘米（图四〇，5）。

JNZD2M4：16，褐色硬陶。侈口，尖圆唇，卷沿，唇面微内凹，短束颈，溜肩，鼓腹，最大腹径在中部，平底略内凹。颈部饰弦纹，腹部饰席纹。手制轮制。口径 13.2、底径 15.2、高 12.2 厘米（图四〇，6）。

碗　6件。

JNZD2M4：1，原始瓷。敛口，尖圆唇微外折，弧腹，平底微凹。底面有拉切痕迹。碗内有多道弦痕，器形不规整。器身施青绿色釉，呈散点状，有积釉现象，素面。口径 9.2、底径 5.6、高 3.3 厘米（图四一，1）。

JNZD2M4：4，泥质灰陶。敞口，方唇略斜，弧腹，平底。轮制。口径 14.0、底径 8.3、高 4.0 厘米（图四一，2；彩版一九，4）。

JNZD2M4：5，原始瓷。敞口，尖唇，沿面略斜，上腹斜直，下腹弧收，平底微内凹。碗内有多道弦痕，底部有拉切痕迹和砂粒。器身施黄色化妆土后，再施青绿色薄釉，釉大部脱落，仅在局部有积釉现象。轮制。素面。口径 12.4、底径 7.0、高 6.2 厘米（图四一，3）。

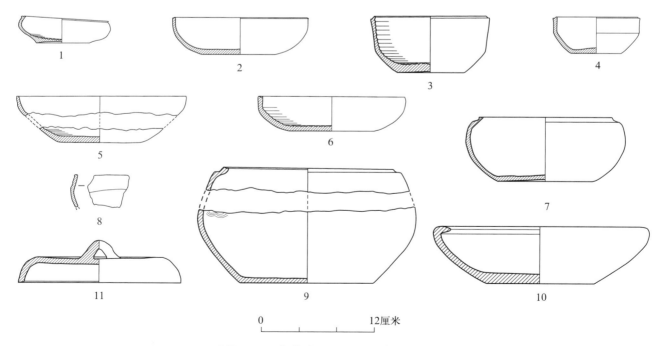

图四一　寨花头JNZD2M4出土器物

1、3. 原始瓷碗JNZD2M4：1、5　2、4～6. 陶碗JNZD2M4：4、6、8-1、14-1　7～10. 陶钵JNZD2M4：2-1、7-1、9-1、11-1　11. 陶器盖JNZD2M4：3-1

JNZD2M4：6，泥质红胎黑皮陶。敞口较直，斜方唇，沿面微内凹，上腹直，折腹，下腹斜弧收，平底。手制。口径9.0、底径5.2、高4厘米（图四一，4）。

JNZD2M4：8-1，泥质红褐胎黑皮陶。敞口，方唇，腹部残，平底。器内壁有旋痕。轮制。口径18.0、底径9.0厘米。作为器盖之用（图四一，5）。

JNZD2M4：14-1，泥质红胎黑皮陶。敞口较直，方唇，唇面内凹，折腹，弧收，平底。器内壁有旋痕。手制，轮修。口径15.4、底径9.0、高3.6厘米。作为器盖之用（图四一，6）。

钵　4件。

JNZD2M4：2-1，泥质灰陶。敛口，方唇，口沿下稍内折，弧腹，平底。口径13.2、底径10.0、高6.9厘米。作为器盖之用（图四一，7）。

JNZD2M4：7-1，泥质红胎黑皮陶。敛口，方唇，微折腹，残损。手制。残宽4.3、残高3.5厘米。作为器盖之用（图四一，8）。

JNZD2M4：9-1，泥质灰胎黑皮陶。敛口，方唇，唇面内凹。口沿下稍内折，腹部残，平底。残留局部有水波纹。口径18.0、底径14.0厘米。作为器盖之用（图四一，9）。

JNZD2M4：11-1，泥质红陶。敛口，尖圆唇，弧收腹，平底。轮制。素面。口径22.8、底径11.0、高6.2厘米。作为器盖之用（图四一，10）。

器盖　2件。

JNZD2M4：3-1，泥质灰胎黑皮陶。直口，斜沿，弧腹，平顶微下凹，中间有一桥状纽。手制，轮修。素面。口径17.2、高4.6厘米（图四一，11；彩版一九，5）。

JNZD2M4：15-1，泥质红胎黑皮陶。残碎严重。

5．JNZD2M5

JNZD2M5位于土墩东南部的Ⅳ区，层位关系为④－M5→⑤（图四二；彩版二〇，1）。长方形竖穴土坑墓，西北宽东南窄，直壁，平底，壁、底无明显加工痕迹，墓口西北高东南低呈斜坡状，长3.12、宽1.11～1.25、深0.05～0.75米。墓向为西北－东南向，头向310°。内填浅灰色花土，土质较硬，内夹杂红烧土粒和木灰星。

随葬品有鼎2、坛1、罐3、瓶2、盆6、碗3、器盖2共19件。

鼎　2件。

JNZD2M5：2-2，夹砂红陶。侈口，圆唇，宽折沿，上腹稍斜直，折腹，下腹弧收成圜底，三扁圆形锥状足，足尖略外撇。手制，轮修。素面。口径25.0、高19.8厘米（图四三，1；彩版二〇，2）。

JNZD2M5：12，夹砂红陶。侈口，圆唇，宽折沿，残损严重，三扁圆形锥状足。素面。口残宽4.1、残高2.0厘米（图四三，2）。

坛　1件。

JNZD2M5：8-2，灰色硬陶。侈口，尖圆唇，卷沿下垂微上卷，短束颈，广肩，鼓腹，最大腹径在器中上部，下腹弧收，平底内凹。颈部饰弦纹，肩、腹部饰席纹和菱形填线纹。腹身泥条盘筑，口、颈部轮制。口径22.4、底径23.2、高48.8厘米（图四三，3；彩版二〇，3）。

罐　3件。

JNZD2M5：5-2，泥质红胎黑皮陶。敛口，方唇，唇面内凹，矮领，折肩，鼓腹，平底。腹上

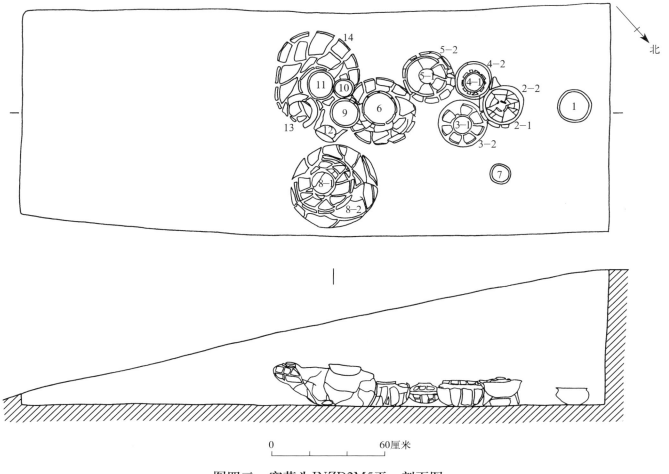

图四二　寨花头JNZD2M5平、剖面图

1、3-1、4-1、5-1、8-1、10. 陶盆　2-1、13. 陶器盖　2-2、12. 陶鼎　3-2、4-2. 硬陶瓿　5-2、14. 陶罐　6. 硬陶罐　7、9、11. 原始瓷碗　8-2. 硬陶坛

部有一对称的双耳，耳面有刻划纹。颈部饰弦纹。手制。口径13.4、底径12.0、高18.6厘米（图四三，4）。

　　JNZD2M5：14，泥质黑皮陶。敛口，尖圆唇，外沿稍外凸微凹，矮领，广肩微折，肩面微凹，鼓腹，最大腹径偏上，下腹弧收，平底微凹。肩部有一对称的桥形耳，耳面有平行刻划纹。颈肩部有轮修弦痕。腹身泥条盘筑，口、颈部轮制。口径19.0、底径18.4、高28.0厘米（图四三，5）。

　　JNZD2M5：6，灰色硬陶。侈口，尖圆唇，卷沿外翻微下垂，短直颈，广肩，鼓腹，最大腹径偏上，平底微凹，底部脱落一层。肩、腹部饰席纹和菱形填线纹。器内壁腹身泥条盘筑痕迹明显，口、颈部轮制。口径18.8、底径20.8、高27.2厘米（图四三，6；彩版二〇，4）。

　　瓿　2件。

　　JNZD2M5：3-2，灰色硬陶。侈口，尖唇，卷沿，短直颈，溜肩，鼓腹，最大腹径在器中，平底。颈部饰弦纹，肩、腹部饰席纹和菱形填线纹。手制，轮修。口径14.8、底径14.8、高16.3厘米（图四三，7；彩版二一，1）。

　　JNZD2M5：4-2，灰色硬陶。侈口，尖圆唇，卷沿外翻微下垂，沿面微凹，短直颈，广肩，鼓腹，最大腹径偏上，平底微凹，底部脱落一层。颈部饰弦纹，肩、腹部饰席纹。腹身泥条盘筑，口、颈部轮制。

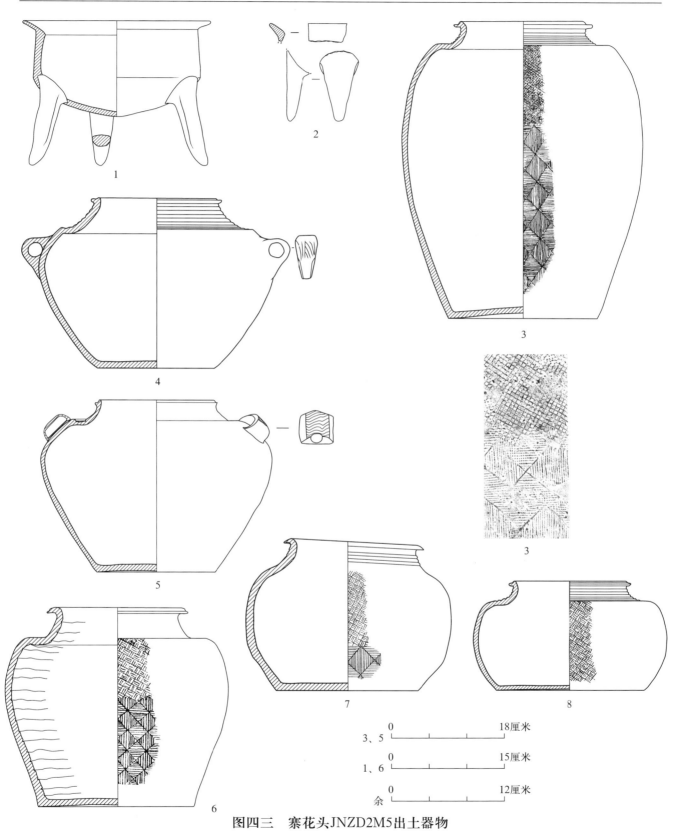

图四三 寨花头JNZD2M5出土器物

1、2.陶鼎JNZD2M5：2-2、12 3.硬陶坛JNZD2M5：8-2 4、5.陶罐JNZD2M5：5-2、14 6.硬陶罐JNZD2M5：6 7、8.硬陶瓿JNZD2M5：3-2、4-2

口径 12.8、底径 15.4、高 11.9 厘米（图四三，8；彩版二一，2）。

盆　6件。

JNZD2M5：1，泥质灰胎黑皮陶。敞口，圆唇，卷沿，内沿面有一道凹弦痕，束颈，折腹，下腹弧收成平底。底部有指印痕。泥条盘筑，口、颈部轮制。素面。口径 17.2、底径 9.0、高 5.8 厘米（图四四，1；彩版二一，3）。

JNZD2M5：3-1，泥质灰胎黑皮陶。侈口，圆唇，卷沿，内沿面有一道凹弦痕，束颈，鼓腹微折，下腹弧收成平底微内凹。泥条盘筑，口、颈部轮制。素面。口径 18.6、底径 9.0、高 5.2 厘米（图四四，2；彩版二一，4）。

JNZD2M5：4-1，泥质灰胎黑皮陶。敞口，斜方唇，沿面有一道凹弦痕，束颈，折腹，下腹弧收成平底。泥条盘筑，口、颈部轮制。素面。口径 16.2、底径 7.2、高 5.4 厘米。作为器盖之用（图四四，3）。

JNZD2M5：5-1，泥质红胎黑皮陶。侈口，圆唇，卷沿，内沿面有一道凹弦痕，束颈，折腹，下腹弧收平底，底心内凹。轮制。素面。口径 19.5、底径 8.2、高 5.8 厘米。作为器盖之用（图四四，4；彩版二一，5）。

JNZD2M5：8-1，泥质黑胎黑衣陶，部分脱落。侈口，圆唇，卷沿，沿面较平，唇沿上翘，折腹，上腹较直，有两道凹弦痕，下腹弧收成平底微内凹。轮制。素面。口径 27.9、底径 10.4、高 10.4 厘米。作为器盖之用（图四四，5；彩版二一，6）。

JNZD2M5：10，泥质灰陶。侈口，圆唇，卷沿，内沿面有一道凹弦痕，束颈，鼓腹微折，下腹弧收成平底微内凹。手制，轮修。素面。口径 13.0、底 6.2、高 3.4 厘米（图四四，6；彩版二二，1）。

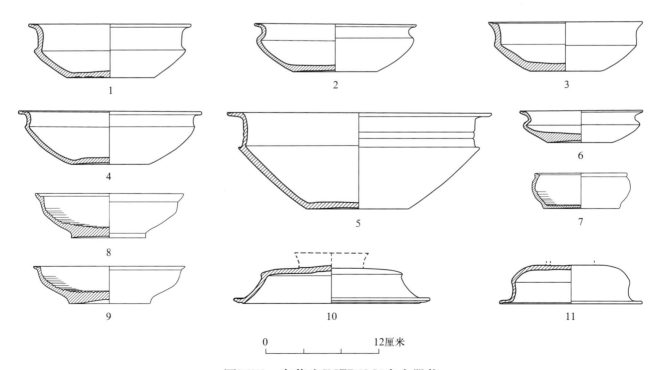

图四四　寨花头JNZD2M5出土器物

1~6. 陶盆JNZD2M5：1、3-1、4-1、5-1、8-1、10　7~9. 原始瓷碗JNZD2M5：7、9、11　10、11. 陶器盖JNZD2M5：2-1、13

碗　3件。

JNZD2M5：7，原始瓷。敛口，斜方唇，唇面微内凹，口沿下微束，弧腹，平底微内凹。碗内有多道轮制弦痕，底部有砂粒，除底部外，器身遍施青绿色釉。轮制。素面。口径9.8、底径8.0、高3.8厘米（图四四，7；彩版二二，2）。

JNZD2M5：9，原始瓷。敞口，尖唇，斜折沿，沿面微内凹，斜弧腹，饼形平底微内凹。碗内有多道轮制弦痕，底部和内壁有支钉痕。除底部外，器身遍施青绿色釉，涂施不均，形成斑斑点点的釉块。轮制。素面。口径15.7、底径7.8、高4.8厘米（图四四，8；彩版二二，3）。

JNZD2M5：11，原始瓷。敞口，尖唇，唇面微内凹，微斜折沿，斜弧腹，平底内凹。碗内有多道轮制弦痕，内壁有支钉3个，底部有拉切痕迹。器身施一层化妆土。轮制。素面。口径16.0、底径8.4、高4.0厘米（图四四，9；彩版二二，4）。

器盖　2件。

JNZD2M5：2-1，泥质红胎黑皮陶，部分脱落。捉手残失，上盖面弧平，下盖面微折稍内收。盖缘敞口，圆唇稍卷，内缘面有一道凹弦痕。口径20.6、残高4.0厘米（图四四，10；彩版二二，5）。

JNZD2M5：13，泥质黑胎黑皮陶。捉手残缺，弧顶，折壁内弧，敞口，微卷沿，沿面稍平，圆唇，唇缘微上翘。手制，轮修。素面。口径15.2、残高4.0厘米（图四四，11；彩版二二，6）。

6．JNZD2M6

JNZD2M6位于土墩东南部的Ⅳ区，层位关系为④－M6→⑤（图四五；见彩版二〇，1）。长方形竖穴土坑墓，墓坑东南角被JNZD2M1打破，西北宽东南窄，直壁，平底，壁、底无明显加工痕迹，墓口西北高东南低，呈斜坡状，长2.15、宽1.00～1.10、深0.15～0.60米。墓向为西北－东南向，头向310°。内填浅灰色花土，土质较硬，内夹杂红烧土粒和木灰星。

随葬品有鼎2、瓿3、碗2、器盖2共9件。

鼎　2件。

JNZD2M6：1-2，夹砂红陶。侈口，圆唇，折沿，上腹较直，下腹弧收成圜底，三扁圆形鼎足。手制，轮修。素面。口径27.4、残高12.4厘米（图四六，1；彩版二三，1）。

JNZD2M6：3-2，夹砂红陶。侈口，圆唇，折沿，上腹较直，下腹和底残损，三扁圆形鼎足。手制，轮修。素面。口径22.0厘米（图四六，2）。

瓿　3件。

JNZD2M6：2，灰色硬陶。侈口，尖唇，唇缘微上翘，卷沿稍外翻，短束颈，广肩，弧鼓腹，最大腹径在器中偏上部，平底微内凹。腹部饰方格纹。手制，轮修。口径17.9、底径18.2、高21.4厘米（图四六，3；彩版二三，2）。

JNZD2M6：4-2，褐色硬陶。侈口，方唇，唇面微内凹，微卷沿，矮领，溜肩，弧腹，最大腹径在肩部，平底内凹。底部系预制泥饼再与腹身粘接而成，连接处可见修抹痕迹。腹部饰小方格纹。腹身泥条盘筑，口、颈部轮制。口径10.0、底径12.2、高9.8厘米（图四六，4；彩版二三，3）。

JNZD2M6：5-2，灰色硬陶。侈口，尖唇，卷沿下翻，沿面下垂，矮束颈，溜肩，弧腹微鼓，最大腹径在器中偏上部，平底内凹。腹部饰方格纹。手制，轮修。口径12.0、底径14.2、高10.6厘米（图四六，5；彩版二三，4）。

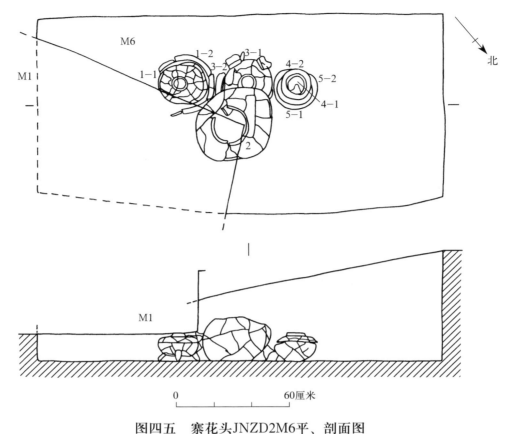

图四五　寨花头JNZD2M6平、剖面图
1-1、3-1.陶器盖　1-2、3-2.陶鼎　2、4-2、5-2.硬陶瓿　4-1、5-1.陶碗

碗　2件。

JNZD2M6：4-1，泥质灰陶。直口微敛，方唇，弧收腹，平底。器内有多道凹弦痕。轮制。素面。口径13.2、底径7.4、高3.5厘米（图四六，6；彩版二三，5）。

JNZD2M6：5-1，泥质灰陶。敛口较直，方唇，唇面微内凹，折腹，下腹斜收，平底。手制，轮修。素面。口径15.6、底径9.8、高4.7厘米（图四六，7；彩版二三，6）。

器盖　2件。

JNZD2M6：1-1，泥质黑皮陶。圈足状捉手已残缺，盖口沿圆唇，内沿面有凹弦痕。轮制。口径19.0厘米（图四六，8）。

JNZD2M6：3-1，泥质红胎黑皮陶。捉手部分已残缺，仅剩盖的口缘部分，圆唇，内沿面有凹弦痕。手制。口径21.0、残高1.6厘米（图四六，9）。

7. JNZD2M7

JNZD2M7位于土墩东南角的Ⅳ区，层位关系为④-M7→⑤（图四七；彩版二四，1）。长方形竖穴土坑墓，北稍宽南略窄，直壁，平底，壁、底无明显加工痕迹，墓口北高南低，呈斜坡状，长2.43、宽0.95～1.00、深0.20～0.74米。墓向为西北-东南向，头向345°。内填浅红色土，土质硬，内夹零星红烧土粒和木灰星。

随葬品有鼎3、坛2、罐2、瓿3、碗13、钵1、器盖1共25件。

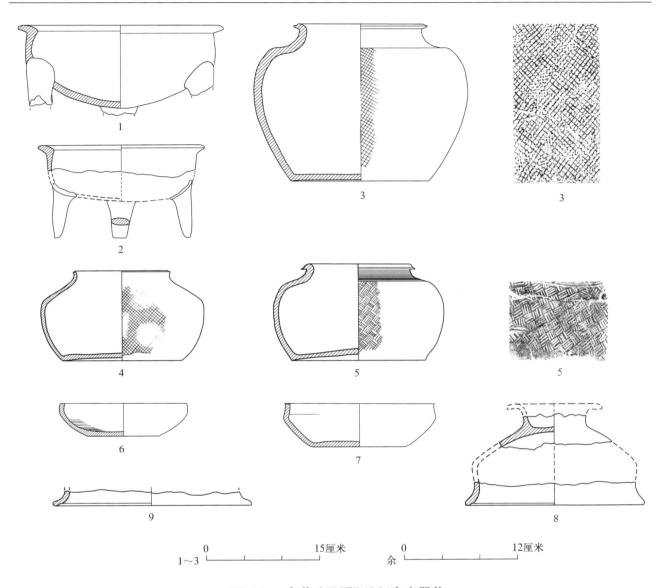

图四六 寨花头JNZD2M6出土器物

1、2. 陶鼎JNZD2M6：1-2、3-2 3~5. 硬陶瓿JNZD2M6：2、4-2、5-2 6、7. 陶碗JNZD2M6：4-1、5-1 8、9. 陶器盖 JNZD2M6：1-1、3-1

鼎 3件。

JNZD2M7：10-2，夹砂红陶。侈口，圆唇，折沿，上腹微鼓，下腹弧收成圜底，三扁圆锥形足，器外有烟熏痕迹。轮制。素面。口25.2、高18.6厘米（图四八，1；彩版二四，2）。

JNZD2M7：12-2，夹砂红陶。侈口，圆唇，折沿微卷，弧腹收成圜底，三扁圆锥柱状足，足尖稍外撇。底部有烟怠痕迹。轮制。素面。口径18.8、高14.8厘米（图四八，2；彩版二四，3）。

JNZD2M7：14，夹砂红陶。微侈口，圆唇，沿面微卷，上腹较直，下腹弧收成圜底，三扁圆柱状足。底部有烟怠痕迹。手制，轮修。素面。口径17.2、高11.6厘米（图四八，3；彩版二四，4）。

坛 2件。

JNZD2M7：7-2，灰色硬陶。侈口，尖圆唇，卷沿下垂微上卷，短束颈，溜肩，鼓腹，最大腹

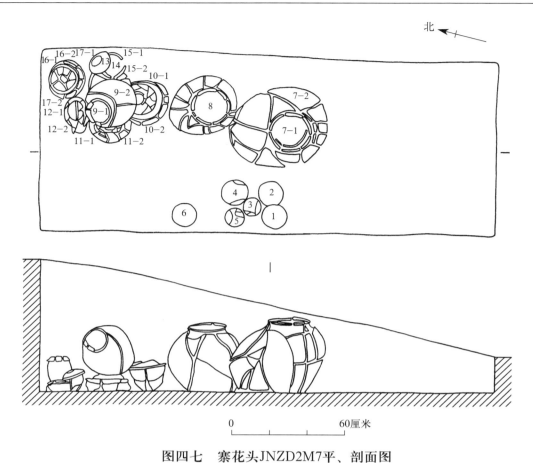

北 ←

0 　　　　　　　60厘米

图四七　寨花头JNZD2M7平、剖面图

1、2、4、6、13. 原始瓷碗　3、5、9-1、11-1、12-1、15-1、16-1、17-1. 陶碗　7-1. 陶钵　7-2、8. 硬陶坛　9-2. 硬陶罐　10-1. 陶器盖　10-2、12-2、14. 陶鼎　11-2. 陶罐　15-2、16-2、17-2. 硬陶瓿

径在器中上部,下腹斜收,平底内凹。肩、腹部饰席纹和菱形填线纹。腹身泥条盘筑,口、颈部轮制。口径22.0、底径26.0、高48.0厘米(图四八,4;彩版二五,1)。

JNZD2M7:8,灰色硬陶。侈口,尖圆唇,卷沿下垂微上卷,短束颈,广肩,鼓腹,最大腹径在器中上部,下腹弧收,平底内凹。颈部饰弦纹,肩、腹部饰席纹和菱形填线纹。器内泥条盘筑痕迹明显,口、颈部轮制。口径27.6、底径21.2、高41.6厘米(图四八,5;彩版二五,2)。

罐　2件。

JNZD2M7:9-2,灰色硬陶。侈口,尖圆唇,卷沿,外沿外凸,形成一道凹弦痕,短束颈,溜肩,鼓腹,平底微凹。颈部饰弦纹,肩、腹部饰细方格纹。泥条盘筑。口径16.8、底径17.4、高28.8厘米(图四八,6;彩版二五,3)。

JNZD2M7:11-2,泥质灰陶。直口,尖唇,斜沿,沿面内凹形成凹弦痕,溜肩,弧腹,最大腹径偏上部,下腹弧收,平底。颈部有轮制形成的多道弦纹,肩两侧各附一桥形耳。腹身泥条盘筑,口、颈部轮制。口径12.5、底径10.4、高14.2厘米(图四八,7;彩版二五,4)。

瓿　3件。

JNZD2M7:15-2,褐色硬陶。口微侈,尖唇,唇缘上翘,外沿面下垂,形成有一道凹旋痕,矮斜领,广肩,肩面略凹,鼓腹,最大腹径在器中,下腹弧收,平底微凹。颈、肩部饰弦纹,腹部饰水波纹

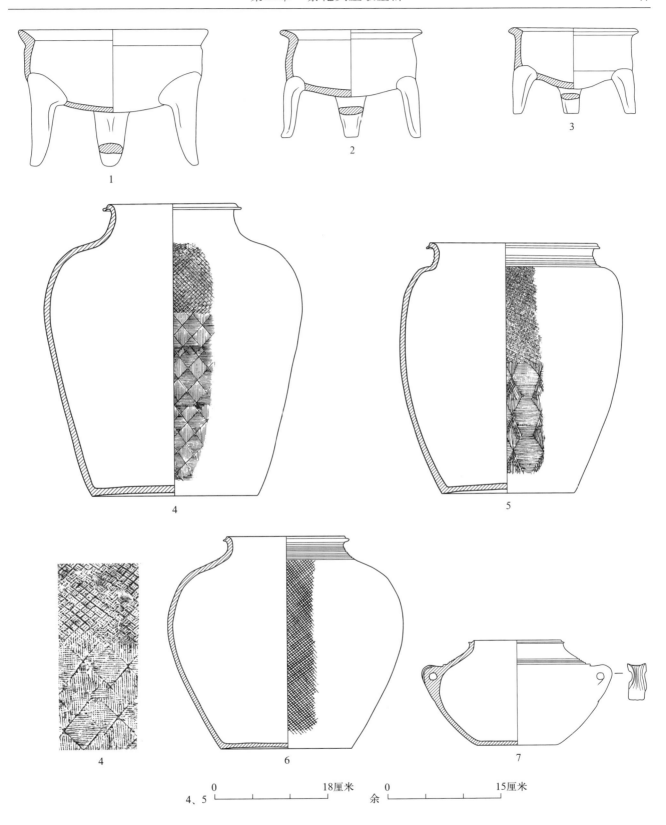

图四八　寨花头JNZD2M7出土器物

1～3. 陶鼎JNZD2M7：10-2、12-2、14　4、5. 硬陶坛JNZD2M7：7-2、8　6. 硬陶罐JNZD2M7：9-2　7. 陶罐JNZD2M7：11-2

和席纹，器内壁有斜向修抹痕迹。腹身泥条盘筑，口、颈部轮制。口径13.8、底径14.0、高14.6厘米（图四九，1；彩版二五，5）。

JNZD2M7：16-2，红色硬陶。微侈口，尖圆唇，卷沿下垂微上卷，形成有一道凹旋痕，短束颈，溜肩，鼓腹，最大腹径在器中上部，下腹弧收，平底内凹。肩、腹部饰席纹。腹身泥条盘筑，口、颈部轮制。口径10.0、底径11.2、高9.8厘米（图四九，2）。

JNZD2M7：17-2，灰色硬陶。侈口，尖圆唇，卷沿，外沿外凸，形成一道凹弦痕，矮领，溜肩，鼓腹，最大腹径在器中，下腹弧收，平底微内凹。肩部饰弦纹，腹部遍饰小方格纹，腹身泥条盘筑，口、颈部轮制。本器出土时罐内盛有碎骨若干。口径12.4、底径14.0、高12.4厘米（图四九，3）。

碗　13件。

JNZD2M7：1，原始瓷。敞口，斜方唇，沿面有两道凹弦痕，弧腹微折，下腹弧收，平底微内凹。碗内有多道弦痕，底部有拉切痕迹和少量砂粒。器表施青绿色釉，呈散点状，有脱釉现象。轮制。素面。口径13.4、底径6.2、高4.2厘米（图五〇，1；彩版二六，1）。

JNZD2M7：2，原始瓷。敛口，尖唇，外沿面微凹，弧腹微折，平底微内凹。碗内有多道弦痕，底部有线拉切痕迹。器身施青绿色釉，有积釉和脱釉现象。轮制。素面。口径14.0、底径6.2、高5.0厘米（图五〇，2；彩版二六，2）。

JNZD2M7：3，泥质灰胎黑皮陶，已部分脱落。敞口，方唇，弧腹，平底。手制，轮修。素面。口径11.5、底径6.0、高2.8厘米（图五〇，3）。

JNZD2M7：4，原始瓷。敛口，尖唇，外沿面微凹，弧腹，平底微内凹。碗内有轮修形成的多道弦痕。器身施黄色化妆土。轮制。素面。口径14.6、底径5.6、高4.2厘米（图五〇，4；彩版二六，3）。

JNZD2M7：5，泥质红胎黑皮陶。敛口，方唇，唇面微凹，微束颈，鼓腹，下腹弧收成平底。碗

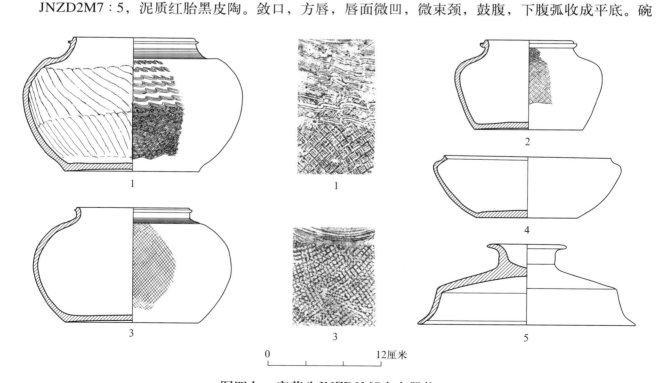

图四九　寨花头JNZD2M7出土器物

1～3. 硬陶瓿JNZD2M7：15-2、16-2、17-2　4. 陶钵JNZD2M7：7-1　5. 陶器盖JNZD2M7：10-1

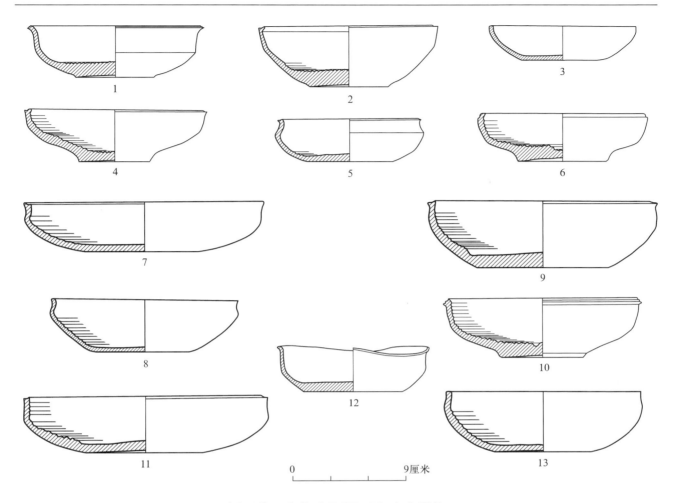

图五〇　寨花头JNZD2M7出土器物

1、2、4、6、10. 原始瓷碗JNZD2M7：1、2、4、6、13　3、5、7～9、11～13. 陶碗JNZD2M7：3、5、9-1、11-1、12-1、15-1、16-1、17-1

内有多道弦痕。轮制。素面。口径11.2、底径6.8、高3.4厘米（图五〇，5；彩版二六，4）。

　　JNZD2M7：6，原始瓷。敛口，方唇，口沿外侧微内凹，弧腹微内收，平底微内凹。碗内有多道弦痕。器身施青绿色釉。轮制。素面。口径13.0、底径7.0、高3.8厘米（图五〇，6；彩版二六，5）。

　　JNZD2M7：9-1，泥质红胎黑皮陶。敛口较直，方唇，唇面内凹，腹弧收成平底。内壁有多道弦痕。轮制。素面。口径19.0、底径9.0、高4.0厘米。作器盖用（图五〇，7）。

　　JNZD2M7：11-1，泥质红胎黑皮陶，大部脱落。微敛口，方唇，鼓腹，最大腹径在中上部，下腹斜收，平底。器内有多道弦痕。轮制。素面。口径14.4、底径8.0、高4.1厘米。作器盖用（图五〇，8；彩版二六，6）。

　　JNZD2M7：12-1，泥质灰胎黑皮陶。敛口较直，斜方唇，唇面内凹，沿下微束，腹弧收成平底。内壁有多道弦痕。轮制。素面。口径18.2、底径10.4、高5.4厘米。作器盖用（图五〇，9；彩版二七，1）。

　　JNZD2M7：13，原始瓷。敞口，尖唇，唇面有两道凹弦痕，斜沿，弧腹收成平底微内凹。内壁有多道弦痕。轮制。素面。口径15.6、底径6.8、高4.8厘米（图五〇，10；彩版二七，2）。

JNZD2M7：15-1，泥质红陶。直口，斜方唇，唇面内凹，折腹，下腹弧收成平底微内凹，有指印痕。内壁有多道弦痕，底心上凸。轮制。素面。口径19.4、底径9.2、高4.6厘米。作器盖用（图五〇，11；彩版二七，3）。

JNZD2M7：16-1，泥质灰胎黑皮陶。敞口，方唇，沿稍外侈，弧腹微折，平底。器口部略有变形。轮制。口径11.8、底径7.4、高3.6厘米。作器盖用（图五〇，12；彩版二七，4）。

JNZD2M7：17-1，泥质灰胎黑皮陶。敛口较直，方唇，唇面内凹，弧腹，平底微凹。内壁有多道弦痕。轮制。素面。口径15.4、底径7.6、高5.0厘米。作器盖用（图五〇，13）。

钵　1件。

JNZD2M7：7-1，泥质红陶。敛口，斜方唇，唇面形成一道凹弦痕，弧腹，最大腹径在肩部，平底。轮制。素面。口径17.4、底径10.6、高6.6厘米。作器盖用（图四九，4；彩版二七，5）。

器盖　1件。

JNZD2M7：10-1，泥质红胎黑皮陶。圈足形捉手，盖面上部斜直，下部微折内束，盖口尖口内侧有一道凹弦纹，轮制。素面。捉手径8.4、口径23.2、高8.7厘米（图四九，5；彩版二七，6）。

8．JNZD2M8

JNZD2M8位于土墩西南部的Ⅲ区，层位关系为④－M8→⑤（图五一；彩版二八，1）。长梯形竖穴土坑墓，东北宽西南窄，直壁，平底，壁、底无明显加工痕迹，墓口东北高西南低呈斜坡状，长2.90～2.95、宽1.07～1.23、深0.12～0.62米。墓向为东北－西南向，头向55°。内填红褐色土，土质硬，内夹杂木灰星。

随葬品有鼎1、坛1、罐2、瓿2、碗2、器盖2共10件。

鼎　1件。

JNZD2M8：2-2，夹砂红陶。侈口，圆唇，斜沿，微束颈，弧腹稍折，圜底，三扁圆锥状足。手制，轮修。素面。口径26.4、高18.4厘米（图五二，1；彩版二八，2）。

坛　1件。

JNZD2M8：5，灰色硬陶。侈口，尖圆唇，唇缘有凹弦痕，卷沿，矮束颈，广肩微凹，弧腹微鼓，最大腹径在器上部，平底微凹。颈部有轮修形成的凹弦纹，肩及腹部饰方格纹和菱形填线纹。手制，轮修。口径20.2、底21.2、高43.2厘米（图五二，2；彩版二八，3）。

罐　2件。

JNZD2M8：3-2，灰色硬陶。侈口，尖唇，唇面微凹，卷沿外翻，矮束颈，溜肩，鼓弧，最大腹径偏上部，平底内凹。肩及腹部饰小方格纹和菱形填线纹。手制，轮修。口径15.6、底径16.2、高19.4厘米（图五二，3；彩版二八，4）。

JNZD2M8：4，泥质灰胎黑皮陶。敛口，方唇，唇沿略外斜，矮领，广肩，颈部微凹，鼓腹弧收，最大腹径偏上，平底微内凹。近肩部有对称桥形系，上有纵向穿孔。轮制。素面。口径21.0、底径23.0、高25.5厘米（图五二，4；彩版二九，1）。

瓿　2件。

JNZD2M8：6，灰色硬陶。侈口，斜方唇，唇面有凹槽，卷沿，束颈，溜肩，鼓腹，下腹收成平底。肩部饰弦纹，腹部饰小方格纹。口径11.2、底径13.8、高11.4厘米（图五二，5；彩版二九，2）。

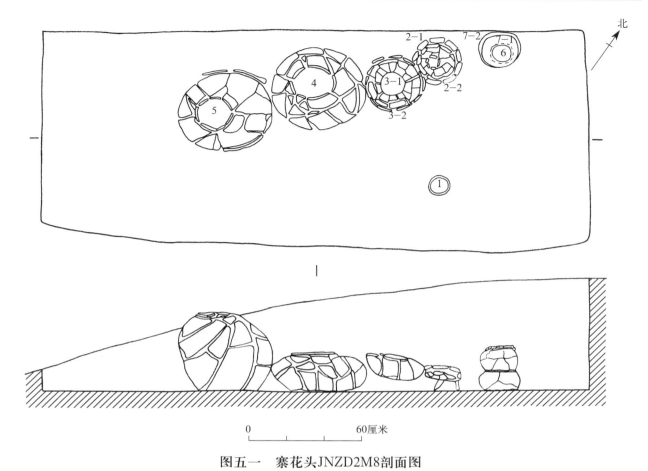

图五一 寨花头JNZD2M8剖面图

1. 原始瓷碗 2-1、3-1. 陶器盖 2-2. 陶鼎 3-2. 硬陶罐 4. 陶罐 5. 硬陶坛 6、7-2. 硬陶瓿 7-1. 陶碗

JNZD2M8：7-2，灰色硬陶，局部红褐色。侈口，斜方唇，唇面有凹槽，卷沿，溜肩，鼓腹，最大腹径偏上，下腹收成平底微凹。肩、腹部饰小方格纹。轮制。口径13.0、底径14.0、高14.4厘米（图五二，6；彩版二九，3）。

碗 2件。

JNZD2M8：1，原始瓷。敛口，尖唇，唇面略斜，折沿，沿面上有两道凹旋痕，鼓腹，平底微内凹。碗内密布轮制旋线，底部有垫烧砂粒。器身遍施青绿色釉。轮制。素面。口径11.2、底径7.4、高4.0厘米（图五二，7；彩版二九，4）。

JNZD2M8：7-1，泥质红胎黑皮陶。敞口，方唇，沿面内凹，弧腹，斜收小平底。器内壁有弦纹。手制，轮修。口径16.6、底径6.0、高5.7厘米。作器盖用（图五二，8）。

器盖 2件。

JNZD2M8：2-1，泥质红胎黑皮陶。覆豆形器盖，圈足形捉手。盖口圆唇卷沿，内沿面有一道凹弦痕，敞口，短束颈，直壁，顶较平，顶壁几成折交。手制，轮修。素面。捉手径8.0、口径22.8、高7.2厘米（图五二，9；彩版二九，5）。

JNZD2M8：3-1，泥质红胎黑皮陶。捉手呈喇叭状，盖面弧形，近口部内收微卷，尖圆唇。手制。捉手径8.0、口径22.0厘米（图五二，10）。

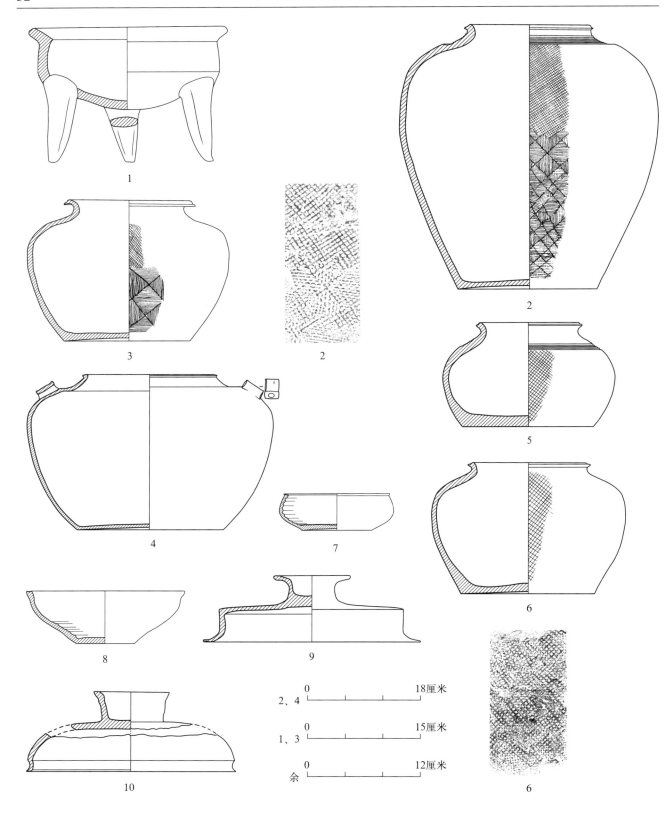

图五二　寨花头 JNZD2M8 出土器物

1. 陶鼎 JNZD2M8：2-2　2. 硬陶坛 JNZD2M8：5　3. 硬陶罐 JNZD2M8：3-2　4. 陶罐 JNZD2M8：4　5、6. 硬陶瓿 JNZD2M8：6、7-2　7. 原始瓷碗 JNZD2M8：1　8. 陶碗 JNZD2M8：7-1　9、10. 陶器盖 JNZD2M8：2-1、3-1

9．JNZD2M9

JNZD2M9 位于土墩西北部的Ⅰ区，层位关系为④－M9→⑤（图五三；彩版三〇，1）。长梯形竖穴土坑墓，西北宽东南窄，直壁，平底，壁、底无明显加工痕迹，墓口东南高西北低，呈斜坡状，长 2.20、宽 1.00～1.10、深 0.10～0.65 米。墓向西北－东南向，头向 120°。内填五花土，土色偏灰，土质较硬，内夹杂零星木灰星。

随葬品有鼎 1、坛 1、瓿 2 共 4 件。

鼎　1 件。

JNZD2M9：2，夹砂红陶。侈口，圆唇，折沿，沿面内斜，鼓腹，圜底，三扁锥形足。手制。素面。口径 22.2、高 19.0 厘米（图五四，1；彩版三〇，2）。

坛　1 件。

JNZD2M9：4，灰色硬陶。侈口，尖唇，卷沿外翻，矮束颈，溜肩，弧腹，最大腹径在器上部，平底。颈部有多道轮修形成的凹弦纹，肩及上腹部饰两组折线纹，两组折线纹中间夹饰一组回纹，腹中下部饰回纹。手制，轮修。口径 19.2、底径 18.4、高 40.8 厘米（图五四，2；彩版三〇，3）。

瓿　2 件。

JNZD2M9：1，灰色硬陶。敛口，尖唇，唇缘外斜下垂，矮领，广肩，弧腹较鼓，最大腹径偏上部，下腹弧收，近底部腹壁稍直，平底微凹。颈部有多道轮制形成的弦纹，肩部以下为折线纹。手制，轮修。口径 12.4、底径 11.4、高 9.3 厘米（图五四，3；彩版三〇，4）。

JNZD2M9：3，泥质灰陶。直口微侈，尖圆唇，广肩，肩面弧，最大腹径偏上，弧腹平底。肩、

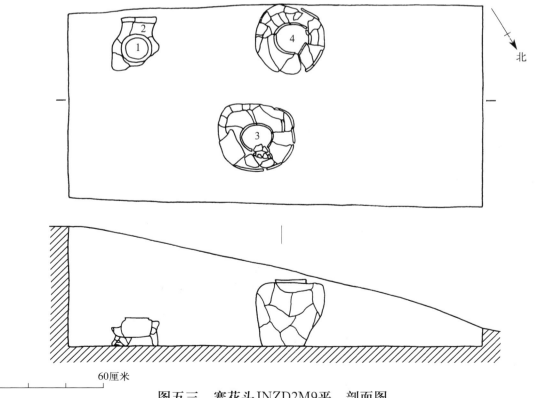

0　　　　　　　60厘米

图五三　寨花头JNZD2M9平、剖面图
1．硬陶瓿　2．陶鼎　3．陶瓿　4．硬陶坛

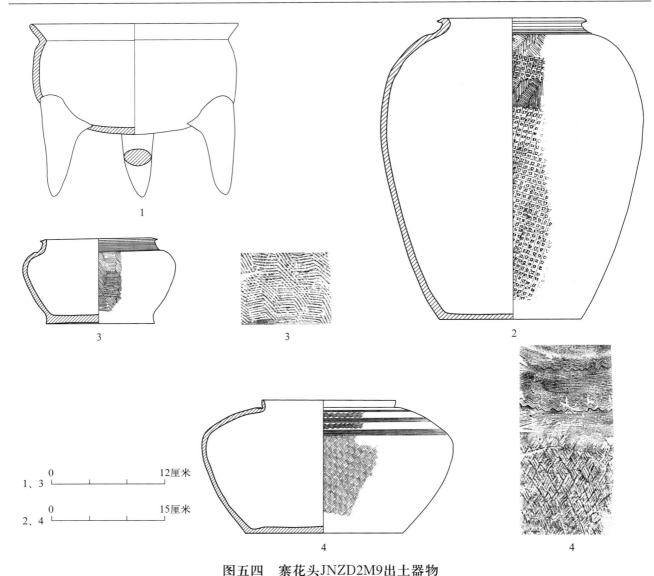

图五四　寨花头JNZD2M9出土器物
1. 陶鼎JNZD2M9：2　2. 硬陶坛JNZD2M9：4　3. 硬陶瓿JNZD2M9：1　4. 陶瓿JNZD2M9：3

腹部依次饰弦纹－水波纹－弦纹－水波纹－弦纹－席纹。腹身泥条盘筑，口、颈部轮制。口径17.5、底径20.6、高18.6厘米（图五四，4）。

10．JNZD2M10

JNZD2M10位于土墩西部的Ⅰ和Ⅲ区之间，层位关系为④－M10→M11→⑤（图五五；彩版三一，1）。长梯形竖穴土坑墓，西宽东窄，直壁，平底，壁、底无明显加工痕迹，墓口东高西低，呈斜坡状，长2.20、宽1.00～1.20、深0.10～0.80米。墓向为近东北－西南向，头向75°。内填浅灰色花土，土质硬，内夹杂红烧土粒、木灰星。

随葬品有鼎1、罐1、瓿1、盆1、器盖1共5件。

鼎　1件。

JNZD2M10：2-2，夹砂红陶。敞口，尖圆唇，折沿，沿面弧，弧腹收成圜底，三扁锥柱状足，

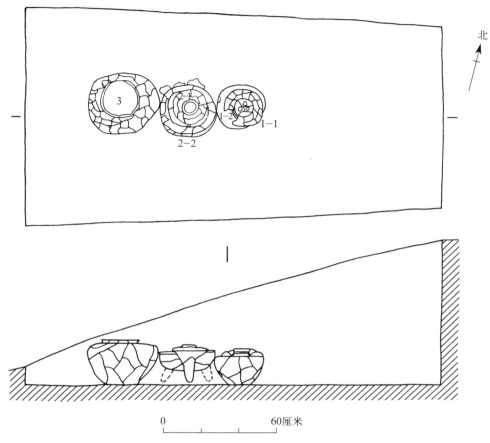

图五五　寨花头JNZD2M10平、剖面图
1-1. 陶盆　1-2. 硬陶瓿　2-1. 陶器盖　2-2. 陶鼎　3. 陶罐

器外壁有烟熏痕迹。轮制。素面。口径28.2、高15.6厘米（图五六，1；彩版三一，2）。

罐　1件。

JNZD2M10：3，泥质红陶。侈口，尖圆唇，卷沿，微折沿，沿面斜平，短束颈，溜肩，鼓腹，最大腹径在器中上部，下腹弧收，平底微凹。腹部饰席纹。腹身泥条盘筑，口、颈部轮制。口径17.8、底径17.6、高22.4厘米（图五六，2）。

瓿　1件。

JNZD2M10：1-2，灰褐色硬陶。微侈口，尖唇，卷沿，外沿面稍内凹，短束颈，鼓腹，溜肩，最大腹径在器中，下腹弧收，平底微内凹。肩、腹部饰弦纹和席纹。腹身泥条盘筑，口、颈部轮制。口径16.4、底径17.0、高15.0厘米（图五六，3；彩版三一，3）。

盆　1件。

JNZD2M10：1-1，泥质灰陶。敛口，方唇，外沿面微凹，鼓腹，平底微内凹。泥条盘筑，轮修。口径17.5、底径12.0、高8.4厘米（图五六，4；彩版三一，4）。

器盖　1件。

JNZD2M10：2-1，泥质红褐胎黑皮陶。顶部有一圈足状捉手，弧形顶，顶下内折收成壁，壁为弧形，盖口敞口，圆唇，卷沿外翻，内沿面有一道凹弦痕。手制，轮修。素面。捉手径7.2、口径22.4、高6.6厘米（图五六，5；彩版三一，5）。

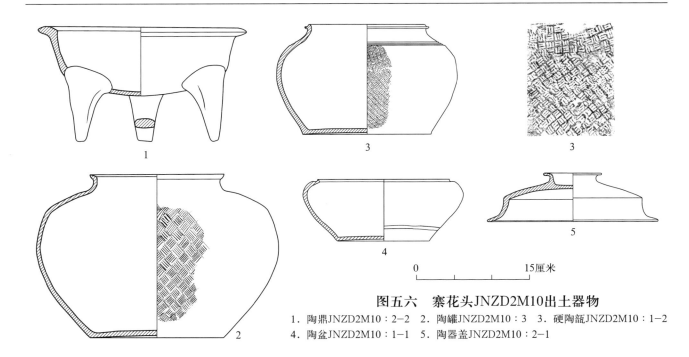

图五六　寨花头JNZD2M10出土器物

1. 陶鼎JNZD2M10：2-2　2. 陶罐JNZD2M10：3　3. 硬陶瓿JNZD2M10：1-2
4. 陶盆JNZD2M10：1-1　5. 陶器盖JNZD2M10：2-1

11．JNZD2M11

JNZD2M11位于土墩西部的Ⅲ区，层位关系为④－M10→M11→⑤（图五七；见彩版三一，1）。长方形竖穴土坑墓，西宽东窄，直壁，平底，壁、底无明显加工痕迹，墓口东高西低，

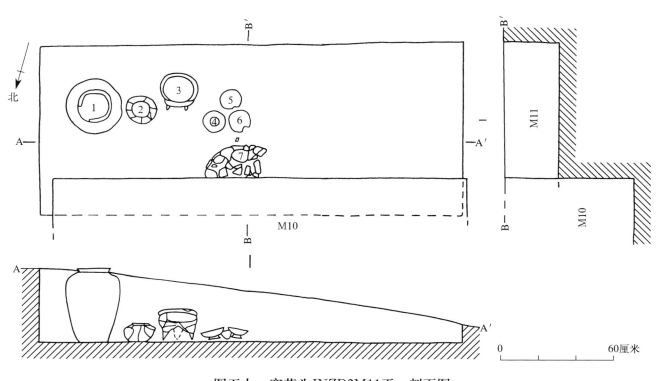

图五七　寨花头JNZD2M11平、剖面图

1. 硬陶坛　2. 陶钵　3. 陶鼎　4～6. 原始瓷豆　7. 陶罐

呈斜坡状，长 2.25、宽 0.95、深 0.10～0.40 米。墓向为东北－西南向，头向 75°。内填浅红褐色土，土质硬，较纯净。

随葬品有鼎 1、坛 1、罐 1、豆 3、钵 1 共 7 件。

鼎　1 件。

JNZD2M11：3，夹砂红陶。侈口，圆唇，斜沿，腹略弧，中腹残，圜底近平，三圆锥状足稍外撇。底部有烟熏痕迹。轮制。素面。口径 27.2 厘米（图五八，1）。

坛　1 件。

JNZD2M11：1，灰色硬陶。侈口，尖唇，卷沿外翻下垂，短束颈，溜肩，鼓腹，最大腹径在器中上部，下腹弧收，平底微内凹。颈部饰弦纹，肩部以下依次饰折线纹－回纹－折线纹－回纹，器身略有变形。腹身泥条盘筑，口、颈部轮制。口径 18.8、底径 16.8、高 40.0 厘米（图五八，2；彩版三二，1）。

罐　1 件。

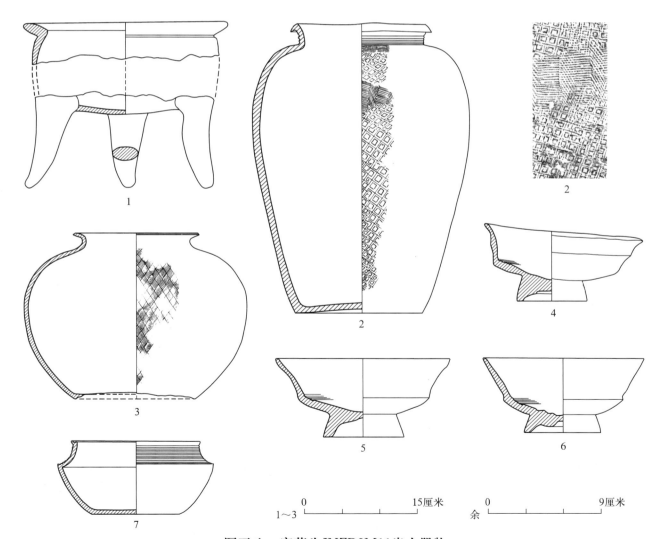

图五八　寨花头 JNZD2M11 出土器物

1. 陶鼎 JNZD2M11：3　2. 硬陶坛 JNZD2M11：1　3. 陶罐 JNZD2M11：7　4～6. 原始瓷豆 JNZD2M11：4～6　7. 陶钵 JNZD2M11：2

JNZD2M11：7，泥质红胎黑皮陶。侈口，尖圆唇，唇缘有凹弦，卷沿，短束颈，溜肩，鼓腹，最大腹径在器中部，下腹弧收，底残，腹身饰席纹。腹身泥条盘筑，口、颈部轮制。口径16.8、残高22.6、底径约16.0厘米（图五八，3；彩版三二，2）。

豆　3件。

JNZD2M11：4，原始瓷。敞口，圆唇，折腹，下腹弧收，喇叭形矮圈足，足心内凹。内底有数道轮制旋线，底心内凹。盘内壁施有一层薄釉，釉色青绿，呈散点状，多已脱落。轮制。素面。口径12.6、足径5.6、高5.0～6.4厘米（图五八，4；彩版三二，3）。

JNZD2M11：5，原始瓷。敞口，尖圆唇，斜折腹，喇叭形矮圈足，足心内凹，豆内底有数道轮制旋线，底心内凹。器表施黄色薄釉，大部分已脱落。轮制。素面。口径13.8、足径6.0、高6.3厘米（图五八，5；彩版三二，4）。

JNZD2M11：6，原始瓷。敞口，尖圆唇，斜折腹，喇叭形圈足，底心有捺窝，豆内底有数道轮制旋线，底心深陷，器底有气泡鼓胀。器表不施釉。轮制。素面。口径12.8、足径6.0、高6.0厘米（图五八，6；彩版三二，5）。

钵　1件。

JNZD2M11：2，泥质黑陶。敛口，方唇，唇面内凹，微束颈，折腹，下腹弧收，平底。肩部有多道轮制旋线。轮制。素面。口径10.2、底径7.0、高6.0厘米（图五八，7）。

12．JNZD2M12

JNZD2M12位于土墩东部的Ⅱ和Ⅳ区之间，层位关系为④－M12→⑤（图五九；彩版三三，1）。长梯形竖穴土坑墓，东南宽西北窄，直壁，平底，壁、底无明显加工痕迹，墓口西北高东南低，呈斜坡状，长2.80、宽1.05～1.16、深0.15～0.80米。墓向为西北－东南向，头向289°。内填五花土，土色偏黄，土质较硬，内夹杂红烧土粒、木灰星。

随葬品有鼎1、坛1、罐2、瓶1、盆2、碗4、器盖3、纺轮1共15件。

鼎　1件。

JNZD2M12：7，夹砂红陶。侈口，圆唇，折沿，束颈，弧腹微鼓，最大腹径在中部，三扁圆锥状足。手制，轮修。素面。口径19.8、高16.6厘米（图六〇，1；彩版三三，2）。

坛　1件。

JNZD2M12：12-2，灰色硬陶。侈口，尖圆唇，唇缘微上卷，卷沿，内沿面微凹，矮束颈，广肩，弧腹，最大腹径在器中上部，平底内凹。器内壁有泥条盘筑的痕迹，颈部有轮制痕，肩、腹部饰席纹和菱形填线纹。器形不规整，较偏斜。器表遍施黄绿色釉。手制，轮修。口径23.0、底径23.6、高49.0厘米（图六〇，2；彩版三三，3）。

罐　2件。

JNZD2M12：10，泥质灰陶。直口，尖圆唇，口沿下有一道凸棱，短斜颈，折肩，腹部残，下腹弧收，平底。颈部饰弦纹，肩部对称饰两桥形耳，中有穿孔，仅存残耳一。腹身泥条盘筑，口、颈部轮制。素面。口径12.2、底径14.0厘米（图六〇，3；彩版三三，4）。

JNZD2M12：5-2，泥质灰胎红陶。高领，颈部饰弦纹，溜肩，肩、腹部饰席纹。口、底残缺严重。手制。残宽7.6、残高7.2厘米（图六〇，4）。

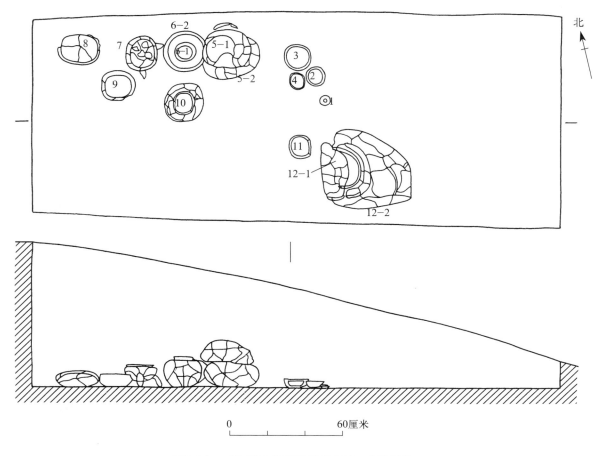

图五九 寨花头JNZD2M12平、剖面图

1. 陶纺轮 2、3、11. 原始瓷碗 4. 陶碗 5-1、6-1、9. 陶器盖 5-2、10. 陶罐 6-2. 硬陶瓿 7. 陶鼎 8、12-1. 陶盆 12-2. 硬陶坛

瓿 1件。

JNZD2M12：6-2，灰色硬陶。敛口，斜方唇，唇面有一道凹弦痕，短束颈，折肩，肩面平，肩部饰弦纹，鼓腹，最大腹径在中部，腹部饰席纹，底部系预制底板再与腹身粘接而成，器底可见工具修抹痕迹。泥条盘筑，口、颈部轮制。口径13.0、底径16.0、高11.4厘米（图六〇，5；彩版三三，5）。

盆 2件。

JNZD2M12：8，泥质灰陶。敞口，尖圆唇，宽折沿微卷，沿面内侧有凹弦痕，束颈，折腹，下腹斜收，平底内凹。手制，轮修。素面。口径20.0、底径11.0、高5.8厘米（图六〇，6；彩版三四，1）。

JNZD2M12：12-1，泥质红胎黑皮陶。敞口，尖圆唇，沿面内侧有一道凹弦痕，束颈，折腹，下腹斜收略残，平底。肩部饰弦纹。手制，轮修。口径31.2、底径12.4厘米（图六一，8）。

碗 4件。

JNZD2M12：2，原始瓷。敛口，尖唇，唇面内凹，束颈，鼓腹，平底内凹。碗内有多道轮制留下的凹弦纹，底部有砂粒。遍施黄绿釉。轮制。素面。口径9.6、底径6.4、高3.6厘米（图六一，1；彩版三四，2）。

JNZD2M12：3，原始瓷。敞口，斜沿，沿面有凹弦痕，弧腹微折，平底微内凹。碗内有多道轮

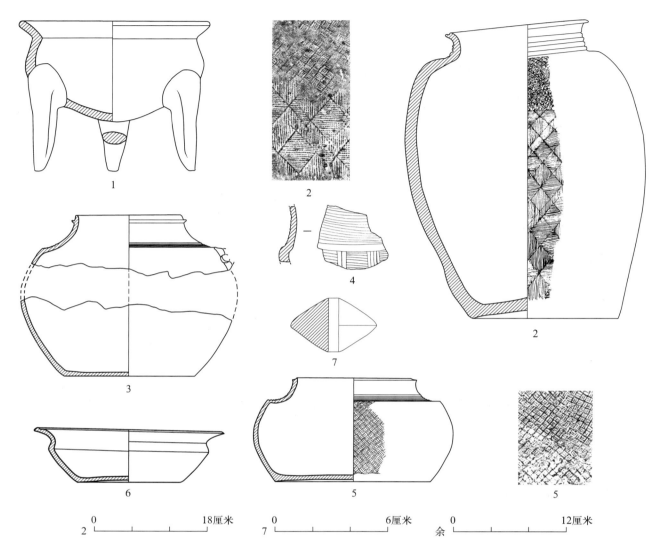

图六〇　寨花头JNZD2M12出土器物

1. 陶鼎JNZD2M12∶7　2. 硬陶坛JNZD2M12∶12-2　3、4. 陶罐JNZD2M12∶10、5-2　5. 硬陶瓿JNZD2M12∶6-2　6. 陶盆
JNZD2M12∶8　7. 陶纺轮JNZD2M12∶1

制的凹弦纹。不施釉，仅刷一层黄色化妆土。轮制。素面。口径12.6、底径6.6、高3.8厘米（图
六一，2；彩版三四，3）。

　　JNZD2M12∶4，泥质灰胎黑皮陶。直口，方唇，唇面微内凹，沿下微束，折腹斜收，平底。手制，
轮修。素面。口径9.0、底径4.3、高3.4厘米（图六一，3；彩版三四，4）。

　　JNZD2M12∶11，原始瓷。敞口，尖唇，斜折沿，折腹，上腹较斜直，下腹弧收，平底内凹。碗
内有多道轮制的凹弦纹。遍施青绿釉，不均，形成积釉现象。手制，轮修。素面。口径13.4、底径7.0、
高4.6厘米（图六一，4）。

　　器盖　3件。

　　JNZD2M12∶5-1，夹砂红陶。直口微敛，圆唇，直壁，弧顶，顶部提梁已缺。泥条盘筑。素面。
口径25.4、残高17.2厘米（图六一，5；彩版三四，5）。

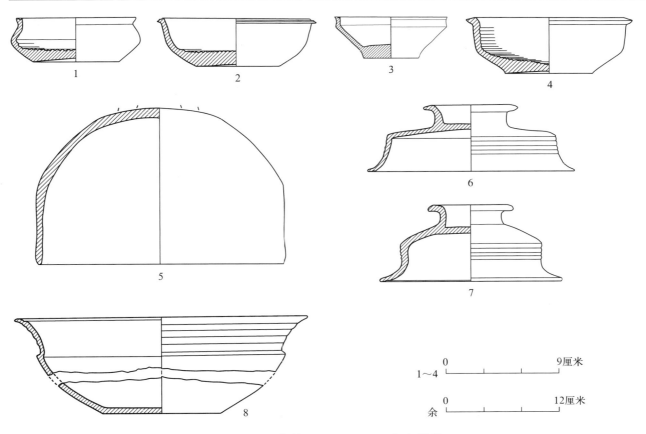

图六一　寨花头JNZD2M12出土器物

1、2、4. 原始瓷碗JNZD2M12：2、3、11　3. 陶碗JNZD2M12：4　5～7. 陶器盖JNZD2M12：5-1、6-1、9　8. 陶盆
JNZD2M12：12-1

　　JNZD2M12：6-1，泥质红胎黑皮陶。圈足形捉手，盖面上部较平，口部内折，口缘敞口，圆唇，内缘面有一道弦痕。手制，轮修。捉手径10.0、口径21.8、高7.2厘米（图六一，6）。

　　JNZD2M12：9，泥质灰陶。圈足形捉手，盖面上部弧形，口部内折，有数道弦痕，口缘敞口，圆唇，内缘面有一道弦痕。手制，轮修。捉手径8.8、口径19.4、高8.4厘米（图六一，7；彩版三四，6）。

　　纺轮　1件。

　　JNZD2M12：1，泥质红胎黑皮陶。算珠形，中间有穿孔。手制。素面。直径4.5、孔径0.5、高2.9厘米（图六〇，7）。

13．JNZD2M13

　　JNZD2M13位于土墩西北部的Ⅰ区，层位关系为⑤－M13→⑥（图六二；彩版三五，1）。近长方形竖穴土坑墓，西北宽东南窄，直壁，平底，壁、底无明显加工痕迹，墓口东南高西北低，呈斜坡状，长3.70～3.75、宽1.09～1.20、深0.10～1.30米。墓向为西北-东南向，头向120°。内填浅灰色土，土质硬，内夹杂零星红烧土粒、木灰星。在墓坑的偏南侧发现少量牙齿和骨骼粉末，大体为一个个体的长度，根据牙齿判断头向可能为东南向。

　　随葬品有鼎3、坛3、罐3、瓿4、盆2、碗12、钵3、器盖2共32件。

　　鼎　3件。

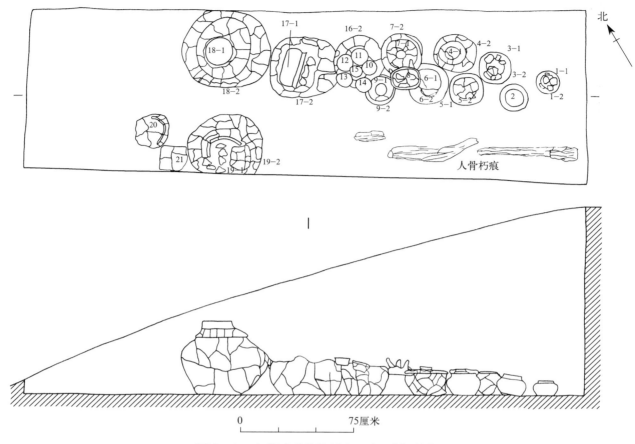

图六二　寨花头JNZD2M13平、剖面图

1-1、3-1、4-1、5-1、6-1、21. 陶碗　1-2、2、16-2. 硬陶罐　3-2、4-2、5-2、6-2. 硬陶瓿　7-1、9-1. 陶器盖　7-2、8、
9-2. 陶鼎　10~15. 原始瓷碗　16-1、19-1、20. 陶钵　17-2、18-2、19-2. 硬陶坛　17-1、18-1. 陶盆

　　JNZD2M13：7-2，夹砂红陶。微侈口，尖圆唇，折沿，沿面微弧，弧腹，圜底，三扁方足。手制，轮修。素面。口径28.2、高18.6厘米（图六三，1；彩版三五，2）。

　　JNZD2M13：8，夹砂红陶。敞口，圆唇，折沿，上腹直，下腹弧收成圜底，三扁锥状足，器外有烟熏痕迹。轮制。素面。口径18.2、高11.0厘米（图六三，2；彩版三五，3）。

　　JNZD2M13：9-2，夹砂红陶。侈口，尖唇，折沿，沿面为弧形，沿下微束，弧腹，圜底，三扁圆形足。手制，轮修。素面。口径23.2、高14.4厘米（图六三，3；彩版三五，4）。

　　坛　3件。

　　JNZD2M13：17-2，灰色硬陶。侈口，圆唇，卷沿，唇缘上有一道凹弦，短束颈，溜肩，鼓腹，最大腹径在器中上部，下腹弧收，平底内凹。颈部饰弦纹，上腹部饰方格条带纹间复三角形条带纹，下腹部饰菱形填线纹。腹身泥条盘筑，口、颈部轮制。口径23.2、底径18.4、高36.8厘米（图六三，4；彩版三五，5）。

　　JNZD2M13：18-2，褐色硬陶。侈口，圆唇，唇缘上有一道凹弦，卷沿外翻，短束颈，广肩，肩面平，鼓腹，最大腹径在器中上部，下腹弧收，平底。颈部饰弦纹，腹部饰席纹和菱形填线纹。腹身泥条盘筑，口、颈部轮制。口径25.6、底径22.8、高51.2厘米（图六三，5；彩版三六，1）。

　　JNZD2M13：19-2，红色硬陶。侈口，方唇，唇面内凹，卷沿，矮束颈，溜肩，鼓腹，最大腹径在器中上部，平底内凹。颈部饰凹弦纹，肩、腹部饰小方格纹和菱形填线纹。手制，轮修。口径23.2、底径23.2、高44.0厘米（图六三，6；彩版三六，2）。

罐　3件。

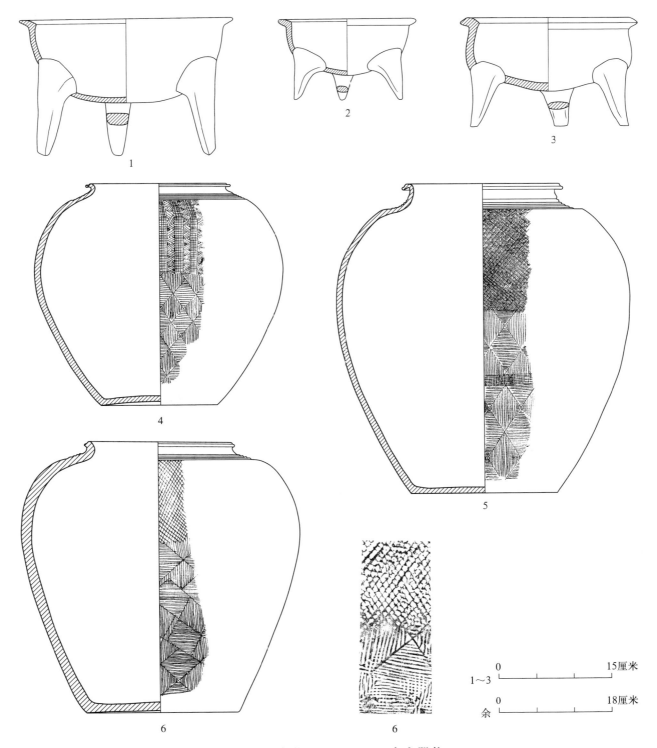

图六三　寨花头JNZD2M13出土器物

1～3. 陶鼎JNZD2M13：7-2、8、9-2　4～6. 硬陶坛JNZD2M13：17-2、18-2、19-2

　　JNZD2M13：1-2，硬陶，上部灰色，下部红褐色。侈口，方唇，唇面内凹，微卷沿，溜肩，平底内凹。壁内有凹凸不平的制作痕。肩部以下饰席纹。手制，轮修。口径 8.0、底径 9.0、高 9.8 厘米（图六四，1；彩版三六，3）。

　　JNZD2M13：2，灰色硬陶。侈口，斜方唇，卷沿，溜肩，矮束颈，鼓腹，最大腹径在器中上部，平底内凹。器内壁有泥条盘筑的痕迹，肩部饰凹弦纹，腹部饰小方格纹和菱形填线纹。手制，轮修。口径 12.0、底径 13.6、高 14.0 厘米（图六四，2；彩版三六，4）。

　　JNZD2M13：16-2，灰色硬陶。侈口，尖唇，卷沿外翻，沿面内凹，广肩，弧腹，平底内凹。颈部饰弦纹。肩、腹部饰方格纹和菱形填线纹。泥条盘筑。口径 20.0、底径 22.0、高 28.6 厘米（图六四，3；彩版三六，5）。

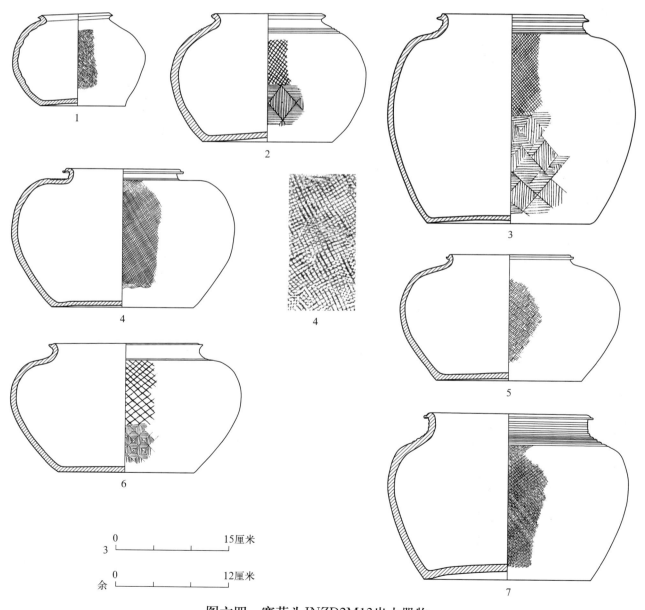

图六四　寨花头JNZD2M13出土器物

1~3. 硬陶罐JNZD2M13：1-2、2、16-2　4~7. 硬陶瓿JNZD2M13：3-2、4-2、5-2、6-2

瓿　4件。

JNZD2M13：3-2，灰褐色硬陶。侈口，尖唇，卷沿外翻，短束颈，广肩，肩面平，鼓腹，最大腹径在器中，下腹弧收，平底，底心微凹。肩部饰弦纹，腹部饰小方格纹。腹身泥条盘筑，口、颈部轮制。口径12.8、底径14.8、高15.2厘米（图六四，4；彩版三七，1）。

JNZD2M13：4-2，灰色硬陶。侈口，唇面有凹槽，卷沿外翻，短束颈，溜肩，鼓腹，最大腹径偏中，平底略内凹。腹部饰席纹。泥条盘筑，轮制。口径13.4、底径15.2、高13.8厘米（图六四，5；彩版三七，2）。

JNZD2M13：5-2，红色硬陶。侈口，方唇，微卷沿，沿面内凹，广肩，鼓腹，最大腹径偏上，平底。肩部饰弦纹，腹部方格纹和席纹。泥条盘筑。口径16.2、底径14.2、高14.0厘米（图六四，6；彩版三七，3）。

JNZD2M13：6-2，褐色硬陶。侈口，尖圆唇，唇缘内凹，卷沿，短束颈，溜肩，鼓腹，最大腹径在器中部，下腹弧收，平底，底心微凹。颈部饰弦纹，腹部饰席纹。腹身泥条盘筑，口、颈部轮制。口径18.0、底径17.6、高18.2厘米（图六四，7）。

盆　2件。

JNZD2M13：18-1，泥质红陶。侈口，圆唇，折沿，内沿面有凹弦痕，束颈，折腹，下腹弧收成平底。颈部饰弦纹，腹部饰席纹。腹身泥条盘筑，口、颈部轮制。口径34.0、底径17.2、高18.2厘米（图六五，1；彩版三七，4）。

JNZD2M13：17-1，泥质黑皮陶。敞口，圆唇，沿面有凹槽，束颈，折腹，残损严重。轮制。素面。残宽9.8、残高7.8厘米（图六五，2）。

碗　12件。

JNZD2M13：1-1，泥质红胎黑皮陶。敞口，平沿，沿面微下凹，上腹稍直，下腹弧收成平底内凹。内壁有制作形成的凹弦纹。手制，轮修。素面。口径13.0、底径8.6、高3.1厘米（图六五，3；彩版三七，5）。

JNZD2M13：3-1，泥质灰陶。敞口，方唇，沿面内凹，口下微收缩，折腹，下腹弧收成平底。碗内有多道轮制的凹弦纹。轮制。素面。口径15.4、底8.4、高4.4厘米（图六五，4）。

JNZD2M13：4-1，泥质灰陶。直口，方沿，沿面内凹。上腹直，下腹弧收成平底微凹。器内壁有弦纹。手制，轮修。口径16.6、底径8.4、高5.0厘米（图六五，5；彩版三七，6）。

JNZD2M13：5-1，泥质红胎黑皮陶。敞口，方唇，沿面有一道槽，折腹斜收，平底。内部有数道弦纹。手制。口径17.2、底径10.5、高4.5厘米（图六五，6）。

JNZD2M13：6-1，泥质灰陶。直口，方唇，沿面内凹。折腹斜收，平底。器内壁有弦纹。手制，轮修。口径17.8、底径9.0、高4.8厘米（图六五，7）。

JNZD2M13：10，原始瓷。敞口，斜方唇，沿面内凹，弧腹微折，下腹弧收，平底内凹。碗内有多道轮制的凹弦纹，底部有砂粒。遍施青绿釉，有积釉情况。轮制。素面。口径12.7、底径6.4、高4.5厘米（图六五，8；彩版三八，1）。

JNZD2M13：11，原始瓷。器已变形，呈椭圆形。敞口，方唇，唇面下凹，沿下微束，折腹，平底内凹。碗内有多道轮制的凹弦纹，底部有砂粒。遍施黄绿釉。轮制。素面。口径11.4、底径5.7、高4.4厘米（图六五，9；彩版三八，2）。

　　JNZD2M13：12，原始瓷。敞口，斜方唇，沿面内凹，折腹，下腹弧收，平底内凹。碗内有多道轮制的凹弦纹。遍施青绿釉。轮制。素面。口径12.7、底径7.0、高4.2厘米（图六五，10；彩版三八，3）。

　　JNZD2M13：13，原始瓷。敞口，尖唇，斜沿，沿下微束，为鼓腹，下腹弧收，饼形底内凹。碗内有多道轮制的凹弦纹，底部有砂粒。遍施青绿釉，不均，形成斑点状。轮制。素面。口径12.0、底径7.2、高4.6厘米（图六五，11；彩版三八，4）。

　　JNZD2M13：14，原始瓷。敞口，尖唇，折沿，沿面略外斜，沿面上有两道凹旋痕，折腹，上腹

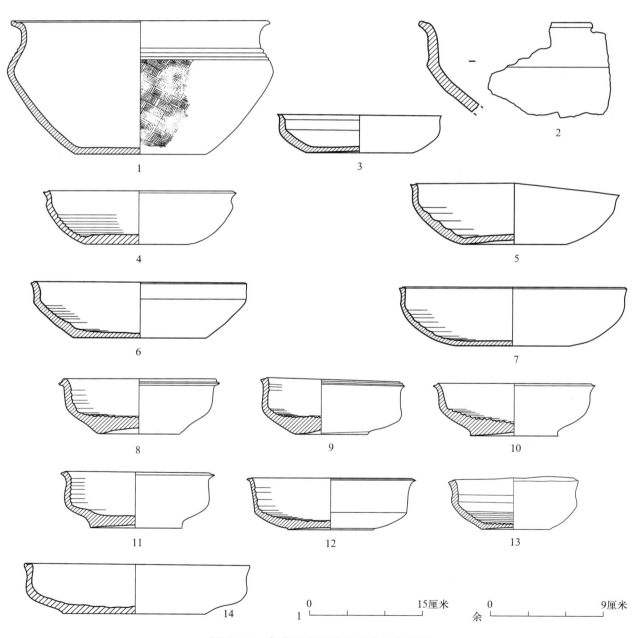

图六五　寨花头JNZD2M13出土器物

1、2. 陶盆JNZD2M13：18-1、17-1　3～7、14. 陶碗JNZD2M13：1-1、3-1、4-1、5-1、6-1、21　8～13. 原始瓷碗
JNZD2M13：10～15

斜直，下腹弧收，饼形底内凹。表面施青黄釉，釉色匀润。轮制。素面。口径 13.2、底径 6.8、高 4.2 厘米（图六五，12；彩版三八，5）。

JNZD2M13：15，原始瓷。器形不规则，呈椭圆形。敞口，方唇，沿面下凹，沿下微束，折腹，平底内凹。碗内有多道轮制的凹弦纹，底部留有线拉切痕。遍施青绿釉。轮制。素面。口径 10.4、底径 5.4、高 4.1 厘米（图六五，13）。

JNZD2M13：21，泥质灰陶。直口，方唇，唇面内凹，微折弧腹，平底。手制。口径 18.0、底径 11.4、高 4.0 厘米（图六五，14）。

钵　3 件。

JNZD2M13：16-1，泥质红胎黑皮陶。直口，方唇，矮领，广肩，肩面微凹，中腹残，下腹弧收，平底。手制。口径 19.2、底径 13.0 厘米（图六六，1）。

JNZD2M13：19-1，泥质黑皮陶。直口，方唇，沿面内凹，矮领，广肩，肩面微凹，中腹残，下腹弧收，平底。口径 18.0、底径 12.4 厘米（图六六，2）。

JNZD2M13：20，泥质黑皮陶。直口，方圆唇，矮领，广肩，肩面微凹，中腹残，下腹弧收，平底。肩部饰水波纹。手制。口径 20.0、底径 12.5 厘米（图六六，3）。

器盖　2 件。

JNZD2M13：7-1，泥质灰陶。器顶有一圈足状捉手，弧形顶，顶下折收成壁，壁为弧形，盖口敞口，圆唇折沿，内沿面有凹弦痕。手制，轮修。素面。捉手径 8.8、口径 24.2、高 7.6 厘米（图六六，4；彩版三八，6）。

JNZD2M13：9-1，残盖片，泥质红胎黑皮陶。残缺严重，残宽 14.0、残高 2.5 厘米（图六六，5）。

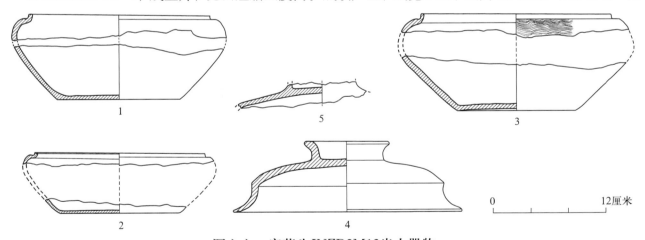

图六六　寨花头 JNZD2M13 出土器物
1～3. 陶钵 JNZD2M13：16-1、19-1、20　　4、5. 陶器盖 JNZD2M13：7-1、9-1

14. JNZD2M14

JNZD2M14 位于土墩东北部的Ⅱ区，层位关系为⑤－M14→M18→⑥（图六七；彩版三九，1）。长梯形竖穴土坑墓，东北宽西南窄，直壁，平底，壁、底无明显加工痕迹，墓口西南高东北低，呈斜坡状，长 3.40、宽 1.05～1.17、深 0.20～1.12 米。墓向为东北－西南向，内填浅红色土，土质较硬，较纯净。在墓坑的偏北侧有一层厚约 1 厘米左右的灰色土，牙齿和骨骼粉末在其上，灰土长约 1.45、宽 0.30～0.35 米，可能与葬具和尸骨有关。根据牙齿判断头向可能为西南向，头向 225°。

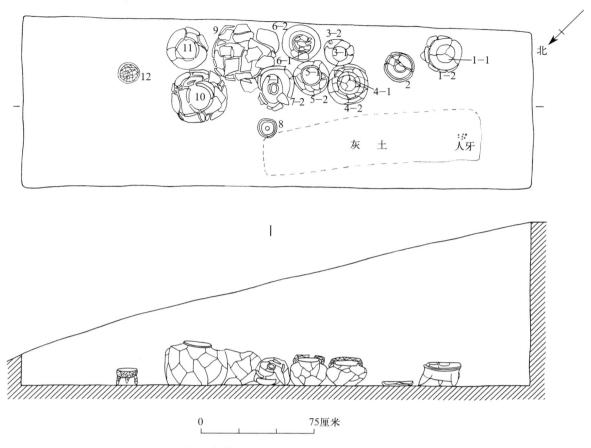

图六七　寨花头JNZD2M14平、剖面图

1-1. 陶碗　1-2、7-2、12. 陶鼎　2、3-1、4-1、5-1、6-1. 陶钵　3-2. 陶罐　4-2. 硬陶罐　5-2、6-2. 硬陶瓿　7-1. 陶器盖　8. 原始瓷碗　9～11. 硬陶坛

随葬品有鼎3、坛3、罐2、瓿2、碗2、钵5、器盖1共18件。

鼎　3件。

JNZD2M14：1-2，夹砂红陶。侈口，圆唇，折沿，沿面弧，弧腹，圜底，三扁圆锥形足。手制，轮修。素面。口径24.8、高18.8厘米（图六八，1；彩版三九，2）。

JNZD2M14：7-2，夹砂红陶。侈口，圆唇，折沿，沿面弧，弧腹，圜底，三扁圆锥足。手制。口径29.0、高24.0厘米（图六八，2）。

JNZD2M14：12，夹砂褐陶。侈口，圆唇，折沿，沿面弧，底腹残，三扁圆足。手制。口径18.2厘米（图六八，3）。

坛　3件。

JNZD2M14：9，黄褐硬陶，底部黑色。侈口，尖圆唇，卷沿外翻下垂，短束颈，溜肩，鼓腹，最大腹径在器中，下腹弧收，平底，底心微凹。颈部饰弦纹，腹部饰小方格纹和菱形填线纹。肩部局部施青绿色釉，有流釉现象。腹身泥条盘筑，口、颈部轮修。口径22.4、底径21.2、高46.4厘米（图六八，4；彩版三九，3）。

JNZD2M14：10，灰色硬陶，局部红色。侈口，尖圆唇，卷沿外翻下垂，短束颈，溜肩，鼓腹，最大腹径在器中，下腹弧收，平底。颈部饰弦纹，腹部饰小方格纹和菱形填线纹。器口略有变形。

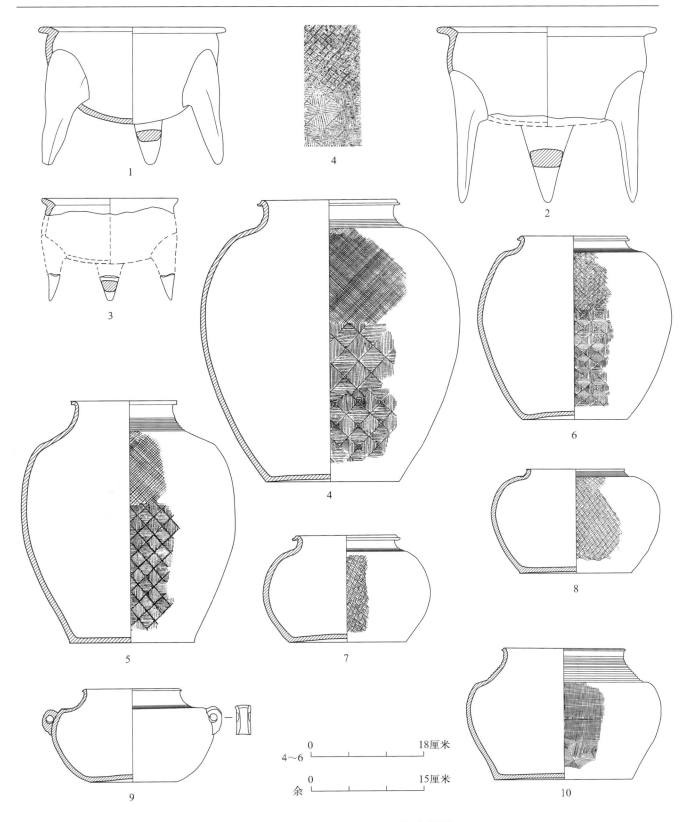

图六八 寨花头JNZD2M14出土器物

1~3. 陶鼎JNZD2M14:1-2、7-2、12 4~6. 硬陶坛JNZD2M14:9~11 7、8. 硬陶瓿JNZD2M14:5-2、6-2 9. 陶罐
JNZD2M14:3-2 10. 硬陶罐JNZD2M14:4-2

腹身泥条盘筑，口、颈部轮制。素面。口径 16.6、底径 19.8、高 39.4 厘米（图六八，5；彩版三九，4）。

JNZD2M14∶11，褐色硬陶。侈口，尖唇，卷沿，沿面下垂，短束颈，溜肩，鼓腹，最大腹径在器中，下腹弧收，平底，底心内凹。颈部饰弦纹，腹部饰席纹和菱形填线纹。腹身泥条盘筑，口、颈部轮制。口径 18.0、底径 16.8、高 30.4 厘米（图六八，6；彩版四○，1）。

瓿　2 件。

JNZD2M14∶5-2，灰色硬陶。侈口，尖唇，卷沿外翻，矮束颈，溜肩，鼓腹，最大腹径在器中，平底内凹。器内壁表面凹凸不平，颈部饰多道凹弦纹，肩及腹部饰席纹。腹身泥条盘筑，口、颈部轮制。口径 14.4、底径 15.2、高 14.4 厘米（图六八，7；彩版四○，2）。

JNZD2M14∶6-2，灰色硬陶。敛口，方唇，唇面内凹，矮领，广肩，肩面较平，鼓腹，最大腹径在器中，下腹弧收，平底微内凹。颈部饰弦纹，腹部饰席纹。腹身泥条盘筑，口、颈部轮制。口径 13.0、底径 14.8、高 14.3 厘米（图六八，8；彩版四○，3）。

罐　2 件。

JNZD2M14∶3-2，泥质灰陶。敛口微卷，尖唇，沿面下垂，短束颈，折肩，肩面较平，鼓腹，最大腹径在器中上部，下腹弧收，平底微凹。肩部饰弦纹，两肩对称有两桥形耳，中有穿孔，可以穿系。腹身泥条盘筑，口、颈部轮制。口径 13.2、底径 11.6、高 12.7 厘米（图六八，9；彩版四○，4）。

JNZD2M14∶4-2，灰色硬陶。侈口，尖圆唇，唇面内凹，微卷沿，斜颈，折肩，鼓腹，最大腹径在器中，下腹弧收，平底微内凹。颈部饰弦纹，腹部饰小方格纹和菱形填线纹。腹身泥条盘筑，口、颈部轮制。口径 16.4、底径 18.0、高 17.8 厘米（图六八，10；彩版四○，5）。

碗　2 件。

JNZD2M14∶1-1，泥质红胎黑皮陶。直口微敛，方唇，口下微束，折腹，下腹弧收，平底略内凹。器内有轮制弦纹。口径 21.2、底径 13.0、高 5.6 厘米（图六九，1；彩版四一，1）。

JNZD2M14∶8，原始瓷。敛口，尖唇，弧腹，平底。器内壁有多道轮制凹旋，底面有线拉切痕迹。器身遍施青绿色薄釉，部分脱落。轮制。素面。口径 12.4、底径 6.6、高 3.8 厘米（图六九，2）。

钵　5 件。

JNZD2M14∶2，泥质灰陶。敛口，方唇，口沿外侧有一道凹旋，鼓腹，最大腹径在器上部，下腹弧收，平底，底心微凹。轮制。素面。口径 16.8、底径 9.8、高 5.5 厘米（图六九，3；彩版四一，2）。

JNZD2M14∶3-1，泥质灰胎黑皮陶。敛口，尖唇，唇缘外侧有一道凹旋，弧腹，平底。轮制。素面。口径 17.0、底径 10.4、高 7.2 厘米（图六九，4；彩版四一，3）。

JNZD2M14∶4-1，泥质灰陶。敛口，尖唇，唇面微内凹，鼓腹，上腹内凹，下腹弧收，平底。手制，轮修。素面。口径 17.4、底径 12、高 5.3 厘米（图六九，5；彩版四一，4）。

JNZD2M14∶5-1，泥质灰陶。敛口，方圆唇，唇缘外侧有一道凹旋，鼓腹，下腹弧收成平底微内凹。手制，轮修。素面。口径 14.8、底径 9.6、高 6.4 厘米（图六九，6；彩版四一，5）。

JNZD2M14∶6-1，泥质灰陶。敛口，方唇，鼓腹，下腹略残，平底。手制。口径 14.0、底径 8.4 厘米（图六九，7）。

器盖　1 件。

JNZD2M14∶7-1，泥质红胎黑皮陶。圈足状捉手，敞口，圆唇，壁内收，折腹，斜平顶。手制。

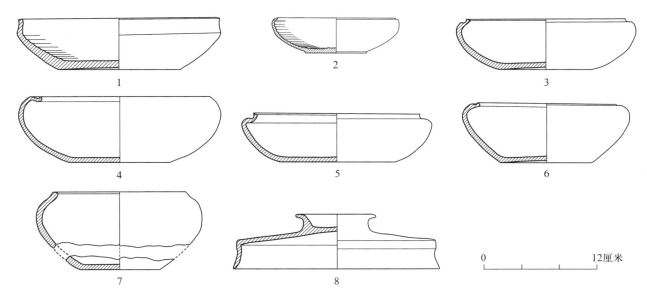

图六九　寨花头JNZD2M14出土器物

1. 陶碗JNZD2M14：1-1　2. 原始瓷碗JNZD2M14：8　3~7. 陶钵JNZD2M14：2、3-1、4-1、5-1、6-1　8. 陶器盖
JNZD2M14：7-1

捉手径8.0、口径22.0、高6.0厘米（图六九，8；彩版四一，6）。

15．JNZD2M15

JNZD2M15位于土墩西南部的Ⅲ区，层位关系为⑤－M15→M19→M24→M25→⑥（图七〇；彩版四二，1）。长梯形竖穴土坑墓，西南宽东北窄，直壁，平底，壁、底无明显加工痕迹，墓口东北高西南低，呈斜坡状，长3.50、宽0.95~1.40、深0.10~1.30米。墓向为东北－西南向，头向34°。内填红褐色土，土质较硬，内夹杂零星红烧土粒、木灰星。

随葬品有鼎3、坛6、罐1、瓶4、盆4、碗12、钵3、器盖2共35件。

鼎　3件。

JNZD2M15：11-2，夹砂红褐陶。残损严重，仅余扁圆锥足。手制。残高16.6厘米（图七一，1）。

JNZD2M15：12-2，夹砂红陶。敞口较直，圆唇，折沿，上腹较直弧收成圜底，三扁条锥状足。手制。口径27.6、高18.8厘米（图七一，2）。

JNZD2M15：23，夹砂红陶。侈口，圆唇，折沿，沿面弧，直腹，圜底，三扁锥状足。器外有烟熏痕迹。轮制。素面。口径14.6、残高10.6厘米（图七一，3；彩版四二，2）。

坛　6件。

JNZD2M15：14-2，褐色硬陶。侈口，尖圆唇，卷沿，沿面有凹槽，短束颈，平折肩，弧腹收，平底略内凹。颈部饰弦纹，肩、腹部饰小方格纹和菱形填线纹。泥条盘筑，轮制。口径16.8、底径17.6、高32.4厘米（图七二，10；彩版四二，3）。

JNZD2M15：16-2，灰色硬陶。侈口，尖圆唇，卷沿，沿面内凹，短束颈，溜肩，鼓腹，最大腹径在器中部，下腹弧收，平底。颈部饰弦纹，腹部饰席纹和菱形填线纹，器身有较大变形。腹身泥条盘筑，口、颈部轮制。口径21.2、底径23.2、高40.0厘米（图七一，4；彩版四二，4）。

JNZD2M15：17，灰色硬陶。侈口，尖唇，卷沿，沿面外垂，溜肩，弧腹，平底微凹。颈部饰弦纹，肩、腹部饰方格纹和菱形填线纹。泥条盘筑。口径23.2、底径23.6、高46.8厘米（图七一，5；彩版四三，1）。

JNZD2M15：18，红色硬陶。侈口，尖唇，卷沿，沿面外垂，短束颈，广肩，弧腹，平底微凹。颈部饰弦纹，肩、腹部饰方格纹和菱形填线纹。泥条盘筑。口径22.0、底径22.4、高47.2厘米（图七一，6；彩版四三，2）。

JNZD2M15：19-2，灰色硬陶。侈口，尖唇，卷沿，沿面外垂，短束颈，广肩，弧腹，平底内凹。颈部饰弦纹，肩、腹部饰细方格纹和菱形填线纹。泥条盘筑。口径22.6、底径24.4、高46.0厘米（图七一，7；彩版四三，3）。

JNZD2M15：20-2，灰紫色硬陶。侈口，尖唇，卷沿，沿面外垂，有凹槽，短束颈，溜肩，鼓腹，平底略内凹。颈部饰弦纹，肩、腹部饰小方格纹和菱形填线纹。器外上腹以上施有薄黄绿釉且有脱釉现象。泥条盘筑，轮制。口径23.6、底径23.2、高49.6厘米（图七一，8；彩版四三，4）。

罐　1件。

JNZD2M15：15，灰色硬陶。敛口，尖唇，内沿面有凹槽，斜平肩，鼓腹弧收，平底。肩部饰弦纹，上腹部饰对称泥条环形装饰和小方格纹，下腹部饰菱形填线纹。泥条盘筑，轮制。口径20.0、底径

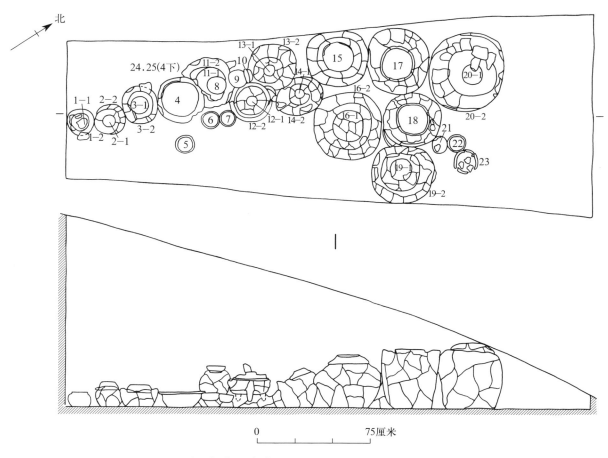

图七〇　寨花头JNZD2M15平、剖面图

1-1、2-1、3-1、14-1、21. 陶碗　1-2、2-2、3-2、13-2. 硬陶瓿　4、13-1、20-1. 陶钵　5~10、22. 原始瓷碗　11-1、12-1. 陶器盖　11-2、12-2、23. 陶鼎　14-2、16-2、17、18、19-2、20-2. 硬陶坛　15. 硬陶罐　16-1、19-1、24、25. 陶盆

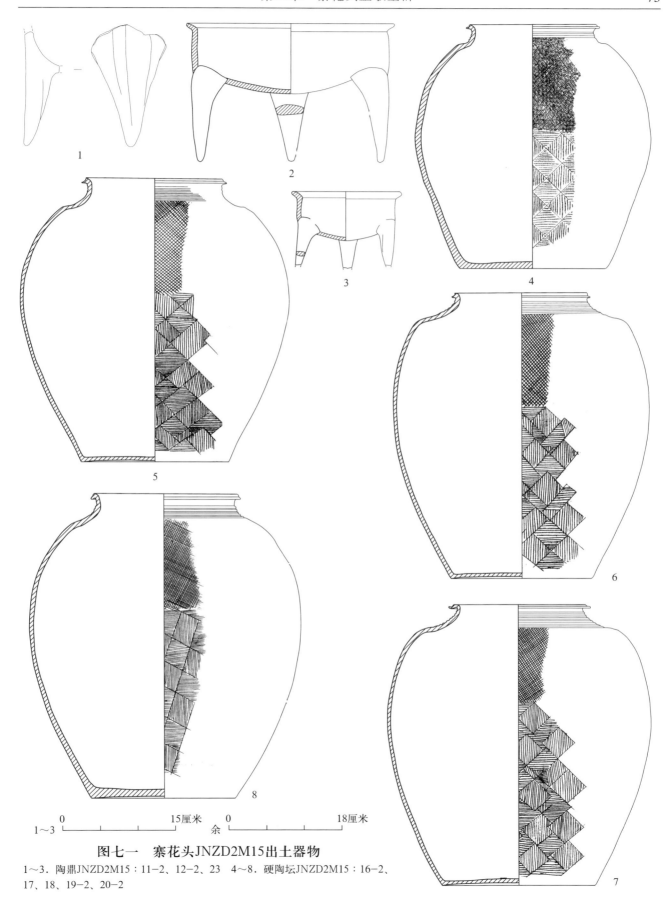

图七一　寨花头JNZD2M15出土器物

1～3.陶鼎JNZD2M15：11-2、12-2、23　4～8.硬陶坛JNZD2M15：16-2、
17、18、19-2、20-2

24.0、高 33.6 厘米（图七二，1；彩版四四，1）。

瓿　4 件。

JNZD2M15：1-2，褐色硬陶。侈口，斜方唇，唇面内凹，卷沿，矮颈，溜肩，鼓腹，最大腹径在器中部，平底内凹。器内壁有制作时留下的凹凸痕迹，颈部饰多道凹弦纹，肩、腹部饰小方格纹。

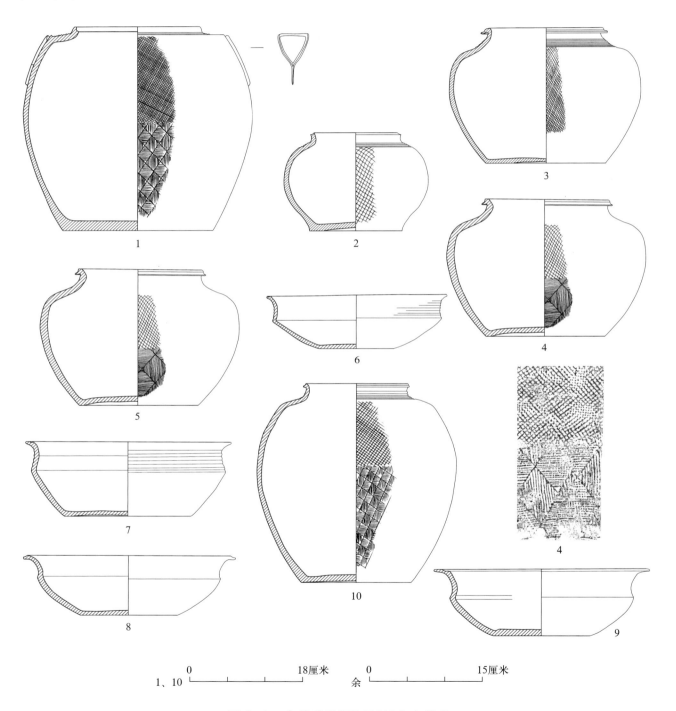

图七二　寨花头JNZD2M15出土器物

1. 硬陶罐JNZD2M15：15　2～5. 硬陶瓿JNZD2M15：1-2、2-2、3-2、13-2　6～9. 陶盆JNZD2M15：16-1、19-1、24、25　10.硬陶坛JNZD2M15：14-2

泥条盘筑，口、颈部轮制。口径12.0、底径12.4、高13.5厘米（图七二，2；彩版四四，2）。

JNZD2M15：2-2，灰色硬陶。侈口，尖圆唇，卷沿外翻下垂，沿面有凹痕，短束颈，广肩，鼓腹，最大腹径在腹上部，平底微内凹。颈部饰凹弦纹，肩、腹部饰小方格纹。手制，轮修。口径17.0、底径16.0、高18.5厘米（图七二，3；彩版四四，3）。

JNZD2M15：3-2，褐色硬陶。侈口，尖圆唇，卷沿外翻下垂，沿面内凹，矮束颈，溜肩，鼓腹，最大腹径在器中上部，平底内凹。器内壁有制作时留下的凹凸状痕，肩、腹部饰小方格纹和菱形填线纹。手制，轮修。口径17.4、底径15.8、高18.8厘米（图七二，4；彩版四四，4）。

JNZD2M15：13-2，褐色硬陶。侈口，尖圆唇，卷沿，沿面内凹，短束颈，肩部弧折，鼓腹，最大腹径在器中，下腹弧收，平底微凹。近底处可见腹底粘接留下的泥渣。颈部饰弦纹，肩、腹部饰席纹和菱形填线纹。腹部泥条盘筑，口、颈部轮制。口径16.5、底径15.5、高19.0厘米（图七二，5）。

盆　4件。

JNZD2M15：16-1，泥质红胎黑皮陶。敞口，圆唇，内沿面内凹，束颈折腹，下腹斜收成平底。颈部有制作时留下的弦痕。手制。口径24.0、底径10.0、高7.3厘米（图七二，6）。

JNZD2M15：19-1，泥质灰胎黑皮陶。微侈口，圆唇，内沿面有凹槽，束颈，折腹斜收，平底。手制。口径27.2、底径16.8、高10.1厘米（图七二，7；彩版四四，5）。

JNZD2M15：24，泥质红胎黑皮陶。敞口，圆唇，内沿面微内凹，束颈，折腹，下腹斜弧收，平底。手制。口径28.2、底径12.8、高8.0厘米（图七二，8；彩版四四，6）。

JNZD2M15：25，泥质红胎黑皮陶，器表黑皮部分脱落，露出胎色。敞口，尖圆唇，卷沿，沿面有一道凹弦纹，束颈，折腹，下腹斜弧收，平底。轮制。素面。口径28.8、底径12.8、高9.0厘米（图七二，9）。

碗　12件。

JNZD2M15：1-1，泥质灰陶。口微侈，尖唇，直腹，斜收，平底。器内壁有弦纹。手制，轮修。口径13.8、底径8.6、高4.2厘米（图七三，1）。

JNZD2M15：2-1，泥质红胎黑皮陶，部分脱落。直口，方唇，折腹，下腹弧收，平底。内底有多道轮制凹旋。轮制。素面。口径18.8、底径11.0、高5.0厘米（图七三，2）。

JNZD2M15：3-1，泥质灰胎黑皮陶。直口，方唇，口下微凹，弧腹，平底。轮制。素面。口径19.6、底径11.6、高5.8厘米（图七三，3；彩版四五，1）。

JNZD2M15：5，原始瓷。敛口，尖唇，沿面略斜，上有两道凹弦纹，垂腹，饼形底。碗内底有多道轮制旋痕，底面有线拉切痕迹。器表施青绿色釉，釉色匀润。轮制。素面。口径11.0、底径6.8、高4.7厘米（图七三，4；彩版四五，2）。

JNZD2M15：6，原始瓷。微敛口，方唇，唇面略凹，弧腹，平底。碗内底有多道轮制凹旋，底面有线切割痕迹。轮制。素面。口径13.4、底径6.0、高4.6厘米（图七三，5；彩版四五，3）。

JNZD2M15：7，原始瓷。直口，斜方唇，唇面上有一道凹旋，微折腹，上腹直，下腹弧收，平底。碗内底有多道轮制凹线。器表先施一层赭黄色化状土，再施青绿色釉，釉极薄，呈散点状。器口略有变形。轮制。素面。口径12.4、底径7.6、高3.8厘米（图七三，6；彩版四五，4）。

JNZD2M15：8，原始瓷。敛口，斜方唇，口下微凹，折腹，下腹弧收，平底微凹。器内底有多道轮制凹旋。器表施黄色釉，釉薄。器口略有变形。轮制。素面。口径12.6、底径5.0、高5.4厘米（图七三，7；彩版四五，5)。

　　JNZD2M15：9，原始瓷。直口，方唇，唇面上有两道凹旋，垂腹，饼形底。碗内底有多道轮制凹旋。器表施青绿色釉，有积釉现象。轮制。素面。口径11.6、底径7.0、高4.0厘米（图七三，8；彩版四五，6)。

　　JNZD2M15：10，原始瓷。直口，方唇，唇面有凹槽，口下微束，下腹弧收，平底略内凹。器内有弦纹数道，底部有线拉切痕迹。器内外施黄绿釉。轮制。口径12.1、底径6.6、高4.4厘米（图七三，9；彩版四六，1)。

　　JNZD2M15：14-1，泥质黑陶。微敛口，方唇，唇面上有两道凹旋，弧腹，平底。器内壁有多道轮制凹旋。轮制。素面。口径19.0、底径9.0、高5.4厘米（图七三，10；彩版四六，2)。

　　JNZD2M15：21，泥质红胎黑皮陶。敞口，方唇，斜沿，折腹，平底微内凹。手制，轮修。素面。口径11.8、底径6.0、高3.6厘米（图七三，11；彩版四六，3)。

　　JNZD2M15：22，原始瓷。敛口，尖唇，唇面微内凹，垂腹，平底微内凹。器内底有多道轮制凹旋。器表施青绿色釉。轮制。素面。口径11.6、底径9.0、高3.7厘米（图七三，12；彩版四六，4)。

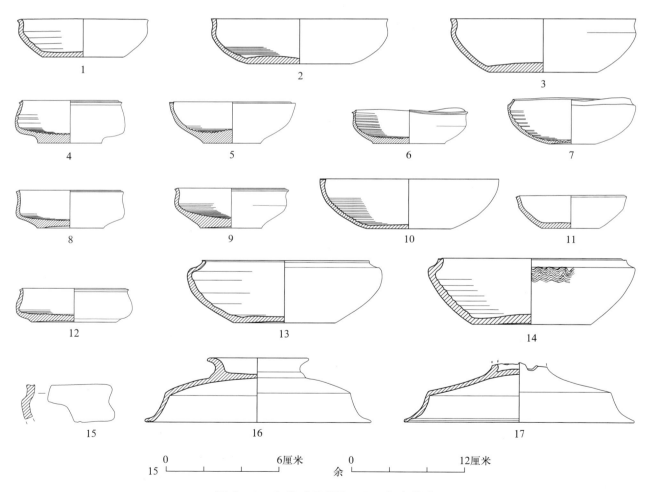

图七三　寨花头JNZD2M15出土器物

1~3、10、11. 陶碗JNZD2M15：1-1、2-1、3-1、14-1、21　4~9、12. 原始瓷碗JNZD2M15：5~10、22　13~15. 陶钵
JNZD2M15：4、13-1、20-1　16、17. 陶器盖JNZD2M15：11-1、12-1

钵　3件。

JNZD2M15：4，泥质灰陶。敛口，斜方唇，内斜，广折肩，弧腹收，平底略内凹。轮制。素面。口径 17.8、底径 10.8、高 6.8 厘米（图七三，13）。

JNZD2M15：13-1，泥质褐胎黑皮陶。敛口，方唇，唇面微凹折腹，广折肩，腹斜收，平底微凹。腹上部饰水波纹。手制。口径 20.0、底径 12.6、高 7.2 厘米（图七三，14；彩版四六，5）。

JNZD2M15：20-1，泥质褐陶。敛口，方唇，唇面内凹，沿下微束，斜弧腹，腹底残缺。残宽 3.5、残高 2.0 厘米（图七三，15）。

器盖　2件。

JNZD2M15：11-1，泥质红胎黑皮陶。圈足形捉手，敞口，圆唇，内沿面内凹，弧顶，折腹，斜壁。捉手径 10.8、口径 24.0、高 7.0 厘米（图七三，16；彩版四六，6）。

JNZD2M15：12-1，泥质红胎黑皮陶。圈足形捉手已残，平顶略弧，顶壁折交，壁外斜，敞口，圆唇，口沿内侧有一道凹弦纹。轮制。素面。口径 24.4、残高 6.4 厘米（图七三，17）。

16．JNZD2M16

JNZD2M16 位于土墩西部的Ⅲ区，层位关系为⑤－M16→⑥（图七四；彩版四七，1）。长梯形竖穴土坑墓，西南宽东北窄，直壁，平底，壁、底无明显加工痕迹，墓口东北高西南低，呈斜坡状，长 3.30、宽 1.00～1.05、深 0.30～1.10 米。墓向为东北－西南向，头向 65°。内填浅黄色土，土质较硬，内夹杂零星红烧土粒、木灰星。在墓坑的偏北侧发现少量牙齿和骨骼粉渣，大体为一个个体形态。直肢单人葬。

随葬品有鼎 3、坛 3、瓿 5、盆 1、碗 13、钵 1、器盖 2 共 28 件。

鼎　3件。

JNZD2M16：2-2，夹砂红陶。侈口，圆唇，折沿，直腹微敛，圜底，三扁圆锥状足。器外有烟熏痕迹。轮制。素面。口径 25.2、高 18.6 厘米（图七五，1；彩版四七，2）。

JNZD2M16：6-2，夹砂红陶。侈口，圆唇，直腹微敛，圜底，三扁圆锥状足。器外有烟熏和烧制变形现象。轮制。素面。口径 26.2、高 19.1 厘米（图七五，2；彩版四七，3）。

JNZD2M16：11，夹砂红陶。侈口微敛，圆唇，斜沿，沿面较平，沿下微束颈，腹较直，三扁足。手制，轮修。素面。口径 15.8、高 10.4 厘米（图七五，3）。

坛　3件。

JNZD2M16：9-2，灰色硬陶，局部红褐色。侈口，尖唇，卷沿外翻，折肩，弧腹微鼓，最大腹径偏上，平底内凹。颈部饰多道凹弦纹，肩、腹部饰席纹和菱形填线纹。腹身泥条盘筑，口、颈部轮制。口径 21.0、底径 21.6、高 45.0 厘米（图七五，4）。

JNZD2M16：10，褐色硬陶。侈口，尖唇，卷沿，沿面下垂，溜肩，弧腹，平底内凹。颈部饰弦纹，肩、腹部饰细方格纹和菱形填线纹。泥条盘筑。口径 18.6、底径 18.0、高 45.0 厘米（图七五，5；彩版四七，4）。

JNZD2M16：12-2，褐色硬陶。侈口，尖唇，卷沿，沿面下垂，折肩略耸，弧腹微鼓，平底内凹。颈部饰弦纹，肩、腹部饰席纹和菱形填线纹。泥条盘筑。口径 23.8、底径 24.0、高 48.0 厘米（图七五，6；彩版四八，1）。

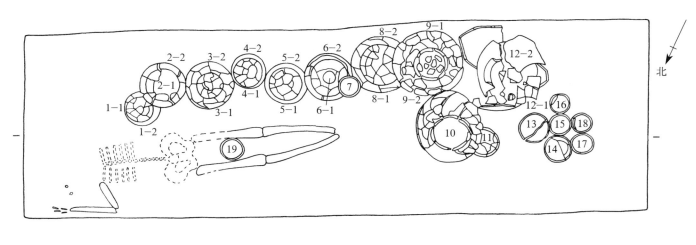

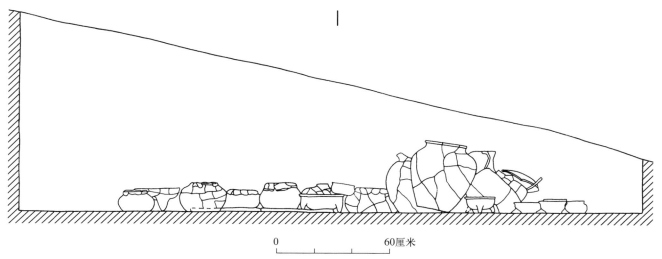

图七四　寨花头JNZD2M16平、剖面图

1-1、2-1、4-1、5-1、8-1. 陶碗　1-2、3-2、4-2、5-2、8-2. 硬陶瓿　2-2、6-2、11. 陶鼎　3-1. 陶盆　6-1、9-1. 陶器盖
7、13～19. 原始瓷碗　9-2、10、12-2. 硬陶坛　12-1. 陶钵

　　瓿　5件。

　　JNZD2M16：1-2，褐色硬陶。侈口，尖圆唇，微卷沿，沿面内凹，短束颈，溜肩，鼓腹，平底。肩部饰弦纹，腹部饰席纹。口径11.8、底径13.4、高10.5厘米（图七六，1；彩版四八，2）。

　　JNZD2M16：3-2，灰色硬陶。侈口，尖圆唇，卷沿，沿面内凹，广肩略平，鼓腹，平底。颈部饰弦纹，肩、腹部饰方格纹。泥条盘筑。口径15、底径16.8、高17.4厘米（图七六，2；彩版四八，3）。

　　JNZD2M16：4-2，灰色硬陶。侈口，尖唇，微卷沿外翻，矮颈，溜肩，鼓腹，最大腹径在腹中部，平底内凹。颈部有轮制形成的凹弦纹，腹部饰小方格纹。手制，轮修。口径12.2、底径14.0、高11.6厘米（图七六，3；彩版四八，4）。

　　JNZD2M16：5-2，灰色硬陶。侈口，尖唇，卷沿外翻下垂，沿面内凹上卷，广肩，弧腹，最大腹径在腹上半部，平底内凹。颈部有轮制形成的凹弦纹，肩、腹部饰小方格纹。手制，轮修。口径12.8、底径15.0、高13.8厘米（图七六，4）。

　　JNZD2M16：8-2，灰色硬陶，局部红色。侈口，尖圆唇，卷沿外翻下垂，矮领，溜肩，鼓腹，最大腹径在腹上部，平底内凹。器内壁留有凹凸不平的手制痕。颈部饰弦纹，肩、腹部饰小方格纹。腹身泥条盘筑，口、颈部轮制。口径 19.4、底径 18.4、高 20.2 厘米（图七六，5；彩版四八，5）。

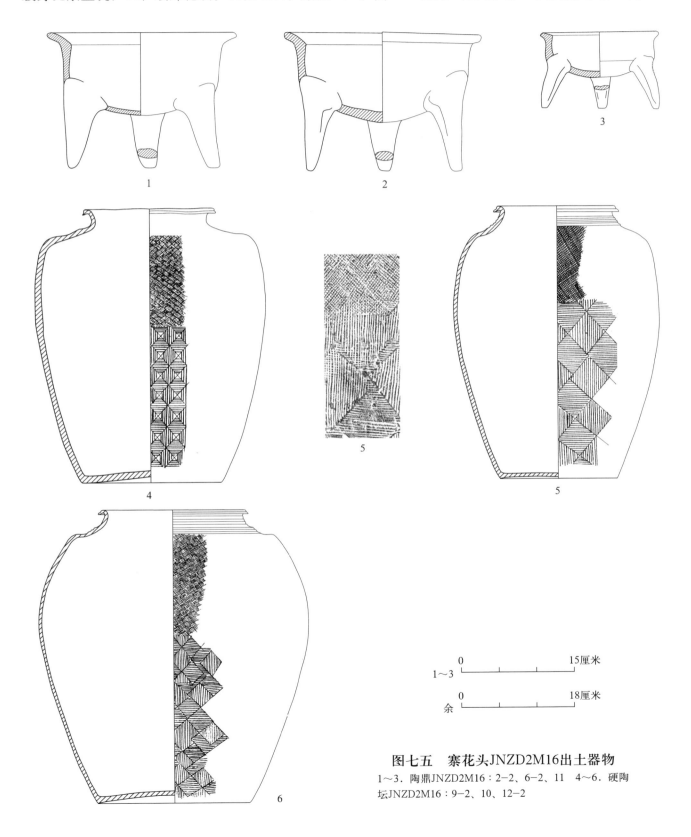

图七五　寨花头JNZD2M16出土器物

1～3. 陶鼎JNZD2M16：2-2、6-2、11　4～6. 硬陶坛JNZD2M16：9-2、10、12-2

盆　1件。

JNZD2M16：3-1，泥质红胎黑皮陶。敞口，尖圆唇，沿稍折，中腹残，下腹弧收平底略内凹，器内有弦痕。轮制。口径24.3、底径8.6厘米（图七六，6）。

碗　13件。

JNZD2M16：1-1，泥质黑陶。直口微敛，方唇，唇面有凹槽，腹部弧折收，平底。器内有弦纹。轮制。口径15.4、底径7.6、高5.0厘米（图七七，1）。

JNZD2M16：2-1，泥质红胎黑皮陶。直口微敛，方唇，弧折腹，斜弧收，平底。器内壁有弦纹。手制，轮修。口径19.6、底径10.0、高5.4厘米（图七七，2；彩版四九，1）。

JNZD2M16：4-1，泥质灰胎黑皮陶。直口，方唇，折腹，下腹弧收，平底。轮制。素面。口径16.4、底径8.0、高4.2厘米（图七七，3；彩版四九，2）。

JNZD2M16：5-1，泥质红胎黑皮陶。侈口，圆唇，束颈，弧腹，底部残，器内有弦纹。轮制。口径16.0、残高5.6厘米（图七七，4）。

JNZD2M16：7，原始瓷。直口，方唇，唇面有凹槽，折腹，下腹弧收，平底略内凹。底部有拉切痕迹，器内有弦纹数道。器内外施薄黄绿釉。烧制变形。轮制。口径12.2、底径8.4、高4.4厘米（图七七，5；彩版四九，3）。

JNZD2M16：8-1，泥质红胎黑皮陶。敞口，方唇，沿下微束，斜弧腹，平底。器内壁有多道轮制凹弦纹，烧制变形。手制，轮修。素面。口径19.2、底径10.0、高5.6厘米（图七七，6；彩版四九，4）。

JNZD2M16：13，原始瓷。敞口，斜方唇，唇面有凹槽，腹部弧收，平底略内凹。器内有弦纹数

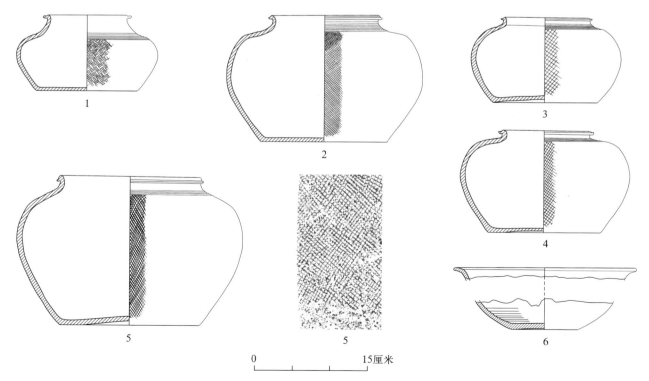

图七六　寨花头JNZD2M16出土器物

1~5. 硬陶瓿JNZD2M16：1-2、3-2、4-2、5-2、8-2　6. 陶盆JNZD2M16：3-1

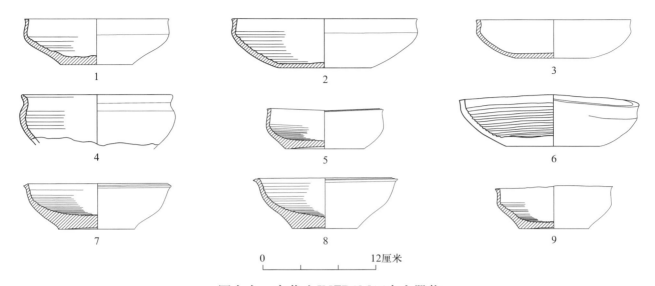

0 ————————— 12厘米

图七七　寨花头JNZD2M16出土器物

1～4、6. 陶碗JNZD2M16：1-1、2-1、4-1、5-1、8-1　5、7～9. 原始瓷碗JNZD2M16：7、13～15

道，底部有拉切痕迹。器内外施薄黄绿釉，釉呈点状分布。轮制。口径15.6、底径8.0、高5.0厘米（图七七，7；彩版四九，5）。

JNZD2M16：14，原始瓷。敞口，方唇，唇面有凹槽，腹部弧收，平底略内凹。器内有弦纹数道，底部有拉切痕迹。器内外施釉已剥落。轮制。口径15.4、底径7.0、高5.5厘米（图七七，8；彩版四九，6）。

JNZD2M16：15，原始瓷。直口，方唇，唇面有两道凹槽，折腹斜弧收，平底略内凹。器内有弦纹数道，底部有拉切痕迹。器物烧制变形。器内外施薄青绿釉。轮制。口径12.0～12.5、底径7.4、高4.8厘米（图七七，9；彩版五〇，1）。

JNZD2M16：16，原始瓷。直口微敛，方唇，唇面下斜有凹槽，下腹部弧收，平底略内凹。器内有弦纹数道，底部有砂粒和有拉切痕迹。器内外施青绿釉。轮制。口径11.4、底径6.2、高4.5厘米（图七八，1；彩版五〇，2）。

JNZD2M16：17，原始瓷。直口微敛，方唇，唇面外斜，腹部弧收，平底略内凹。器内外有弦纹数道，底部有拉切痕迹。器内外施薄黄绿釉，釉呈点状分布。轮制。口径12.2、底径7.8、高4.0厘米（图七八，2；彩版五〇，3）。

JNZD2M16：18，原始瓷。直口微敛，方唇，唇面外斜有凹槽，弧腹收，平底略内凹。器内有弦纹数道，底部有拉切痕迹和一个支钉、少量砂粒。器内外施青绿釉。轮制。口径11.0、底径6.0、高4.5厘米（图七八，3；彩版五〇，4）。

JNZD2M16：19，原始瓷。直口微敛，方唇，唇面有凹槽，折腹，下腹收，平底略内凹。器内有弦纹数道，底部有拉切痕迹。器内外施薄青绿釉。轮制。口径11.6、底径6.7、高4.4厘米（图七八，4；彩版五〇，5）。

钵　1件。

JNZD2M16：12-1，泥质灰陶。敛口，方唇，沿面内斜，鼓肩，斜弧腹，平底微凹。手制。口径16.8、底径11.2、高7.6厘米（图七八，5；彩版五〇，6）。

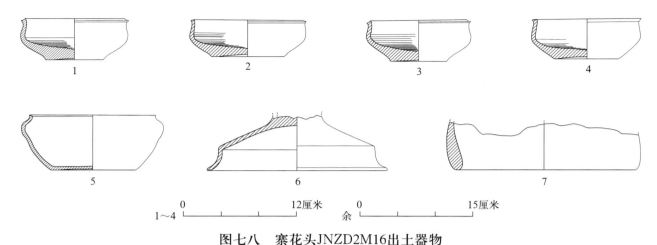

图七八　寨花头JNZD2M16出土器物
1~4. 原始瓷碗JNZD2M16：16~19　5. 陶钵JNZD2M16：12-1　6、7. 陶器盖JNZD2M16：6-1、9-1

器盖　2件。

JNZD2M16：6-1，泥质红胎黑皮陶。盖捉手残缺，盖面上部斜，下部内折收，口部敞口圆唇。轮制。素面。口径24.0、残高7.4厘米（图七八，6）。

JNZD2M16：9-1，夹砂红陶。盖上部残损，口部敛口，圆唇。口径24.0、残高6.0厘米（图七八，7）。

17．JNZD2M17

JNZD2M17位于土墩东北部的Ⅱ区，层位关系为⑤－M17→⑥（图七九；彩版五一，1）。近长方形竖穴土坑墓，东北宽西南窄，直壁，平底，壁、底无明显加工痕迹，墓口西南高东北低，呈斜坡状，长3.00、宽0.89～0.91、深0.20～1.20米。墓向为东北－西南向，头向250°。内填黄灰色土，土质较硬，内夹杂零星红烧土粒、木灰星。

随葬品有碗2件。

碗　2件。

JNZD2M17：1，原始瓷，灰白胎。微侈口，尖圆唇，唇面内凹，束颈，弧腹，平底内凹。器内壁有弦纹，底部有砂粒。施青黄釉。轮制。口径9.2、底径6.0、高3.8厘米（图七九，1）。

JNZD2M17：2，泥质红胎黑皮陶。敞口，方唇，沿面内凹。浅弧腹斜收，平底。器内壁有弦纹。手制，轮修。口径17.2、底径7.0、高3.8厘米（图七九，2）。

18．JNZD2M18

JNZD2M18位于土墩东北部的Ⅱ区，层位关系为⑤－M14→M18→⑥（图八〇；彩版五一，2）。长方形竖穴土坑墓，直壁，平底，壁、底无明显加工痕迹，墓口西南高东北低，呈斜坡状，长2.10、残宽0.75～0.90、深0.10～0.15米。墓向为东北－西南向，头向220°。内填红褐色土，土质较硬。

随葬品有碗3、纺轮1共4件。

碗　3件。

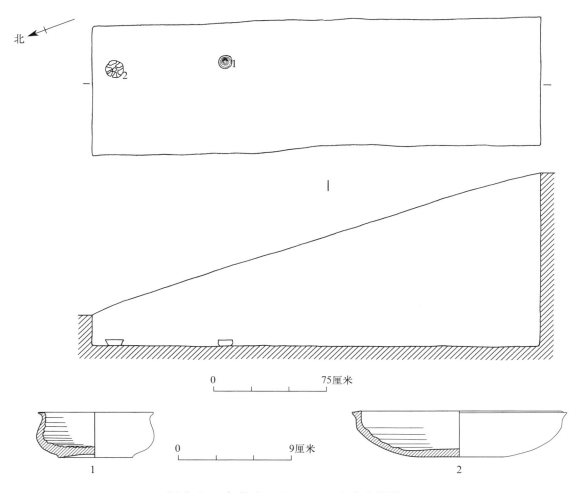

图七九 寨花头JNZD2M17及出土器物

1. 原始瓷碗JNZD2M17：1 2. 陶碗JNZD2M17：2

　　JNZD2M18：1，泥质灰陶。敛口，圆唇，斜直腹，下腹弧收，平底微内凹。口径10.0、底径5.0、高3.1厘米（图八〇，1）。

　　JNZD2M18：2，泥质红胎黑皮陶。微敛口，方唇，微束颈，折腹，弧收，平底微凹。器内壁有弦纹。手制，轮修。口径11.4、底径6.0、高3.6厘米（图八〇，2）。

　　JNZD2M18：3，原始瓷，灰白胎。敛口，尖唇，小折沿，折腹，弧收，平底内凹。器内壁有弦纹，底部有砂粒。施青黄釉。轮制。口径9.0、底径5.8、高3.6厘米（图八〇，3；彩版五一，3）。

　　纺轮 1件。

　　JNZD2M18：4，泥质红褐陶。算珠形，表面有旋纹，孔上下两边对穿。宽3.3、孔径0.45、高2.25厘米（图八〇，4；彩版五一，4）。

19．JNZD2M19

　　JNZD2M19位于土墩南部的Ⅲ和Ⅳ区之间，层位关系为⑤－M15→M19→M24→M25→⑥（图八一；彩版五二，1）。长梯形竖穴土坑墓，西南宽东北窄，直壁，平底，壁、底无明显加工痕迹，

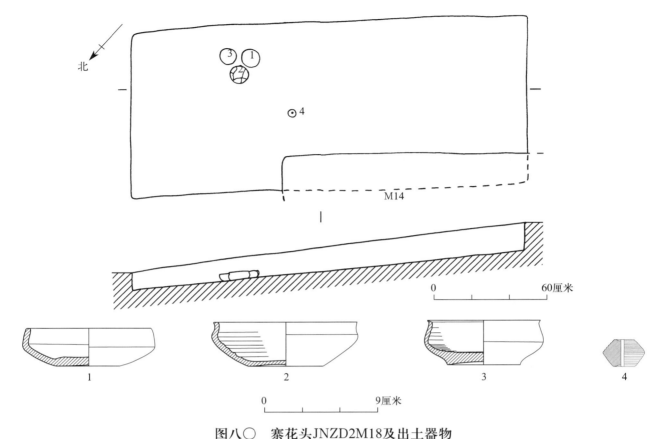

图八〇　寨花头JNZD2M18及出土器物

1、2. 陶碗JNZD2M18：1、2　3. 原始瓷碗JNZD2M18：3　4. 陶纺轮JNZD2M18：4

　　墓口东北高西南低，呈斜坡状，长3.40、宽1.25～1.35、深0.40～1.30米。墓向为东北－西南向，头向18°。内填五花土，土色偏黄，土质较硬，内夹杂红烧土粒、木灰星。

　　随葬品有鼎6、坛7、罐5、瓿3、盆3、大口器1、碗5、钵2、器盖6共38件。

　　鼎　6件。

　　JNZD2M19：4，夹砂红陶。敞口微侈，圆唇，折沿，折腹，圜底，三扁柱状足，足尖略外撇。手制，轮修。素面。口径26.8、高21.0厘米（图八二，1；彩版五二，2）。

　　JNZD2M19：9，夹砂红陶。敞口微侈，圆唇，折沿，沿面内斜，直腹，圜底，三扁圆锥状足。手制，轮修。素面。口径24.6、高18.7厘米（图八二，2；彩版五二，3）。

　　JNZD2M19：10，夹砂红陶。侈口，圆唇，折沿，直腹微敛，圜底，三扁圆锥状足。器外有烟熏痕迹。轮制。素面。口径24.8、高22.2厘米（图八二，3；彩版五二，4）。

　　JNZD2M19：14-2，夹砂红陶。侈口，圆唇，折沿，直腹微敛，圜底，圆锥状足。器外有烟熏痕迹，轮制。素面。口径14.6、高12.4厘米（图八二，4；彩版五二，5）。

　　JNZD2M19：30，夹砂红陶。侈口，圆唇，折沿，直腹，微敛口，下腹以下残缺。素面。轮制，口径32.4、残高8.8厘米（图八二，5）。

　　JNZD2M19：32，夹砂褐陶。侈口，圆唇，折沿，弧腹，三扁圆形足，下腹以下残缺。轮制。素面。口径23.4、残高7.6厘米（图八二，6）。

　　坛　7件。

JNZD2M19：15，红色硬陶。侈口，尖圆唇，卷沿外翻下垂，沿面有一道凹槽，折肩略平，弧腹，平底微凹。颈部饰弦纹，肩、腹部饰席纹和菱形填线纹。泥条盘筑。口径 19.2、底径 20.4、高 39.6 厘米（图八二，7；彩版五三，1）。

JNZD2M19：16，红褐色硬陶。侈口，尖圆唇，卷沿外翻下垂，沿面内凹，溜肩，弧腹，平底内凹。颈部饰弦纹，肩、腹部饰席纹和菱形填线纹。泥条盘筑。口径 17.0、底径 19.6、高 39.5 厘米（图八二，8；彩版五三，2）。

JNZD2M19：17，褐色硬陶。侈口，尖唇，卷沿，沿面外垂并有一道凹槽，溜肩，弧腹，平底微凹。

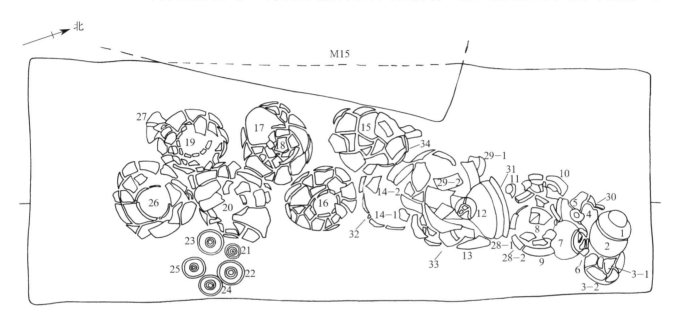

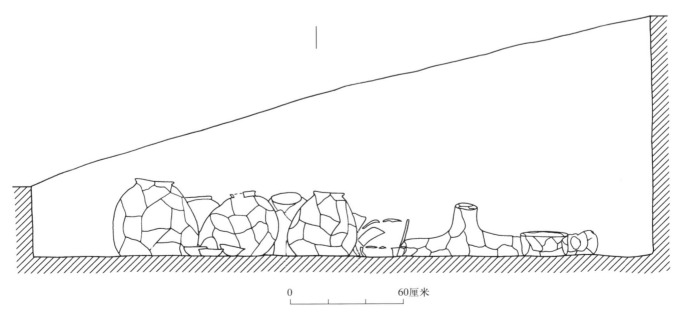

图八一　寨花头JNZD2M19平、剖面图

1、28-1．陶钵　2、3-2、29-2．硬陶瓿　3-1．陶罐　4、9、10、14-2、30、32．陶鼎　5、6、11、18、27、29-1．陶器盖　7、13、14-1、28-2．硬陶罐　8、31、34．陶盆　12．陶大口器　15、16、17、19、20、26．硬陶坛　21~25．原始瓷碗

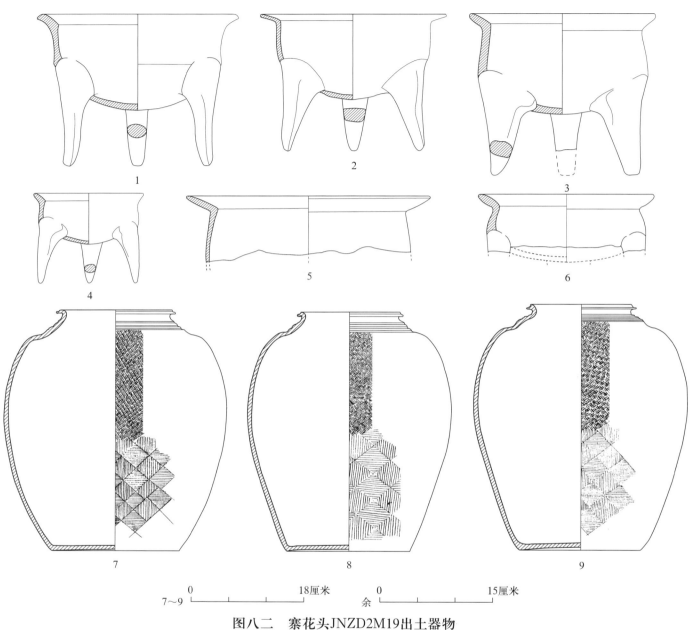

图八二　寨花头JNZD2M19出土器物

1～6. 陶鼎JNZD2M19：4、9、10、14-2、30、32　7～9. 硬陶坛JNZD2M19：15～17

颈部饰弦纹，肩、腹部饰席纹和菱形填线纹。泥条盘筑。口径17.6、底径19.0、高40.4厘米（图八二，9；彩版五三，3）。

JNZD2M19：19，红褐色硬陶。侈口，尖圆唇，卷沿，沿面有凹槽，短束颈，溜肩，弧腹，平底微内凹。颈部饰弦纹，肩、腹部饰席纹和菱形填线纹。泥条盘筑，轮制。口径20.8、底径22.0、高46.8厘米（图八三，1；彩版五三，4）。

JNZD2M19：20，灰色硬陶。侈口，尖圆唇，卷沿，沿面内凹，溜肩，弧腹，平底微内凹。颈部饰弦纹，肩、腹部饰席纹和菱形填线纹。器物变形。泥条盘筑。口径20.8、底径20.6、高46.6厘米（图八三，2；彩版五四，1）。

　　JNZD2M19：26，灰色硬陶。侈口，圆唇，卷沿，沿面有一道凹槽，广肩，弧腹，平底微凹。颈部饰弦纹，肩、腹部饰席纹和菱形填线纹。腹部烧制变形。泥条盘筑。口径21.6、底径22.0、高47.6厘米（图八三，3；彩版五四，2）。

　　JNZD2M19：33，灰褐色硬陶。侈口，尖圆唇，卷沿，沿面有一道凹槽，溜肩，弧腹，平底微凹。颈部饰弦纹，肩、腹部饰席纹和菱形填线纹。泥条盘筑。口径15.6、底径16.8、高27.6厘米（图八三，4）。

　　罐　5件。

　　JNZD2M19：3-1，泥质灰胎黑皮陶。上半部残缺，下半部为弧腹，平底。手制。底径10.5、残高9.0厘米（图八四，1）。

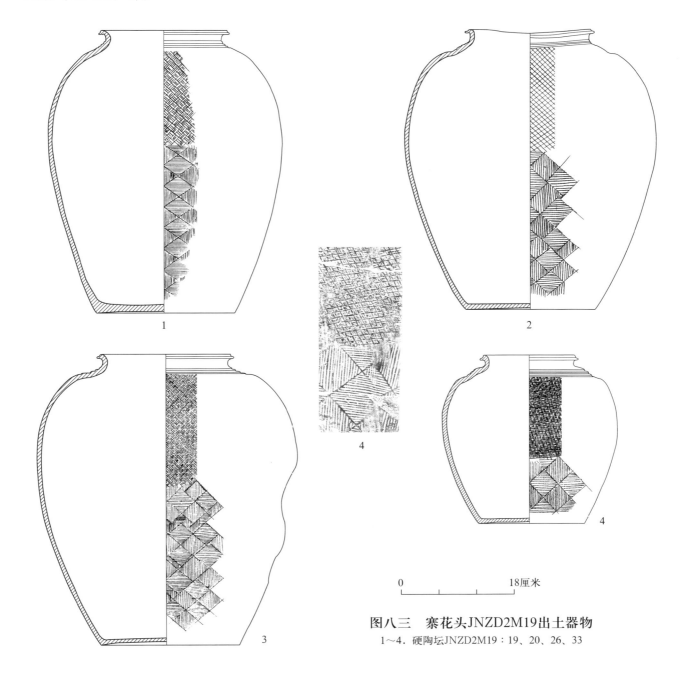

0　　　　　　　　　　　　18厘米

图八三　寨花头JNZD2M19出土器物
1～4. 硬陶坛JNZD2M19：19、20、26、33

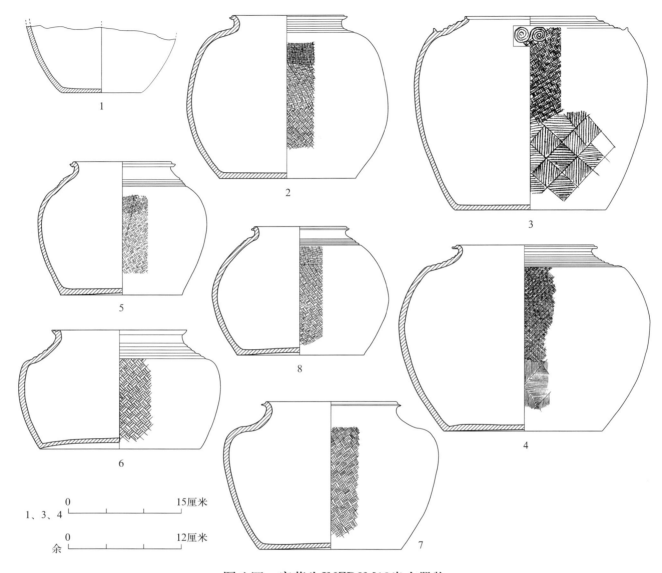

图八四　寨花头JNZD2M19出土器物
1. 陶罐JNZD2M19：3-1　2~5．硬陶罐JNZD2M19：7、13、14-1、28-2　6~8．硬陶瓿JNZD2M19：2、3-2、29-2

　　JNZD2M19：7，褐色硬陶。侈口，尖唇，卷沿，沿面内凹，矮直颈，溜肩，弧鼓腹，平底。颈部饰浅弦纹，肩、腹部饰席纹。泥条盘筑。口径12.4、底径14.4、高17.8厘米（图八四，2；彩版五四，4）。

　　JNZD2M19：13，灰褐色硬陶。敛口，尖唇，唇面内凹，折肩，弧腹，平底。颈部饰弦纹，肩、腹部饰席纹和菱形填线纹，肩部有3个S形堆塑。泥条盘筑。口径17.2、底径20.0、高26.4厘米（图八四，3）。

　　JNZD2M19：14-1，灰色硬陶。侈口，尖圆唇，卷沿，沿面内凹，短束颈，折肩，鼓腹，最大腹径在器中，下腹弧收，平底，底心微凹。颈部饰弦纹，腹部饰席纹和菱形填线纹。泥条盘筑，轮制。口径19.4、底径21.2、高25.4厘米（图八四，4；彩版五四，5）。

　　JNZD2M19：28-2，褐色硬陶。侈口，尖唇，卷沿，沿面内凹。矮颈，溜肩，弧腹，平底微凹。

颈部饰弦纹，肩、腹部饰席纹。泥条盘筑。口径 11.3、底径 13.0、高 14.6 厘米（图八四，5；彩版五五，1）。

瓿 3件。

JNZD2M19：2，红色硬陶。侈口，方唇，卷沿，沿面内凹，折肩，弧腹，平底内凹。肩部饰弦纹，腹部饰席纹。手制。口径 14.4、底径 17.0、高 13 厘米（图八四，6；彩版五五，2）。

JNZD2M19：3-2，灰褐色硬陶。侈口，尖唇，卷沿，沿面有一道凹槽。广肩略平，弧腹，平底微凹。肩、腹部饰席纹。泥条盘筑。口径 14.9、底径 15.0、高 16.3 厘米（图八四，7；彩版五四，3）。

JNZD2M19：29-2，灰褐色硬陶。侈口，尖唇，卷沿，沿面外垂内凹，溜肩，鼓腹，平底内凹，颈部饰弦纹，肩、腹部饰席纹。泥条盘筑。口径 10.4、底径 13.4、高 14.2 厘米（图八四，8；彩版五五，3）。

盆 3件。

JNZD2M19：8，泥质灰陶。敞口，圆唇，口缘内侧有一道凹弦纹，束颈，折腹，下腹斜收，平底。轮制。素面。口径 20.6、底径 8.4、高 2.8 厘米（图八五，1；彩版五五，4）。

JNZD2M19：31，泥质黑陶。敞口微侈，圆唇，内沿面微内凹，束颈，折腹，下腹斜收，平底。颈部饰弦纹。手制。口径 33.8、底径 13.0、高 10.4 厘米（图八五，2；彩版五五，5）。

JNZD2M19：34，泥质黑陶。敞口微侈，圆唇，沿面内凹，束颈，折腹，下腹斜收，平底。颈部饰弦纹。手制。口径 54.8、底径 20.0、高 18.8 厘米（图八五，3）。

大口器 1件。

JNZD2M19：12，泥质黑陶。敞口，尖圆唇，内沿面有一道凹槽，束颈，折腹，下部曲腹，平底微内凹。腹上部饰弦纹，腹下部及柄部饰席纹。手制。口径 42.8、底径 13.2、高 26.4 厘米（图八五，4；彩版五五，6）。

碗 5件。

JNZD2M19：21，原始瓷。敛口，斜方唇，沿面有一道浅凹槽，折腹，斜收，平底微凹。底部有砂粒。器表饰绿釉，有流釉现象。轮制。口径 9.2、底径 8.0、高 3.4 厘米（图八五，5；彩版五六，1）。

JNZD2M19：22，原始瓷。敞口，斜尖唇，沿面有一道浅凹槽，弧腹，平底微凹。器内壁有弦纹。釉已剥落。轮制。口径 15.2、底径 8.4、高 5.3 厘米（图八五，6；彩版五六，2）。

JNZD2M19：23，原始瓷，灰白胎。敞口，斜方唇，沿面有两道浅凹槽，弧折腹，斜收，平底微凹。器内壁有弦纹，底部有砂粒。施青釉。轮制。口径 14.4、底径 7.4、高 4.7 厘米（图八五，7；彩版五六，3）。

JNZD2M19：24，原始瓷，灰白胎。敞口，斜方唇，唇面内凹，弧腹，平底内凹。器内壁有弦纹。釉面剥落。轮制。口径 12.6、底径 8.0、高 3.6 厘米（图八五，8）。

JNZD2M19：25，原始瓷，灰胎。敞口，斜方唇，唇面有凹槽，弧折腹，平底微凹。器内壁有弦纹，底部有砂粒。烧制变形。轮制。口径 14.8、底径 7.0、高 4.4 厘米（图八五，9）。

钵 2件。

JNZD2M19：1，泥质黑陶。敛口，方唇，鼓折腹，下腹斜收，平底内凹。手制。口径 15.2、底径 11.0、高 6.2 厘米（图八六，1；彩版五六，4）。

JNZD2M19：28-1，泥质黑陶。敛口，方唇，鼓腹，最大腹径在器上部，下腹弧收，平底。表面磨光。

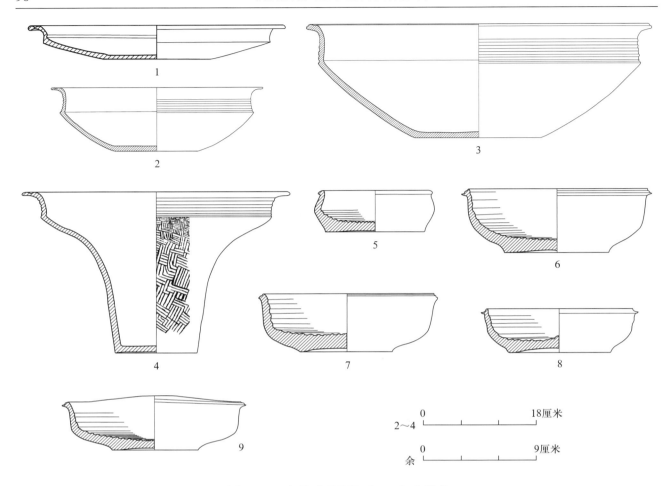

图八五　寨花头JNZD2M19出土器物

1~3. 陶盆JNZD2M19：8、31、34　4. 陶大口器JNZD2M19：12　5~9. 原始瓷碗JNZD2M19：21~25

轮制。素面。口径18.0、底径9.0、高5.4厘米（图八六，2）。

器盖　6件。

JNZD2M19：5，泥质灰陶。圈足状捉手，盖面上部斜平，下部内折弧，敞口，圆唇，内沿面有一道凹弦纹。手制，轮修。素面。捉手径9.6、口径24.0、高9.0厘米（图八六，3）。

JNZD2M19：6，泥质红陶。敞口，方唇，沿外微束，上部残损严重。残宽4.2、残高5.0厘米（图八六，4）。

JNZD2M19：11，泥质黑陶。圈足状，斜平顶，折肩，曲直壁，敞口，尖圆唇，内沿有一道凹槽。捉手径7.0、口径20.0、高6.6厘米（图八六，5；彩版五六，5）。

JNZD2M19：18，夹砂红陶。捉手呈桥形纽，弧顶，直腹，直口，圆唇，折沿。手制。口径22.0、高20.0厘米（图八六，6；彩版五六，6）。

JNZD2M19：27，夹砂红陶。敞口，圆唇，上部残损。轮制。素面。口径23.2、残高9.6厘米（图八六，7）。

JNZD2M19：29-1，泥质黑陶。捉手已残，仅剩盖口沿，敞口，圆唇，内沿面内凹，束颈，折腹。手制。素面。口径22.4、残高4.8厘米（图八六，8）。

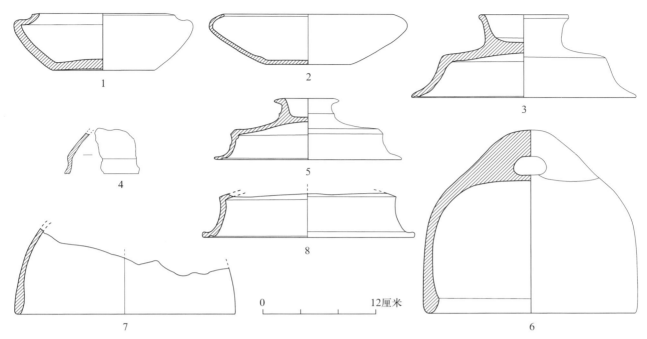

图八六　寨花头JNZD2M19出土器物
1、2. 陶钵JNZD2M19：1、28-1　3~8. 陶器盖JNZD2M19：5、6、11、18、27、29-1

20．JNZD2M20

JNZD2M20位于土墩西北部的Ⅰ区，④－M3→⑤－M20→⑥（图八七；彩版五七，1）。长梯形竖穴土坑墓，西宽东窄，直壁，平底，壁、底无明显加工痕迹，墓口东高西低呈斜坡状，长4.20～4.25、残宽1.00～1.50、深0.15～1.58米。墓向为东南－西北向，头向110°。填土分为两层，第①层灰褐色土，内夹杂黄色土块及红色水锈斑，土质较硬；第②层黄色花土，土质硬，为器物上封土，呈圆拱形堆积。

随葬品有鼎3、坛4、罐5、瓿5、盆2、碗12、钵4、器盖9、纺轮3共47件。

鼎　3件。

JNZD2M20：9，夹砂红陶。侈口，尖圆唇，折沿，直腹，圜底，三扁圆形锥状足。素面。口径26.2、高25.2厘米（图八八，1；彩版五七，2）。

JNZD2M20：10-2，夹砂红褐陶。敞口微侈，圆唇，折沿，折腹，圜底，三扁圆锥状足。手制。素面。口径18.8、高13.0厘米（图八八，2；彩版五七，3）。

JNZD2M20：35，夹砂红陶。敞口微侈，尖圆唇，折沿，沿面弧，弧腹，圜底，三扁锥形足。手制。素面。口径17.2、高11.2厘米（图八八，3；彩版五七，4）。

坛　4件。

JNZD2M20：18，褐色硬陶。侈口，尖唇，卷沿，沿面有一道凹槽，折肩微耸，弧鼓腹，平底微凹。颈部饰弦纹，肩、腹部饰方格纹和菱形填线纹。泥条盘筑。口径18.2、底径19.6、高44.0厘米（图八八，4；彩版五八，1）。

JNZD2M20：20，褐色硬陶。侈口，尖圆唇，卷沿，沿面内凹，溜肩，弧鼓腹，平底内凹。颈部饰细弦纹，肩、腹部饰方格纹和菱形填线纹。泥条盘筑。口径21.2、底径22.4、高44.5厘米（图八八，5；彩版五八，2）。

JNZD2M20：21-2，褐色硬陶。侈口，尖圆唇，卷沿，唇面有凹槽，短束颈，溜肩，弧鼓腹，平底略内凹。颈部饰弦纹，肩、腹部饰小方格纹和菱形填线纹。泥条盘筑，轮制。口径23.2、底径21.6、高43.8厘米（图八八，6；彩版五八，3）。

JNZD2M20：22，灰色硬陶。侈口，尖圆唇，卷沿，沿面内凹，溜肩，弧鼓腹，平底微凹。颈部饰弦纹，肩上部饰菱形填线纹，其下为席纹，腹下部饰菱形填线纹。泥条盘筑。口径22.0、底径22.8、高45.2厘米（图八八，7；彩版五八，4）。

罐　5件。

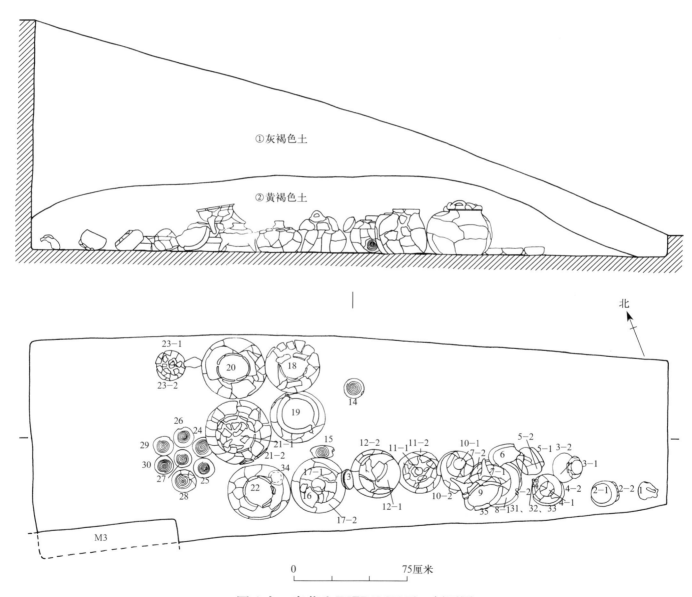

图八七　寨花头JNZD2M20平、剖面图

1、6、7-1、10-1、11-1、12-1、17-1、21-1、23-1．陶器盖　2-1、3-2、4-2、5-2、11-2．硬陶瓿　2-2、3-1、4-1、34．陶钵
5-1．陶碗　7-2．原始瓷罐　8-1、8-2．陶盆　9、10-2、35．陶鼎　12-2、17-2、19．硬陶罐　13～16、24～30．原始瓷碗　18、20、
21-2、22．硬陶坛　23-2．陶罐　31～33．陶纺轮

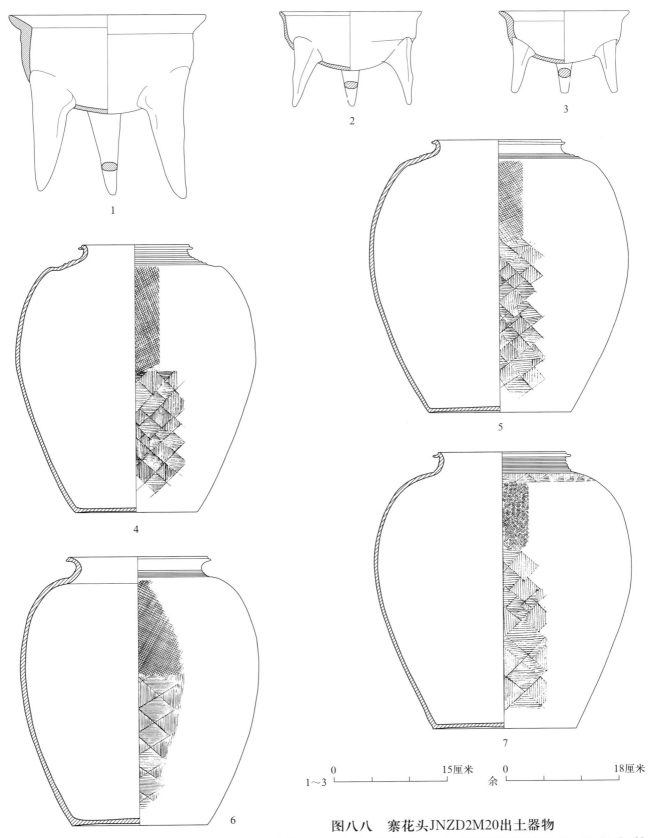

图八八　寨花头JNZD2M20出土器物

1～3. 陶鼎JNZD2M20：9、10-2、35　4～7. 硬陶坛JNZD2M20：18、20、21-2、22

　　JNZD2M20：7-2，原始瓷，灰白胎。侈口，斜方唇，唇面有凹槽，卷沿，束颈，溜肩微折，鼓腹，平底微凹。肩两边有对称的堆塑。器内壁有泥条盘筑留下的盘旋痕迹。轮制。口径 14.1、底径 15.0、高 16.0 厘米（图八九，1；彩版五七，5）。

　　JNZD2M20：12-2，红色硬陶。侈口，尖圆唇，卷沿，沿面内凹，短束颈，溜肩微折，弧鼓腹，最大腹径在器中，下腹弧收，平底底心微凹。颈部饰弦纹，腹部饰席纹和菱形填线纹。腹部泥条盘筑，口、颈部轮制。口径 20.0、底径 22.0、高 27.8 厘米（图八九，2；彩版五九，1）。

　　JNZD2M20：17-2，灰色硬陶。侈口，方唇，唇面内凹，卷沿，短束颈，溜肩，弧鼓腹，平底微内凹。颈部饰弦纹，肩、腹部饰席纹和菱形填线纹，口沿和底部烧制略有变形。泥条盘筑，轮制。口径 18.0、底径 20.0、高 28.0 厘米（图八九，3；彩版五九，2）。

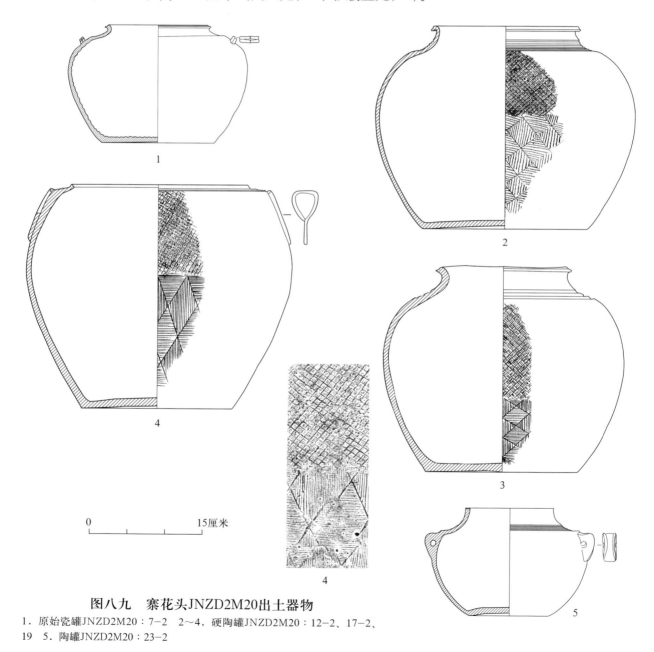

0 _____ 15厘米

图八九　寨花头JNZD2M20出土器物

1．原始瓷罐JNZD2M20：7-2　2～4．硬陶罐JNZD2M20：12-2、17-2、19　5．陶罐JNZD2M20：23-2

JNZD2M20：19，褐色硬陶。敛口，内方唇，平折肩，弧腹，平底略内凹。上腹部饰对称泥条环形装饰物（"网球拍状"），肩部饰弦纹，上腹部饰席纹，下腹部饰菱形填线纹。泥条盘筑，轮制。口径23.6、底径20.0、高30.8厘米（图八九，4；彩版五九，3）。

JNZD2M20：23-2，泥质黑陶。直口，方唇，唇面内凹，短束颈，折肩微耸，鼓腹，最大腹径在近肩部位，下腹弧收，平底，底面内凹。肩面饰弦纹，肩部两侧对称饰两桥形耳，中有穿孔。器表经过打磨。腹身泥条盘筑，口、颈部轮制。口径11.8、底径10.4、高14.6厘米（图八九，5；彩版五九，4）。

瓿 5件。

JNZD2M20：2-1，褐色硬陶。侈口，尖圆唇，卷沿，沿面内凹，溜肩，弧鼓腹，平底微凹。腹部饰方格纹。泥条盘筑。口径13.4、底径15.0、高12.7厘米（图九〇，1；彩版五九，5）。

JNZD2M20：3-2，褐色硬陶。侈口，尖唇，卷沿，沿面内凹，溜肩，扁鼓腹，平底。颈部饰弦纹，肩、腹部饰细方格纹。泥条盘筑。口径14.1、底径14.0、高13.5厘米（图九〇，2；彩版五九，6）。

JNZD2M20：4-2，灰色硬陶，局部红色。侈口，尖唇，卷沿，沿面有一道凹槽，溜肩，鼓腹，

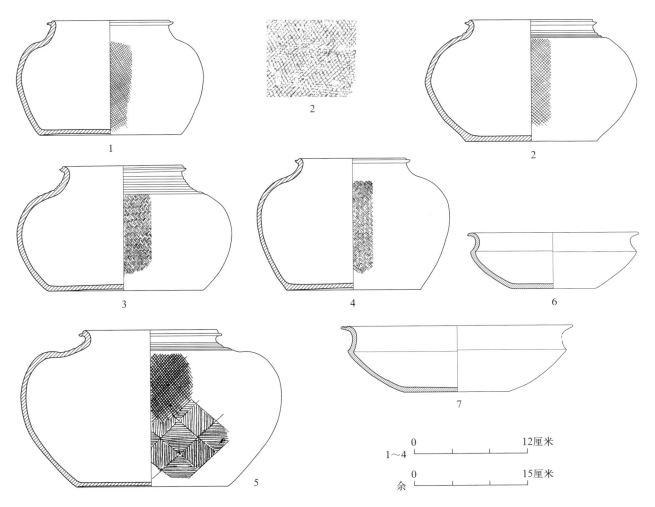

图九〇 寨花头JNZD2M20出土器物

1～5. 硬陶瓿JNZD2M20：2-1、3-2、4-2、5-2、11-2 6、7. 陶盆JNZD2M20：8-1、8-2

平底微凹。颈部饰弦纹，肩、腹部饰席纹。泥条盘筑。口径13.4、底径16.6、高13.6厘米（图九〇，3；彩版六〇，1）。

JNZD2M20：5-2，褐色硬陶。侈口，尖唇，卷沿，沿面内凹，溜肩，弧鼓腹，平底内凹。肩、腹部饰席纹。手制。口径12.2、底径14.3、高14.4厘米（图九〇，4；彩版六〇，2）。

JNZD2M20：11-2，灰褐色硬陶。侈口，尖唇，卷沿，沿面有一道凹槽。折肩微耸，鼓腹，平底略凹。颈部饰弦纹，肩、腹部饰方格纹和菱形填线纹。泥条盘筑。口径18.8、底径20.0、高21.4厘米（图九〇，5；彩版六〇，3）。

盆　2件。

JNZD2M20：8-1，泥质灰陶。微侈口，圆唇，卷沿，束颈，折腹，下腹斜弧收，平底。口径22.8、底径11.0、高7.6厘米（图九〇，6；彩版六〇，4）。

JNZD2M20：8-2，泥质紫胎黑褐陶。微侈口，尖圆唇，卷沿，内沿面内凹，束颈，折腹，下腹斜弧收，平底。口径30.8、底径14.0、高8.8厘米（图九〇，7；彩版六〇，5）。

碗　12件。

JNZD2M20：5-1，泥质陶。口微侈，尖唇，微折沿，沿面内凹。折肩，弧腹，平底微凹。手制。口径14.6、底径8.4、高4.4厘米（图九一，1；彩版六〇，6）。

JNZD2M20：13，原始瓷，灰白胎。敛口，方唇，沿面内凹，肩部内折，腹斜收，平底内凹。器内壁有弦纹，底部有砂粒。施青黄釉。轮制。口径12.8、底径6.4、高4.5厘米（图九一，2；彩版

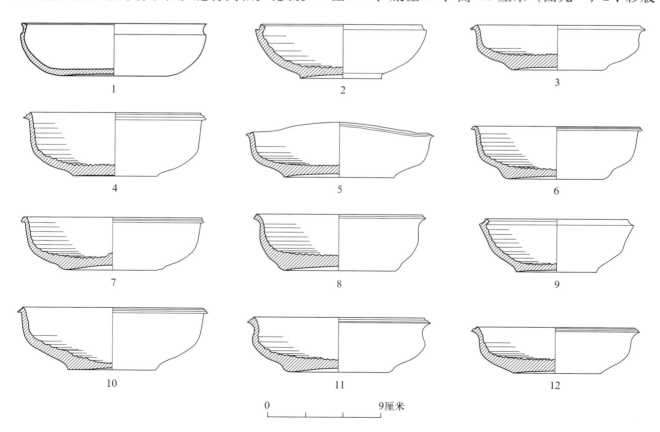

图九一　寨花头JNZD2M20出土器物

1. 陶碗JNZD2M20：5-1　2～12. 原始瓷碗JNZD2M20：13～16、24～30

六一，1）。

JNZD2M20：14，原始瓷，灰胎。敞口，斜方唇，唇面有凹槽，弧腹，斜收，底内凹。器内壁有弦纹，底部有砂粒。轮制。口径13.9、底径7.2、高3.8厘米（图九一，3；彩版六一，2）。

JNZD2M20：15，原始瓷，紫褐色胎。敞口，斜方唇，唇面有两道凹槽，弧折腹，平底微凹。器内壁有弦纹，底部有拉切痕。釉已剥落。轮制。口径14.6、底径6.6、高5.2厘米（图九一，4；彩版六一，3）。

JNZD2M20：16，原始瓷，灰白胎。敞口，斜方唇，沿面有凹槽，弧折腹斜收，平底内凹。器内壁有弦纹，底部有拉切痕迹。该器烧制过程中起泡变形。轮制。口径15.0、底径8.8、高4.6厘米（图九一，5；彩版六一，4）。

JNZD2M20：24，原始瓷，灰白胎。敞口，尖唇，沿面外斜有凹槽，弧折腹斜收，平底内凹。底部有砂粒。施青黄釉。轮制。口径13.6、底径7.8、高4.3厘米（图九一，6；彩版六一，5）。

JNZD2M20：25，原始瓷，灰胎。敞口，尖唇，沿面外斜有凹槽，弧折腹斜收，平底微凹。器内壁有弦纹，底部有支钉。施青釉。轮制。口径14.7、底径7.4、高4.3厘米（图九一，7；彩版六一，6）。

JNZD2M20：26，原始瓷，灰白胎。敞口，斜方唇，唇面有凹槽，弧腹，斜收，平底内凹。器内壁有弦纹。施青黄釉，釉大部分剥落。轮制。口径13.8、底径9.0、高4.6厘米（图九一，8；彩版六二，1）。

JNZD2M20：27，原始瓷，灰白胎。敛口，方唇，内折沿，腹斜收，平底内凹。器内壁有弦纹。施青黄釉。轮制。口径11.3、底径6.4、高4.3厘米（图九一，9；彩版六二，2）。

JNZD2M20：28，原始瓷，灰胎。敞口，尖唇，沿面外斜有凹槽，弧折腹斜收，平底内凹。器内壁有弦纹。釉已剥落。轮制。口径15.2、底径7.0、高5.0厘米（图九一，10；彩版六二，3）。

JNZD2M20：29，原始瓷，灰胎。敞口，斜方唇，唇面有凹槽，束颈，弧鼓腹，斜收，平底内凹。器内壁有弦纹，底部有砂粒。轮制。口径13.6、底径7.5、高4.2厘米（图九一，11；彩版六二，4）。

JNZD2M20：30，原始瓷，灰白胎。敞口，斜方唇，唇面有凹槽，微束颈，弧腹，斜收，平底内凹。器内壁有弦纹，底部有砂粒。轮制。口径13.4、底径7.0、高3.8厘米（图九一，12；彩版六二，5）。

钵　4件。

JNZD2M20：2-2，泥质灰陶。敛口，斜方唇，唇面微凹，鼓折肩，斜弧腹，平底。器内壁有弦纹。手制，轮修。口径15.0、底径10.4、高6.7厘米（图九二，1；彩版六二，6）。

JNZD2M20：3-1，泥质灰陶，褐色胎。敛口，尖唇，斜沿，鼓折肩，斜弧腹，平底。器内壁有弦纹。手制。口径18.0、底径10.0、高6.3厘米（图九二，2；彩版六三，1）。

JNZD2M20：4-1，泥质灰陶。敛口，唇面内凹，鼓折肩，斜弧腹，平底。器内壁饰弦纹。口径16.6、底径10.0、高6.0厘米（图九二，3；彩版六三，2）。

JNZD2M20：34，泥质灰陶。敛口，方唇，唇面内凹，鼓折肩，斜弧腹，平底微凹。手制。口径15.4、底径11.0、高6.8厘米（图九二，4；彩版六三，3）。

器盖　9件。

JNZD2M20：1，夹砂红陶。覆钟形器盖，平顶，弧壁，器口敞微敛，圆唇，提梁缺。手制。素面。口径15.8、残高7.4厘米。出土时分别位于墓坑东南部和西北部（图九二，8；彩版六三，4）。

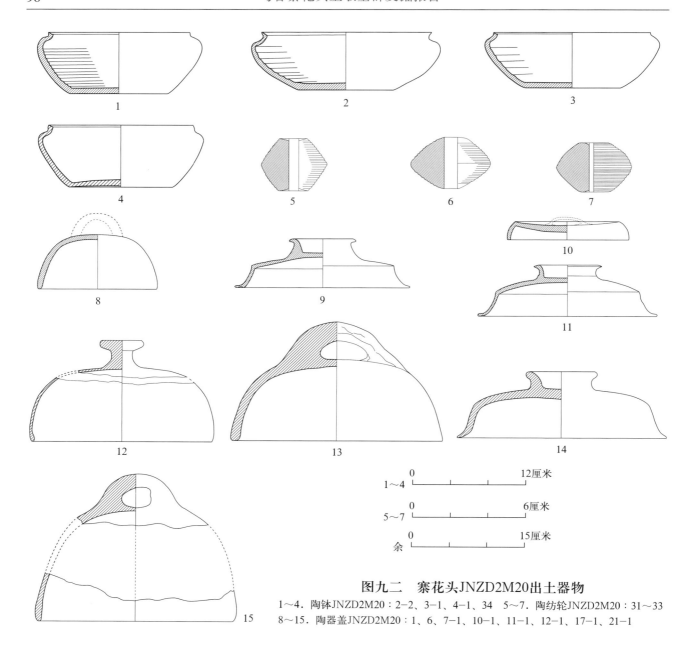

图九二　寨花头JNZD2M20出土器物

1～4．陶钵JNZD2M20：2-2、3-1、4-1、34　5～7．陶纺轮JNZD2M20：31～33
8～15．陶器盖JNZD2M20：1、6、7-1、10-1、11-1、12-1、17-1、21-1

　　JNZD2M20：6，泥质红胎黑皮陶。圈足状捉手，弧顶，折壁，口部敞口，圆唇，卷沿，沿面内凹。捉手径8.8、口径23.2、高6.6厘米（图九二，9；彩版六三，5）。

　　JNZD2M20：7-1，泥质黑陶。敞口，方唇，斜直腹，盖面内凹。手制。口径16.2、残高2.4厘米（图九二，10；彩版六三，6）。

　　JNZD2M20：10-1，泥质红胎黑皮陶。圈足状捉手，斜弧顶，折壁，口部敞口，圆唇，卷沿，沿面内凹。手制。捉手径9.0、口径23.8、高7.0厘米（图九二，11；彩版六四，1）。

　　JNZD2M20：11-1，夹砂红陶。盖口直口微敛，圆唇，弧直壁，弧顶，顶中央有一柱形捉手。手制，轮修。素面。捉手径5.8、口径24.0厘米（图九二，12；彩版六四，2）。

　　JNZD2M20：12-1，夹砂红陶。弧顶，顶上有环形把手，把手横截面呈圆形，陶胎较厚实，器物有烟熏痕迹。轮制。素面。口径28.0、高16.4厘米（图九二，13；彩版六四，3）。

JNZD2M20：17-1，夹砂红陶。喇叭状圈足捉手，斜弧顶，微折壁，口部敞口，尖圆唇，卷沿。手制。捉手径9.5、口径27.8、高9.0厘米（图九二，14；彩版六四，4）。

JNZD2M20：21-1，夹砂红陶。盖口敞口，圆唇，弧顶，外顶部饰有环状条形把手，盖身残缺，轮制。素面。口径26.0厘米（图九二，15）。

JNZD2M20：23-1，泥质黑皮陶。残损无法修复。

纺轮　3件。

JNZD2M20：31，泥质灰陶。算珠形，有中孔，器表有弦纹。轮制。外径3.5、孔径0.5、厚2.8厘米（图九二，5）。

JNZD2M20：32，泥质红陶。算珠形，有中孔，器表有弦纹。轮制。外径4.2、孔径0.7、厚2.8厘米（图九二，6；彩版六四，5）。

JNZD2M20：33，泥质褐陶。算珠形，有中孔，器表有弦纹。轮制。外径4.0、孔径0.5、厚2.7厘米（图九二，7；彩版六四，6）。

21．JNZD2M21

JNZD2M21 位 于 土 墩 中 部 偏 南 的 Ⅲ 和 Ⅳ 区 之 间， 层 位 关 系 为 ⑤ － M21 → M23 → M24 → M25 → ⑥ （图九三；彩版六五，1）。近长方形竖穴土坑墓，西南稍宽东北略窄，直壁，平底，壁、底无明显加工痕迹，墓口东北高西南低，呈斜坡状，长2.10、宽1.00～1.10、深0.40～0.50

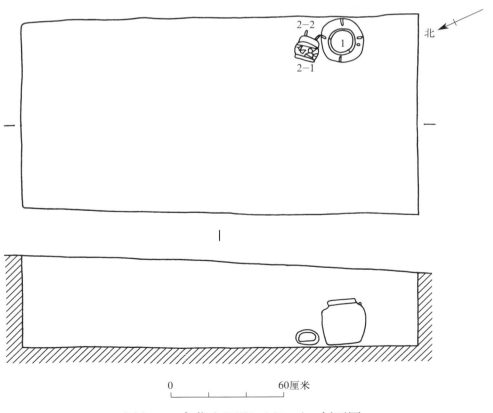

图九三　寨花头JNZD2M21平、剖面图
1．硬陶罐　2-1．陶豆　2-2．陶鼎

米。墓向为东北－西南向，头向25°。内填黄色花土，土质硬，较纯净。

随葬品有鼎1、罐1、豆1共3件。

鼎　1件。

JNZD2M21：2-2，夹砂褐陶。侈口，圆唇，折沿，弧腹收成近平底，三扁圆锥状足，器外有烟熏痕迹。轮制。素面。口径18.0、高13.1厘米（图九四，1；彩版六五，2）。

罐　1件。

JNZD2M21：1，褐色硬陶。侈口，尖唇，卷沿，沿面内凹，短束颈，折肩微耸，鼓腹，最大腹径在器中，下腹弧收，腹底交接处折出，平底，底心微凹。颈部饰弦纹，肩以下依次饰折线纹－回纹－折线纹－回纹。肩部对称饰两系，罐腹贴有四条扉棱，似模拟铜制礼器。腹身泥条盘筑，口、颈部轮制。口径15.8、底径18.6、高24.8厘米（图九四，2；彩版六五，4）。

豆　1件。

JNZD2M21：2-1，泥质红陶。敛口，尖圆唇，腹弧收，矮圈足底，底足外撇。手制。口径17.6、足径11.4、高6.6厘米（图九四，3；彩版六五，3）。

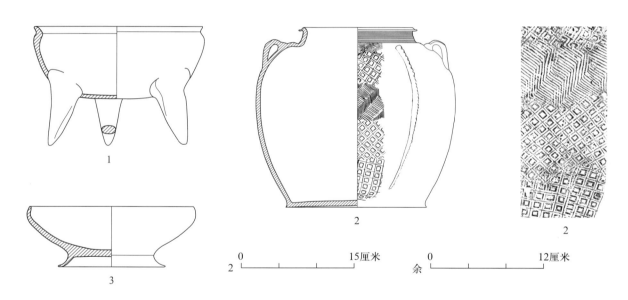

图九四　寨花头JNZD2M21出土器物
1. 陶鼎JNZD2M21：2-2　2. 硬陶罐JNZD2M21：1　3. 陶豆JNZD2M21：2-1

22．JNZD2M22

JNZD2M22大体位于土墩中部，跨越Ⅰ、Ⅱ、Ⅳ区，层位关系为⑤－M22→⑥（图九五；彩版六六、六七）。墓向呈西北－东南向，头向117°。东部被①层下JNZD2H1打破，同层位有14座墓葬环绕土墩分布。结构为东小段直壁平底，西大段口小底大斜壁平底的土坑墓。墓口残长4.95、宽0.50～1.00、底长5.40、宽1.00～1.40、深0.90～1.30米，斜壁约71°～73°。墓底有大小不一的22块石头铺成的石床，排列方式大体为3行7列，自西向东除第1列4块外，其余均3块。斜壁和平底经烧烤形成一层厚约2厘米的烧土。墓葬填土分为两层，第①层黄灰色土，土质较硬；第②层黄褐色花土，土质硬，内夹零星印纹硬陶片、红烧土粒和木灰星。

随葬品有鼎4、坛5、罐4、瓿2、盆7、碗9、钵1、器盖5共37件。

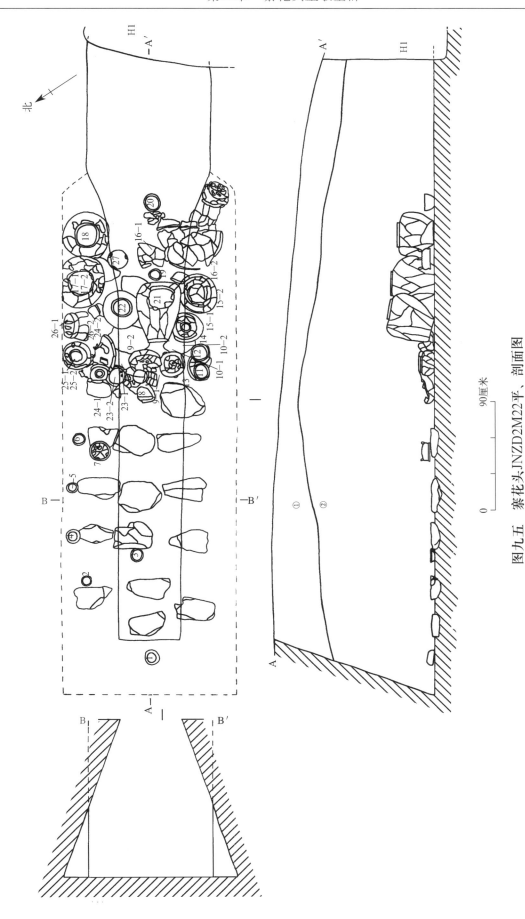

图九五 寨花头JNZD2M22平、剖面图

1～3、5、6、11、12、19. 原始瓷碗 4、8、9-1、13、15-1、16-1、26-1. 陶盆 7、24-2、25-2、27. 陶鼎 9-2. 陶瓿 10-1、14-1、17-1、24-1、25-1. 陶器盖 10-2、26-2. 陶罐 14-2. 硬陶瓿 15-2. 硬陶罐 16-2、17-2、18、21. 硬陶坛 20. 硬陶瓮 22. 硬陶碗 23-1. 陶钵 23-2. 原始瓷罐

鼎 4件。

JNZD2M22：7，夹砂红陶。侈口，圆唇，宽折沿，直腹微内敛，圜底，三扁圆锥状足，截面扁圆形。器底有烟熏痕迹。手制，轮修。素面。口径16.2、残高10.5厘米（图九六，1）。

JNZD2M22：24-2，夹砂红陶。侈口，圆唇，宽折沿，束颈，弧腹，圜底，三扁圆锥状足，足根稍外撇。手制，轮修。素面。口径28.4、高22.6厘米（图九六，2；彩版六八，1）。

JNZD2M22：25-2，夹砂红陶。侈口，圆唇，宽折沿，弧腹，圜底，三扁圆锥状足。器形烧制变形。手制，轮修。素面。口径28.0、高25.8厘米（图九六，3；彩版六八，2）。

JNZD2M22：27，夹砂红陶。侈口，圆唇，宽折沿，束颈，弧腹，圜底，三扁锥状足，截面呈圆形，器形烧制不太规整。器外有烟熏痕迹。手制，轮修。素面。口径17.2、高13.6厘米（图九六，4；彩版六八，3）。

坛 5件。

JNZD2M22：16-2，褐色硬陶。侈口，圆唇，卷沿，沿面内凹，溜肩，弧腹，平底内凹。颈部饰弦纹，肩、腹部饰席纹和菱形填线纹。泥条盘筑。口径27.0、底径26.0、高52.6厘米（图九六，5；彩版六八，4）。

JNZD2M22：17-2，褐色硬陶。侈口，圆唇，卷沿，沿面内凹，溜肩微平，弧腹，底微内凹。颈部饰弦纹，肩、腹部饰方格纹和菱形填线纹。器物变形。泥条盘筑。口径21.6、底径24.4、高45.0厘米（图九六，6；彩版六八，5）。

JNZD2M22：18，褐色硬陶。侈口，圆唇，沿稍外卷，沿面有一道凹槽，溜肩，弧腹，平底微凹。颈、肩、腹部饰弦纹、席纹和菱形填线纹。泥条盘筑。口径19.2、底径18.2、高37.3厘米（图九七，1；彩版六九，1）。

JNZD2M22：21，灰褐色硬陶。侈口，圆唇，卷沿，沿面有凹槽，溜肩，弧腹，平底内凹。颈、肩、腹部饰弦纹、席纹和菱形填线纹。泥条盘筑。口径23.3、底径23.5、高49.6厘米（图九七，2；彩版六九，2）。

JNZD2M22：22，灰色硬陶。侈口，尖唇，卷沿，沿面有一道凹槽，溜肩，弧腹，平底内凹。颈部饰弦纹，肩、腹部饰席纹和菱形填线纹。泥条盘筑。口径18.5、底径20.0、高33.4厘米（图九七，3；彩版六九，3）。

罐 4件。

JNZD2M22：10-2，泥质灰胎黑皮陶。敛口，尖圆唇，沿面微内凹，斜颈，折肩，弧腹，平底微内凹。肩部有两个对称的耳。颈部饰弦纹。泥条盘筑，轮修。口径12.6、底径10.4、高15.4厘米（图九七，4；彩版六九，4）。

JNZD2M22：15-2，褐色硬陶。侈口，方唇，折沿，沿面有凹槽，溜肩，鼓腹，平底微凹。肩上部水波纹和折线纹，腹部饰方格纹。肩部有两个堆塑系，呈绳索状。泥条盘筑。口径21.2、底径23.4、高24.8厘米（图九七，5；彩版六九，5）。

JNZD2M22：23-2，原始瓷，灰胎。小侈口，尖唇，沿面内凹，溜肩，弧腹，平底微凹，底有气泡起鼓。肩部有对称的两个堆贴。施青黄釉，表面有褐色斑。轮制。口径11.4、底径12.2、高11.8厘米（图九七，6；彩版七〇，1）。

JNZD2M22：26-2，泥质灰胎黑皮陶。敛口，尖圆唇，短斜颈，折肩，斜弧腹至底，平底微内凹。颈部饰弦纹。腹身泥条盘筑，口、颈部轮修形成弦痕。口径16.4、底径13.8、高25.0厘米（图九七，

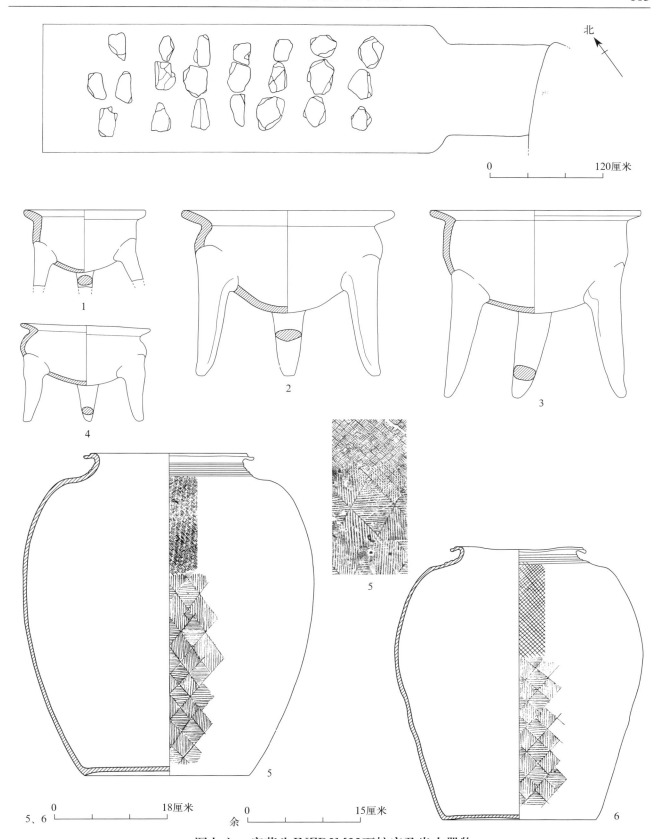

图九六 寨花头JNZD2M22石棺床及出土器物

1~4. 陶鼎JNZD2M22：7、24-2、25-2、27 5、6. 硬陶坛JNZD2M22：16-2、17-2

7；彩版七〇，2）。

瓿　2件。

JNZD2M22：9-2，泥质红陶。直口，圆唇，卷沿下垂，沿面有一道凹槽，溜肩，弧腹，平底内凹。颈部饰弦纹，肩、腹部饰席纹和菱形填线纹。泥条盘筑，轮修。口径15.2、底径17.2、高15.8厘米（图九七，8；彩版七〇，3）

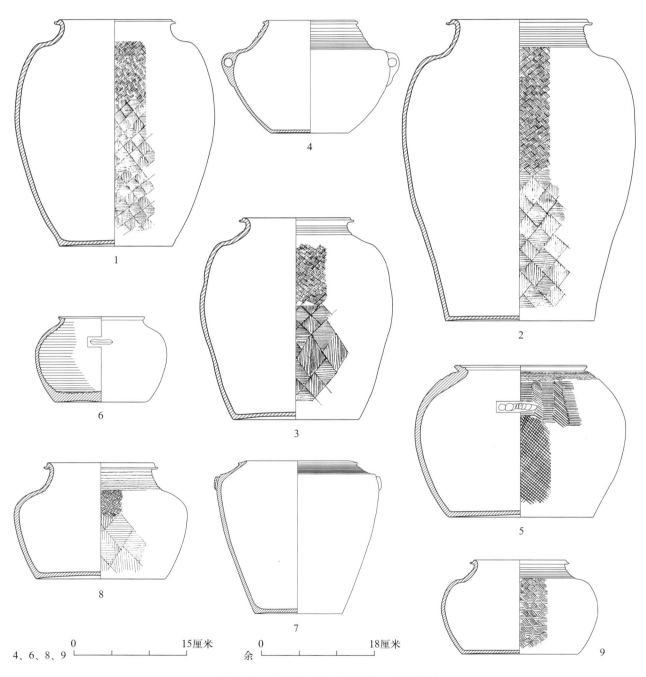

图九七　寨花头JNZD2M22出土器物

1～3. 硬陶坛JNZD2M22：18、21、22　4、7. 陶罐JNZD2M22：10-2、26-2　5. 硬陶罐JNZD2M22：15-2　6. 原始瓷罐JNZD2M22：23-2　8. 陶瓿JNZD2M22：9-2　9. 硬陶瓿JNZD2M22：14-2

JNZD2M22：14-2，灰褐色硬陶。侈口，尖唇，卷沿，沿面有一道凹槽，溜肩，弧腹，平底微凹。颈、腹部饰弦纹和席纹。泥条盘筑。口径13.2、底径15.6、高12.7厘米（图九七，9；彩版七〇，4）。

盆　7件。

JNZD2M22：4，泥质灰黑陶。侈口，尖唇，折沿，沿面内凹，束颈，折腹弧收，平底。器内壁制作时留下的弦痕。口径14.0、底径7.6、高4.5厘米（图九八，1；彩版七〇，5）。

JNZD2M22：8，泥质灰胎黑皮陶。敞口，圆唇，沿面有一道凹槽，束颈，折腹斜弧收，平底。颈部有制作时留下的弦痕。口径26.0、底径13.0、高8.5厘米（图九八，2）。

JNZD2M22：9-1，泥质灰陶。敞口，圆唇，沿面内凹，束颈，折腹弧收，平底微凹。手制。口径20.0、底径11.0、高5.8厘米。作器盖使用（图九八，3）。

JNZD2M22：13，泥质黑皮陶。敞口，圆唇，沿面内凹，束颈，折腹斜弧收，平底。颈部有制作时留下的弦痕。口径26.0、底径10.2、高10.6厘米（图九八，4）。

JNZD2M22：15-1，泥质黑胎红陶。敞口，圆唇，沿面内凹，束颈，折腹，弧收，平底。腹部饰杂乱不规则席纹。口径29.0、底径16.0、高12.0厘米。作器盖使用（图九八，5）。

JNZD2M22：16-1，泥质红胎黑陶。敞口，圆唇，沿面内凹，束颈，折腹，斜弧收，平底。颈部有轮修时留下的弦纹。手制。口径28.0、底径14.4、高10.0厘米。作器盖使用（图九八，6）。

JNZD2M22：26-1，泥质灰胎黑皮陶。敞口，圆唇，沿面内凹，束颈，折腹，下腹弧收，平底内凹。手制，轮修。素面。口19.8、底径9.4、高5.8厘米。作器盖使用（图九八，7；彩版七〇，6）。

碗　9件。

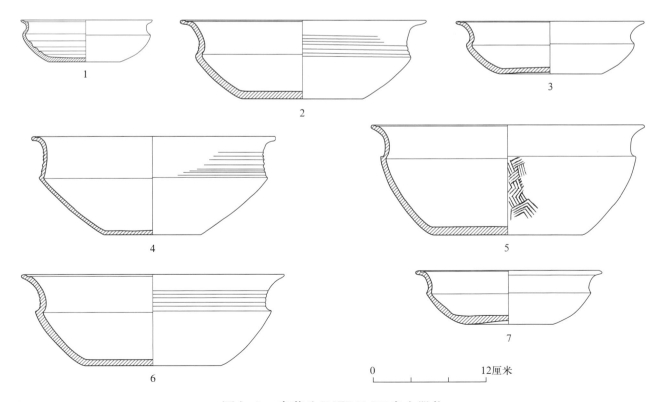

图九八　寨花头JNZD2M22出土器物
1～7. 陶盆JNZD2M22：4、8、9-1、13、15-1、16-1、26-1

　　JNZD2M22：1，原始瓷，灰胎。敞口，尖圆唇，沿面内凹，弧腹斜收，平底内凹。器内壁有弦痕。施黄釉。轮制。口径12.5、底径7.0、高2.5厘米（图九九，1；彩版七一，1）。

　　JNZD2M22：2，原始瓷，灰胎。敛口，沿面内凹，直腹微弧，平底内凹。器内壁有弦痕，底部有沙粒。施青黄釉。轮制。口径9.0、底径4.6、高3.9厘米（图九九，2；彩版七一，2）。

　　JNZD2M22：3，原始瓷。直口，尖唇，沿面外凹，直腹弧收，平底微凹。腹部刻划不规整的水波纹。器内壁有弦痕。釉剥落。轮制。口径10.3、底径6.0、高3.3厘米（图九九，3；彩版七一，3）。

　　JNZD2M22：5，原始瓷，灰白胎。敛口，尖圆唇，沿面内凹，直腹弧收，平底微凹。器内壁有弦痕，底部有沙粒。施黄釉，表面有流釉。轮制。口径8.6、底径4.8、高4.3厘米（图九九，4；彩版七一，4）。

　　JNZD2M22：6，原始瓷。敛口，尖唇，弧腹斜收，平底微凹。器内壁有弦痕，底部有沙粒。施青釉，表面有褐色斑。轮制。口径9.4、底径6.7、高3.7厘米（图九九，5；彩版七一，5）。

　　JNZD2M22：11，原始瓷。敛口，圆唇，直腹弧收，平底微凹。器内壁有弦痕，底部有沙粒。施青黄釉，器表面有气泡轮制。口径9.5、底径5.5、高4.5厘米（图九九，6；彩版七一，6）。

　　JNZD2M22：12，原始瓷，灰白胎。敞口，尖唇，沿面内凹，弧腹斜收，平底内凹。器内壁有弦

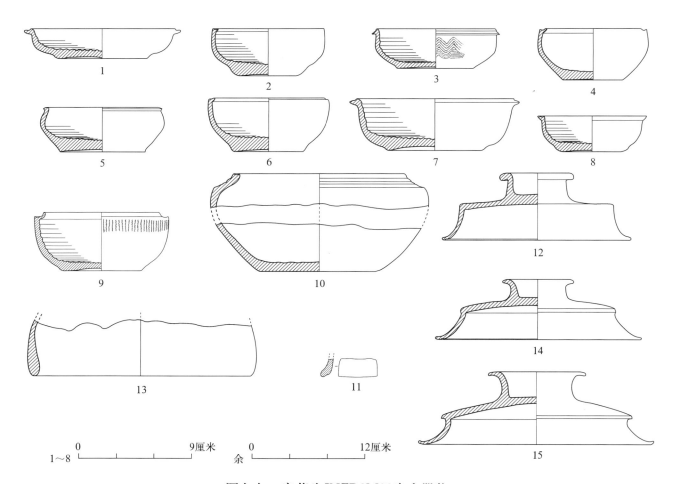

图九九　寨花头JNZD2M22出土器物

1～8. 原始瓷碗JNZD2M22：1、2、3、5、6、11、12、19　9. 硬陶碗JNZD2M22：20　10. 陶钵JNZD2M22：23-1　11～15. 陶器盖JNZD2M22：10-1、14-1、17-1、24-1、25-1

纹。施青黄釉。轮制。口径 13.7、底径 7.6、高 4.4 厘米（图九九，7；彩版七二，1）。

JNZD2M22：19，原始瓷，灰白胎。敞口，尖唇，沿面内凹，弧腹，平底微凹。器内壁有弦纹，底部有沙粒。施青釉。轮制。口径 8.7、底径 4.6、高 3.0 厘米（图九九，8；彩版七二，2）。

JNZD2M22：20，褐色硬陶。敛口，尖唇，沿面凹，弧直腹，平底微内凹。腹上部饰锥刺纹，器内壁有弦纹，底部有垫烧留下的沙粒。口径 12.2、底径 8.4、高 6.4 厘米（图九九，9；彩版七二，3）。

钵　1 件。

JNZD2M22：23-1，泥质红胎黑皮陶。敛口，沿面内凹，折肩，弧腹（残），平底。颈部有弦纹。手制。口径 18.2、底径 12.6 厘米。作器盖使用（图九九，10）。

器盖　5 件。

JNZD2M22：10-1，泥质红胎黑皮陶。盖沿残片，敞口，圆唇，沿面内凹。手制。残宽 4.1、残高 2.0 厘米（图九九，11）。

JNZD2M22：14-1，泥质黑陶。捉手部分残缺，平弧顶，折腹，敞口，圆唇，沿面内凹。手制。捉手径 7.8、口径 20.0、高 7.4 厘米（图九九，12；彩版七二，4）。

JNZD2M22：17-1，夹砂红陶，残。敛口，圆唇，盖面弧，捉手残，口径 23.0、残高 6.0 厘米（图九九，13）。

JNZD2M22：24-1，泥质红胎黑皮陶。捉手呈敞口喇叭状，圆唇，弧顶，折腹，束颈口，圆唇，沿面内凹。捉手径 7.6、口径 21.8、高 6.6 厘米（图九九，14；彩版七二，5）。

JNZD2M22：25-1，泥质灰陶。捉手呈敞口喇叭状，圆唇，卷沿，弧顶，折腹，束颈口稍外卷，圆唇。手制。捉手径 10.4、口径 25.0、高 7.8 厘米（图九九，15；彩版七二，6）。

23．JNZD2M23

JNZD2M23 位 于 土 墩 中 部 偏 南 的 Ⅲ 和 Ⅳ 之 间， 层 位 关 系 为 ⑤ − M21 → M23 → M24 → M25 → ⑥（图一〇〇；彩版七三，1）。长梯形竖穴土坑墓，西南宽东北窄，直壁斜坡底，底部西南高东北低，呈斜坡状，墓口东北高西南低，呈斜坡状，长 4.00、宽 1.50 ～ 1.75、深 0.25 ～ 1.60 米。墓向为东北 − 西南向，头向 20°。内填五花土，土色偏红，土质较硬，内夹杂红烧土粒、木灰星。在墓坑的北部发现少量牙齿和骨渣粉末，大体构成一个个体的形态，可能单人直肢葬，未见葬具痕。

随葬品有鼎 3、坛 5、罐 1、瓿 5、盆 4、碗 10、器盖 5 共 33 件。

鼎　3 件。

JNZD2M23：11-2，夹砂褐陶。侈口，圆唇，折沿，腹底残，三圆锥状足，轮制。素面。口径 27.0 厘米（图一〇一，1）。

JNZD2M23：15，夹砂红陶。微侈口，圆唇，折沿，上腹直，下腹弧收成圜底，三扁方足，腹底有烟熏痕迹。手制，轮修。素面。口径 17.8、高 11.2 厘米（图一〇一，2；彩版七三，2）。

JNZD2M23：22-2，夹砂红陶。微侈口，尖圆唇，折沿，沿面弧，上腹直，下腹弧收成圜底，三扁圆锥状足，器外有烟熏痕迹。轮制。素面。口径 25.8、高 19.8 厘米（图一〇一，3；彩版七三，3）。

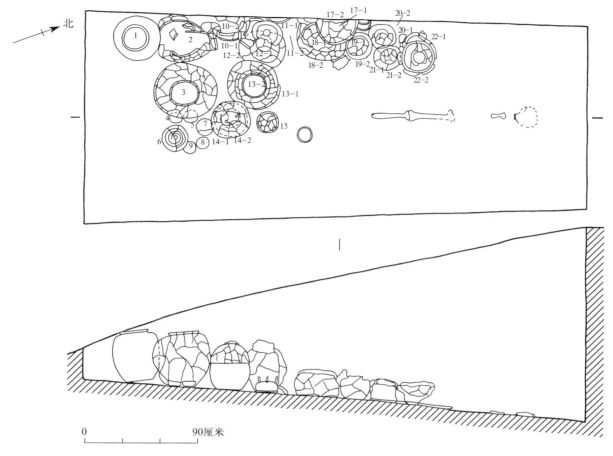

图一〇〇　寨花头JNZD2M23平、剖面图

1~3、10-2、13-2. 硬陶坛　4~9、16. 原始瓷碗　10-1、11-1、13-1、14-1、22-1. 陶器盖　11-2、15、22-2. 陶鼎　12-1、17-1、17-2、18-1. 陶盆　12-2、18-2、19-2、20-2、21-2. 硬陶瓿　14-2. 陶罐　19-1、20-1、21-1. 陶碗

坛　5件。

JNZD2M23：1，灰色硬陶。侈口，尖圆唇，卷沿，沿面内凹，矮颈，弧折肩，弧鼓腹，平底内凹。颈部饰弦纹，肩部一周有指窝纹，肩、腹部饰方格纹和菱形填线纹。泥条盘筑，手制。口径 22.0、底径 20.0、高 42.8 厘米（图一〇一，4；彩版七三，4）。

JNZD2M23：2，灰褐色硬陶。侈口，尖圆唇，卷沿，沿面内凹，矮直领，广肩，弧鼓腹，平底微凹。颈部饰弦纹，肩、腹部饰席纹和菱形填线纹。泥条盘筑。口径 22.8、底径 24.0、高 51.6 厘米（图一〇一，5；彩版七四，1）。

JNZD2M23：3，灰色硬陶。侈口，尖圆唇，卷沿，沿面有一道凹槽，广肩，弧鼓腹，平底。颈部饰弦纹，肩、腹部饰席纹和不规整的菱形填线纹。泥条盘筑。口径 20.8、底径 21.2、高 47.6 厘米（图一〇一，6；彩版七四，2）。

JNZD2M23：10-2，灰色硬陶。侈口，方唇，唇面内凹，卷沿，折肩微耸，弧鼓腹，近底部稍内削，平底内凹。肩、腹部饰席纹和菱形填线纹。手制。口径 16.4、底径 19.6、高 35.2 厘米（图一〇一，7；彩版七四，3）。

JNZD2M23：13-2，褐色硬陶。侈口，尖圆唇，卷沿，沿面内凹，折肩微耸，弧鼓腹，平底微凹。

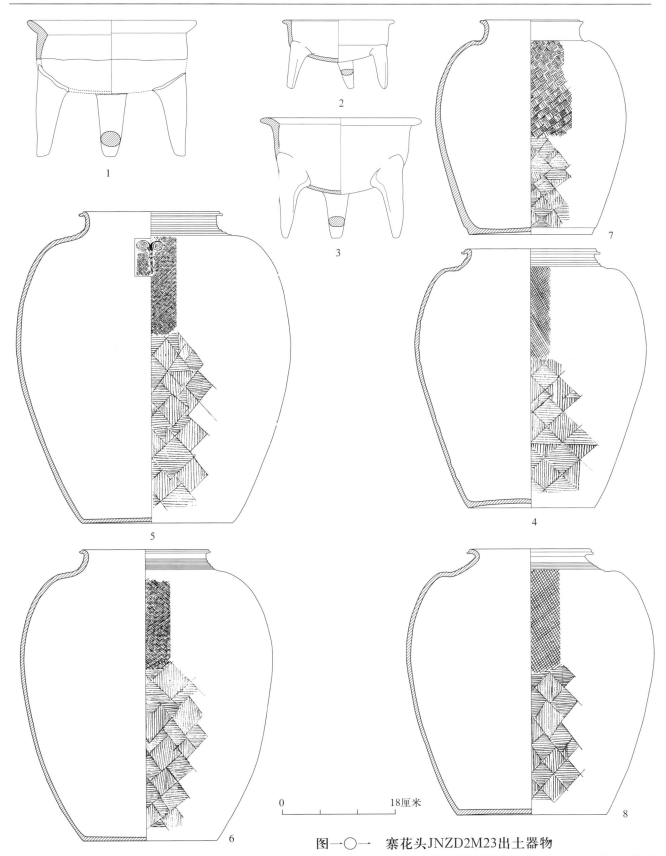

图一〇一　寨花头JNZD2M23出土器物

1~3. 陶鼎JNZD2M23：11-2、15、22-2　4~8. 硬陶坛JNZD2M23：1、2、3、10-2、13-2

颈部饰弦纹，肩、腹部饰方格纹和菱形填线纹。泥条盘筑。口径 20.0、底径 23.6、高 43.6 厘米（图一〇一，8；彩版七四，4）。

罐　1 件。

JNZD2M23：14-2，泥质红陶。侈口，尖唇，卷沿，矮束颈，折肩微耸，弧鼓腹，平底内凹。肩及腹部饰席纹。手制，轮修。口径 17.6、底径 17.2、高 30.6 厘米（图一〇二，1；彩版七五，1）。

瓿　5 件。

JNZD2M23：12-2，褐色硬陶。侈口，尖圆唇，卷沿，沿面有一道凹槽，折肩微耸，弧鼓腹，平底内凹。颈部饰细弦纹，肩、腹部饰席纹和不规整的菱形填线纹。泥条盘筑。口径 19.2、底径 22.0、高 25.0 厘米（图一〇二，2；彩版七五，2）。

JNZD2M23：18-2，褐色硬陶。侈口，尖唇，卷沿，沿面内凹，溜肩，鼓腹，平底微凹。颈部饰弦纹，

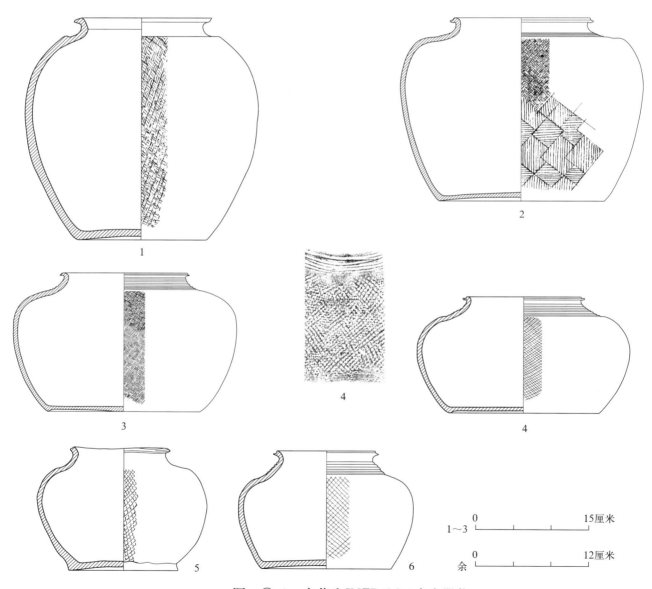

| | 0 | | | | 15厘米 |
| 1~3 | | | | | |

| | 0 | | | | 12厘米 |
| 余 | | | | | |

图一〇二　寨花头JNZD2M23出土器物

1. 陶罐JNZD2M23：14-2　2~6. 硬陶瓿JNZD2M23：12-2、18-2、19-2、20-2、21-2

肩、腹部饰席纹。泥条盘筑。口径 17.2、底径 20.2、高 19.0 厘米（图一〇二，3）。

JNZD2M23：19-2，灰色硬陶。侈口，尖圆唇，卷沿，沿面内凹，溜肩，腹较鼓，平底微凹。颈部饰弦纹，肩、腹部饰方格纹。泥条盘筑。口径 13.0、底径 16.2、高 12.6 厘米（图一〇二，4；彩版七五，3）。

JNZD2M23：20-2，灰色硬陶。侈口，卷沿，方唇，沿面内凹，溜肩微折，弧鼓腹，平底内凹。腹部饰方格纹。轮制。口径 10.6、底径 11.6、高 13.4 厘米。内部出土一罐家禽蛋（图一〇二，5；彩版七五，4～6）。

JNZD2M23：21-2，褐色硬陶。侈口，尖唇，卷沿，沿面内凹，溜肩，弧腹，平底微凹。颈部饰弦纹，肩、腹部饰方格纹。泥条盘筑。口径 11.2、底径 13.8、高 12.8 厘米（图一〇二，6）。

盆　4 件。

JNZD2M23：12-1，泥质黑皮陶。敞口微侈，圆唇，内沿面有凹弦痕，束颈，折腹，下腹斜收，平底内凹。手制，轮修。素面。口径 26.0、底径 13.2、高 8.0 厘米（图一〇三，1；彩版七六，1）。

JNZD2M23：17-1，泥质黑皮陶。敞口微侈，尖圆唇，平沿，内沿面有凹弦痕，束颈，折腹，下腹斜收，平底。手制。口径 33.0、底径 16.0、高 10.3 厘米（图一〇三，2；彩版七六，2）。

JNZD2M23：17-2，泥质黑皮陶。敞口，圆唇，束颈，折腹，下腹斜收，平底微凹。手制。素面。口径 26.8、底径 11.6、高 8.0 厘米（图一〇三，3；彩版七六，3）。

JNZD2M23：18-1，泥质黑皮陶。敞口微侈，圆唇，束颈，折腹，下腹斜弧收，平底。口径

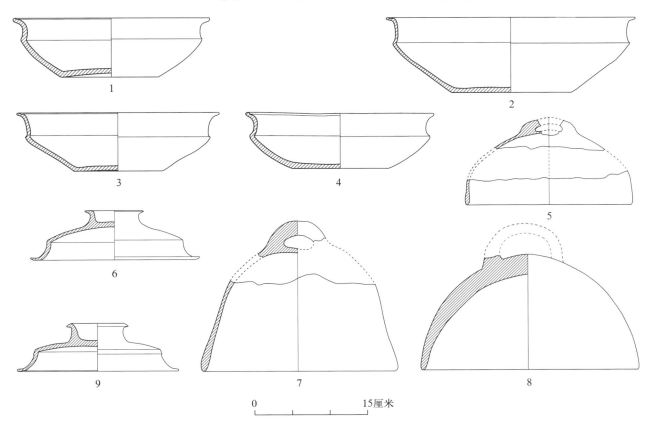

0　　　　　　　　15厘米

图一〇三　寨花头JNZD2M23出土器物

1～4. 陶盆JNZD2M23：12-1、17-1、17-2、18-1　5～9. 陶器盖JNZD2M23：10-1、11-1、13-1、14-1、22-1

25.0、底径 12.8、高 7.6 厘米（图一〇三，4；彩版七六，4）。

碗 10 件。

JNZD2M23：4，原始瓷。敛口微折沿，尖唇，沿面微内凹，弧鼓腹，平底内凹，底部有砂粒。表面有汽泡，器内壁有弦纹。轮制。口径 11.0、底径 7.8、高 4.3 厘米（图一〇四，1；彩版七六，5）。

JNZD2M23：5，原始瓷，灰白胎。敛口微侈，尖唇，沿面内凹，弧鼓腹，平底内凹。器内壁有弦纹，底部有砂粒。施黄釉。轮制。口径 12.4、底径 7.0、高 4.6 厘米（图一〇四，2；彩版七六，6）。

JNZD2M23：6，原始瓷，灰白胎。敞口，尖唇，沿面内凹，斜弧腹，平底内凹。器内壁有弦纹和气泡，底部有拉切痕和砂粒。施青黄釉。轮制。口径 19.8、底径 8.2、高 7.6 厘米（图一〇四，3；彩版七七，1）。

JNZD2M23：7，原始瓷，白胎。敞口，尖唇，弧折腹，平底内凹。器内壁有弦纹，底部有砂粒。施青黄釉。轮制。口径 13.8、底径 7.2、高 4.0 厘米（图一〇四，4；彩版七七，2）。

JNZD2M23：8，原始瓷，灰胎。敛口，微折沿，尖唇，沿面微凹，弧鼓腹，平底内凹。器内壁有弦纹，底部有砂粒。施青釉，表面有起泡现象。轮制。口径 11.7、底径 7.6、高 4.0 厘米（图一〇四，5；彩版七七，3）。

JNZD2M23：9，原始瓷，灰白胎。敛口微折沿，尖唇，沿面内凹。弧鼓腹，平底内凹。器内壁有弦纹，底部有砂粒。施青黄釉。轮制。口径 11.2、底径 7.2、高 4.4 厘米（图一〇四，6；彩版七七，4）。

JNZD2M23：16，原始瓷，灰白胎。敛口，微折沿，尖唇，沿面内凹。弧鼓腹，平底内凹。器内壁有弦纹，底部有砂粒。施青黄釉。轮制。口径 11.5、底径 7.2、高 4.4 厘米（图一〇四，7；彩版

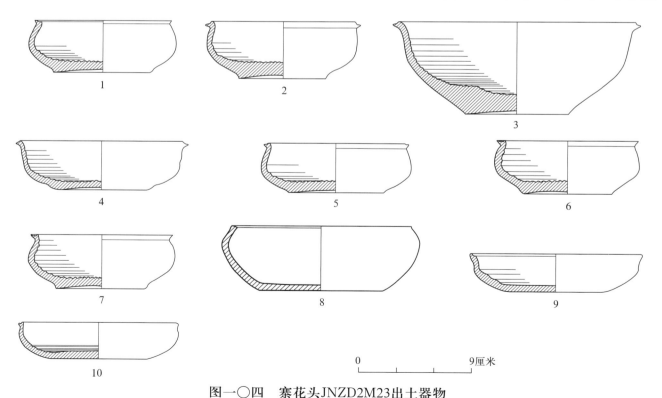

图一〇四 寨花头JNZD2M23出土器物

1～7. 原始瓷碗JNZD2M23：4～9、16 8～10. 陶碗JNZD2M23：19-1、20-1、21-1

七七，5）。

JNZD2M23：19—1，泥质灰陶。敛口，斜方唇，上腹微折，下腹斜弧收，平底。手制。口径 14.4、底径 9.8、高 5.2 厘米（图一〇四，8；彩版七七，6）。

JNZD2M23：20—1，泥质黑陶。敞口，尖圆唇，沿面微内凹，口下微束，微折腹，下腹斜弧收，平底。手制，轮修。口径 13.8、底径 7.6、高 3.1 厘米（图一〇四，9；彩版七八，1）。

JNZD2M23：21—1，泥质灰褐陶。直口，方唇，唇面内凹，口下微束，弧腹，平底，内壁有多道凹弦纹。轮制。素面。口径 12.8、底径 7.6、高 3.0 厘米（图一〇四，10；彩版七八，2）。

器盖　5 件。

JNZD2M23：10—1，夹砂红陶。圆唇，敞口，弧顶，顶端有环状桥形把手，盖身残缺。轮制。素面。口径 22.0 厘米（图一〇三，5）。

JNZD2M23：11—1，泥质灰胎黑衣陶。圈足形捉手，弧顶，直壁微曲，器盖敞口，圆唇，卷沿，沿面平。轮制。素面。捉手径 7.8、口径 22.5、高 6.6 厘米（图一〇三，6；彩版七八，3）。

JNZD2M23：13—1，夹砂红陶。顶端有环状桥形把手，敞口，圆唇，上盖面残损。素面。口径 26.0 厘米（图一〇三，7）。

JNZD2M23：14—1，夹砂红陶。顶部有一桥形纽，已残。敞口，圆唇，盖面弧。手制，轮修。素面。口径 28.8、残高 15.8 厘米（图一〇三，8；彩版七八，4）。

JNZD2M23：22—1，泥质灰陶。圈足形捉手，弧顶，直壁微曲，器盖敞口，圆唇，卷沿，内沿面有一道凹弦痕。轮制。素面。捉手径 8.2、口径 21.6、高 6.4 厘米（图一〇三，9；彩版七八，5）。

24．JNZD2M24

JNZD2M24 位于土墩中部偏南的Ⅲ和Ⅳ区之间，层位关系为⑤－M19 → M24 → M25 →⑥，并被 M21 和 M23 打破（图一〇五；见彩版七三，1）。长方形竖穴土坑墓，直壁，平底，壁、底无明显加工痕迹，墓口东北高西南低呈斜坡状，长 3.20、残宽 0.70 ～ 1.06、深 0.40 ～ 1.15 米。墓向为东北－西南向，头向 15°。内填黄灰色土，土质较硬，内夹杂零星红烧土粒、木灰星。

随葬品有鼎 1、瓿 1、豆 3 共 5 件。

鼎　1 件。

JNZD2M24：4，夹砂红褐陶。侈口，尖圆唇，微折沿，弧腹，圜底较平，三圆锥状足，足上端即与腹部交接处饰乳丁状纽。器外有烟熏痕迹。轮制。素面。口径 23.0、高 19.8 厘米（图一〇五，4；彩版七九，1）。

瓿　1 件。

JNZD2M24：5，褐色硬陶。敛口，尖圆唇，折肩微耸，鼓腹，饼形底微凹，近肩部饰双并泥条对称竖纽，有穿孔。颈部饰弦纹，肩、腹部饰折线纹。轮制。口径 9.8、底径 12.2、高 8.8 厘米（图一〇五，5；彩版七九，2）。

豆　3 件。

JNZD2M24：1，原始瓷。敞口，尖唇，折腹，上腹微束，下腹斜收，矮圈足。器内饰有弦纹。器内外施青绿釉，大部剥落。器物烧制中变形。轮制。口径 11.5、足径 4.8、高 4.8 厘米（图一〇五，1；彩版七九，3）。

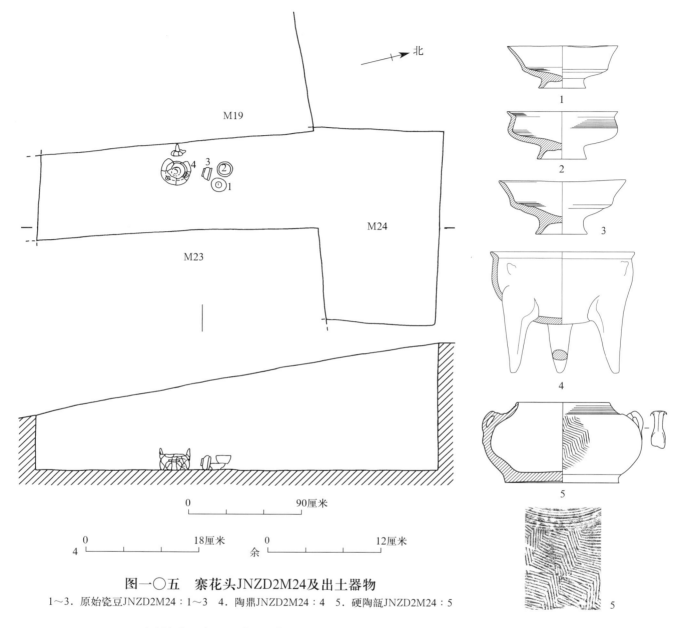

图一〇五　寨花头JNZD2M24及出土器物
1~3. 原始瓷豆JNZD2M24：1~3　4. 陶鼎JNZD2M24：4　5. 硬陶瓿JNZD2M24：5

JNZD2M24：2，原始瓷。侈口，尖唇，折沿，鼓腹微折，矮圈足。器内外饰有弦纹。器内外施青绿釉，外釉不及圈足。器物烧制变形。轮制。口径11.8、足径5.2、高5.2厘米（图一〇五，2；彩版七九，4）。

JNZD2M24：3，原始瓷。敞口，尖圆唇，内沿面微凹，折腹，上腹微束，下腹斜收，矮圈足。器内有弦痕数道。器内外施青绿釉。器物烧制变形。轮制。口径13.6、足径5.6、高5.9厘米（图一〇五，3；彩版七九，5）。

25. JNZD2M25

JNZD2M25位于土墩中部偏南的Ⅲ和Ⅳ区之间，层位关系为⑤→M19→M24→M25→⑥，并被M21和M23打破（图一〇六；彩版八〇，1）。长方形竖穴土坑墓，直壁斜坡底，墓底东北低西南高，呈斜坡状，壁、底无明显加工痕迹，墓口东北高西南低，呈斜坡状，长3.47、残宽0.90~1.00、残深 0.17 ～ 0.60 米。墓向为东北－西南向，头向 19°。内填黄灰色土，土质较硬，较纯净。

随葬品有罐 1、瓿 1、碗 1 共 3 件。

罐　1 件。

JNZD2M25：3，褐色硬陶。微侈口，方唇，唇有凹槽，微卷沿，折肩，弧腹，平底略内凹。肩部饰弦纹数道，腹部饰小方格纹和菱形填线纹，近肩部饰对称倒"U"绳状泥条形堆贴。泥条盘筑，轮制。口径 21.0、底径 19.2、高 28.8 厘米（图一〇六，3；彩版八〇，2）。

瓿　1 件。

JNZD2M25：2，褐色硬陶。侈口，尖圆唇，束颈，溜肩，鼓腹，平底略内凹。颈部饰弦纹，肩部饰叶脉纹，腹部饰席纹，近肩部饰对称泥条横系。器表施釉。泥条盘筑，轮制。口径 13.8、底径 16.2、高 13.0 厘米（图一〇六，2；彩版八〇，3）。

碗　1 件。

JNZD2M25：1，原始瓷。敞口，方唇，唇面内凹，弧收腹，平底略内凹。器内饰弦纹数道。器内外施青绿釉。轮制。口径 13.2、底径 7.2、高 4.8 厘米（图一〇六，1；彩版八〇，4）。

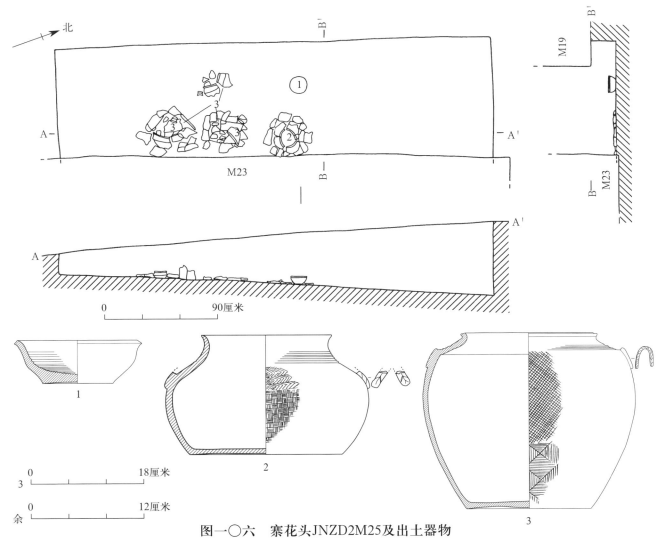

图一〇六　寨花头JNZD2M25及出土器物

1. 原始瓷碗JNZD2M25：1　2. 硬陶瓿JNZD2M25：2　3. 硬陶罐JNZD2M25：3

26．JNZD2M26

JNZD2M26 位于土墩东北部的Ⅱ区，层位关系为⑤－M26→⑥（图一〇七；彩版八一，1）。长方形竖穴土坑墓，直壁，平底，壁、底无明显加工痕迹，墓口西南高东北低，呈斜坡状，长 2.30、宽 0.82～0.85、深 0.20～0.40 米。墓向为东北－西南向，头向 232°。内填浅灰色土，土质较硬，内夹杂零星木灰星。

随葬品有罐 1、碗 2、器盖 1（缺）共 4 件。

罐　1 件。

JNZD2M26：3-2，泥质红胎黑皮陶。微侈口，方唇，唇面内凹，微卷沿，广肩，肩面较平，鼓腹，两肩各有一羊角形贴饰，平底。手制，轮修。口径 15.0、底径 13.2、高 16.3 厘米（图一〇七，3-2；彩版八一，2）。

碗　2 件。

JNZD2M26：1，原始瓷。直口，方唇，唇面有凹槽，口下微束，弧折腹，下腹收，平底略内凹，底部有砂粒。器内有弦纹数道。器内外施黄绿釉，呈点状分布。轮制。口径 7.8、底径 5.0、高 3.4 厘米（图一〇七，1；彩版八一，3）。

JNZD2M26：2，原始瓷。敞口，方唇，唇面外凸下斜，折腹，上腹斜直，下腹弧收内曲，平底略内凹。

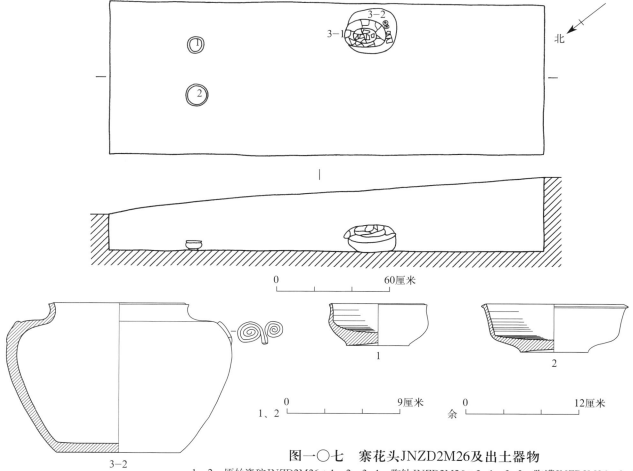

图一〇七　寨花头JNZD2M26及出土器物

1、2．原始瓷碗JNZD2M26：1、2　3-1．陶钵JNZD2M26：3-1　3-2．陶罐JNZD2M26：3-2

器内饰有弦纹数道。器内外施青绿釉，釉呈点状分布。轮制。口径11.7、底径5.4、高3.9厘米（图一〇七，2；彩版八一，4）。

钵　1件。

JNZD2M26：3-1，泥质红胎黑皮陶。敛口，方唇，唇面有凹槽，微鼓腹，平底。内壁有轮制时留下的弦痕。作器盖用，残缺。口径15.0、底径8.0、高4.5厘米（彩版八一，5）。

27．JNZD2M27

JNZD2M27位于土墩北部的Ⅰ和Ⅱ区之间，层位关系为⑤－M27→⑥（图一〇八；彩版八二，1）。长梯形竖穴土坑墓，东北宽西南窄，直壁，平底，壁、底无明显加工痕迹，墓口南高北低，呈斜坡状，长2.80、宽0.90～1.00、深0.40～1.20米。墓向为东北－西南向，头向200°。内填黄灰色土，土质较硬，较纯净。

随葬品有鼎2、坛1、罐2、盆1、碗1、器盖3、纺轮1共11件。

鼎　2件。

JNZD2M27：1-2，夹砂红陶。侈口，圆唇，折沿，弧腹，圜底，三圆锥状足。器外有烟熏痕迹。轮制。素面。口径20.6、高16.6厘米（图一〇九，1；彩版八二，2）。

JNZD2M27：4，夹砂红陶。侈口，圆唇，折沿，腹底残损，三扁圆锥状足。轮制。素面。口径

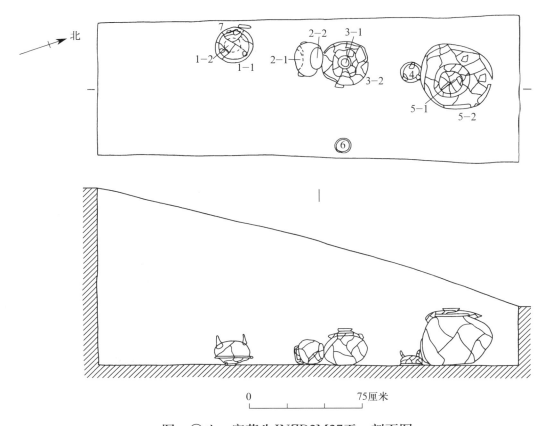

图一〇八　寨花头JNZD2M27平、剖面图

1-1、2-1、3-1.陶器盖　1-2、4.陶鼎　2-2、3-2.陶罐　5-1.陶盆　5-2.硬陶坛　6.原始瓷碗　7.陶纺轮

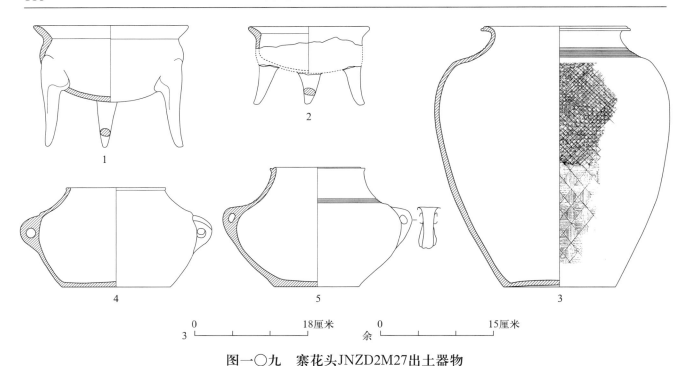

图一〇九　寨花头JNZD2M27出土器物
1、2. 陶鼎JNZD2M27：1−2、4　3. 硬陶坛JNZD2M27：5−2　4、5. 陶罐JNZD2M27：2−2、3−2

16.2 厘米（图一〇九，2）。

坛　1件。

JNZD2M27：5−2，灰色硬陶。侈口，尖圆唇，唇缘内凹，卷沿，短束颈，鼓腹，最大腹径在器中上部，下腹弧收，平底内凹。颈部饰弦纹，肩、腹部饰席纹和菱形填线纹。腹身泥条盘筑，口、颈部轮制。口径23.6、底径17.6、高42.8厘米（图一〇九，3；彩版八二，3）。

罐　2件。

JNZD2M27：2−2，泥质灰胎黑衣陶。敛口，方唇，斜颈，折肩，鼓腹，最大腹径在器中部，下腹弧收，平底，上腹部有对称桥形耳，中有穿系孔。腹身泥条盘筑，轮修。素面。口径13.2、底径14.4、高13.6厘米（图一〇九，4；彩版八二，4）。

JNZD2M27：3−2，泥质灰胎黑皮陶。敛口，方唇，唇面稍外凸有凹槽，斜颈，折肩，鼓腹，下腹弧收，平底。肩部饰弦纹，上腹部有对称桥形耳，中有穿系孔。轮制。素面。口径12.6、底径11.2、高16.4厘米（图一〇九，5；彩版八二，5）。

盆　1件。

JNZD2M27：5−1，泥质灰胎黑皮陶。微侈口，圆唇，内沿面内凹，束颈折腹，下腹斜弧收，平底。手制。口径31.6、底径16.0、高11.8厘米（图一一〇，1；彩版八三，1）。

碗　1件。

JNZD2M27：6，原始瓷，灰白胎。侈口，尖唇，小折沿，沿面有两道凹弦痕，垂腹，平底内凹。器内壁有弦纹。施黄釉。轮制。口径8.4、底径7.0、高3.7厘米（图一一〇，2；彩版八三，2）。

器盖　3件。

JNZD2M27：1−1，泥质黑皮陶。圈足状捉手，盖面上部弧，中部折，下部内收，盖口敞口，圆唇，

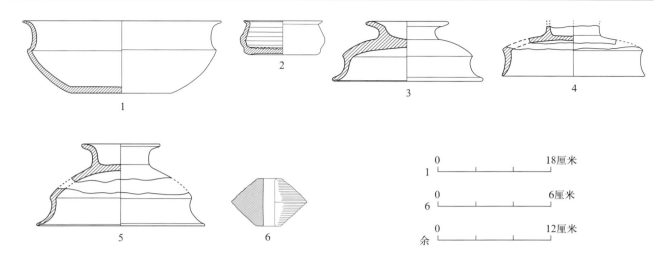

图一一〇 寨花头JNZD2M27出土器物

1. 陶盆JNZD2M27：5-1　2. 原始瓷碗JNZD2M27：6　3～5. 陶器盖JNZD2M27：1-1、2-1、3-1　6. 陶纺轮JNZD2M27：7

平沿，内沿面有凹槽。轮制。素面。捉手径8.8、口径16.0、高6.6厘米（图一一〇，3；彩版八三，3）。

JNZD2M27：2-1，泥质红胎黑皮陶。圈足状捉手，残损。盖面中部折，下部内收，盖口敞口，尖圆唇。素面。口径15.2厘米（图一一〇，4）。

JNZD2M27：3-1，泥质黑皮陶。圈足状捉手，盖面上部弧，中部折，下部内收，盖口敞口，圆唇，内沿面有凹槽。轮制。素面。捉手径8.4、口径18.0厘米（图一一〇，5）。

纺轮　1件。

JNZD2M27：7，泥质褐陶。算珠形，有中孔。轮制。素面。外径4.0、孔径0.6、厚2.6厘米（图一一〇，6；彩版八三，4）。

（二）器物群

1. JNZD2Q1

JNZD2Q1位于土墩东北部边缘的Ⅱ区，层位关系为③－Q1－④（图一一一；彩版八三，5）。

出土器物有碗1件。

碗　1件。

JNZD2Q1：1，泥质红陶。直口，圆唇，折腹，上腹直，下腹弧收，平底。器内壁有弦纹。手制，轮修。口径17.2、底径10.4、高4.0厘米（图一一一，1；彩版八三，6）。

2. JNZD2Q2

JNZD2Q2位于土墩西北部边缘的Ⅰ区，层位关系为④－Q2－⑤（图一一二；彩版八四，1）。有一个极浅的凹坑，不规则形，长1.70、宽1.27、深约0.03～0.08米。

出土器物有鼎1、罐1、瓿1、器盖2共5件，大体顺土墩坡势放置，呈条形排列。

鼎　1件。

JNZD2Q2：4，夹砂红陶。侈口，圆唇，折沿，腹和底残，三扁圆锥状足。手制。素面。口径

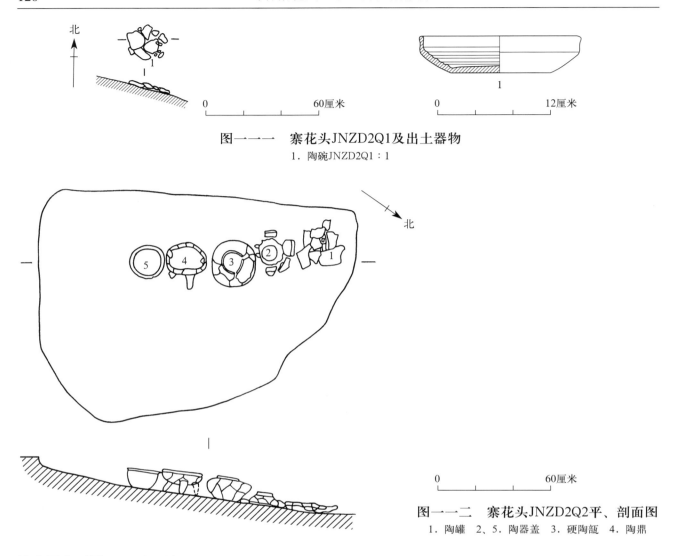

图一一一　寨花头JNZD2Q1及出土器物
1. 陶碗JNZD2Q1：1

图一一二　寨花头JNZD2Q2平、剖面图
1. 陶罐　2、5. 陶器盖　3. 硬陶瓿　4. 陶鼎

18.2 厘米（图一一三，1）。

罐　1件。

JNZD2Q2：1，泥质灰陶。敛口，方唇，斜颈，溜肩，中腹残，下腹弧收，平底。颈部饰弦纹。腹部泥条盘筑，口、颈部轮制。口径 17.0、底径 14.6 厘米（图一一三，2）。

瓿　1件。

JNZD2Q2：3，灰色硬陶。侈口，尖圆唇，卷沿，短束颈，溜肩，弧鼓腹，平底略内凹。颈部饰弦纹，肩、腹部饰菱形填线纹和小方格纹，近肩部饰对称绳状泥条竖纽（残）。轮制。口径 13.4、底径 13.6、高 13.6 厘米（图一一三，3；彩版八四，2）。

器盖　2件。

JNZD2Q2：2，泥质黑陶。圈足状捉手，斜弧顶，折壁，束盘，口部敞口，圆唇，卷沿，沿面内凹，束颈。手制，轮修。捉手径 6.0、口径 18.7、高 6.0 厘米（图一一三，4；彩版八四，3）。

JNZD2Q2：5，泥质黑陶。圈足形捉手，斜弧顶，折壁，束盘，口部敞口，圆唇，卷沿，沿面内凹，束颈。捉手径 8.4、口径 18.2、高 7.0 厘米（图一一三，5；彩版八四，4）。

该器物群估计与埋葬祭祀有关。

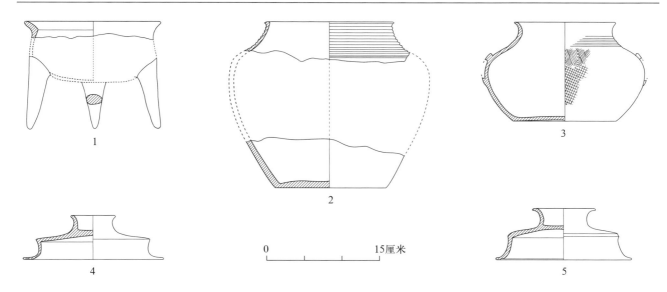

图一一三　寨花头JNZD2Q2及出土器物

1. 陶鼎JNZD2Q2：4　2. 陶罐JNZD2Q2：1　3. 硬陶瓿JNZD2Q2：3　4、5. 陶器盖JNZD2Q2：2、5

（三）建筑遗存

JNZD2F1为D2年代最早的遗迹单位，位于土墩中部，建造于中心内凹、四周呈垄状的⑧层层面，长约4.45、宽约1.65米，呈西北－东南向，头向60°（图一一四；彩版八五，1）。由东、南、西、北四排共48个柱洞形成一长条形建筑遗存（JNZD2D47、D48位置略偏），南排柱洞相对较为整齐，大体处于一条直线之上，北排柱洞不够规整，位置略有错乱，东西两侧正中柱洞相对较深，或许与建筑中间承重横梁有关。柱洞平面形状呈圆形、三角形、半月形及不规则形，大多由四周向内倾斜，直径5～30、深度5～65厘米，柱洞间距5～38厘米不等，倾斜度约为75°～85°。柱洞内填深灰色土，土质松软。从清理过程看，柱洞底部大部分为尖状或三角尖状且底小口大，上部向内倾斜。推测原用大小粗细不一的木材（或剖开的木材）劈削成尖形打入地面搭建成横截面呈三角形的长条形两面坡人字状建筑或象征性的此类建筑。建筑遗存废除或毁弃后在其上堆积夯实⑦层和⑥层，并在⑥层层面建造中心主墓JNZD2M22，墓底石床和随葬品大体在柱洞构成的范围内，墓葬方向和石床位置基本与建筑重合。墓葬东段直壁部分未见石床和随葬品，且超出柱洞构成的建筑范围。估计与构筑墓葬的起始位置有关，建筑和墓葬应为丧葬行为过程中形成的具有有机联系的相关遗存。

（四）灰坑

共3座。

1. JNZD2H1

JNZD2H1位于土墩东南部的Ⅳ区，层位关系为①－H1→②（图一一五；彩版八五，2）。长方形竖穴土坑，直壁，平底，坑口西北高东南低，呈斜坡状。长4.56、宽约2.00、深0.80～0.22米。内填褐红色土，土质较硬，内夹有黑色斑点及草木灰。

出土器物有硬陶罐残片2片。

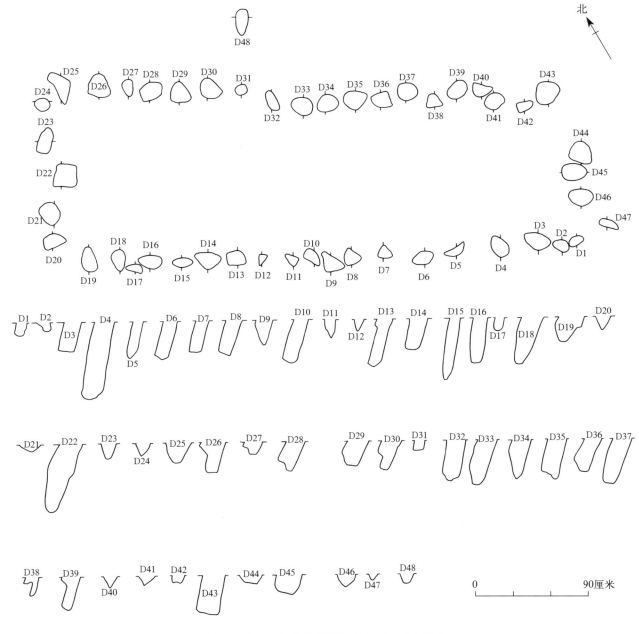

图一一四　寨花头JNZD2F1平、剖面图

2. JNZD2H2

JNZD2H2 位于土墩西南部的Ⅲ区，层位关系为②-H2→③（图一一六；彩版八六，1）。长方形竖穴土坑，直壁，斜坡底。长 2.60、宽 1.84、深 0.10～0.30 米。内填褐红色土，土质较硬，内夹零星红烧土。

无出土物。

3. JNZD2H3

JNZD2H3 位于土墩西南部的Ⅲ区，层位关系为④-H3→⑤（图一一七；彩版八六，2）。长方

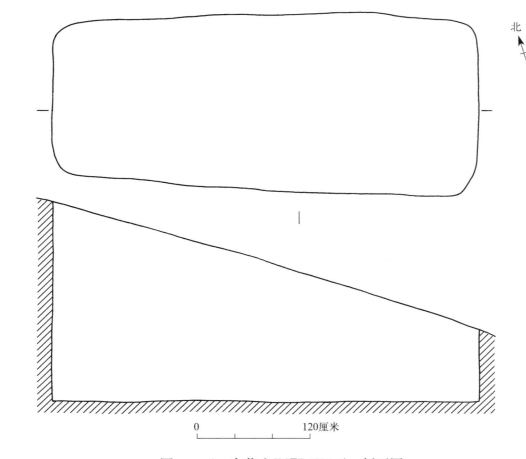

图一一五　寨花头JNZD2H1平、剖面图

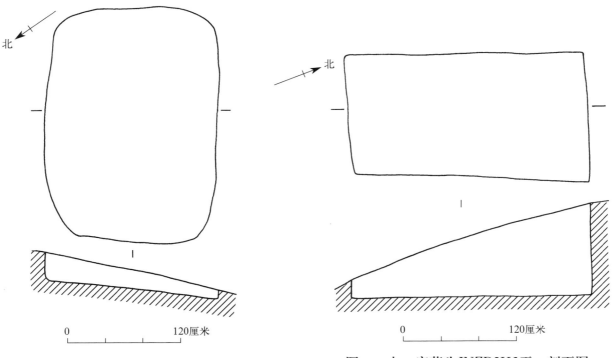

图一一六　寨花头JNZD2H2平、剖面图　　　图一一七　寨花头JNZD2H3平、剖面图

形竖穴土坑，直壁，平底，坑口东北高西南低，呈斜坡状。长 2.56、宽 1.42、深 0.20 ～ 1.00 米。内直壁，平底，填褐红色土，土质较硬，内夹黄土块。

无出土物。

JNZD2H1 和 H3 形状、结构、方向与墓葬形制极其相似，唯不见随葬品，当不排除未有随葬品的墓葬或挖坑未埋的墓葬。JNZD2H2 方位、形制与 H1 和 H3 有别，可能为土墩墓的祭祀坑。

四　小结

句容寨花头 JNZD2 属于江南土墩群中一墩多墓的类型。墓葬及相关遗迹丰富，叠压打破关系复杂。

综合以往的土墩墓分期，及本批土墩墓分期，本座土墩墓的发展可分为三个阶段，即春秋中后期偏早、春秋中后期偏晚和春秋末期。JNZD2M24、M25、M11、M18、M27、Q2 属于第一阶段。JNZD2M22 属于第二阶段。JNZD2M1 ～ M10、M12 ～ 17、M19 ～ M21、M23、M26 和 Q1 属于第三阶段。

中心主墓 M22 从器物类型上判断并不是埋葬最早的墓葬，JNZD2M24、M25、M11、M18、M27 均早于 M22，但从总体器物组合上判断它们又都处于同一个大的发展时期，时代不会相距太远。JNZD2M22：25-2 鼎与浮山果园 D4M2：15 相近，JNZD2M22：13 盆与浮山果园 D1M10：4、JNZD2M22：4 盆与浮山果园 D3M1：18、JNZD2M22：14-1 盖与浮山果园 D3M2：16 相近，年代大概为春秋中后期偏晚阶段。则 JNZD2M24、M25、M11、M18、M27 和 Q2 的年代大致均处于春秋中后期偏早阶段。年代最晚的墓葬 JNZD2M1：6 的鼎与 JNZD2M22 的鼎相比，腹身变浅，圜底趋平，侈口渐缓，呈现出向浮山果园 D24M4：18 的演化趋势。JNZD2M1：2 和 M1：7-2 坛最大腹径偏上，与浮山果园 D24M4：16 坛相似，JNZD2M1：5 碗也呈现出向浮山果园 D24M4：37 碗发展的倾向。综合判断其年代大概处于春秋末期。

寨花头 JNZD2 的建筑遗存属于 JNZD2M22 的墓下建筑遗存，与之性质相似的遗存还见于句容寨花头 JNZD2D5、D1 和周岗 JZD2 以及金坛薛埠的一些土墩墓中，并呈现出多种多样的形态。其基本特点几乎都处于土墩墓内中心位置，年代最早或偏早的遗迹现象，往往有基槽或柱洞等构成，一般为东西方向（略有偏移），并与中心主墓（多带有石床）关系密切，它的确立在土墩墓的营建过程中具有标识性意义。同时还在句容东边山 D2M1、浮山果园 D29M45 发现了此类建筑和墓葬互为一体的墓葬形制，年代可达西周中晚期，为印山越王陵以及安吉龙山大型土墩墓的两面斜坡人字状木构建筑提供了最为直接的来源，说明不仅在大型和特大型墓葬中使用这种形制特殊的建筑样式，而且在中小型墓葬中也有存在，应为江南地区特有的各个等级都可采用的一种特殊葬俗。分布范围既包括宁绍地区和太湖平原的越国势力范围，也达到了宁镇地区的吴国疆域范围，为吴越文化的密切关系再次找到了考古学上的直接证据。

寨花头 JNZD2 共发现 27 座墓葬、3 座灰坑、2 个器物群，除 JNZD2M22 为中心主墓位于土墩中部外，其余各类遗迹均分布于土墩四周不同层位，所有墓葬的墓向均朝向土墩中心呈向心结构环绕着中心主墓，与中原及周边地区同时期墓地布局有着显著的差别，具有浓郁的江南土著特色。本次高速公路考古发掘的 40 座土墩中有 11 座明确存在这一布局方式，常常带有石床和建筑遗存。层位关系、所处位置决定了其无与伦比的标志性地位，可能是当时的社会生活背景、家族结构形态、血缘纽带关系、土地墓域观念、丧葬仪式过程在土墩墓的一个缩影。然而寨花头 D2M22 形制结构相对特别，不见于其他土墩墓，可能与其相对年代有关。该墓虽位于土墩的中心部位，然周围同一层面还有墓葬 14 座，从器物类型学判断其年代不是最早的，预示其下葬的时间和顺序有一定的特殊性，这可能是特异性产生的主要原因。本座土墩墓的埋葬次序也充分说明了这种现象的存在，在 M22 营建之前，东南西北方向已各有一座墓下葬，唯独中心位置被留出，以便后来的 M22 墓主人下葬所用。

柱洞、墓葬的斜壁和烧烤的坑壁大概又构成了两面坡人字形木构建筑的象征性意义，或许是一种视死如生的丧葬意识在土墩墓中的另类曲折的反映。

第四节　寨花头土墩墓D3

一　概况

寨花头土墩墓 D3（编号 JNZD3）位于江苏省句容市区以南约 25 千米的天王镇农林行政村寨花头自然村西北部约 600 米处，西侧紧邻浮山果园，处于浮山北面的岗丘高地之上，为茅山以西句容浮山果园土墩墓群的组成部分（见图三；彩版八七，1）。

2004 年 7～8 月南京博物院考古研究所对宁常、镇溧高速公路所经地域范围进行考古调查和勘探时发现。2005 年 5～6 月，南京博物院考古研究所主持了寨花头土墩墓 D3 的抢救性科学考古发掘。

寨花头 JNZD3 西南距 JNZD1、D2 约 500～600 米，东距 JNZD5 约 100 米。中心地理坐标为 N31°43′247″，E119°10′115″，海拔高度 41 米。位于宁常高速公路取土场范围内，外表呈漫坡状，发掘前部分堆积遭到一定程度的破坏。现存底径东西长约 21.8、南北长约 18.1 米，面积约 300 平方米，残高约 1 米左右（图一一八）。

二　地层堆积

地层堆积遭到一定程度的破坏，以东西隔梁北剖面和南北隔梁东剖面为例介绍（图一一九）。

第①层：表土层，浅灰色土，厚 0～0.20 米。土质较松软，包含物有少量植物根茎和印纹陶片。该层下有墓葬 JNZD3M1～M4 打破②层，其中 M2 打破 M4，器物群 JNZD3Q1 叠压于②层表。

第②层：红褐色土，深 0～0.20、厚 0～0.60 米。土质较硬，呈坡状堆积，在墩内不连续分布。该层下 JNZD3M5 打破③层，JNZD3Q2 叠压于③层表。

第③层：灰黄色土，深 0～0.65、厚 0～0.80 米。土质较硬，呈坡状堆积，在墩内不连续分布。

第④层：棕红色土，带有黑色斑点，深 0～0.70、厚 0～0.65 米。土质硬，纯净无包含物。分布于土墩中心区域。

第⑤层：浅褐色，深 0.10～1.00、厚 0～0.35 米。土质硬，纯净无包含物。连续分布于土墩大部分区域内。

第⑤层下是红褐色生土，带黑色斑点，深 0.65～1.05 米。土质坚硬。

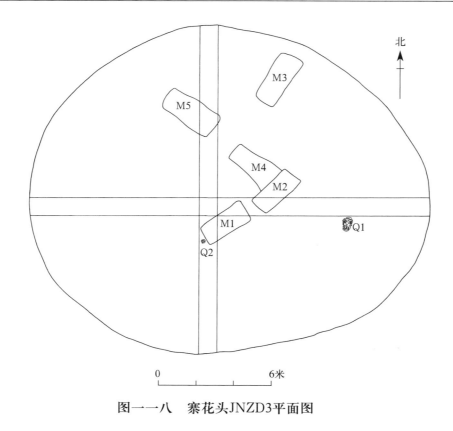

北

0　　　　　　　6米

图一一八　寨花头JNZD3平面图

三　遗迹遗物

（一）墓葬

JNZD3共清理墓葬5座,器物群2组,JNZD3M1～M4、Q1在现存堆积①层下,打破或叠压于②层,其中JNZD3M2打破M4。JNZD3M5和JNZD3Q2在②层下,打破和叠压于③层。

1. JNZD3M1

JNZD3M1位于接近土墩中心的Ⅲ、Ⅳ区和隔梁处,层位关系为①－M1→②（图一二〇；彩版八七,2）。不规则长方形竖穴土坑墓,西南略窄东北略宽,直壁,平底,壁、底无明显加工痕迹,现存墓口西南高东北稍低,呈斜坡状,长2.60～2.65、宽1.13～2.27、现深0.04～0.20米。墓向为东北－西南向,头向57°。墓底有大小不一21块青石铺成的石床,内填红褐色土,土质稍致密坚硬。

随葬品11件,相对集中于墓葬中南部,有鼎2、坛2、罐2、瓿1、豆2、器盖1、纺轮1共11件,个别器物内部遗留有动物骨渣（JNZD3M1∶8）。

鼎　2件。

JNZD3M1∶6,夹砂红陶。侈口,尖圆唇,折沿,弧腹,圜底,三扁圆锥足外撇。足根处有羊角形鋬。口径11.3、高9.0厘米（图一二一,1；彩版八八,1）。

JNZD3M1∶10,夹砂红褐陶。微侈口,尖圆唇,折沿,球形腹,底残,三矮圆锥足外撇。口径14.0、残高14.3厘米（图一二一,2）。

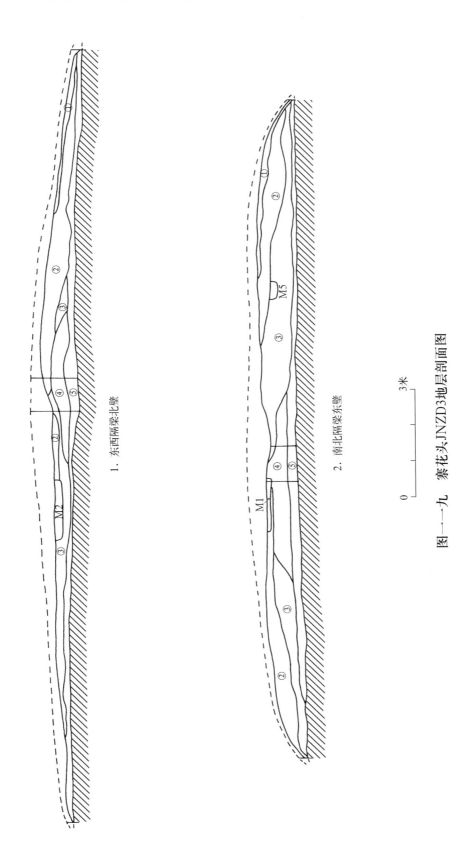

1. 东西隔梁北壁

2. 南北隔梁东壁

图一一九　寨花头JNZD3地层剖面图

图一二〇　寨花头JNZD3M1平、剖面图

1. 硬陶瓿　2-1. 陶器盖　2-2、5. 陶罐　3. 陶纺轮　4、8. 硬陶坛　6、10. 陶鼎　7. 陶豆　9. 原始瓷豆

坛　2件。

JNZD3M1：4，灰色硬陶。侈口，尖唇，卷沿，束颈，广肩微耸，弧腹，平底。颈部饰弦纹，肩及上腹部饰两组折线纹，间以一组回纹，中腹以下饰回纹。口径17.4、底径18.4、高43.0厘米（图一二一，3；彩版八八，2）。

JNZD3M1：8，灰色硬陶。侈口，尖唇，微卷沿，束颈，广肩折耸。弧腹，平底。颈部饰弦纹，

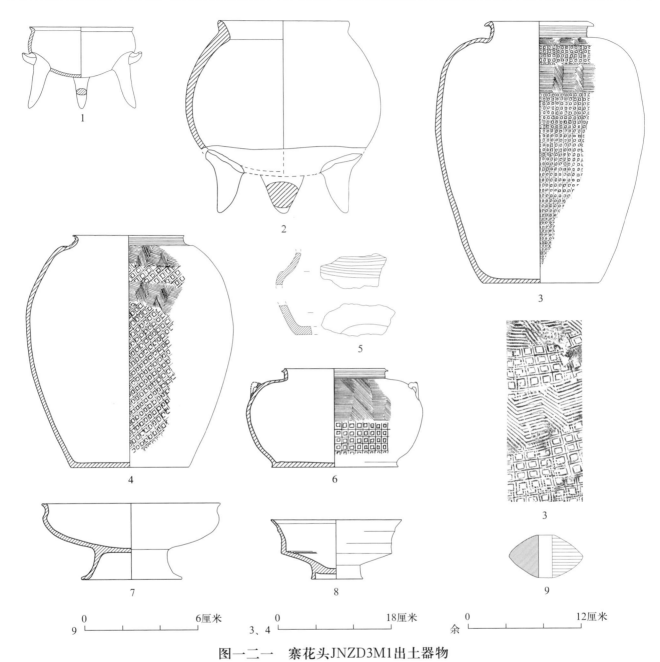

图一二一　寨花头JNZD3M1出土器物

1、2. 陶鼎JNZD3M1：6、10　3、4. 硬陶坛JNZD3M1：4、8　5. 陶罐JNZD3M1：5　6. 硬陶瓿JNZD3M1：1　7. 陶豆 JNZD3M1：7　8. 原始瓷豆JNZD3M1：9　9. 陶纺轮JNZD3M1：3

肩及上腹部饰两组折线纹，间以一组回纹，中腹以下饰回纹。口径17.6、底径18.8、高38.4厘米（图一二一，4；彩版八八，3）。

罐　2件。

JNZD3M1：2-2，泥质褐陶。腹部饰有席纹，残损严重，无法复原。

JNZD3M1：5，泥质红胎黑皮陶。折肩，颈部饰弦纹，平底。残破严重（图一二一，5）。

瓿　1件。

JNZD3M1：1，灰色硬陶。口微侈，尖圆唇，卷沿，沿面有一道凹槽，矮直颈，广肩，鼓腹，平底。上腹部贴附两个对称耳状饰，各以小泥条泥贴而成。颈部饰弦纹，肩及上腹部饰折线纹，下腹部饰回纹。口径11.3、底径13.6、高11.0厘米（图一二一，6；彩版八八，4）。

豆　2件。

JNZD3M1：7，泥质红胎黑皮陶。微侈口，方圆唇，唇面微内凹，微卷沿，束颈，弧收腹，喇叭状圈足外撇。口径19.0、足径10.7、高8.2厘米（图一二一，7；彩版八八，5）。

JNZD3M1：9，原始瓷。敞口，尖圆唇，折腹，上腹微凹，下腹斜收，内壁折腹处有弦痕，矮圈足。器表施黄绿釉，有积釉、流釉现象。口径14.0、足径5.5、高6.4厘米（图一二一，8）。

器盖　1件。

JNZD3M1：2-1，泥质红胎黑皮陶。残破严重，无法复原。

纺轮　1件。

JNZD3M1：3，泥质红陶。算珠形，中有穿孔。直径3.9、孔径0.7、高2.3厘米（图一二一，9）。

2．JNZD3M2

M2位于土墩中部偏东的Ⅱ区及隔梁中，层位关系为①－M2→M4→②（图一二二；彩版八九，1）。长方形竖穴土坑墓，直壁，平底，壁、底无明显加工痕迹，长2.53～2.58、宽1.10～1.12、现深0.15～0.17米。墓向为东北－西南向，头向49°。墓底有大小不一4块石块铺成的简易石床，填红褐色土，土质较致密坚硬。

随葬品有鼎1、坛2、罐2、豆1、盆1、钵1、器盖1共9件。

鼎　1件。

JNZD3M2：9，夹砂红陶。残损仅有1件鼎足，三扁锥形。残高8.0厘米（图一二三，1）。

坛　2件。

JNZD3M2：1，灰色硬陶，局部红褐色。侈口，尖圆唇，卷沿下垂，短束颈，广肩微耸，弧腹，最大腹径偏上，平底。颈部饰弦纹，肩及上腹部饰两组折线纹，间以一组回纹，下腹部饰回纹。口径19.2、底径17.0、高40.0厘米（图一二三，2；彩版八九，2）。

JNZD3M2：3，灰色硬陶。侈口，尖圆唇，卷沿，沿面有一周凹槽，束颈，广肩微耸，弧腹，平底。颈部饰弦纹，肩及上腹部饰两组折线纹，间以一组回纹，下腹部饰回纹。口径18.8、底径18.4、高42.0厘米（图一二三，3；彩版八九，3）。

罐　2件。

JNZD3M2：2，泥质灰陶。下腹以上残缺，腹部饰不规则席纹。底径15.0、残高6.2厘米（图一二三，4）。

JNZD3M2：5，灰色硬陶，局部红褐。口微侈，尖唇，折沿下垂，短颈，广肩微折，鼓腹，近底部折出，平底微凹。上腹部贴附两对称泥条耳状饰，已残缺。颈部饰弦纹，肩及上腹部饰两组折线纹间以一组回纹，下腹部饰回纹。口径15.4、底径16.2、高22.6厘米（图一二三，5；彩版八九，4）。

豆　1件。

JNZD3M2：6，原始瓷。敞口，尖圆唇，折腹，上腹凹曲，下腹斜收，内壁折腹处有弦纹，喇叭状圈足，器体略变形。在器内和圈足有条状支钉痕迹。器表施青绿釉，有积釉和流釉现象。口径约

12.0、足径约5.2、高5.4厘米（图一二三，6；彩版八九，5）。

盆 1件。

JNZD3M2：8，泥质黑皮陶。敞口微侈，圆唇，卷沿，沿面有一道凹槽，束颈，折腹。颈部饰弦纹，残损严重（图一二三，7）。

钵 1件。

图一二二　寨花头JNZD3M2平、剖面图

1、3. 硬陶坛　2. 陶罐　4. 陶钵　5. 硬陶罐　6. 原始瓷豆　7. 陶器盖　8. 陶盆　9. 陶鼎

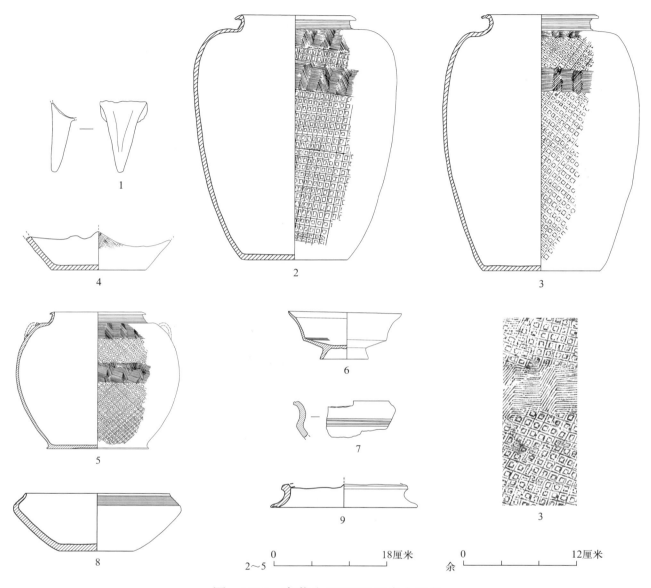

图一二三　寨花头JNZD3M2出土器物

1. 陶鼎JNZD3M2：9　2、3. 硬陶坛JNZD3M2：1、3　4. 陶罐JNZD3M2：2　5. 硬陶罐JNZD3M2：5　6. 原始瓷豆JNZD3M2：6
7. 陶盆JNZD3M2：8　8. 陶钵JNZD3M2：4　9. 陶器盖JNZD3M2：7

JNZD3M2：4，泥质灰白陶。敛口，尖圆唇，弧折腹，平底，上腹部饰弦纹。口径15.4、底径7.8、高6.4厘米（图一二三，8）。

器盖　1件。

JNZD3M2：7，泥质黑皮陶。捉手及顶残缺。弧壁，顶、壁间折，敞口，卷沿，沿面有一周凹槽，圆唇。口径15.7、残高2.6厘米（图一二三，9）。

3．JNZD3M3

JNZD3M3位于土墩东北部的Ⅱ区，层位关系为①－M3→②（图一二四；彩版九〇，1）。不规则圆角长梯形竖穴土坑墓，西南窄东北宽，直壁，平底，壁、底无明显加工痕迹。长约2.97、宽1.10～1.36、

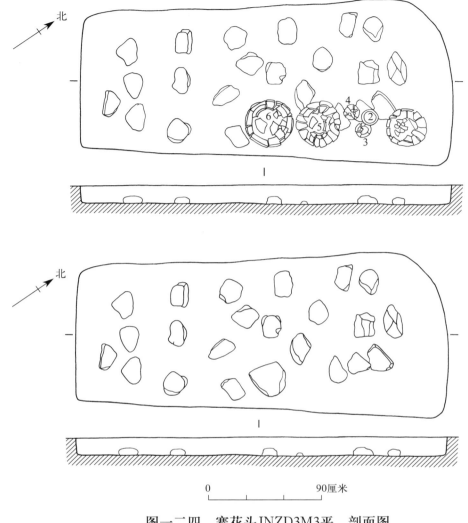

图一二四　寨花头JNZD3M3平、剖面图
1. 陶罐　2～4. 原始瓷豆　5、6. 硬陶坛

深 0.14～0.15 米。墓向为东北－西南向，头向 35°。墓底有大小不一的 23 块石块铺成的石床，内填红褐色土，土质较硬，夹有少量黑色斑点。

随葬品有坛 2、罐 1、豆 3 共 6 件，放置于石床之上。

坛　2 件。

JNZD3M3：5，灰色硬陶。侈口，尖唇，微卷沿，溜肩，弧腹，平底。肩及上腹部饰两组折线纹间以一组回纹，下腹部饰回纹。口径 16.8、底径 17.6、高 37.2 厘米（图一二五，1；彩版九〇，2）。

JNZD3M3：6，灰色硬陶。侈口，尖唇，卷沿，溜肩，弧腹，平底。颈部饰弦纹，肩及上腹部饰两组折线纹间以一组回纹，下腹部饰回纹，中腹残损。口径 22.8、底径 18.4 厘米（图一二五，2）。

罐　1 件。

JNZD3M3：1，泥质红胎黑皮陶。侈口，圆唇，卷沿，束颈，溜肩。上腹部饰席纹，下腹和底残。口径 14.2、残高 6.4 厘米（图一二五，3）。

豆　3 件。

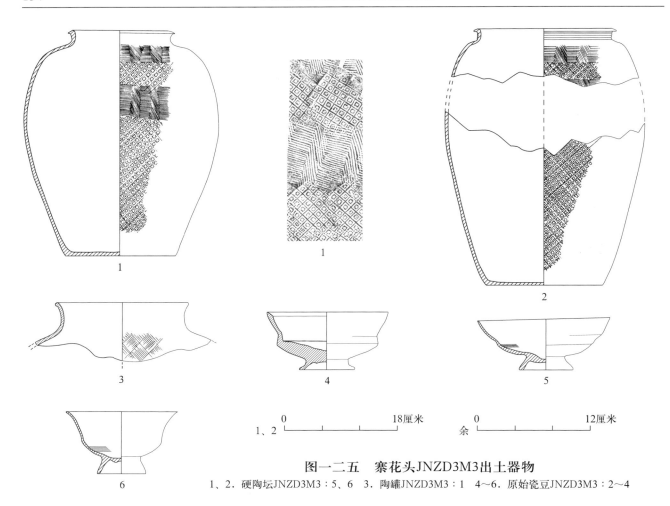

图一二五　寨花头JNZD3M3出土器物
1、2. 硬陶坛JNZD3M3：5、6　3. 陶罐JNZD3M3：1　4～6. 原始瓷豆JNZD3M3：2～4

　　JNZD3M3：2，原始瓷。敞口，尖唇，沿微折，束颈，折腹，内壁折腹处有弦纹，喇叭状矮圈足。烧制变形。碗心附着一条砂石结晶体，可能为支烧痕迹。除圈足外均施青黄釉，有积釉、流釉现象。口径12.8、底径6.0、高6.4厘米（图一二五，4；彩版九〇，3）。

　　JNZD3M3：3，原始瓷。敞口，尖唇，折腹，上腹微内曲，内壁折腹处有弦纹，喇叭状圈足。烧制变形，内壁底部有烧制过程中留下的支钉痕迹。器表局部可见青绿釉。口径13.7～14.6、底径5.8、高5.9厘米（图一二五，5；彩版九〇，4）。

　　JNZD3M3：4，原始瓷。敞口，尖圆唇，上腹略向内凹，下腹弧收，喇叭状圈足。内壁有弦纹。器表施青黄釉，剥落较甚。器身变形。口径12.0、底径5.2、高6.8厘米（图一二五，6）。

4．JNZD3M4

　　JNZD3M4位于土墩东北接近中部的Ⅱ区，层位关系为①→M2→M4→②（图一二六；彩版九一，1）。不规则圆角长梯形竖穴土坑墓，西北窄东南宽，直壁，平底，壁、底无明显加工痕迹，残长2.72、宽1.00～1.56、深0.19～0.20米。墓向为西北-东南向，头向140°。墓底有大小不一9块石块铺成的石床，内填棕红色土，土质相对较松软。

　　在墓坑中部有少量腐朽的牙齿。

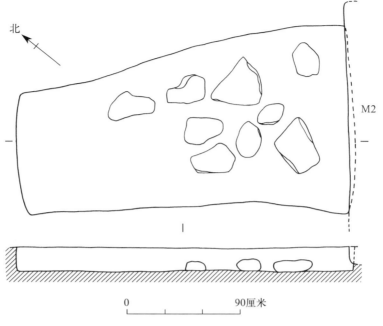

图一二六　寨花头JNZD3M4平、剖面图

5. JNZD3M5

M5 位于土墩北部的Ⅰ、Ⅱ区之间，层位关系为②－M5→③（图一二七；彩版九一，2）。不规则长方形竖穴土坑墓，西北略窄东南略宽，直壁，平底，长 3.12、宽 1.25～1.40、深 0.20～0.25 米。墓向为西北－东南向，头向 122°。内填较纯净的棕色土，土质较松软，无石床。西北角略遭到破坏。

随葬品有坛 2、瓿 1、豆 3 共 6 件。

坛　2 件。

JNZD3M5：4，灰色硬陶。弧腹，平底。上腹部饰折线纹，下腹部饰回纹。口、颈部残损。底径 22.0、残高 32.8 厘米（图一二八，1）。

JNZD3M5：5，灰色硬陶。弧腹，平底。上腹部饰叶脉纹，下腹部饰方格纹。口、颈部残损。底径 20.4、残高 30.4 厘米（图一二八，2）。

瓿　1 件。

JNZD3M5：6，泥质灰胎黑皮陶。侈口，尖圆唇，唇面有两周凹弦槽，微卷沿，短颈，广肩，鼓腹，平底，内壁见修抹痕迹。腹部饰斜向席纹。口径 15.4、底径 16.8、高 15.6 厘米（图一二八，3；彩版九二，1）。

豆　3 件。

JNZD3M5：1，原始瓷。敞口，尖圆唇，折腹，上腹内凹，下腹平收，喇叭状矮圈足。内壁折腹处有弦纹数周，器表施青绿釉，有积釉、流釉现象。口径 11.2、足径 5.0、高 4.5 厘米（图一二八，4；彩版九二，2）。

JNZD3M5：2，原始瓷，胎呈粉色。敞口，尖圆唇，折腹，上腹内曲，下腹斜收，喇叭状矮圈足。内壁折腹处有弦纹数周。器表刷一层灰色化妆土，无釉。口径 12.4、足径 5.8、高 5.8 厘米（图一二八，5；彩版九二，3）。

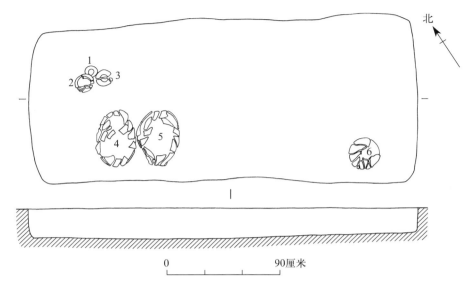

图一二七　寨花头JNZD3M5平、剖面图
1~3.原始瓷豆　4、5.硬陶坛　6.陶瓿

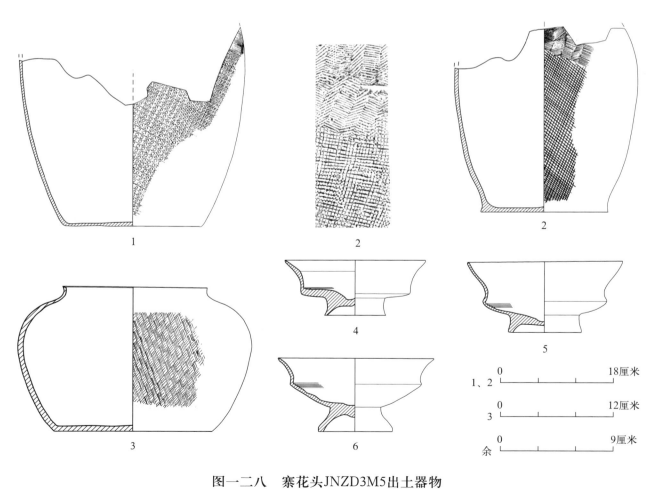

图一二八　寨花头JNZD3M5出土器物
1、2.硬陶坛JNZD3M5：4、5　3.陶瓿JNZD3M5：6　4~6.原始瓷豆JNZD3M5：1~3

JNZD3M5：3，原始瓷。敞口，尖圆唇，沿面略斜，折腹，上腹内曲，下腹斜收，喇叭状矮圈足，内壁折腹处有弦纹数周。器表施青绿釉，大部已剥落。口径12.4、足径6.0、高6.0厘米（图一二八，6；彩版九二，4）。

（二）器物群

有2组。

1．JNZD3Q1

JNZD3Q1位于土墩东部的Ⅳ区，层位关系为①－Q1－②（图一二九；彩版九三，1）。清理前遭到扰动。

出土器物有坛1件。

坛　1件。

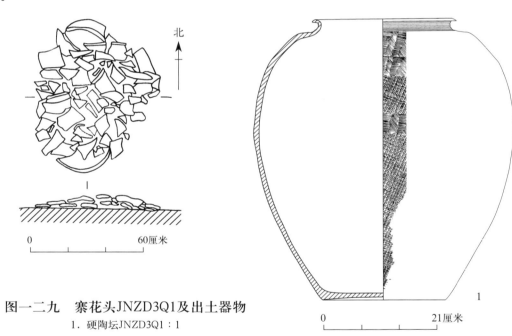

北

0　　　　　　　60厘米

图一二九　寨花头JNZD3Q1及出土器物
1．硬陶坛JNZD3Q1：1

0　　　　　　　21厘米

JNZD3Q1：1，灰色硬陶，局部红褐。侈口，尖圆唇，卷沿，束颈，广肩微折，弧腹，平底内凹。颈部饰弦纹，肩及上腹部饰两组折线纹，间以一组回纹，中腹以下饰回纹。口径26.8、底径22.8、高54.0厘米（图一二九，1；彩版九三，2）。

2．JNZD3Q2

JNZD3Q2位于土墩南部的Ⅲ、Ⅳ区之间，层位关系为②－Q1－③（图一三○；彩版九三，3）。

出土器物有罐1、器盖1共2件。

罐　1件。

JNZD3Q2：1-2，灰色硬陶。侈口微直，尖唇，折沿，沿面外斜，广肩微耸，弧鼓腹，近底处微折出，平底微内凹。肩部两侧对称饰一对桥形竖耳，一耳残。颈部饰弦纹，上腹饰弦纹加叠有套菱纹（内

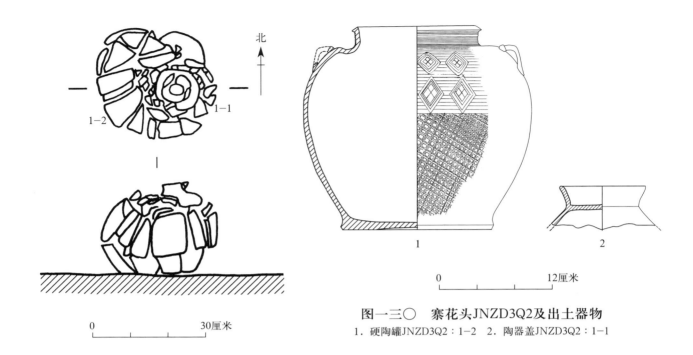

图一三〇　寨花头JNZD3Q2及出土器物
1. 硬陶罐JNZD3Q2：1-2　2. 陶器盖JNZD3Q2：1-1

有十字交叉线），下腹部饰回纹。口径 13.7、底径 15.8、高 22.2 厘米（图一三〇，1；彩版九三，4）。

　　器盖　1件。

　　JNZD3Q2：1-1，泥质红陶。圈足形捉手，盖面略斜，盖口残损。捉手径 9.2、残高 4.7 厘米（图一三〇，2）。

四　小结

　　从器物类型学上判断，整个土墩的延续时间并不长，大致处于西周中晚期之间。本座土墩墓缺乏中心主墓和向心式的墓葬布局，属于较小型的土墩墓形制，这也可能与时代较早有关。开口于②层下的墓葬 JNZD3M5 较早，大致处于西周中期偏晚阶段，其他墓葬大致处于西周后期。

第五节　寨花头土墩墓D4

一　概况

　　寨花头土墩墓 D4（编号 JNZD4）位于江苏省句容市区以南约 25 千米的天王镇农林行政村寨花头自然村北部约 500 米处，西侧紧邻浮山果园，处于浮山山脉北侧的丘陵岗地上，为茅山以西句容浮山果园土墩墓群的组成部分（见图三；彩版九四，1）。

　　2004 年 7 ～ 8 月，南京博物院考古研究所对宁常、镇溧高速公路所经地域范围进行考古调查和勘探时发现。2005 年 5 ～ 8 月，南京博物院考古研究所主持了寨花头土墩墓 D4 的抢救性科学考古发掘。

JNZD4 位于宁常高速公路施工取土场范围内，地理坐标为 N31°43′229″，E119°10′194″，海拔高度 43 米。西北距 D3、D5 约 120 和 20、东北距 D6 约 25 米。土墩呈台形漫坡状，由中心向四周逐渐趋缓。现存底径东西约 32.0、南北约 23.5、高约 2.7 米。土墩北侧因局部取土，形成一个小陡坡。

二　地层堆积

以东西隔梁北剖面和南北隔梁西壁剖面为例介绍（图一三一）。

第①层：浅黄灰色土，厚 0.10～0.40 米。土质细腻疏松，夹有树及其他植物根系，出有近现代瓷片及印纹硬陶片。分布于整个土墩及外围，该层下有器物群 JNZD4Q1、Q2、灰坑 JNZD4H1、H2、H3 以及盗洞一个。

第②层：淡黄褐色土，深 0.08～0.35、厚 0～0.55 米。土质纯净，稍硬，不见包含物，分布在土墩底坡一周，该层下有 JNZD4M1、M2、M3、M4、M5、M6 等墓以及 JNZD4Q3、Q4、Q5 等器物群，其中 JNZD4M4 打破 JNZD4M3。

第③层：红褐色土，深 0.15～0.55、厚 0～0.90 米。土质结构块状，坚硬纯净。该层主要分布在 JNZD4 的南部（主要在东西隔梁以南部分），北部基本不见该层堆积。在墩子的南部分布较厚。该层下有 JNZD4M8、M9 等墓。

第④层：灰土和黄土相杂形成的花土，深 0.10～0.85、厚 0～0.65 米。土质纯净，坚硬，不见包含物。该层主要分布在土墩中部，该层下有 JNZD4M7、M10、M11 等墓。

第⑤层：黄褐色夹杂细灰白色土，深 0.40～1.15、厚 0～0.85 米。土质纯净，较硬，不见包含物，该层主要分布在土墩中南部，北部不见该层。该层下有 JNZD4M12、M13、M14、M15、M16、M17、M18、M20 等墓以及 JNZD4Q6、Q7。其中 JNZD4M14 打破 JNZD4M15，JNZD4M16 打破 JNZD4M17。

第⑥层：可分 a、b 两个小层。

第⑥a层：黄灰色土，间红褐色土块，深 1.10～1.65、厚 0～0.60 米。土质纯净，较硬，主要分布在墩子中部和西南部。出土有个别石镞。

第⑥b层：仅分布于土墩中心附近，为一夹层，灰黄色土，深约 1.90、厚 0～0.15 米。土质细腻纯净，稍硬，该层下有 JNZD4M19、M21 等墓。

第⑦层：青灰色土，夹有细红烧土颗粒，深 0.30～0.65、厚 0～0.60 米。土质细腻坚硬。该层只分布在土墩的北部局部，出土有个别石锛。该层下有 JNZD4Q8。

第⑧层：灰褐色夹杂灰黄土，包含有红烧土颗粒，深 1.15～2.25、厚 0～0.80 米。土质松软，该层主要分布在土墩中部。

第⑨层：红褐色土，夹较多红烧土颗粒，局部红烧土较为密集，深 1.60～2.20、厚 0～0.45 米。土质坚硬，该层分布在整个墩子底部。

第⑩层：灰黄土，深 0.80～2.15、厚 0～0.55 米。土质细腻，坚硬纯净，不见任何包含物，为次生土。

第⑩层下为红褐色生土，夹铁锰结核颗粒，纯净、坚硬。

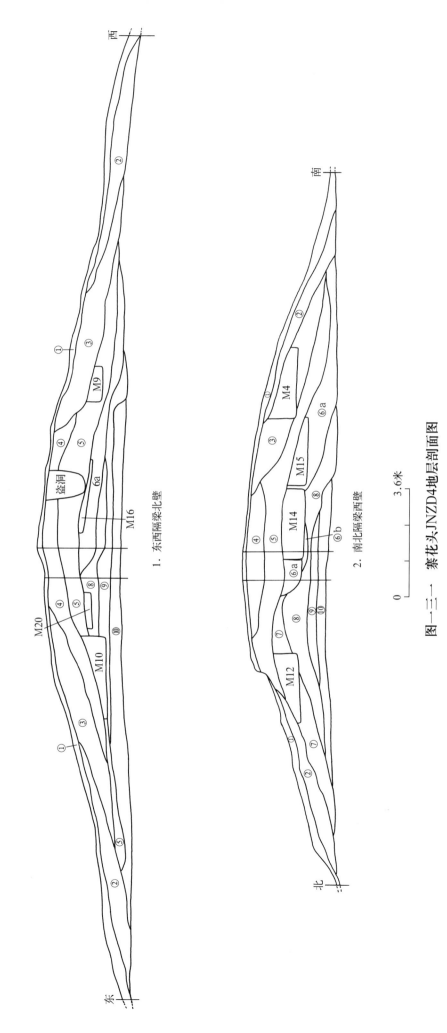

1. 东西隔梁北壁

2. 南北隔梁西壁

0   3.6米

图一三一 寨花头 JNZD4 地层剖面图

三　遗迹遗物

（一）墓葬

JNZD4 共清理墓葬 21 座，属于江南土墩墓中的一墩多墓类型。②层下墓葬 6 座（JNZD4M1、M2、M3、M4、M5、M6），其中 JNZD4M4 打破 M3；③层下墓葬 2 座（JNZD4M8、M9）；④层下墓葬 3 座（JNZD4M7、M10、M11）；⑤层下墓葬 8 座（JNZD4M12、M13、M14、M15、M16、M17、M18、M20），其中 JNZD4M14 打破 M15，JNZD4M16 打破 M17，⑥层下墓葬 2 座（JNZD4M19、M21）。

JNZD4M21 为土墩中部的中心主墓，为一带有简易象征石床葬具的直壁平底竖穴土坑墓。其余各层各座墓葬均为直壁平底竖穴土坑墓，环绕主墓四周。因江南地区特殊的偏酸性的土壤条件，尸骨大多很难保存，仅 JNZD4M11、M13、M20、M21 等墓残留少量牙齿，头向朝向土墩中心，呈现出一种向心结构布局（图一三二）。

1．JNZD4M1

JNZD4M1 位于土墩东南部的Ⅳ区，层位关系为②−M1→③（图一三三；彩版九四，2）。近长

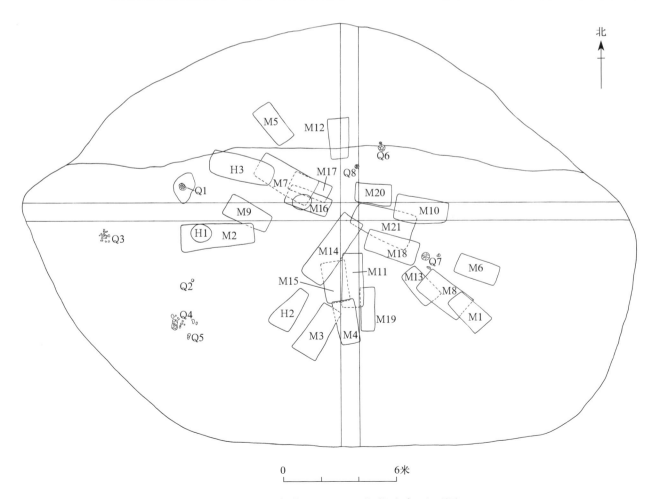

图一三二　寨花头JNZD4墓葬分布平面图

梯形竖穴土坑墓，西北窄东南宽，直壁，平底，壁、底无明显加工痕迹，墓口西北高东南低，呈斜坡状，长 2.20、宽 1.00～1.23、深 0.05～0.32 米。墓向为西北－东南向，头向 315°。内填红褐色土，夹杂黄斑土，坚硬纯净，结构呈块状。

随葬品有鼎 2、坛 2、罐 3、瓿 3、盆 2、碗 4、钵 3、器盖 4 共 23 件。

鼎　2 件。

JNZD4M1：13，夹砂红陶。侈口，圆唇，折沿，三扁锥足，腹、底残缺。口径 18.0 厘米（图一三四，1）。

JNZD4M1：16，夹砂红陶。敞口，圆唇，折沿，三扁锥足，腹、底残缺。口径 16.0 厘米（图一三四，2）。

坛　2 件。

JNZD4M1：18，灰色硬陶。侈口，尖圆唇，卷沿，沿面有一周凹槽，束颈，肩微耸，弧腹，平底。颈部饰弦纹，腹部饰小方格纹和菱形填线纹。口径 16.0、底径 19.0、高 33.0 厘米（图一三四，3；彩版九五，1）。

JNZD4M1：20，泥质红陶。仅有部分下腹残片。平底，下腹部饰菱形填线纹。底径 18.7、残高 8.0 厘米（图一三四，4）。

罐　3 件。

JNZD4M1：14-2，泥质红胎黑皮陶。残破，仅有底和局部口沿片。敛口，圆唇，平底。腹部饰席纹。底径 16.0、残高 5.0 厘米（图一三四，5）。

JNZD4M1：15，泥质红胎黑皮陶。残破，平底。底径 12.8、残高 4.0 厘米（图一三四，6）。

JNZD4M1：21，泥质红胎黑皮陶。仅有口沿残片。敛口微侈，方唇，唇面内凹，溜肩。局部腹片可见折线纹。残宽 8.0、残高 4.0 厘米（图一三四，7）。

瓿　3 件。

JNZD4M1：2，灰色硬陶。侈口，尖唇，卷沿，沿面有一道凹槽，束颈，广肩，鼓腹，平底微凹。肩部饰弦纹，腹部饰小方格纹。器身变形。口径 13.5、底径 15.4、高 14.8 厘米（图一三五，1；彩版九五，2）。

JNZD4M1：5，灰色硬陶。侈口，尖唇，卷沿，沿面有一道凹槽。束颈，溜肩，鼓腹，平底微凹。肩部饰弦纹，腹部饰席纹。口径 17.4、底径 17.6、高 17.0 厘米（图一三五，2；彩版九五，3）。

JNZD4M1：8，红色硬陶。侈口，尖圆唇，卷沿，沿面有一道凹槽。束颈，广肩微耸，弧腹，平底微凹。肩部贴附两对称蜗卷堆饰。颈、腹、底系分别制作后粘接而成，内壁面可见修抹痕迹。颈部饰弦纹，上腹饰方格纹，下腹饰菱形填线纹（局部拍印两次形成重叠）。口径 19.2、底径 22.0、高 19.2 厘米（图一三五，3；彩版九五，4）。

盆　2 件。

JNZD4M1：7，泥质红胎黑皮陶。口部残缺。束颈，折腹，下腹弧收，平底。颈部有数道弦纹。底径 12.0、残高 8.5 厘米（图一三五，4）。

JNZD4M1：14-1，泥质红胎黑皮陶。敞口，方圆唇，上腹略向内弧，折腹，下腹斜收，平底。口径 20.0、底径 14.0、高 4.4 厘米（图一三五，5；彩版九五，5）。

碗　4 件。

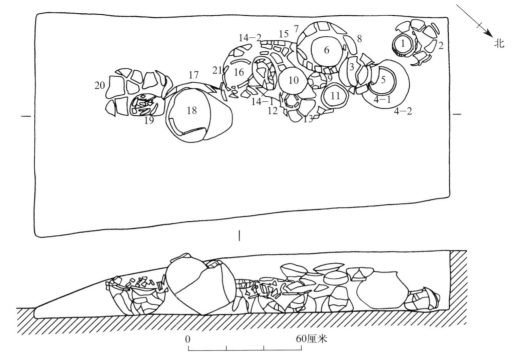

图一三三　寨花头JNZD4M1平、剖面图

1、4-1、9. 陶钵　2、5、8. 硬陶瓿　3、6、10、11. 原始瓷碗　4-2、12、17、19. 陶器盖　7、14-1. 陶盆　13、16. 陶鼎　14-2、15、21. 陶罐　18. 硬陶坛　20. 陶坛

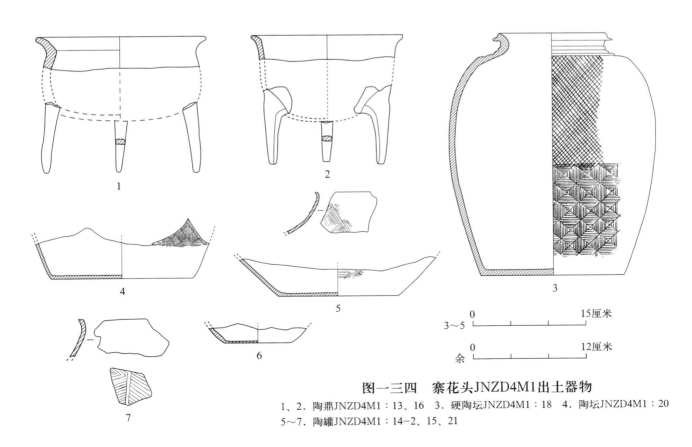

图一三四　寨花头JNZD4M1出土器物

1、2. 陶鼎JNZD4M1：13、16　3. 硬陶坛JNZD4M1：18　4. 陶坛JNZD4M1：20
5～7. 陶罐JNZD4M1：14-2、15、21

JNZD4M1：3，原始瓷。敞口，尖唇，折沿，沿面有两道凹槽，弧腹，平底。内壁有螺旋凹槽，器底有线割痕。器表施黄釉，部分剥落。口径17.0、底径7.8、高5.2厘米（图一三五，6；彩版九六，1）。

JNZD4M1：6，原始瓷。敞口，尖唇，折沿，弧腹斜收，平底微内凹。内壁有螺旋凹槽。器底有线割痕。内壁施黄绿釉，有积釉现象，外壁不施釉。口径17.4、底径7.8、高4.6厘米（图一三五，7；彩版九六，2）。

JNZD4M1：10，原始瓷。敞口，尖唇，折沿，上腹略向内弧，下腹弧收，平底内凹。内壁有螺旋凹槽，器底有线割痕。器表釉已剥落殆尽，露出黄色化妆土。口径16.2、底径7.0、高4.4厘米（图一三五，8；彩版九六，3）。

JNZD4M1：11，原始瓷。直口微敞，方唇，唇面有两道凹槽。上腹较直微内弧，下腹弧收，平底。内壁有螺旋凹槽。器底有线割痕，附着一层结晶砂粒，烧制时遗留。通体施青绿釉。口径13.1、底径6.6、高4.6厘米（图一三五，9；彩版九六，4）。

钵　3件。

JNZD4M1：1，泥质红胎黑皮陶。敛口，圆唇，折腹，底部残缺。残宽5.4、残高2.7厘米（图一三六，1）。

JNZD4M1：4-1，泥质红胎黑皮陶。直口微敛，方圆唇，上腹略向内弧，中腹残缺，下腹弧收，平底。内壁有螺旋凹槽。口径20.0、底径8.2厘米（图一三六，2）。

JNZD4M1：9，泥质红胎黑皮陶。直口微敛，方唇，上腹斜直，下腹弧收，平底。口径11.0、底径5.8、高3.2厘米（图一三六，3；彩版九六，5）。

器盖　4件。

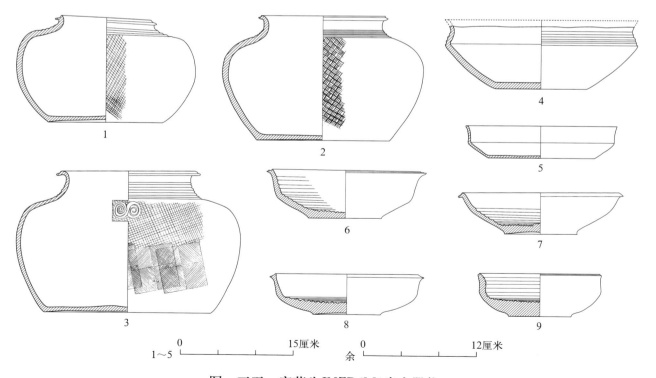

图一三五　寨花头JNZD4M1出土器物

1～3．硬陶瓿JNZD4M1：2、5、8　4、5．陶盆JNZD4M1：7、14-1　6～9．原始瓷碗JNZD4M1：3、6、10、11

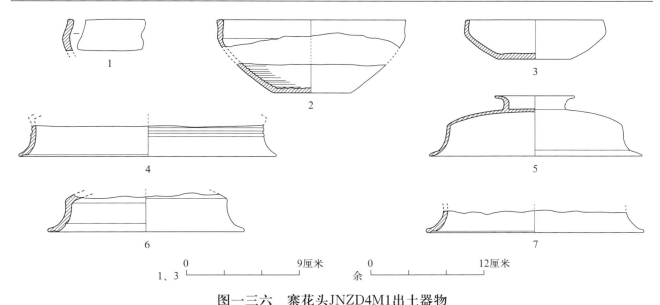

图一三六　寨花头JNZD4M1出土器物

1～3. 陶钵JNZD4M1：1、4-1、9　4～7. 陶器盖JNZD4M1：4-2、12、17、19

JNZD4M1：4-2，泥质红胎黑皮陶。仅有部分盖口残片。敞口，圆唇，卷沿，沿面有一周凹槽，壁部有弦纹数周。口径27.2、残高3.6厘米（图一三六，4）。

JNZD4M1：12，泥质红胎黑皮陶。喇叭状捉手，弧顶，弧壁，顶、壁间折，敞口，圆唇，卷沿，壁面有弦纹一周。捉手径8.6、口径22.5、高6.6厘米（图一三六，5；彩版九六，6）。

JNZD4M1：17，泥质红胎黑皮陶。仅有部分盖口残片。敞口，卷沿，沿面有一周凹槽，圆唇，内壁有一道弦痕。口径21.0、残高4.0厘米（图一三六，6）。

JNZD4M1：19，泥质红胎黑皮陶。仅有部分盖口残片。敞口，卷沿，沿面有一周凹槽，圆唇。口径23.2、残高2.6厘米（图一三六，7）。

2．JNZD4M2

JNZD4M2位于土墩西部的Ⅲ区，层位关系为①－H1→②－M2→③（图一三七；彩版九七，1）。不规则长梯形竖穴土坑墓，东窄西宽，直壁，平底，壁、底无明显加工痕迹，墓口东高西低呈斜坡状，长3.70、宽1.00～1.53、深0.09～0.68米。墓向为东西向，头向87°。内填红褐色土，夹杂有黄土，坚硬纯净，结构呈块状。

随葬品有鼎3、坛2、罐1、瓿2、盆1、碗7、钵2、器盖1、纺轮1共20件。

鼎　3件。

JNZD4M2：3，夹砂红陶。敞口，圆唇，折沿，弧腹，底残，三扁锥足。口径12.6厘米（图一三八，1）。

JNZD4M2：11，夹砂红陶。侈口，圆唇，折沿，弧腹，底残，三扁锥足。口径25.9厘米（图一三八，2）。

JNZD4M2：13，夹砂红陶。侈口，圆唇，折沿，弧腹，圜底，三扁锥足。口径20.2、高16.6厘米（图一三八，3；彩版九七，2）。

坛　2件。

JNZD4M2：15，泥质红陶。侈口，尖圆唇，卷沿，束颈，溜肩，弧腹，平底。颈部饰弦纹，肩、

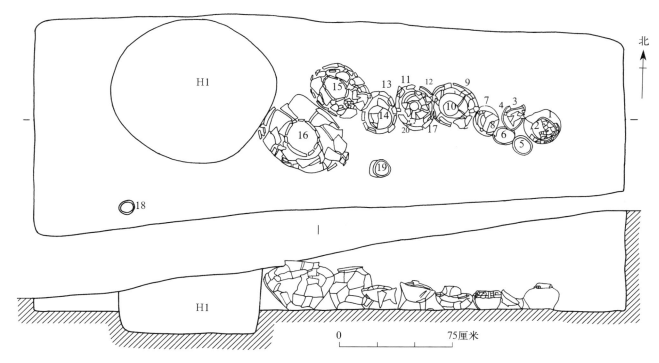

图一三七 寨花头JNZD4M2平、剖面图

1、7. 硬陶瓿 2. 陶盆 3、11、13. 陶鼎 4~6、18、19. 原始瓷碗 8、14. 陶碗 9. 陶罐 10、20. 陶钵 12. 陶器盖 15. 陶坛 16. 硬陶坛 17. 陶纺轮

腹部饰方格纹和菱形填线纹。口径 16.6、底径 18.0、高 42.0 厘米（图一三八，4）。

JNZD4M2：16，灰色硬陶。侈口，尖唇，卷沿，沿面有一道凹槽，束颈，溜肩，弧腹，平底微凹。颈部饰弦纹，肩、腹部饰席纹和菱形填线纹。口径 22.4、底径 25.0、高 44.0 厘米（图一三八，5；彩版九七，3）。

罐 1件。

JNZD4M2：9，泥质灰陶。口部残缺，溜肩、鼓腹、平底。颈部饰弦纹。底径 16.2、残高 17.2 厘米（图一三八，6）。

瓿 2件。

JNZD4M2：1，红色硬陶。侈口，卷沿，沿面有一道凹槽，束颈，溜肩，弧腹，平底。颈部饰弦纹，肩、腹部饰方格纹。口径 17.0、底径 17.8、高 14.4 厘米（图一三八，7；彩版九八，1）。

JNZD4M2：7，灰褐色硬陶。侈口，圆唇，卷沿，束颈，溜肩，鼓腹，平底。肩、腹部饰方格纹。口径 13.4、底径 15.0、高 13.6 厘米（图一三八，8；彩版九八，2）。

盆 1件。

JNZD4M2：2，泥质红胎黑皮陶。侈口，圆唇，沿面内凹，弧腹，腹中部残，平底内凹。内壁有螺旋凹槽。口径 22.0、底径 9.6 厘米（图一三九，1）。

碗 7件。

JNZD4M2：4，原始瓷。敞口，折沿，沿面有两道凹槽，尖唇，上腹略向内弧，下腹弧收，饼形底内凹。内壁有螺旋凹槽和垫烧时的支钉痕。除外底外通体施青绿釉。口径 14.3、底径 7.6、高 4.3 厘米（图一三九，2；彩版九八，3）。

　　JNZD4M2：5，原始瓷。敞口，卷沿，沿面有一道凹槽。上腹略向内弧，下腹弧收，饼形底内凹。内壁有螺旋凹槽和垫烧时的支钉痕。除外底外通体施青绿釉。口径15.0、底径8.4、高4.4厘米（图一三九，3；彩版九八，4）。

　　JNZD4M2：6，原始瓷。敞口，方唇，唇面有两道凹槽，上腹较直，下腹弧收，饼形底内凹。内壁有螺旋凹槽和垫烧时的支钉痕。除外底外通体施青绿釉。口径15.0、底径8.0、高4.4厘米（图一三九，4；彩版九八，5）。

　　JNZD4M2：8，泥质灰胎黑皮陶。敞口，圆唇，弧腹，平底。口径14.6、底径8.8、高4.8厘米（图一三九，5）。

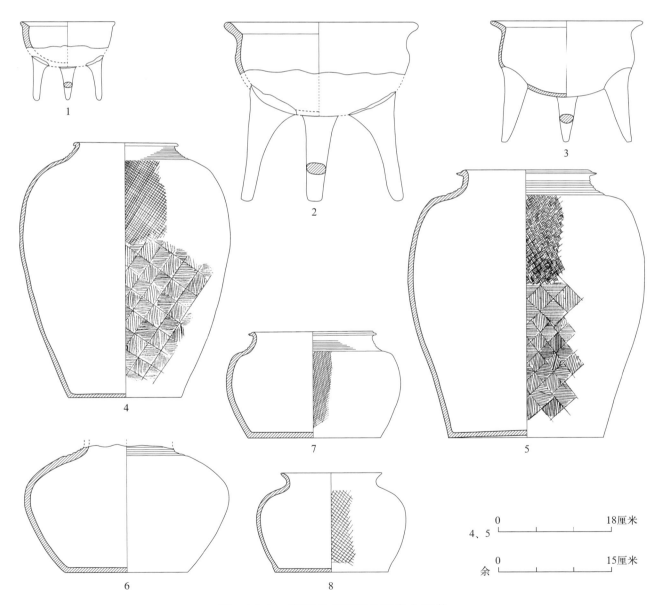

图一三八　寨花头JNZD4M2出土器物

1～3.陶鼎JNZD4M2：3、11、13　4.陶坛JNZD4M2：15　5.硬陶坛JNZD4M2：16　6.陶罐JNZD4M2：9　7、8.硬陶瓿JNZD4M2：1、7

JNZD4M2：14，泥质灰黄陶。直口，方唇，折腹，平底，内壁有螺旋凹槽。口径15.4、底径8.0、高4.0厘米（图一三九，6；彩版九八，6）。

JNZD4M2：18，原始瓷。敞口，折沿，沿面有两道凹槽。上腹较直，下腹弧收，饼形底内凹。内壁有螺旋凹槽。器表釉剥落殆尽，器底未施釉。口径12.4、底径8.2、高4.2厘米（图一三九，7；彩版九九，1）。

JNZD4M2：19，原始瓷。敞口，尖唇，卷沿，沿面有一道凹槽，上腹略向内弧，下腹弧收，饼形底内凹。内壁有螺旋凹槽。除外底外通体施黄釉。口径12.2、底径7.0、高4.7厘米（图一三九，8；彩版九九，2）。

钵　2件。

JNZD4M2：10，泥质灰陶。敛口，方唇，折肩，弧腹，平底微凹。口径18.4、底径10.8、高6.2厘米（图一三九，9；彩版九九，3）。

JNZD4M2：20，泥质灰陶。侈口，圆唇，卷沿，弧腹，平底微凹。口径7.6、底径5.8、高3.9厘米（图一三九，10；彩版九九，4）。

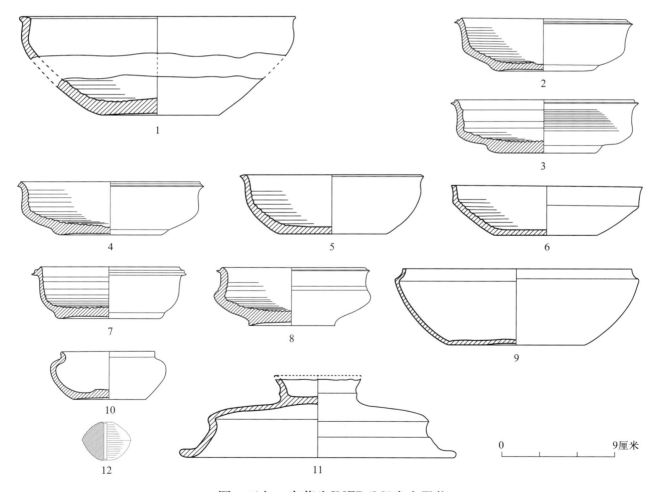

图一三九　寨花头JNZD4M2出土器物

1．陶盆JNZD4M2：2　2～4、7、8．原始瓷碗JNZD4M2：4、5、6、18、19　5、6．陶碗JNZD4M2：8、14　9、10．陶钵JNZD4M2：10、20　11．陶器盖JNZD4M2：12　12．陶纺轮JNZD4M2：17

器盖　1件。

JNZD4M2：12，泥质灰褐陶。喇叭状捉手，略残，弧顶，弧壁，顶、壁间折，敞口，卷沿，圆唇。口径22.2、残高6.4厘米（图一三九，11；彩版九九，5）。

纺轮　1件。

JNZD4M2：17，泥质灰褐陶。算珠形，中间有孔。器表饰弦纹。直径4.0，孔径0.25、厚3.0厘米（图一三九，12；彩版九九，6）。

3. JNZD4M3

JNZD4M3位于土墩东南部的Ⅲ区，层位关系为②－M4→M3→③（图一四〇；彩版一〇〇，1）。不规则长梯形竖穴土坑墓，东北窄西南宽，直壁，平底，壁、底无明显加工痕迹，墓口东北高西南低，呈斜坡状，长3.00、宽1.10～1.46、深0.41～0.82米。墓向为东北－西南向，头向34°。内填红褐色夹灰黄色花土，土质纯净，较硬。

随葬品有鼎1、坛1、罐2、瓿1、豆1、碗2、钵1、器盖2共11件。

鼎　1件。

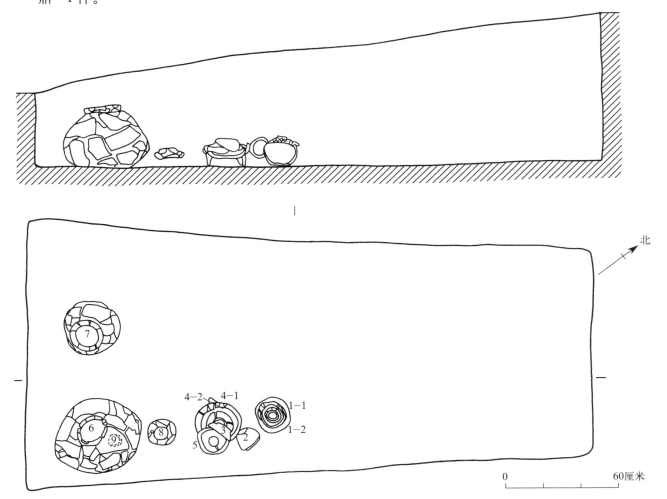

图一四〇　寨花头JNZD4M3平、剖面图

1-1. 硬陶瓿　1-2、4-2. 陶器盖　2. 原始瓷钵　3、9. 原始瓷碗　4-1. 陶鼎　5. 原始瓷豆　6. 硬陶坛　7. 硬陶罐　8. 陶罐

JNZD4M3：4-1，夹砂红陶。侈口，圆唇，折沿，折腹，圜底残，三扁锥足。口径26.0、残高14.4厘米（图一四一，1）。

坛　1件。

JNZD4M3：6，灰褐色硬陶。侈口，尖唇，卷沿，沿面有一道凹槽，束颈，圆肩，弧腹，平底内凹。颈部饰弦纹，肩、腹部饰叶脉纹、回纹和方格纹的组合纹饰。口径18.8、底径20.0、高41.4厘米（图一四一，2；彩版一○○，2）。

罐　2件。

JNZD4M3：7，灰色硬陶。侈口，尖唇，卷沿，沿面有一周凹槽，束颈，溜肩，弧腹，平底微凹。上腹部堆贴两对称泥条耳状饰。颈部饰弦纹，肩、腹部饰席纹和方格纹。口径18.7、底径16.0、高22.8厘米（图一四一，3；彩版一○○，3）。

JNZD4M3：8，泥质黑陶，黑衣脱落。口残，折肩，弧腹残，平底。底径8.0厘米（图一四一，4）。

瓿　1件。

JNZD4M3：1-1，灰色硬陶。侈口，卷沿，沿面有一周凹槽，束颈，广肩，鼓腹，平底。颈部饰弦纹，肩、腹部饰菱形填线纹和席纹。口径11.6、底径12.8、高10.5厘米（图一四一，5；彩版一○一，1）。

豆　1件。

JNZD4M3：5，原始瓷，灰白胎。敞口，尖唇，折腹，喇叭状圈足外撇。内壁折腹处有螺旋凹槽。釉大部剥落。口径12.8、足径5.4、高6.1厘米（图一四二，1）。

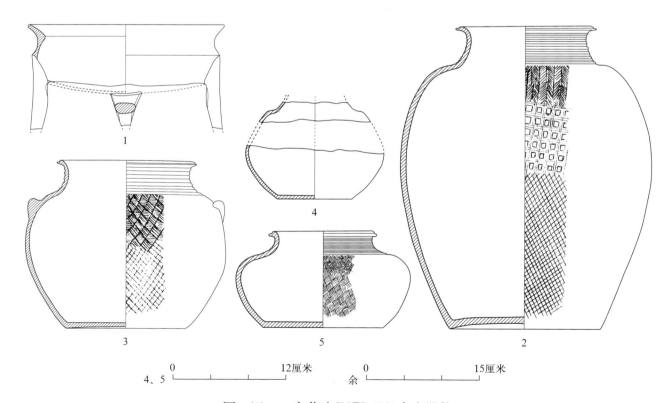

图一四一　寨花头JNZD4M3出土器物

1. 陶鼎JNZD4M3：4-1　2. 硬陶坛JNZD4M3：6　3. 硬陶罐JNZD4M3：7　4. 陶罐JNZD4M3：8　5. 硬陶瓿JNZD4M3：1-1

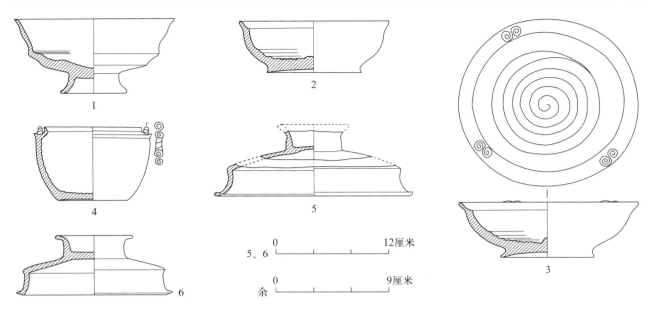

图一四二　寨花头JNZD4M3出土器物

1. 原始瓷豆JNZD4M3：5　2、3. 原始瓷碗JNZD4M3：3、9　4. 原始瓷钵JNZD4M3：2　5、6. 陶器盖JNZD4M3：1-2、4-2

碗　2件。

JNZD4M3：3，原始瓷。敞口，尖圆唇，折沿，沿面凹，弧腹，平底微凹。底边沿有不规则的毛边。内壁有螺旋凹槽。器表施黄绿釉。口径12.2、底径7.8、高4.4厘米（图一四二，2；彩版一〇一，2）。

JNZD4M3：9，原始瓷。敞口，尖圆唇，折沿，沿面有三组S形堆饰，弧腹，圈足外撇。内壁有螺旋凹槽。除器底外通体施青绿釉。口径14.4、底径7.5、高4.6厘米（图一四二，3；彩版一〇一，3）。

钵　1件。

JNZD4M3：2，原始瓷，灰白胎。子母口，尖唇，折肩，肩部有二组S形堆贴和变形堆贴，弧腹，平底微凹。内壁有螺旋凹槽。除外底外施青绿釉。口径7.8、底径5.6、高6.0厘米（图一四二，4；彩版一〇一，4）。

器盖　2件。

JNZD4M3：1-2，泥质红胎黑皮陶。喇叭状捉手残，弧顶残，弧壁，顶、壁间折，敞口，圆唇，卷沿，沿面有一周凹槽。口径21.0厘米（图一四二，5）。

JNZD4M3：4-2，泥质灰胎黑皮陶。喇叭状捉手，弧顶，弧壁，顶、壁间折，敞口，圆唇，卷沿，沿面有一周凹槽。捉手径8.2、口径16.6、高6.5厘米（图一四二，6；彩版一〇一，5）。

4．JNZD4M4

JNZD4M4位于土墩南部的Ⅲ区和隔梁，层位关系为②－M4→M3→③（图一四三；见彩版一〇〇，1）。长梯形竖穴土坑墓，东南窄西北宽，墓口西北高东南低，直壁，平底，长2.40、宽1.00～1.20、深0.24～0.90米。墓向为东南－西北向，头向350°。内填红褐色夹灰黄色花土，土质纯净，坚硬。

随葬品有鼎1、坛1、罐2、瓿1、盆2、碗1、钵1、器盖1共10件。

鼎　1件。

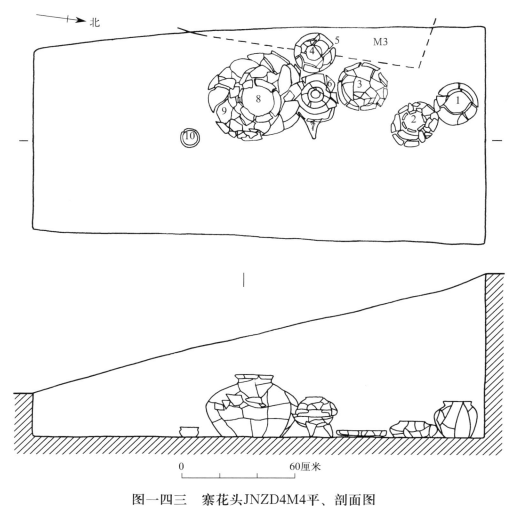

图一四三　寨花头JNZD4M4平、剖面图

1. 硬陶罐　2. 陶罐　3、9. 陶盆　4. 原始瓷碗　5. 硬陶瓿　6. 陶器盖　7. 陶鼎　8. 硬陶坛　10. 陶钵

JNZD4M4：7，夹砂红陶。仅有扁锥形鼎足，残高12.0厘米（图一四四，1）。

坛　1件。

JNZD4M4：8，灰褐色硬陶。侈口，卷沿外翻，沿面有一浅凹槽，高领，广肩，鼓腹，平底微凹。颈部饰弦纹，肩一周有浅捺窝，肩、腹部饰席纹和方格纹。口径23.6、底径20.4、高48.0厘米（图一四四，2）。

罐　2件。

JNZD4M4：1，灰色硬陶。侈口，尖唇，卷沿，沿面有一周凹槽，广肩，弧腹，平底。颈部饰弦纹，肩、腹部饰席纹和菱形填线纹。口径15.4、底径15.8、高19.8厘米（图一四四，3）。

JNZD4M4：2，泥质红陶。口、腹部残。溜肩，平底。颈部饰弦纹，下腹部饰小方格纹。底径12.8厘米（图一四四，4）。

瓿　1件。

JNZD4M4：5，灰色硬陶。侈口，尖圆唇，卷沿，沿面有一周凹槽，束颈，肩微折，鼓腹，平底微凹。上腹部饰席纹，下腹部饰菱形填线纹。口径12.8、底径14.2、高13.8厘米（图一四四，5）。

盆　2件。

JNZD4M4：3，泥质黑皮陶。敞口，圆唇，卷沿，沿面有一周凹槽，折腹，上腹略向内弧，下腹斜收，平底。下腹外壁饰弦纹一周。口径 24.2、底径 10.0、高 5.1 厘米（图一四五，1）。

JNZD4M4：9，泥质红胎黑皮陶。敞口，圆唇，卷沿，沿面有一周凹槽，折腹，上腹略向内弧，下腹斜收，平底。上腹部饰弦纹。口径 23.6、底径 12.6、高 13.0 厘米（图一四五，2）。

碗　1件。

JNZD4M4：4，原始瓷。敞口，折沿，沿面有两道凹槽，深腹，上腹较直，下腹斜收，平底微凹。内壁有螺旋凹槽，器底有切割痕。器表有烧制时形成的气泡。器表施青黄釉，有积釉现象。口径 15.4、底径 8.6、高 6.6 厘米（图一四五，3）。

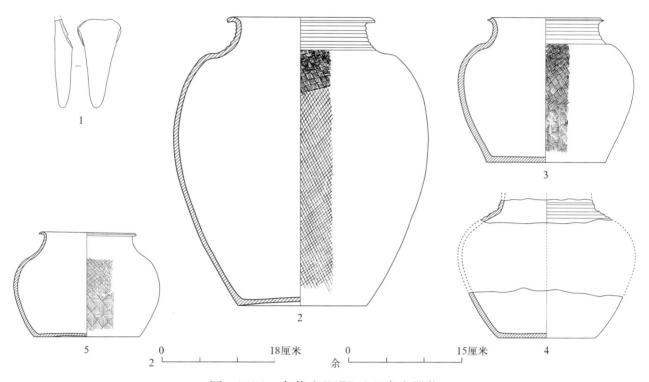

图一四四　寨花头JNZD4M4出土器物

1. 陶鼎JNZD4M4：7　2. 硬陶坛JNZD4M4：8　3. 硬陶罐JNZD4M4：1　4. 陶罐JNZD4M4：2　5. 硬陶瓿JNZD4M4：5

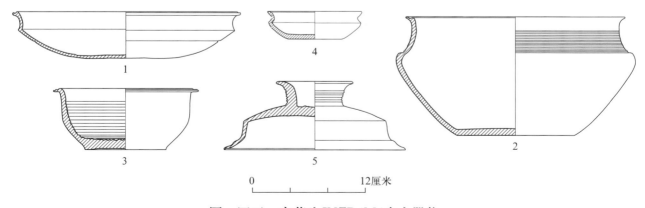

图一四五　寨花头JNZD4M4出土器物

1、2. 陶盆JNZD4M4：3、9　3. 原始瓷碗JNZD4M4：4　4. 陶钵JNZD4M4：10　5. 陶器盖JNZD4M4：6

钵　1件。

JNZD4M4：10，泥质灰陶。敞口，圆唇，卷沿，沿面有一周凹槽，折腹，上腹内弧，下腹斜收，平底。口径10.0、底径5.6、高3.0厘米（图一四五，4）。

器盖　1件。

JNZD4M4：6，泥质黑皮陶。喇叭状捉手，弧顶，弧壁，顶、壁间折，敞口，卷沿，沿面有一周凹槽，尖圆唇。捉手径8.2、口径19.3、高7.4厘米（图一四五，5）。

5．JNZD4M5

JNZD4M5位于土墩东北部的Ⅰ区，层位关系为②－M5→⑦（图一四六；彩版一○二，1）。近长梯形竖穴土坑墓，东南窄西北宽，直壁，平底，墓口西北低东南高，长2.30、宽1.00～1.10、深0.10～0.60米。墓向为东南－西北向，头向142°。内填红褐色土，纯净坚硬。

随葬品有鼎2、坛2、罐1、碗4、器盖1共10件。

鼎　2件。

JNZD4M5：7，夹砂褐陶。侈口，折沿，其他部分残破严重。残宽5.5、残高3.3（图一四七，1）。

JNZD4M5：9，夹砂红陶。侈口，圆唇，宽折沿，折腹，圜底残，三扁锥足外撇。口径24.2、高16.2厘米（图一四七，2）。

坛　2件。

JNZD4M5：1，灰色硬陶，局部呈红色。侈口，方圆唇，卷沿，束颈，广肩，弧腹，平底。颈

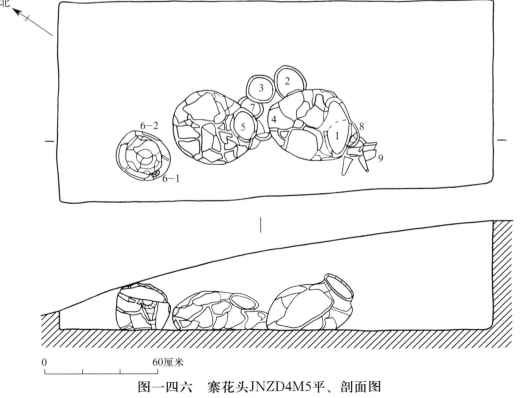

图一四六　寨花头JNZD4M5平、剖面图

1、5. 硬陶坛　2、3、6-2. 原始瓷碗　4. 陶器盖　6-1. 硬陶罐　7、9. 陶鼎

部饰弦纹。颈部饰弦纹，肩下部饰变形凤鸟纹，腹部饰方格纹。器表有气泡。口径22.0、底径21.8、高44.3厘米（图一四七，3；彩版一〇二，2）。

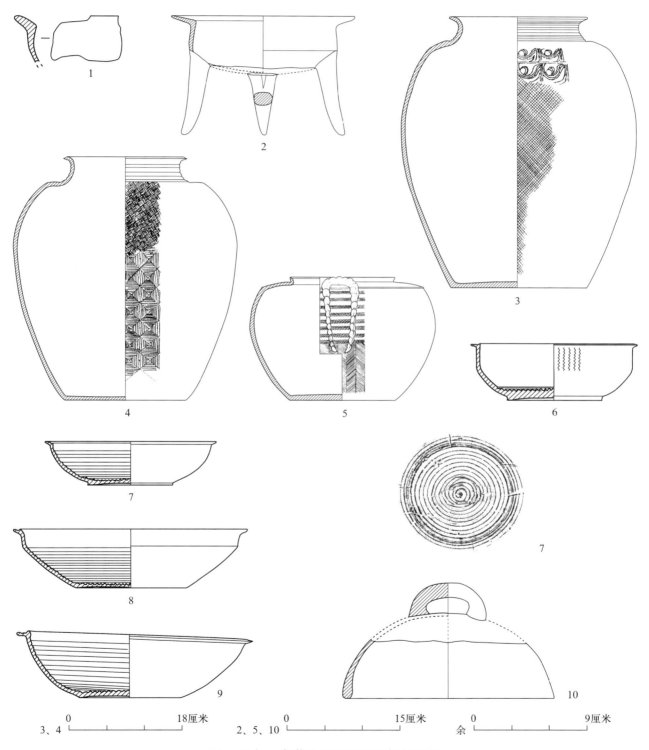

图一四七　寨花头JNZD4M5出土器物

1、2. 陶鼎JNZD4M5：7、9　3、4. 硬陶坛JNZD4M5：1、5　5. 硬陶罐JNZD4M5：6-1　6～9. 原始瓷碗JNZD4M5：2、3、6-2、8　10. 陶器盖JNZD4M5：4

JNZD4M5：5，灰褐色硬陶。侈口，尖唇，卷沿，沿面有一道凹槽，束颈，广肩，弧腹，平底。颈部饰弦纹，肩、腹部饰席纹和菱形填线纹。口径19.0、底径18.0、高40.2厘米（图一四七，4；彩版一〇三，1）。

罐　1件。

JNZD4M5：6-1，灰色硬陶。口微侈，尖唇，微卷沿，沿面有凹槽，广折肩，鼓腹，平底。肩部贴附两对称"n"形绞索状堆饰。上腹部饰水波纹，下腹部饰叶脉纹。口径14.0、底径14.0、高17.0厘米（图一四七，5；彩版一〇二，4）。

碗　4件。

JNZD4M5：2，原始瓷，灰色胎。敞口，尖唇，折沿，沿面有两道凹槽，弧腹，平底内凹。内壁有螺旋凹槽，器底有切割痕。器表内外施青绿薄釉。口径13.2、底径7.6、高4.6厘米（图一四七，6；彩版一〇三，2）。

JNZD4M5：3，原始瓷。敞口，尖唇，折沿，沿面有一道凹槽，弧腹，平底内凹。内壁有螺旋凹槽，器底有切割痕。未施釉。口径13.8、底径6.7、高3.5厘米（图一四七，7；彩版一〇二，3）。

JNZD4M5：6-2，原始瓷。敞口，尖唇，折沿，沿面有一道凹槽，腹微折，上腹较内收，下腹弧收，平底微内凹。内壁有螺旋凹槽，器底有切割痕。器表内外施青绿釉，有积釉现象。口径18.6、底径8.7、高4.8厘米（图一四七，8；彩版一〇三，3）。

JNZD4M5：8，原始瓷，灰白胎。敞口，尖圆唇，折沿，沿面略平，有凹旋线，弧腹，平底微内凹。内壁有螺旋凹槽。器底有切割痕。器身变形严重。器表施青绿薄釉。口径19.0、底径8.0、高5.9厘米（图一四七，9；彩版一〇三，4）。

器盖　1件。

JNZD4M5：4，夹砂红陶。桥形提梁，弧顶残，弧壁，敞口，圆唇。口径28.0厘米（图一四七，10）。

6. JNZD4M6

JNZD4M6位于土墩东南部的Ⅳ区，层位关系为②－M6→③（图一四八；彩版一〇四，1）。长方形竖穴土坑墓，直壁，平底，壁、底无明显加工痕迹，墓口西北高东南低，呈斜坡状，长2.30、宽1.08、深0.10～0.41米。墓向为西北－东南向，头向289°。内填红褐色土夹杂黄斑土。

随葬品有鼎1、罐3、碗2共6件。

鼎　1件。

JNZD4M6：4，夹砂红陶。侈口，圆唇，折沿，弧腹残，圜底残，三扁锥足。口径20.2厘米（图一四九，1）。

罐　3件。

JNZD4M6：1，泥质红陶。侈口，圆唇，卷沿，束颈，折肩，弧腹，平底内凹。口径12.4、底径11.2、高17.2厘米（图一四九，2；彩版一〇四，2）。

JNZD4M6：2，泥质红陶。口部残缺，溜肩，鼓腹，平底。肩、腹部饰不规整席纹。底径16.4、残高20.0厘米（图一四九，3）。

JNZD4M6：3，泥质褐陶。口微侈，圆唇，卷沿，沿面内凹，广肩，鼓腹。腹上部附对称双耳（残缺），底残。口径 13.8、残高 10.8 厘米（图一四九，4）。

　碗　2 件。

　JNZD4M6：5，泥质黄胎黑皮陶，黑皮剥落。敞口，方唇，平沿上腹较直，下腹弧收，平底。内壁有螺旋凹槽。口径 14.0、底径 8.0、高 3.2 厘米（图一四九，5；彩版一〇四，3）。

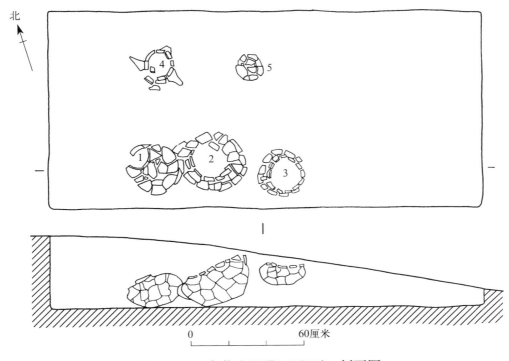

图一四八　寨花头JNZD4M6平、剖面图

1~3. 陶罐　4. 陶鼎　5、6. 陶碗

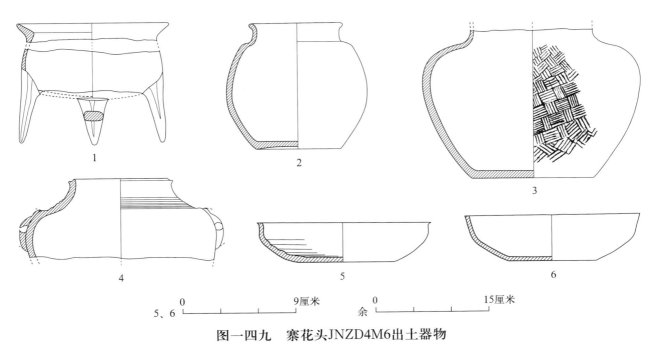

图一四九　寨花头JNZD4M6出土器物

1. 陶鼎JNZD4M6：4　2~4. 陶罐JNZD4M6：1~3　5、6. 陶碗JNZD4M6：5、6

JNZD4M6：6，泥质灰陶。敞口，方唇，弧腹，平底。口径14.0、底径7.0、高3.7厘米（图一四九，6；彩版一〇四，4）。

7. JNZD4M7

JNZD4M7位于土墩西北部的Ⅰ区，层位关系为④－M7→⑤（图一五〇；彩版一〇五，1）。不太规整的长方形竖穴土坑墓，西北窄东南宽，直壁，平底，壁、底无明显加工痕迹，墓口东南高西北低，呈斜坡状，长3.30、宽1.34～1.59、深0.19～1.00米。墓向为西北－东南向，头向120°。内填黄褐色花土，土质纯净，坚硬。

随葬品有鼎1、坛4、罐5、盆1、碗5、钵1、器盖1共18件。

鼎　1件。

JNZD4M7：6，夹砂红褐陶。敛口，圆唇，弧腹，底残，三扁锥足外撇。口径25.0厘米（图一五一，1）。

坛　4件。

JNZD4M7：9，灰色硬陶。侈口，尖唇，卷沿，沿面有一周凹槽，束颈，广肩，弧腹，平底内凹。颈部饰弦纹，肩、腹部饰席纹和菱形填线纹。口径19.3、底径18.2、高42.8厘米（图一五一，2；彩版一〇五，3）。

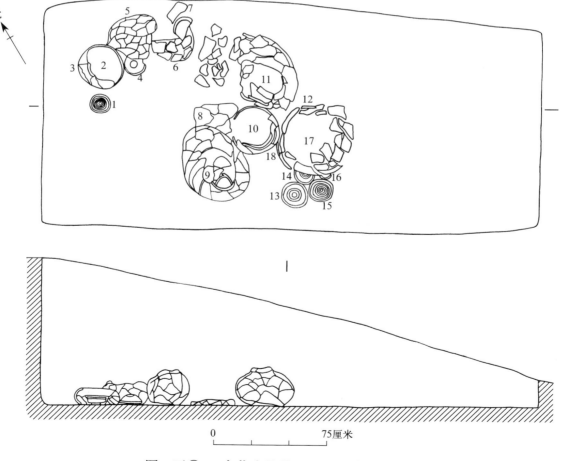

图一五〇　寨花头JNZD4M7平、剖面图

1、4、13～15. 原始瓷碗　2、5、7、18. 硬陶罐　3、8. 陶盆　6. 陶鼎　9～12. 硬陶坛　16. 陶钵　17. 陶器盖

图一五一 寨花头JNZD4M7出土器物

1. 陶鼎JNZD4M7：6 2、3. 硬陶坛JNZD4M7：9、10 4、5. 硬陶坛JNZD4M7：11、12 6～9. 硬陶罐JNZD4M7：2、5、7、18

JNZD4M7：10，灰褐色硬陶，近底部呈红褐色。侈口，尖唇，卷沿，沿面有一周凹槽，束颈，广肩，弧腹，平底。颈部饰弦纹，肩、腹部饰席纹和菱形填线纹。口径18.8、底径16.2、高37厘米（图一五一，3；彩版一〇五，4）。

JNZD4M7：11，红色硬陶。侈口，尖唇，卷沿，沿面有一周凹槽，束颈，广肩，弧腹，平底内凹。颈部饰弦纹。肩及上腹部饰变形凤鸟纹，中腹部饰席纹，下腹部饰方格纹。口径22.8、底径21.6、高43.6厘米（图一五一，4；彩版一〇六，1）。

JNZD4M7：12，灰色硬陶。侈口，尖唇，卷沿，沿面有一周凹槽，束颈，广肩，弧腹，平底内凹。颈部饰弦纹，肩、腹部饰席纹和方格纹。口径25.2、底径27.2、高65.0厘米（图一五一，5；彩版一〇六，2）。

罐　4件。

JNZD4M7：2，灰褐色硬陶。侈口，尖唇，卷沿，沿面有一周凹槽，束颈，弧肩，鼓腹，平底。上腹部饰席纹，下腹部饰菱形填线纹。口径15.6、底径15.8、高21.6厘米（图一五一，6；彩版一〇五，2）。

JNZD4M7：5，灰褐色硬陶。微侈口，尖唇，短颈，广肩，鼓腹，平底。腹部堆贴两对称变形堆饰。颈部饰弦纹，肩、腹部饰菱形填线纹。口径11.0、底径11.0、高15.0厘米（图一五一，7；彩版一〇六，3）。

JNZD4M7：7，灰色硬陶。仅有底部残片，下腹部饰小方格纹。底径17.0、残高5.8厘米（图一五一，8）。

JNZD4M7：18，灰色硬陶。侈口，尖唇，卷沿，沿面有一周凹槽，束颈。颈部饰席纹，肩部饰席纹。肩部以下残。口径15.0、残高5.0厘米（图一五一，9）。

盆　2件。

JNZD4M7：3，泥质灰胎黑皮陶，黑皮剥落较甚。敞口，圆唇，卷沿，沿面有一道凹槽。折腹，上腹内弧，下腹弧收，平底。上腹部饰弦纹数周。口径29.0、底径15.7、高11.4厘米（图一五二，1；彩版一〇六，4）。

JNZD4M7：8，泥质灰陶。敞口，圆唇，卷沿，沿面有一道凹槽，腹部残，平底内凹。底径16.0、残高7.6厘米（图一五二，2）。

碗　5件。

JNZD4M7：1，原始瓷，灰白胎。敞口近直，尖唇，折沿，沿面有两道凹槽，上腹较直，下腹弧收，平底内凹，内壁有螺旋凹槽。上腹部饰竖向水波纹。器底有垫烧的砂粒和支丁。口径14.2、底径8.0、高4.8厘米（图一五二，3；彩版一〇六，5）。

JNZD4M7：4，原始瓷，灰白胎。敞口，尖唇，折沿，沿面有两道凹槽，折腹。平底内凹，内壁有螺旋凹槽。器表有气泡。口径15.1、底径7.2、高5.4厘米（图一五二，4；彩版一〇七，1）。

JNZD4M7：13，原始瓷，灰白胎。敞口，尖圆唇，折沿，沿面内凹，弧腹，平底内凹。内壁有螺旋凹槽，器底有切割痕。底部和器身连接时边沿留有手制痕迹。釉部分剥落。口径16.6、底径8.4、高4.5厘米（图一五二，5；彩版一〇七，2）。

JNZD4M7：14，原始瓷，灰胎。敞口，尖唇，折沿，沿面内凹，弧腹平底内凹，内壁有螺旋凹槽。青黄釉，大部剥落。口径15.6、底径7.8、高4.4厘米（图一五二，6；彩版一〇七，3）。

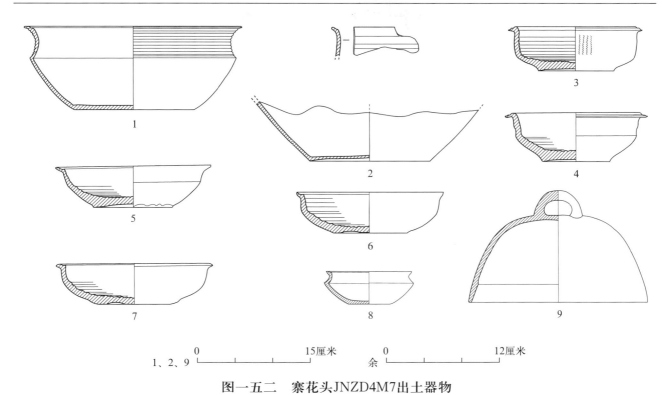

1、2、9 ⊢0————————15厘米┤　　余 ⊢0————————12厘米┤

图一五二　寨花头JNZD4M7出土器物

1、2. 陶盆JNZD4M7：3、8　3~7. 原始瓷碗JNZD4M7：1、4、13~15　8. 陶钵JNZD4M7：16　9. 陶器盖JNZD4M7：17

　　JNZD4M7：15，原始瓷，灰胎。敞口，尖唇，折沿，沿面内凹，弧腹，平底内凹，内壁有螺旋凹槽。碗底有垫烧时留下的砂粒。口径16.6、底径8.0、高4.4厘米（图一五二，7；彩版一〇七，4）。

　　钵　1件。

　　JNZD4M7：16，泥质灰胎黑皮陶，黑皮剥落。侈口，尖唇，折沿，沿面内凹，折腹，上腹内弧，下腹弧收，平底。口径9.1、底径4.4、高3.6厘米（图一五二，8；彩版一〇七，5）。

　　器盖　1件。

　　JNZD4M7：17，夹砂红陶。桥形提梁，弧顶，弧壁，敞口，圆唇。口径24.0、高15.2厘米（图一五二，9；彩版一〇七，6）。

8．JNZD4M8

　　JNZD4M8位于土墩东南部的Ⅳ区，③－M8→④（图一五三；彩版一〇八，1）。近长梯形竖穴土坑墓，东南窄西北宽，直壁，平底，壁、底无明显加工痕迹，墓口西北高东南低，呈斜坡状，长2.80、宽1.39~1.48、深0.08~0.65米。墓向为西北－东南向，头向307°。内填红褐色夹黄斑色土，土质纯净，坚硬。

　　随葬品有坛3、瓿1、盆2、碗3、钵1、器盖1共11件。

　　坛　3件。

　　JNZD4M8：1，灰色硬陶。侈口，尖圆唇，卷沿，沿面有一道凹槽，束颈，广肩，鼓腹，平底微凹。颈部饰弦纹，肩、腹部饰席纹和菱形填线纹。口径20.2、底径21.0、高39.5厘米（图一五四，1；彩版一〇八，2）。

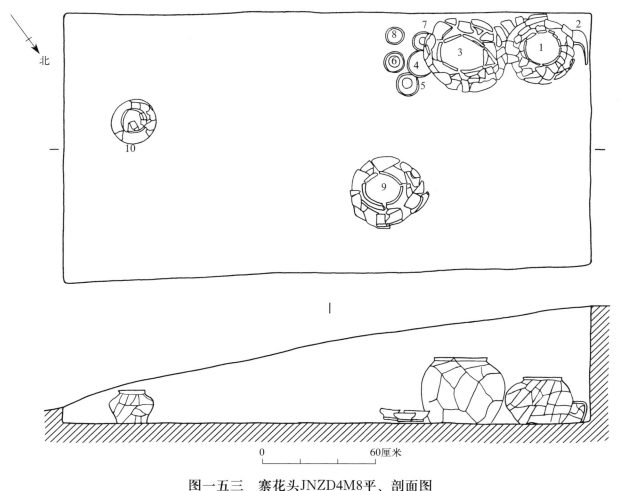

图一五三　寨花头JNZD4M8平、剖面图

1、3、9. 硬陶坛　2. 陶器盖　4～6. 原始瓷碗　7. 陶钵　8、11. 陶盆　10. 硬陶瓿

　　JNZD4M8：3，灰色硬陶。侈口，尖圆唇，卷沿，沿面有一道凹槽，束颈，溜肩，鼓腹，平底微凹，内壁有泥条盘筑痕迹。颈部饰弦纹，肩、腹部饰席纹和菱形填线纹。口径24.3、底径23.0、高52.0厘米（图一五四，2；彩版一〇八，3）。

　　JNZD4M8：9，灰褐色硬陶。侈口，尖圆唇，卷沿，沿面有两道凹槽，束颈，广腹，鼓腹，平底微凹。内壁有泥条盘筑痕迹。颈部饰弦纹，肩部有一周浅捺窝，肩、腹部饰席纹和菱形填线纹。口径22.0、底径22.0、高44.0厘米（图一五四，3；彩版一〇九，1）。

　　瓿　1件。

　　JNZD4M8：10，灰色硬陶，局部红色。侈口，尖圆唇，卷沿，沿面有一周凹槽，束颈，溜肩，鼓腹，平底。颈、肩部饰弦纹，腹部饰方格纹。口径14.0、底径16.5、高13.2厘米（图一五四，4；彩版一〇八，4）。

　　盆　2件。

　　JNZD4M8：8，泥质红胎黑皮陶。残破严重。

　　JNZD4M8：11，泥质红胎黑皮陶。仅有底部，平底，内部有弦痕。底径11.0、残高1.4厘米（图一五四，5）。

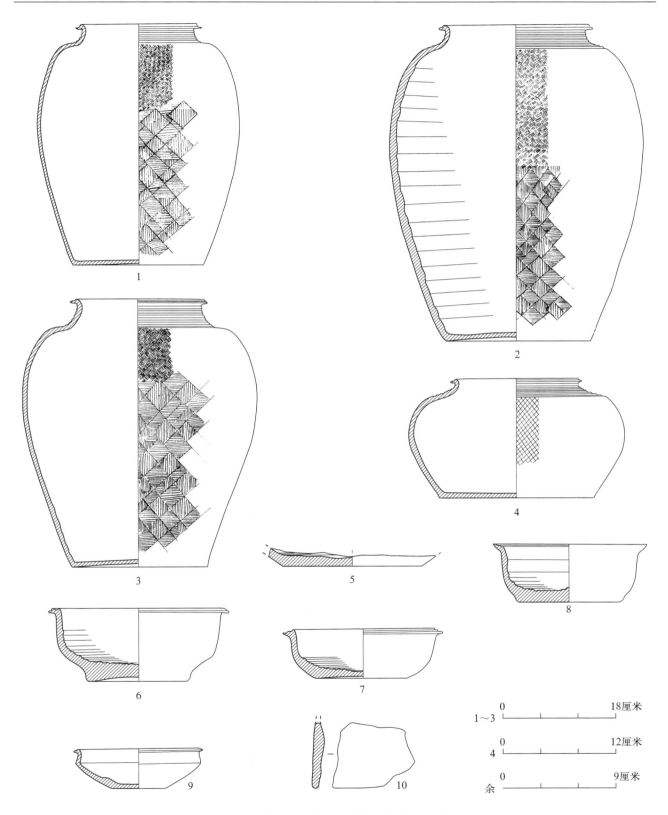

图一五四　寨花头JNZD4M8出土器物

1～3．硬陶坛JNZD4M8：1、3、9　4．硬陶瓿JNZD4M8：10　5．陶盆JNZD4M8：11　6～8．原始瓷碗JNZD4M8：4～6　9．陶钵
JNZD4M8：7　10．陶器盖JNZD4M8：2

碗　3件。

JNZD4M8：4，原始瓷，灰白胎。直口略敞，尖唇，外折沿，沿面有两道凹槽，上腹较直，下腹弧收，平底内凹。内壁有螺旋凹槽，器底有切割痕。器表施青黄釉。口径 14.5、底径 8.0、高 6.0 厘米（图一五四，6；彩版一〇九，2）。

JNZD4M8：5，原始瓷。直口略敞，尖唇，外折沿，沿面有两道凹槽，上腹较直，下腹弧收，平底微凹。内壁有螺旋凹槽，器底有切割痕。器表施青黄釉。口径 12.8、底径 7.2、高 4.0 厘米（图一五四，7；彩版一〇九，3）。

JNZD4M8：6，原始瓷，灰白胎。直口，尖唇，内折沿，沿面有两道凹槽，上腹较直，下腹弧收，平底。内壁有螺旋凹槽。器表施青黄釉。口径 12.4、底径 8.0、高 4.7 厘米（图一五四，8；彩版一〇九，4）。

钵　1件。

JNZD4M8：7，泥质灰胎灰陶。侈口，尖唇，折腹，小平底。口径 10.3、底径 4.3、高 3.2 厘米（图一五四，9；彩版一〇九，5）。

器盖　1件。

JNZD4M8：2，夹砂红陶，仅有口沿残片。直口，圆唇，上部残。残宽 6.3、残高 5.1 厘米（图一五四，10）。

9．JNZD4M9

JNZD4M9 位于土墩西部的Ⅰ、Ⅲ区和隔梁下，层位关系为③－M9→⑤（图一五五；彩版一一〇，1）。长梯形竖穴土坑墓，东南窄西北宽，直壁，平底，壁、底无明显加工痕迹，墓口西北低东南高，呈斜坡状，长 2.52、宽 0.90～1.27、深 0.32～0.68 米。墓向为西北－东南向，头向 118°。内填土红褐色，土质坚硬纯净。

随葬品有鼎 3、坛 1、罐 3、器盖 3 共 10 件。

鼎　3件。

JNZD4M9：1，夹砂红陶。侈口，圆唇，折沿，沿面微卷，弧腹，圜底残，足残缺。口径 15.0 厘米（图一五六，1）。

JNZD4M9：3，夹砂红陶。侈口，圆唇，折沿，沿面微凸，腹部残缺。圜底近平，三扁锥足略残。口径 15.0 厘米（图一五六，2）。

JNZD4M9：6，夹砂红陶。侈口，圆唇，卷沿，腹、底残缺，三扁锥足。口径 24.4 厘米（图一五六，3）。

坛　1件。

JNZD4M9：9，灰褐色硬陶。侈口，圆唇，卷沿，沿面有一周凹槽，束颈，溜肩，鼓腹，平底微凹。颈部饰弦纹，肩、腹部饰席纹和方格纹。口径 18.4、底径 19.4、高 45.2 厘米（图一五六，4；彩版一一〇，2）。

罐　3件。

JNZD4M9：2，灰色硬陶。口微侈，尖唇，折沿，斜肩，鼓腹，平底微凹。腹部贴附两对称泥条耳状饰。颈肩部饰弦纹，腹部饰菱形填线纹和方格纹。口径 11.2、底径 12.4、高 15.0 厘米（图一五七，1；彩版一一〇，3）。

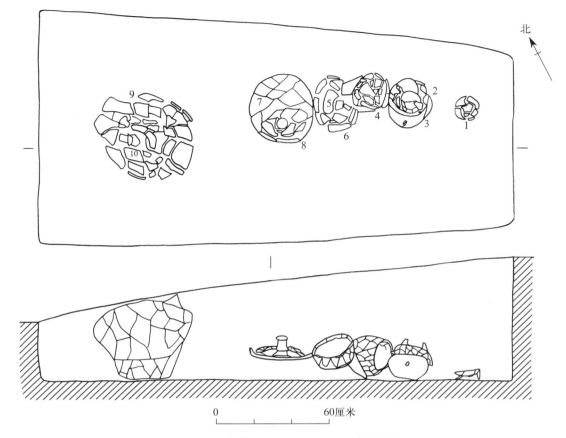

图一五五　寨花头JNZD4M9平、剖面图

1、3、6. 陶鼎　2. 硬陶罐　4、8. 陶罐　5、7、10. 陶器盖　9. 硬陶坛

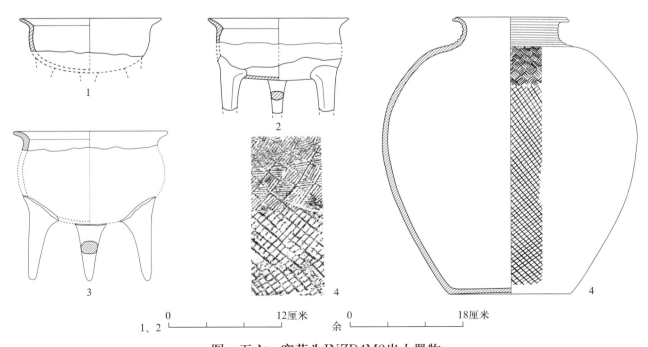

图一五六　寨花头JNZD4M9出土器物

1～3. 陶鼎JNZD4M9：1、3、6　4. 硬陶坛JNZD4M9：9

JNZD4M9：4，夹砂红陶。侈口，尖圆唇，折沿，束颈，溜肩，鼓腹。上腹饰一周弦纹，底部残缺。口径12.0、残高8.0厘米（图一五七，2）。

JNZD4M9：8，泥质红陶。仅有底半部，弧腹，平底，腹部饰席纹。底径14.0、残高9.4厘米（图一五七，3）。

器盖　3件。

JNZD4M9：5，泥质红陶，红衣部分剥落。喇叭状捉手残，弧顶，弧壁，顶、壁间折，敞口，圆唇，卷沿，沿面有一周凹槽。口径20.8、残高5.6厘米（图一五七，4）。

JNZD4M9：7，夹砂红陶。仅有捉手，呈圆形蘑菇状，捉手径5.2、残高5.0厘米（图一五七，5）。

JNZD4M9：10，夹砂红陶。口微敛，圆唇，上部残。口径21.3、残高4.0厘米（图图一五七，6）。

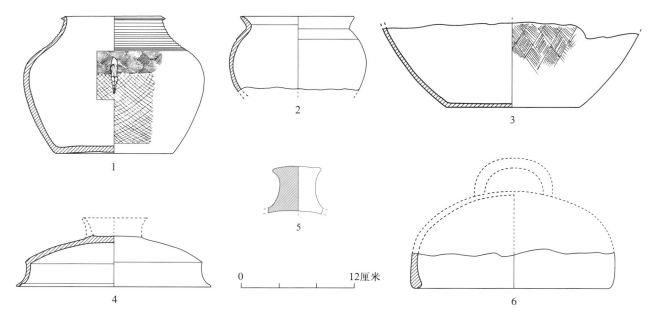

图一五七　寨花头JNZD4M9出土器物

1. 硬陶罐JNZD4M9：2　2、3. 陶罐JNZD4M9：4、8　4~6. 陶器盖JNZD4M9：5、7、10

10．JNZD4M10

JNZD4M10位于土墩东部的Ⅱ、Ⅳ区和隔梁下，层位关系为④－M10→⑤（图一五八；彩版一一一，1）。近长梯形竖穴土坑墓，东窄西宽，直壁，平底，壁、底无明显加工痕迹，墓口东低西高，呈斜坡状，长2.80、宽1.03~1.35、深0.15~0.80米。墓向为东西向，头向280°。内填红褐色夹灰黄色斑土，土质坚硬纯净。

随葬品有鼎3、坛1、罐4、豆1、碗2、器盖3共14件。

鼎　3件。

JNZD4M10：3，夹砂红陶。敞口，圆唇，折沿，微折腹，圜底，三圆锥足。口径13.6、高8.5厘米（图一五九，1；彩版一一一，2）。

JNZD4M10：9，夹砂红陶。侈口，圆唇，折沿，直腹，圜底，三扁圆锥足。口径20.8、高13.5厘米（图一五九，2；彩版一一一，3）。

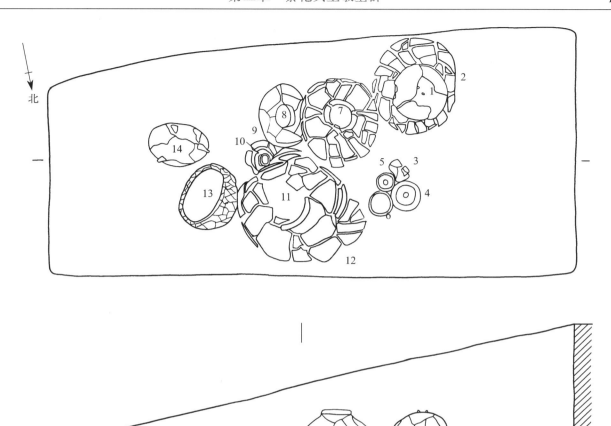

图一五八　寨花头JNZD4M10平、剖面图

1、10、12. 陶器盖　2、7. 硬陶罐　3、9、14. 陶鼎　4. 硬陶碗　5. 原始瓷碗　6. 原始瓷豆　8、13. 陶罐　11. 硬陶坛

JNZD4M10：14，夹砂红陶。敛口，圆唇，弧腹，圜底残，三圆锥足。口径 20.0 厘米（图一五九，3）。

坛　1 件。

JNZD4M10：11，灰色硬陶。侈口，方唇，卷沿，束颈微耸，广肩，鼓腹，平底内凹。颈部饰弦纹，肩、腹部饰席纹和方格纹，肩一周有浅按窝。口径 29.6、底径 28.5、高 59.4 厘米（图一五九，4；彩版一一一，4）。

罐　4 件。

JNZD4M10：2，灰褐色硬陶。侈口，尖唇，卷沿，束颈，耸肩，鼓腹，平底内凹。颈部饰弦纹，肩、腹部饰席纹和方格纹。口径 22.4、底径 18.0、高 41.8 厘米（图一五九，5；彩版一一二，1）。

JNZD4M10：7，褐色硬陶。侈口，尖唇，卷沿，束颈，溜肩，鼓腹，平底内凹。颈部饰弦纹，肩、腹部饰席纹和方格纹。口径 17.5、底径 18.0、高 40.4 厘米（图一五九，6）。

JNZD4M10：8，泥质红陶。残破严重，颈部饰弦纹，腹部饰席纹。残宽 6.0、残高 7.8 厘米（图一五九，7）。

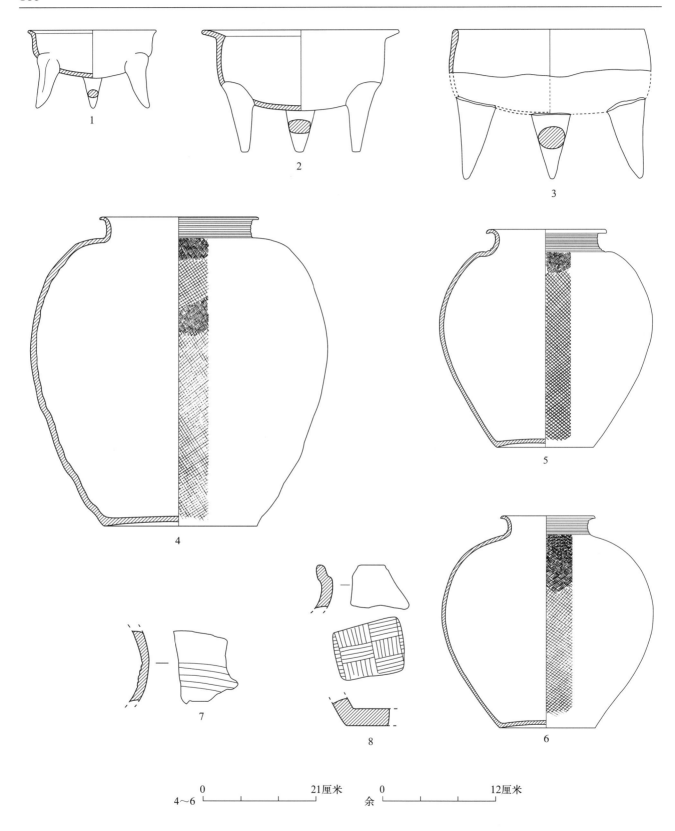

图一五九　寨花头JNZD4M10出土器物

1～3.陶鼎JNZD4M10：3、9、14　4.硬陶坛JNZD4M10：11　5、6.硬陶罐JNZD4M10：2、7　7、8.陶罐JNZD4M10：8、13

JNZD4M10：13，泥质褐陶。残破严重，侈口，圆唇，卷沿，沿面内凹，平底。腹部饰席纹。残宽6.1、残高4.6厘米（图一五九，8）。

豆　1件。

JNZD4M10：6，原始瓷。敞口，尖圆唇，折腹，矮圈足。内壁有螺旋凹槽。釉已剥落。口径13.3、足径4.3、高6.0厘米（图一六〇，1；彩版一一二，2）。

碗　2件。

JNZD4M10：4，褐色硬陶。敞口，尖唇，折腹，平底微凹。内壁有螺旋凹槽，器底有切割痕。口径14.9、底径6.2、高4.9厘米（图一六〇，2；彩版一一二，3）。

JNZD4M10：5，原始瓷。敞口，圆唇，折腹，圈足，器上腹有3块小粘连，内壁有螺旋凹槽。器表施青绿釉，有流釉现象，器底无釉。口径10.5、足径5.0、高3.6厘米（图一六〇，3；彩版一一二，4）。

器盖　3件。

JNZD4M10：1，夹砂红陶。桥形提梁（残缺），弧顶，弧壁，敞口，圆唇。口径27.8、残高14.5厘米（图一六〇，4；彩版一一二，5）。

JNZD4M10：10，泥质红褐陶。喇叭形捉手（略残），弧顶，弧壁，顶、壁间折，敞口，圆唇，卷沿，沿面有一周凹槽。口径18.2、残高6.5厘米（图一六〇，5）。

JNZD4M10：12，泥质褐胎黑陶。残破严重。

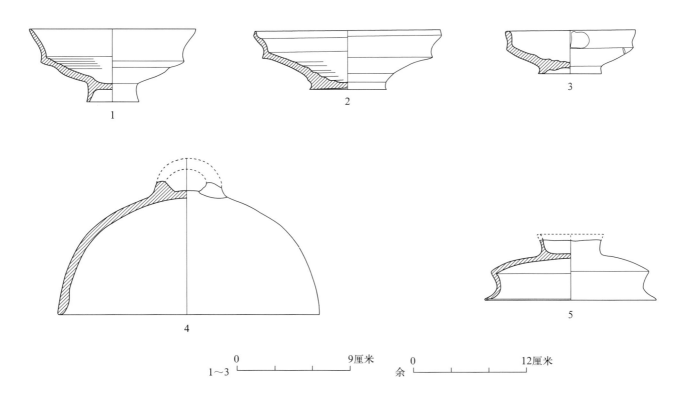

图一六〇　寨花头JNZD4M10出土器物

1. 原始瓷豆JNZD4M10：6　2. 硬陶碗JNZD4M10：4　3. 原始瓷碗JNZD4M10：5　4、5. 陶器盖JNZD4M10：1、10

11. JNZD4M11

JNZD4M11 位于土墩南部Ⅲ、Ⅳ之间和隔梁下，层位关系为④－M11→⑤（图一六一；彩版一一三，1）。近长方形竖穴土坑墓，直壁，平底，壁、底无明显加工痕迹，墓口南低北高，呈斜坡状，长 2.92、宽 1.11～1.21、深 0.45～1.15 米。墓向为南北向，头向 0°。北端东侧有数枚牙齿（彩版一一三，2）。内填灰黄色花土，土质松软纯净。随葬品放置于墓坑中部偏西，人体大体置于墓坑东侧。

随葬品有鼎 1、坛 4、罐 2、瓿 1、盆 2、大口器 1、碗 1、器盖 8 共 20 件。

鼎　1 件。

JNZD4M11：2－2，夹砂红褐陶。侈口，圆唇，折沿，折腹，上腹内弧，下腹弧收，圜底，三扁锥足。器底及腹部有烟熏痕迹。口径 21.8、高 17.8 厘米（图一六二，1；彩版一一三，3）。

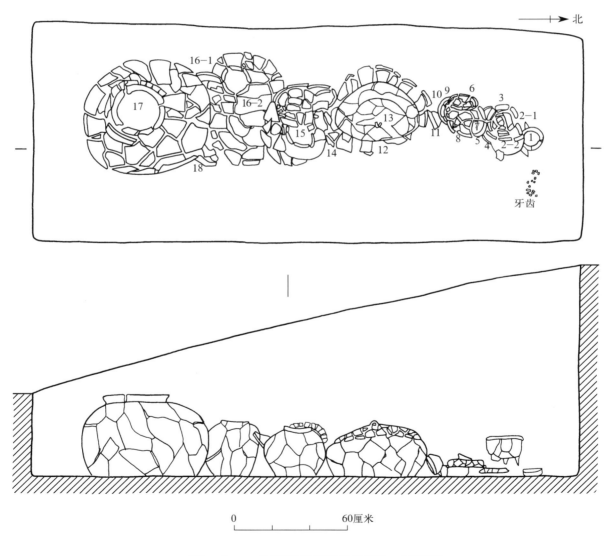

图一六一　寨花头JNZD4M11平、剖面图

1、3、4、7、9、13、14、16－1. 陶器盖　2－1. 陶罐　2－2. 陶鼎　5. 硬陶罐　6. 原始瓷碗　8、18. 陶盆　10. 硬陶瓿　11. 陶大口器　12、15、16－2、17. 硬陶坛

坛　4件。

JNZD4M11：12，灰褐色硬陶。侈口，尖圆唇，卷沿，沿面有一周凹槽，束颈，广肩微耸，鼓腹，平底。颈部饰弦纹，肩、腹部饰小方格纹和菱形填线纹。口径23.4、底径19.5、高43.8厘米（图一六二，2；彩版一一四，1）。

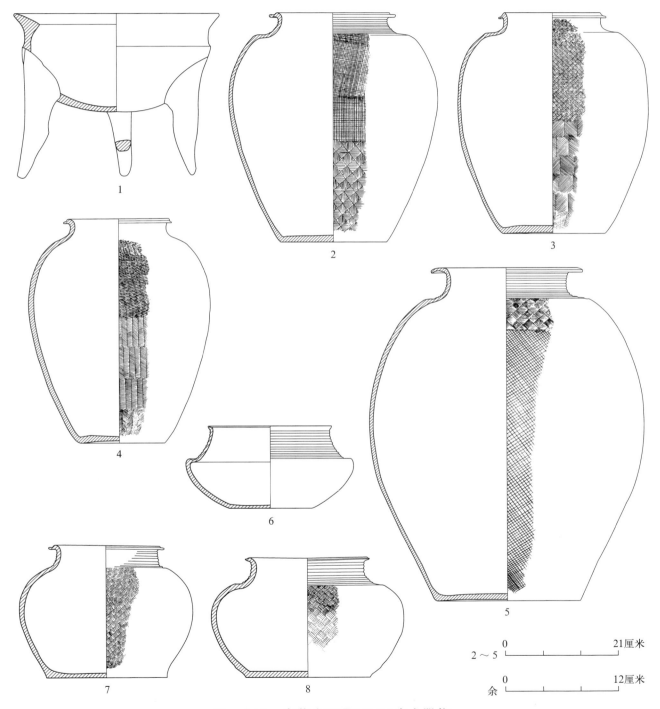

图一六二　寨花头JNZD4M11出土器物

1. 陶鼎 JNZD4M11：2-2　2～5. 硬陶坛 JNZD4M11：12、15、16-2、17　6. 陶罐 JNZD4M11：2-1　7. 硬陶罐 JNZD4M11：5
8. 硬陶瓿 JNZD4M11：10

JNZD4M11：15，灰色硬陶。侈口，尖圆唇，卷沿，束颈，沿面有一周凹槽，广肩微耸，鼓腹，平底微凹。颈、肩及上腹部饰席纹，下腹部饰叶脉纹。口径20.0、底径19.0、高42.2厘米（图一六二，3；彩版一一四，2）。

JNZD4M11：16–2，灰色硬陶。侈口，尖圆唇，卷沿，沿面有一周凹槽，束颈，溜肩，鼓腹，平底微凹。肩、腹部饰席纹和叶脉纹。口径20.0、底径16.0、高43.0厘米（图一六二，4；彩版一一四，3）。

JNZD4M11：17，灰色硬陶。侈口，方圆唇，卷沿，束颈，溜肩，鼓腹，平底微凹。颈部饰弦纹，肩部饰菱形填线纹间隔云雷纹，中腹以下饰方格纹。口径28.0、底径27.0、高64.0厘米（图一六二，5；彩版一一四，4）。

罐　2件。

JNZD4M11：2–1，泥质灰陶。敛口微侈，尖圆唇，内折沿，折腹，平底。上腹部饰弦纹。口径13.2、底径8.8、高9.0厘米（图一六二，6；彩版一一三，4）。

JNZD4M11：5，灰色硬陶。侈口，尖圆唇，卷沿，沿面有一周凹槽，束颈，溜肩，鼓腹，平底。颈部饰弦纹，肩、腹部饰席纹。口径12.4、底径12.8、高14.4厘米（图一六二，7）。

瓿　1件。

JNZD4M11：10，灰褐色硬陶，灰白胎。侈口，尖唇，卷沿，沿面有一周凹槽，束颈，广肩，鼓腹，平底。颈部饰弦纹，肩、腹部饰席纹。口径13.2、底径13.4、高13.0厘米（图一六二，8）。

盆　2件。

JNZD4M11：8，泥质灰胎黑皮陶，黑衣大部脱落。敞口，尖圆唇，卷沿，沿面有一周凹槽，折腹，上腹内凹，下腹斜收，平底。口径12.6、底径5.4、高4.0厘米（图一六三，1；彩版一一五，1）。

JNZD4M11：18，泥质灰胎黑皮陶。敞口，圆唇，卷沿，沿面有一周凹槽，折腹，上腹内弧，下腹斜收，平底，上腹部饰弦纹数周。口径30.2、底径20.8、高10.5厘米（图一六三，2；彩版一一五，2）。

大口器　1件。

JNZD4M11：11，泥质灰胎黑皮陶。侈口，尖圆唇，内折沿，沿面内凹，折腹，上腹内凹，下腹斜收，平底内凹。口径11.7、底径4.7、高5.4厘米（图一六三，3；彩版一一五，3）。

碗　1件。

JNZD4M11：6，原始瓷。敞口，圆唇，内折沿，沿面有两道凹槽，上腹略向内弧，下腹弧收，平底微凹。上腹部饰竖向水波纹，内壁有螺旋凹槽，底下有砂粒结晶现象。器表施青绿釉，有积釉和窑变现象。口径13.4、底径8.0、高5.7厘米（图一六三，4；彩版一一五，4）。

器盖　8件。

JNZD4M11：1，夹砂红陶。直口，圆唇，上部基本残破，残宽11.1、残高9.0厘米（图一六三，5）。

JNZD4M11：13，夹砂红陶。桥形提梁，中腹残缺。弧顶，弧壁，敛口，圆唇，素面。口径20.2厘米（图一六三，6）。

JNZD4M11：14，夹砂红陶。桥形提梁，弧顶，弧壁，敛口，圆唇，素面。口径23.0、残高17.4厘米（图一六三，7；彩版一一五，5）。

JNZD4M11：3，泥质黑皮陶。喇叭状捉手，弧顶，弧壁，顶、壁间折，敞口，圆唇，卷沿，沿面有一周凹槽。捉手径8.2、口径18.0、高7.4厘米（图一六三，8）。

JNZD4M11：4，泥质灰胎黑皮陶。喇叭状捉手，弧顶，弧壁，顶、壁间折，敞口，圆唇，卷沿，

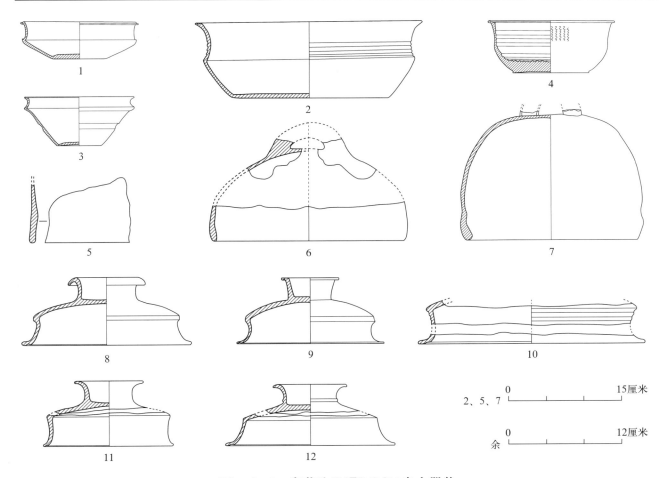

图一六三　寨花头JNZD4M11出土器物

1、2. 陶盆 JNZD4M11：8、18　3. 陶大口器 JNZD4M11：11　4. 原始瓷碗 JNZD4M11：6　5～12. 陶器盖 JNZD4M11：1、13、14、3、4、7、9、16-1

沿面有一周凹槽。捉手径6.1、口径15.6、高7.2厘米（图一六三，9；彩版一一五，6）。

JNZD4M11：7，泥质红胎黑皮陶。残破严重，敞口，圆唇，卷沿，沿面有一周凹槽，壁部有数周弦纹。口径24.0厘米（图一六三，10）。

JNZD4M11：9，泥质灰陶黑皮陶。喇叭状捉手，弧顶，弧壁略残，顶、壁间折，敞口，圆唇，卷沿，沿面有一周凹槽。捉手径7.3、口径13.8厘米（图一六三，11）。

JNZD4M11：16-1，泥质黑皮陶。喇叭状捉手，弧顶，弧壁略残，顶、壁间折，敞口，圆唇，卷沿，沿面有一周凹槽。捉手径7.8、口径18.0厘米（图一六三，12）。

12．JNZD4M12

JNZD4M12位于土墩西北部的Ⅰ区和隔梁下，层位关系为⑤－M12→⑦（图一六四；彩版一一六，1）。近长梯形竖穴土坑墓，北宽南窄，直壁，平底，壁、底无明显加工痕迹，墓口北低南高，呈斜坡状，长2.25、宽0.95～1.20、深0.15～0.75米。墓向为南北向，头向180°。内填青灰色土，夹红烧土颗粒，土质细腻坚硬。

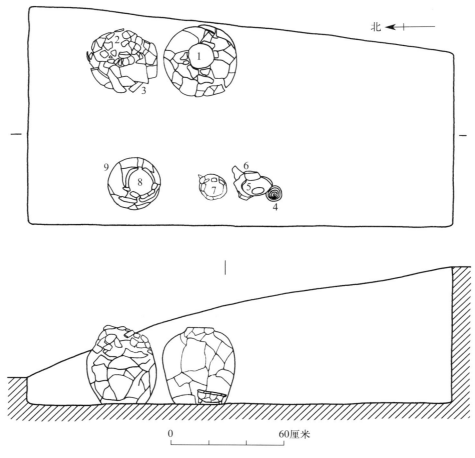

图一六四　寨花头JNZD4M12平、剖面图
1、3. 硬陶坛　2、6、7. 陶鼎　4、5. 原始瓷碗　8. 陶器盖　9. 硬陶罐

随葬品有鼎3、坛2、罐1、碗2、器盖1共9件。

鼎　3件。

JNZD4M12：2，夹砂红陶。侈口，圆唇，折沿，弧腹，圜底。三扁锥形足。足和底部有烟熏痕迹。口径11.9、高9.4厘米（图一六五，1；彩版一一六，2）。

JNZD4M12：6，夹砂褐陶。侈口，圆唇，折沿，沿面微凹，弧腹，圜底残，三扁锥足外撇。口径16.8、高13.0厘米（图一六五，2）。

JNZD4M12：7，夹砂红褐陶。侈口，圆唇，折沿，弧腹，圜底残，三扁锥足。口径14.2厘米（图一六五，3）。

坛　2件。

JNZD4M12：1，红色硬陶。口部残缺，束颈，溜肩，弧腹，平底内凹。肩、腹部贴附两对称瓣形堆饰。颈部饰弦纹，肩及上腹部饰水波纹，下腹部饰叶脉纹。底径18.4、残高49.0厘米（图一六五，4）。

JNZD4M12：3，灰褐色硬陶。侈口，尖唇，卷沿，束颈，广肩，鼓腹，平底内凹。颈部饰弦纹，肩、腹部饰折线纹和回纹的组合纹饰。口径17.6、底径20.8、高41.2厘米（图一六五，5；彩版一一六，3）。

罐　1件。

JNZD4M12：9，灰色硬陶。侈口，圆唇，卷沿，沿面有一周凹槽，束颈，耸肩，鼓腹，平底。上腹部饰席纹，下腹部饰方格纹。口径15.2、底径16.2、高23.0厘米（图一六五，6）。

碗　2件。

JNZD4M12：4，原始瓷。敞口，平折沿，沿面有一周凹槽，上腹较直，下腹弧收，平底微凹，边沿有手捏痕迹，内壁底部有螺旋凹槽。底部有线拉切和垫烧砂粒。器表施青绿釉，有积釉现象。口径8.9、底径5.3、高3.0厘米（图一六五，7；彩版一一六，4）。

JNZD4M12：5，原始瓷。敞口，尖圆唇，内折沿，沿面内凹，弧腹，平底。内壁有螺旋凹槽，器底有切割痕迹和垫烧砂粒。器身变形严重。器表施青绿釉，有积釉、流釉现象。口径17.6、底径7.4、高5.4厘米（图一六五，8；彩版一一六，5）。

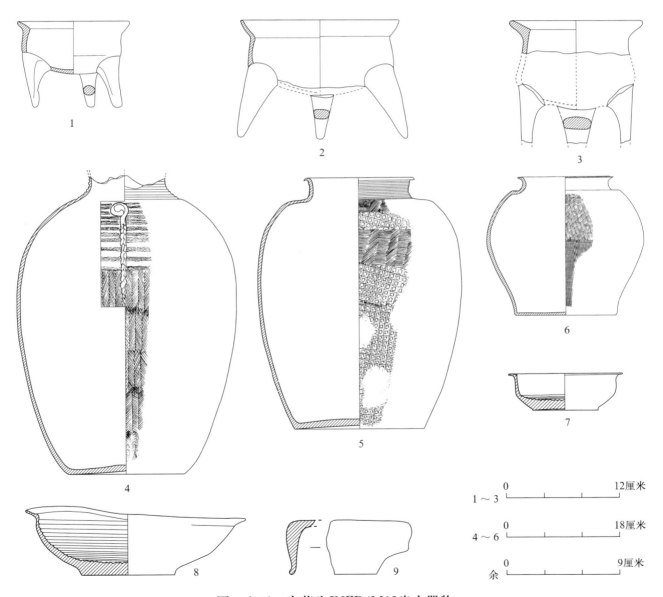

图一六五　寨花头JNZD4M12出土器物

1～3.陶鼎 JNZD4M12：2、6、7　4、5.硬陶坛 JNZD4M12：1、3　6.硬陶罐 JNZD4M12：9　7、8.原始瓷碗 JNZD4M12：4、5
9.陶器盖 JNZD4M12：8

器盖　1件。

JNZD4M12：8，夹砂红陶。残破严重，直口，圆唇，平顶。残长 6.6、残高 4.5 厘米（图一六五，9）。

13．JNZD4M13

JNZD4M13 位于土墩东南部的Ⅳ区，层位关系为⑤－M13→⑥（图一六六；彩版一一七，1）。近长梯形竖穴土坑墓，东南宽西北窄，直壁，平底，壁、底无明显加工痕迹，墓口西北高东南低，呈斜坡状，长 2.10、宽 0.85～1.13、深 0.10～0.30 米。墓向为西北－东南向，头向 314°。内填红褐色土，夹灰黄色土斑，土质较硬。西北端发现几枚牙齿。

随葬品有鼎 2、瓿 2、盆 2、器盖 1 共 7 件。

鼎　2 件。

JNZD4M13：2，夹砂红褐陶。侈口，圆唇，折沿，弧腹，圜底残，三扁锥足。口径 29.0 厘米（图

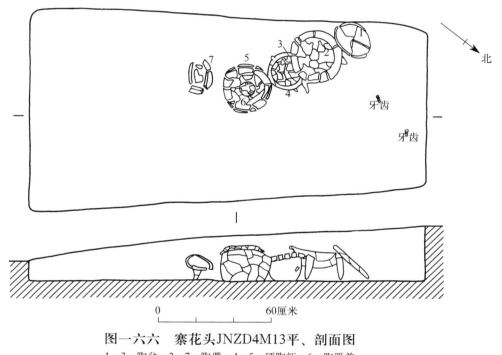

图一六六　寨花头JNZD4M13平、剖面图

1、3．陶盆　2、7．陶鼎　4、5．硬陶瓿　6．陶器盖

一六七，1）。

JNZD4M13：7，夹砂红陶。侈口，圆唇，折沿，沿面较平，弧腹，圜底，三扁锥足。口径 17.5、高 14.2 厘米（图一六七，2；彩版一一七，2）。

瓿　2 件。

JNZD4M13：4，灰色硬陶，局部红色。敛口，方唇，唇面内凹，溜肩，弧腹，平底微凹。腹部贴附两对称泥条耳状饰，一个已残。肩部饰弦纹，腹部饰席纹。口径 11.6、底径 15.2、高 11.8 厘米（图一六七，3；彩版一一七，3）。

JNZD4M13：5，灰色硬陶。口微侈，尖唇，卷沿，沿面有一周凹槽，束颈，溜肩，鼓腹，平底。

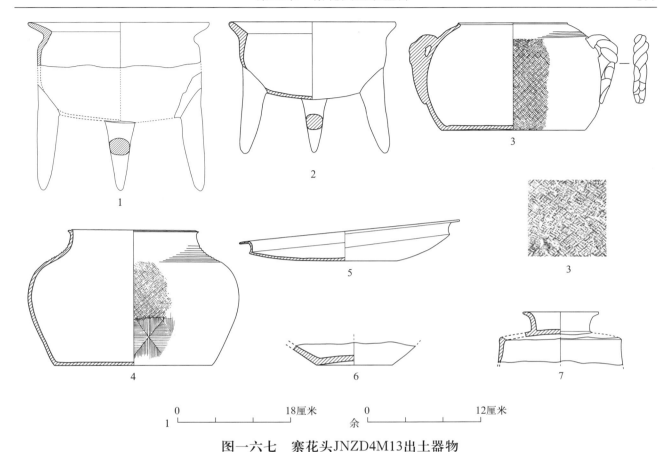

图一六七 寨花头JNZD4M13出土器物

1、2. 陶鼎 JNZD4M13：2、7 3、4. 硬陶瓿 JNZD4M13：4、5 5、6. 陶盆 JNZD4M13：1、3 7. 陶器盖 JNZD4M13：6

肩部饰弦纹，腹部饰席纹和菱形填线纹。口径 14.0、底径 17.0、高 14.8 厘米（图一六七，4；彩版一一七，4）。

盆 2件。

JNZD4M13：1，泥质红胎黑皮陶。敞口，尖圆唇，平沿，折腹，上腹内弧，下腹弧收，平底。器身严重变形。口径 23.6、底径 10.5、高 4.5 厘米（图一六七，5；彩版一一七，5）。

JNZD4M13：3，泥质红胎黑皮陶。仅有器底，平底内凹。底径 8.0、残高 2.0 厘米（图一六七，6）。

器盖 1件。

JNZD4M13：6，泥质红胎黑皮陶。喇叭状捉手，弧顶，弧壁，残损严重。捉手径 8.0 厘米（图一六七，7）。

14．JNZD4M14

JNZD4M14 位于土墩南部的Ⅲ、Ⅳ区和隔梁下。层位关系为⑤－M14→M15→⑥（图一六八；彩版一一八，1）。近长方形竖穴土坑墓，直壁，平底，壁、底无明显加工痕迹，墓口东北高西南低，呈斜坡状，长 4.11、宽 1.30～1.43、深 0.15～0.80 米。墓向为东北－西南向，头向 37°。内填红褐色土夹灰黄色花土，土质纯净松软。仅存一小段肢骨。

随葬品有鼎2、坛4、罐6、瓿1、盆8、碗9、器盖2共32件。

鼎 2件。

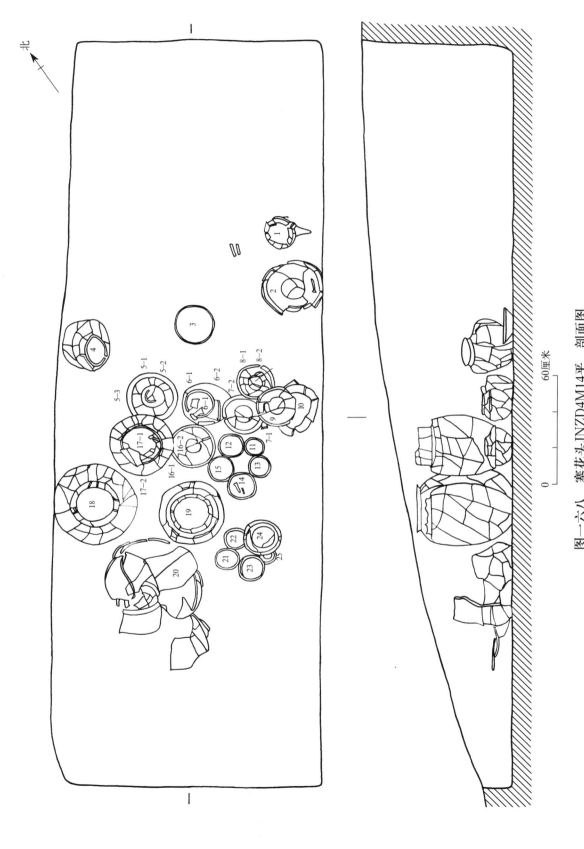

图一六八　寨花头 JNZD4M14 平、剖面图

1、10. 陶鼎　2、5-1、6-1、7-1、8-1、9、16-1、25. 陶盆　3、11~15、21~23. 原始瓷碗　4、5-2、6-2、8-2、16-2. 硬陶罐　5-3. 原始瓷罐　7-2. 硬陶瓿　17-1、24. 陶器盖　17-2、18~20. 硬陶坛

JNZD4M14：1，夹砂红陶。侈口，圆唇，折沿，沿面微凸，折腹，圜底，三扁锥足，足尖外撇。腹底有烟熏痕迹。口径16.0、高13.2厘米（图一六九，1；彩版一一八，2）。

JNZD4M14：10，夹砂红陶。侈口，圆唇，折沿，沿面略平，折腹，圜底，三扁锥足，足尖外撇。腹底有烟熏痕迹。口径30.6、高27.0厘米（图一六九，2；彩版一一八，3）。

坛　4件。

JNZD4M14：17-2，灰褐色硬陶。侈口，尖唇，卷沿，沿面有一周凹槽，束颈，耸肩，鼓腹，平底内凹。肩部饰弦纹，腹部饰席纹和菱形填线纹。口径21.8、底径21.0、高47.2厘米（图一六九，3；彩版一一九，1）。

JNZD4M14：18，灰色硬陶。侈口，方唇，卷沿，束颈，溜肩，鼓腹，平底内凹。肩、腹部饰小方格纹。口径24.8、底径22.4、高53.6厘米（图一六九，4；彩版一一九，2）。

JNZD4M14：19，灰褐色硬陶。侈口，圆唇，卷沿，沿面有一周凹槽，束颈，肩微折，鼓腹，平底。颈部饰弦纹，腹部饰席纹和菱形填线纹。口径21.6、底径20.8、高47.5厘米（图一六九，5；彩版一一九，3）。

JNZD4M14：20，灰褐色硬陶。侈口，圆唇，卷沿，沿面较平，束颈，溜肩，弧腹，平底内凹。肩、腹部饰小方格纹。器表可见多处气泡。口径26.0、底径25.0、高53.2厘米（图一六九，6；彩版一一九，4）。

罐　6件。

JNZD4M14：4，灰褐色硬陶。侈口，尖唇，卷沿，沿面有一道凹槽，束颈，溜肩，鼓腹，平底。腹部饰席纹和菱形填线纹。口径17.3、底径15.6、高24.0厘米（图一七〇，1；彩版一一八，4）。

JNZD4M14：5-2，灰色硬陶。侈口，尖圆唇，卷沿，沿面有一道凹槽，束颈，溜肩，鼓腹，平底。颈部饰弦纹，肩、腹部饰席纹和菱形填线纹。口径15.4、底径18.6、高20.0厘米（图一七〇，2；彩版一一八，5）。

JNZD4M14：6-2，灰色硬陶。侈口，尖圆唇，卷沿，沿面有一道凹槽，束颈，广肩，鼓腹，平底。颈部饰弦纹，腹部饰席纹和菱形填线纹。口径15.5、底径16.0、高18.2厘米（图一七〇，3；彩版一二〇，1）。

JNZD4M14：8-2，灰褐色硬陶。敛口，尖圆唇，微卷沿，沿面有一道凹槽，斜颈，折肩，鼓腹，平底。颈、肩部饰弦纹，腹部饰席纹和菱形填线纹。口径13.2、底径12.0、高13.0厘米（图一七〇，4；彩版一二〇，2）。

JNZD4M14：16-2，灰色硬陶。侈口，尖唇，内折沿，沿面有两道凹槽，束颈，溜肩，鼓腹，平底。上腹贴附两对称耳状饰，各以泥条捏成麻花状。器身饰方格纹。口径17.2、底径15.6、高17.2厘米（图一七〇，5；彩版一二〇，3）。

JNZD4M14：5-3，原始瓷。侈口，尖唇，内折沿，沿面内凹，斜折肩，斜直腹，平底。肩、腹交接处贴附两对称泥条圈形耳状饰。内底有螺旋凹槽。器表施青绿釉，有积釉现象，器底无釉。口径12.8、底径10.0、高9.6厘米（图一七〇，6；彩版一二〇，4）。

瓿　1件。

JNZD4M14：7-2，褐色硬陶。口微侈，尖圆唇，卷沿，沿面有一道凹槽，束颈，圆肩，弧腹，平底内凹。颈部饰弦纹，腹部饰席纹。口径14.3、底径15.6、高11.8厘米（图一七〇，7；彩版一二〇，5）。

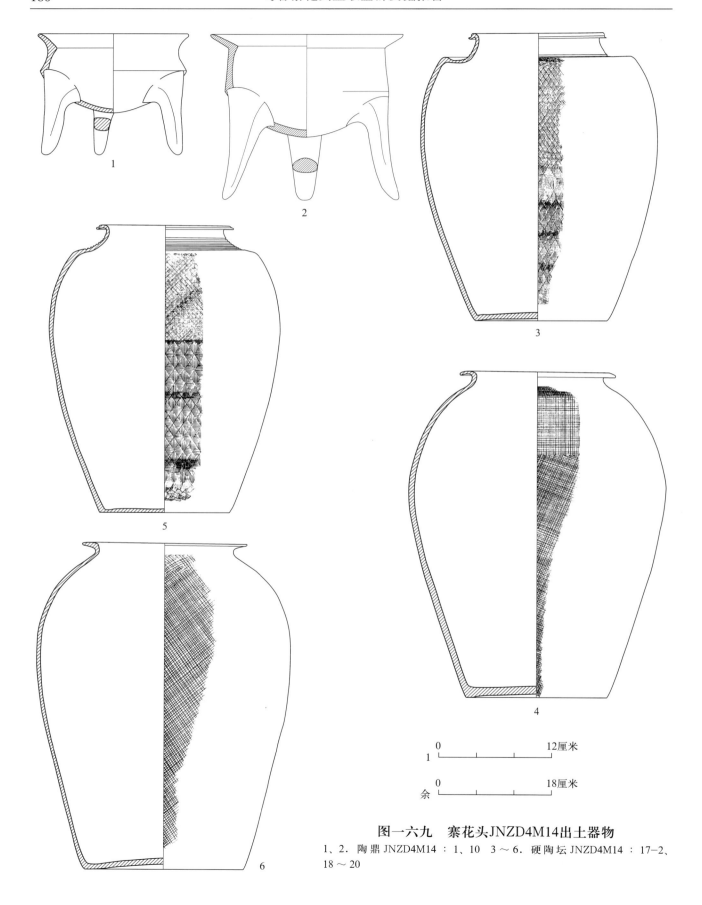

图一六九　寨花头JNZD4M14出土器物

1、2. 陶鼎 JNZD4M14：1、10　3～6. 硬陶坛 JNZD4M14：17-2、
18～20

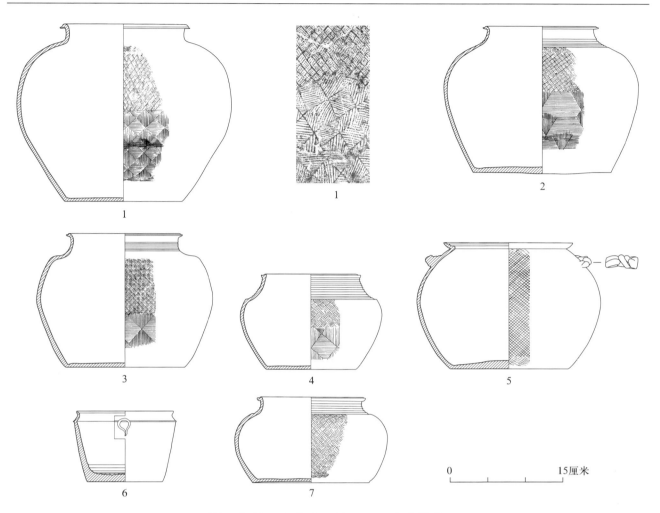

图一七〇　寨花头JNZD4M14出土器物

1～5. 硬陶罐 JNZD4M14：4、5-2、6-2、8-2、16-2　6. 原始瓷罐 JNZD4M14：5-3　7. 硬陶瓿 JNZD4M14：7-2

盆　8件。

JNZD4M14：2，泥质灰胎黑皮陶。敞口，圆唇，卷沿，沿面有一道凹槽，折腹，上腹略向内弧，下腹弧收，平底内凹。上腹部饰弦纹数周。口径28.2、底径11.6、高10.6厘米（图一七一，1；彩版一二〇，6）。

JNZD4M14：5-1，泥质灰胎黑皮陶。敞口，圆唇，卷沿，沿面有一道凹槽，折腹，上腹略向内弧，下腹弧收，平底。上腹部饰弦纹数周。口径22.0、底径12.2、高9.2厘米（图一七一，2；彩版一二一，1）。

JNZD4M14：6-1，泥质红胎黑皮陶。敞口，圆唇，卷沿，沿面有一道凹槽，折腹，上腹略向内弧，下腹弧收，平底内凹。上腹部饰弦纹数周。口径21.0、底径9.7、高8.0厘米（图一七一，3；彩版一二一，2）。

JNZD4M14：7-1，泥质灰胎黑皮陶。敞口，圆唇，卷沿，沿面有一道凹槽，折腹，上腹略向内弧，下腹弧收，平底。上腹部饰弦纹数周。口径20.0、底径10.2、高8.7厘米（图一七一，4；彩版一二一，3）。

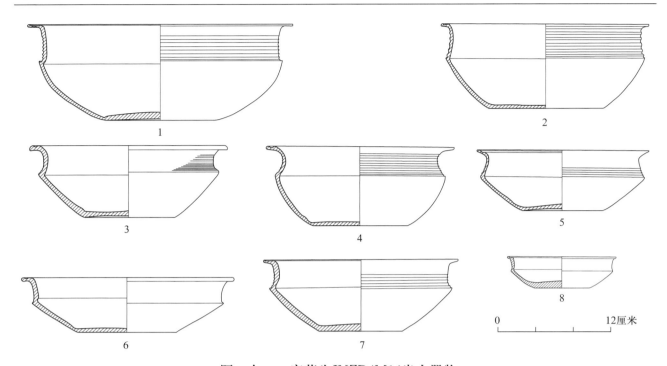

图一七一　寨花头JNZD4M14出土器物

1～8. 陶盆 JNZD4M14：2、5-1、6-1、7-1、8-1、9、16-1、25

　　JNZD4M14：8-1，泥质灰胎黑皮陶。敞口，圆唇，卷沿，沿面有一道凹槽，折腹，上腹略向内弧，下腹弧收，平底内凹。上腹部饰弦纹数周。口径18.3、底径8.7、高6.5厘米（图一七一，5；彩版一二一，4）。

　　JNZD4M14：9，泥质灰胎黑皮陶。敞口，圆唇，卷沿，沿面有一道凹槽，折腹，上腹略向内弧，下腹弧收，平底。口径22.6、底径10.5、高6.0厘米（图一七一，6；彩版一二一，5）。

　　JNZD4M14：16-1，泥质灰胎黑皮陶。敞口，圆唇，卷沿，沿面有一道凹槽，折腹，上腹略向内弧，下腹弧收，平底。口径20.8、底径8.8、高7.8厘米（图一七一，7；彩版一二一，6）。

　　JNZD4M14：25，泥质灰胎黑皮陶。敞口，圆唇，卷沿，沿面有一周凹槽，折腹，上腹内弧，下腹斜收，平底。口径11.6、底径5.8、高3.4厘米（图一七一，8；彩版一二二，1）。

　　碗　9件。

　　JNZD4M14：3，原始瓷。敞口，尖圆唇，外折沿，沿面有两道凹槽，弧腹，平底内凹。内壁有螺旋凹槽，碗底有垫烧形成的砂粒结晶。器表施青绿色薄釉，有积釉现象。口径20.3、底径7.8、高5.5厘米（图一七二，1；彩版一二二，2）。

　　JNZD4M14：11，原始瓷。敞口近敛，外折沿，沿面下垂，折腹，上腹较直，下腹弧收，平底内凹。内壁有螺旋凹槽，器底有拉切割痕。器身无釉。口径11.2、底径6.6、高4.4厘米（图一七二，2；彩版一二二，3）。

　　JNZD4M14：12，原始瓷。敞口，内折沿，沿面内凹，上腹略直，下腹弧收，平底内凹。内壁有螺旋凹槽，器底有拉切割痕。器表施黄绿色薄釉，有积釉现象。口径14.4、底径7.0、高4.0厘米（图一七二，3；彩版一二二，4）。

　　JNZD4M14：13，原始瓷。敞口，尖唇，外折沿，沿面有两道凹槽，折腹，上腹较直，下腹弧收，平底。内壁有螺旋凹槽，器底有拉切割痕迹和垫烧形成的砂粒结晶及个别支钉。上腹部饰竖向水波纹。器表施黄绿釉，有积釉和开片现象。口径 12.1、底径 7.0、高 4.1 厘米（图一七二，4；彩版一二二，5）。

JNZD4M14：14，原始瓷。敞口，尖唇，平折沿，沿面有两道凹槽，上腹较直，下腹弧收，平底。内壁有螺旋凹槽，器底有切割痕迹。器身无釉。口径 15.6、底径 8.8、高 6.2 厘米（图一七二，5；彩版一二二，6）。

JNZD4M14：15，原始瓷。敞口，圆唇，内折沿起棱，沿面内凹，弧腹，饼形底内凹。器内底部有螺旋凹槽，外底有拉切割痕迹。烧制过程中碗口变形。口径 15.5、底径 8.2、高 4.5 厘米（图一七二，6；彩版一二三，1）。

JNZD4M14：21，原始瓷。敞口，平折沿，折腹，上腹较直，下腹弧收，平底内凹。内壁有螺旋凹槽，外底有切割痕。碗底有气泡两个。外底粘有砂粒。器表施青绿釉，有积釉和开片现像。口径 13.8、底径 7.4、高 3.8 厘米（图一七二，7；彩版一二三，2）。

JNZD4M14：22，原始瓷。敞口，尖唇，外折沿，折腹，上腹略直，下腹斜收，平底内凹。内壁有螺旋凹槽，外底有切割痕迹。器内部施黄绿釉，外表和底部无釉。口径 13.2、底径 7.2、高 3.6 厘米（图一七二，8；彩版一二三，3）。

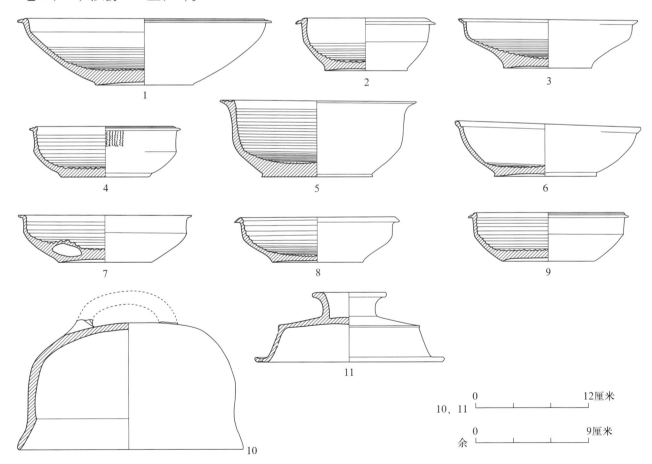

0 　　　　12厘米
10、11

0 　　　　9厘米
余

图一七二　寨花头JNZD4M14出土器物

1～9. 原始瓷碗 JNZD4M14：3、11～15、21～23　10、11. 陶器盖 JNZD4M14：17-1、24

JNZD4M14：23，原始瓷。敞口，尖圆唇，外折沿，沿面有两道凹槽，折腹，上腹较直，下腹斜收，平底内凹。内壁有螺旋凹槽，外底有切割痕迹。器表施黄绿色薄釉。口径 12.8、底径 7.4、高 4.0厘米（图一七二，9；彩版一二三，4）。

　　器盖　2 件。

　　JNZD4M14：17-1，夹砂红陶。桥形提梁残，弧顶，弧壁，敞口，圆唇。略有变形。口径 24.0、残高 14.2 厘米（图一七二，10；彩版一二三，5）。

　　JNZD4M14：24，泥质灰胎黑皮陶。喇叭状捉手，弧顶，弧壁，顶、壁间折，敞口，圆唇，卷沿，沿面有一周凹槽。捉手径 8.0、口径 20.2、高 7.5 厘米（图一七二，11；彩版一二三，6）。

15．JNZD4M15

　　JNZD4M15 位于土墩南部的Ⅲ区和隔梁，层位关系为⑤－M14→M15→⑥（图一七三；见彩版一一八，1）。长方形竖穴土坑墓，西北部分被 M4 破坏，直壁，平底，壁、底无明显加工痕迹，墓口北高南低，呈斜坡状，长 2.20、宽 1.30、深 0.15～0.55 米。墓向为南北向，头向 352°。内填黄褐色花土，土质纯净稍硬。

　　随葬品有双耳罐 1、瓿 3、豆 1、碗 2、盂 1、器盖 1 共 9 件。

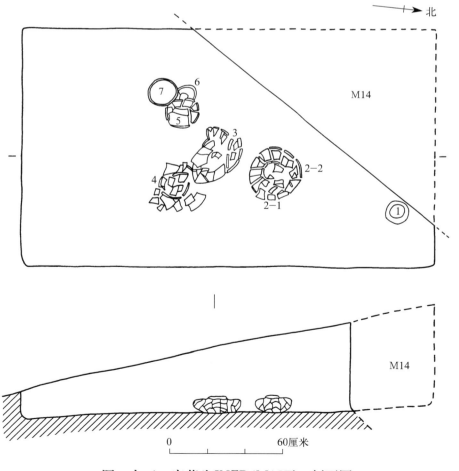

图一七三　寨花头JNZD4M15平、剖面图

1. 原始瓷豆　2-1. 陶瓿　2-2、4-2. 硬陶瓿　3. 陶双耳罐　4-1. 陶器盖　5、7. 原始瓷碗　6. 硬陶盂

双耳罐　1件。

JNZD4M15：3，泥质红陶。残损严重，高领，颈部饰弦纹，肩、腹部两侧附对称双耳（图一七四，1）。

瓿　3件。

JNZD4M15：2-1，泥质灰陶。敛口，尖圆唇，内折沿，沿面凹，束颈，耸肩，鼓腹，平底。腹部饰菱形填线纹，磨蚀较甚。口径10.8、底径10.5、高7.4厘米（图一七四，2；彩版一二四，1）。

JNZD4M15：2-2，灰色硬陶。敛口，尖唇，卷沿，束颈，肩微耸，鼓腹，平底。颈部饰弦纹，肩、腹部饰折线纹。口径9.8、底径14.2、高11.6厘米（图一七四，3；彩版一二四，2）。

JNZD4M15：4-2，灰色硬陶。侈口，尖唇，卷沿，束颈，弧肩，鼓腹，平底。上腹贴附两对称泥条耳状饰。颈部饰弦纹，肩及上腹部饰席纹，下腹部饰方格纹。下腹有一周断续的抹断。口径12.2、底径13.6、高13.2厘米（图一七四，4；彩版一二四，3）。

豆　1件。

JNZD4M15：1，原始瓷。敞口，尖圆唇，折腹，圈足外撇。内壁折腹处有螺旋凹槽。通体无釉。口径12.2、足径5.4、高6.2厘米（图一七四，5；彩版一二四，4）。

碗　2件。

JNZD4M15：5，原始瓷，红褐色胎。敞口，斜方唇，沿面上有两道旋线，折腹，上腹内曲，下腹弧收，饼形底。内底有螺旋凹槽，中心有尖形突起，底面有拉切割痕迹。通体不施釉。口径13.7、底径7.2、高4.7厘米（图一七四，6；彩版一二四，5）。

JNZD4M15：7，原始瓷，灰色胎。敞口，圆唇，内折沿，沿面内凹，弧腹，平底内凹。器底有

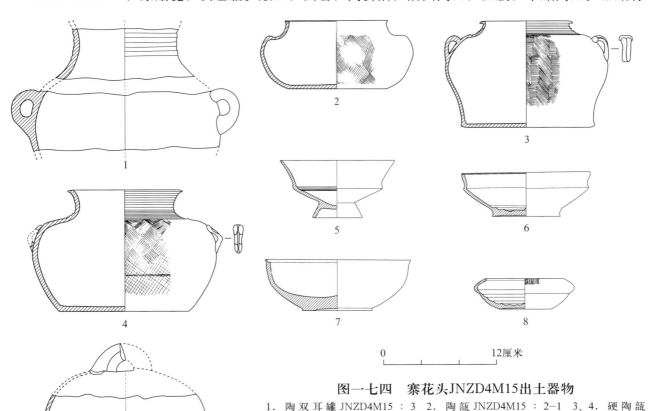

图一七四　寨花头JNZD4M15出土器物

1. 陶双耳罐 JNZD4M15：3　2. 陶瓿 JNZD4M15：2-1　3、4. 硬陶瓿 JNZD4M15：2-2、4-2　5. 原始瓷豆 JNZD4M15：1　6、7. 原始瓷碗 JNZD4M15：5、7　8. 硬陶盂 JNZD4M15：6　9. 陶器盖 JNZD4M15：4-1

工具刮削痕。通体不施釉。口径 15.4、底径 7.4、高 5.5 厘米（图一七四，7；彩版一二四，6）。

　　盂　1 件。

　　JNZD4M15：6，褐色硬陶。敛口，方唇，弧折腹，平底内凹。上腹近口部饰水波纹，内壁有螺旋凹槽，外底有拉切割痕。口径 8.3、底径 5.5、高 3.3 厘米（图一七四，8）。

　　器盖　1 件。

　　JNZD4M15：4-1，夹砂红陶。仅见口沿及桥形提梁残片，敛口，圆唇。口径 17.0 厘米（图一七四，9）。

16．JNZD4M16

　　JNZD4M16 位于土墩西北部的 I 区和隔梁下，层位关系为 ⑤ - M16 → M17 → ⑥（图一七五；彩版一二五，1）。近长方形竖穴土坑墓，西北窄东南宽，直壁斜坡底，壁、底无明显加工痕迹，墓口呈斜坡状，长 2.35、宽 0.95～1.04、深 0.09～0.20 米。墓向西北-东南向，头向 112°。内填黄褐色花土，夹灰黄色土，土质纯净松软。

　　随葬品有罐 1、碗 2、纺轮 1 共 4 件。

　　罐　1 件。

　　JNZD4M16：2，原始瓷，灰胎。敛口，尖唇，内折沿，沿面有两道凹槽，溜肩，鼓腹，平底。内壁有螺旋凹槽。上腹靠近口部饰一周竖向水波纹。上腹贴附两对称泥条耳状饰。釉大部脱落。口径 10.8、底径 12.0、高 12.0 厘米（图一七六，1；彩版一二五，2）。

　　碗　2 件。

　　JNZD4M16：1，原始瓷。敞口，尖唇，外折沿，沿面有两周凹槽，斜直腹近底部弧收，平底内凹。内壁有螺旋凹槽。外底面附着一圆饼，为垫烧物。器表施青绿釉，有积釉和流釉现象。口径 11.0、底径 6.8、

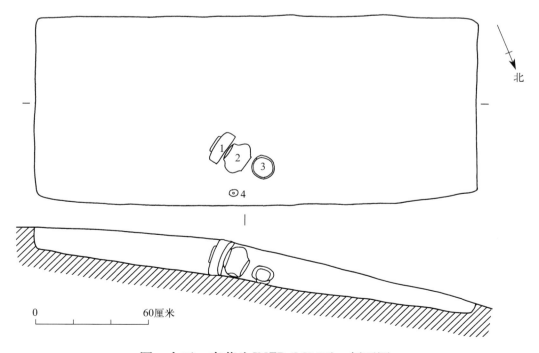

图一七五　寨花头 JNZD4M16 平、剖面图

1、3. 原始瓷碗　2. 原始瓷罐　4. 陶纺轮

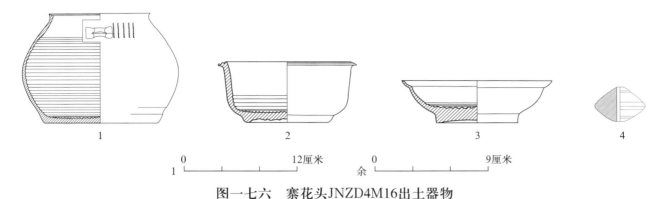

图一七六　寨花头JNZD4M16出土器物

1. 原始瓷罐 JNZD4M16：2　2、3. 原始瓷碗 JNZD4M16：1、3　4. 陶纺轮 JNZD4M16：4

高 5.0 厘米（图一七六，2；彩版一二五，3）。

JNZD4M16：3，原始瓷。敞口，尖唇，内折沿，沿面内凹，弧腹，饼形底微凹。内底有螺旋凹槽。外底有拉切割痕迹。器身略有变形。器表施黄绿釉，局部积釉。口径 12.0、底径 6.6、高 3.5 厘米（图一七六，3；彩版一二五，4）。

纺轮　1 件。

JNZD4M16：4，泥质黑陶。算珠形，中部有孔，表面饰弦纹。直径 4.0、孔径 0.6、厚 2.8 厘米（图一七六，4；彩版一二五，5）。

17．JNZD4M17

JNZD4M17 位于土墩西北部的 I 区，层位关系为⑤－M16→M17→⑥（图一七七；彩版一二六，1）。长方形竖穴土坑墓，直壁斜坡底，壁、底无明显加工痕迹，墓口西北低东南高，呈斜坡状，长 2.00、宽 1.00～0.05、深 0.14 米。墓向为西北－东南向，头向 114°。内填灰黄色花土，夹红褐色土斑，土质纯净，稍硬。

随葬品有碗 2 件。

碗　2 件。

JNZD4M17：1，原始瓷。敞口，尖唇，外折沿，沿面有两道凹槽，上腹较直，下腹弧收，平底。内壁有螺旋凹槽。器表施黄绿釉。口径 10.4、底径 5.5、高 3.6 厘米（图一七七，1；彩版一二六，2）。

JNZD4M17：2，原始瓷。敞口，内折沿，沿面内凹，弧腹，饼形底内凹。内壁有螺旋凹槽。器表无釉。口径 12.8、底径 6.7、高 3.8 厘米（图一七七，2）。

18．JNZD4M18

JNZD4M18 位于土墩东南部的 IV 区，层位关系为⑤－M18→⑥（图一七八；彩版一二六，3）。近长梯形竖穴土坑墓，西北窄东南宽，直壁，平底，壁、底无明显加工痕迹，墓口西北高东南低，呈斜坡状，长 2.80、宽 1.10～1.29、深 0.07～0.28 米。墓向为西北－东南向，头向 288°。内填黄褐色土，土质纯净坚硬。

随葬品有鼎 1、瓿 2、碗 1、钵 2、器盖 4 共 10 件。

鼎　1 件。

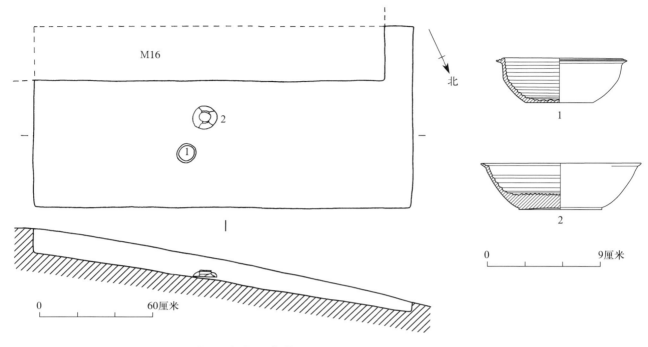

图一七七　寨花头JNZD4M17及出土器物

1、2．原始瓷碗 JNZD4M17：1、2

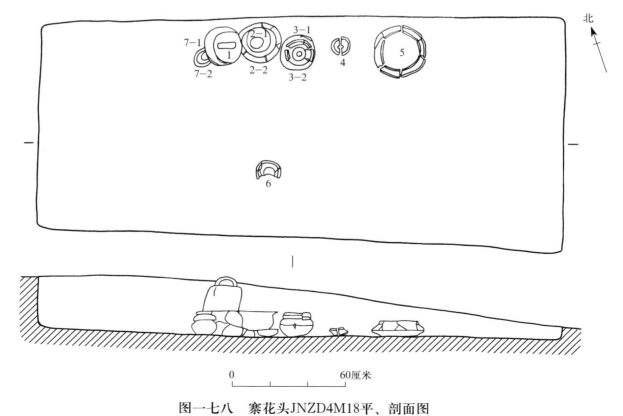

图一七八　寨花头JNZD4M18平、剖面图

1、2-1、3-1、7-1．陶器盖　2-2．陶鼎　3-2、7-2．硬陶瓿　4．原始瓷钵　5．陶钵　6．原始瓷碗

JNZD4M18：2-2，夹砂红陶。侈口，圆唇，折沿，沿面微凸，弧腹，圜底，三锥状足。口径22.9、高21.8厘米（图一七九，1；彩版一二六，4）。

瓿　2件。

JNZD4M18：3-2，红色硬陶。微侈口，方圆唇，束颈，溜肩，鼓腹，平底内凹。颈、肩部饰弦纹，腹部饰席纹。上腹部贴附两对称泥条耳状饰。口径14.5、底径14.6、高12.7厘米（图一七九，2；彩版一二七，1）。

JNZD4M18：7-2，灰色硬陶。侈口，尖唇，平沿，短束颈，溜肩，鼓腹，平底内凹。颈部饰弦纹，肩、腹部饰折线纹。口径11.6、底径11.8、高9.2厘米（图一七九，3）。

碗　1件。

JNZD4M18：6，原始瓷，褐色胎。敞口，尖唇，折腹，上腹略向内弧，下腹斜收，平底内凹。器底有线拉切割痕，底边有指捺痕。无釉。口径13.7、底径6.5、高4.7厘米（图一七九，4；彩版一二七，2）。

钵　2件。

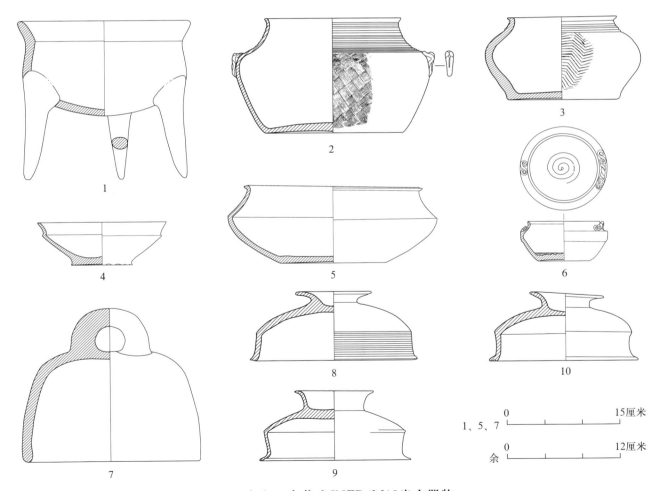

图一七九　寨花头JNZD4M18出土器物

1. 陶鼎 JNZD4M18：2-2　2、3. 硬陶瓿 JNZD4M18：3-2、7-2　4. 原始瓷碗 JNZD4M18：6　5. 陶钵 JNZD4M18：5　6. 原始瓷钵 JNZD4M18：4　7～10. 陶器盖 JNZD4M18：1、2-1、3-1、7-1

JNZD4M18：5，泥质灰胎黑皮陶。敛口微侈，圆唇，卷沿，沿面有一道凹槽，折腹，平底内凹。口径23.8、底径14.0、高10.4厘米（图一七九，5）。

JNZD4M18：4，原始瓷。侈口，尖唇，折沿，折肩，弧腹，平底内凹。肩部一侧饰绞索状泥条耳饰，泥条两侧各贴附一"∽"形堆饰，肩部另一侧堆贴一"∽"堆饰。器底有砂粒垫烧痕迹。器表施青绿釉，有开片和脱釉现象。口径7.9、底径5.6、高4.3厘米（图一七九，6；彩版一二七，3）。

器盖　4件。

JNZD4M18：1，夹砂红陶。桥形提梁，弧顶，弧壁，直口微敛，圆唇。口径23.0、高20.8厘米（图一七九，7；彩版一二七，4）。

JNZD4M18：2-1，泥质灰胎黑皮陶。喇叭状捉手，弧顶，弧壁，顶、壁间折，敞口，圆唇，卷沿，沿面有一道凹槽。捉手径8.0、口径17.8、高7.5厘米（图一七九，8；彩版一二七，5）。

JNZD4M18：3-1，泥质黑皮陶。喇叭状捉手，弧顶，弧壁，顶、壁间折，敞口，圆唇，卷沿，沿面有一道凹槽。捉手径8.5、口径16.2、高7.6厘米（图一七九，9；彩版一二七，6）。

JNZD4M18：7-1，泥质黑皮陶。喇叭状捉手，弧顶，弧壁，顶、壁间折，敞口，圆唇，卷沿，沿面有一道凹槽。捉手径8.0、口径15.9、高7.2厘米（图一七九，10）。

19．JNZD4M19

JNZD4M19位于土墩近南部的Ⅳ区，层位关系为⑥－M19→⑧（图一八〇；彩版一二八，1）。长方形竖穴土坑墓，直壁，平底，壁、底无明显加工痕迹，墓口北高南低呈斜坡状，长2.40、宽0.75～0.77、深0.10～0.25米。墓向为正方向，南北向，头向0°。内填红褐色土，土质纯净，稍硬。

随葬品有鼎2、罐4、器盖1共7件。

鼎　2件。

JNZD4M19：1，夹砂红褐陶。侈口，圆唇，折沿，弧腹，平底，三扁锥足。口径15.8、高13.9厘米（图一八一，1；彩版一二八，2）。

JNZD4M19：5-1，夹砂红褐陶。侈口，圆唇，折沿，弧腹，底残缺，三扁锥足。口径21.6厘米（图一八一，2）。

罐　4件。

JNZD4M19：2，夹砂红陶。侈口，方圆唇，溜肩，折腹，平底。器身略有变形。口径12.4、底径14.4、高15.0厘米（图一八一，3；彩版一二八，3）。

JNZD4M19：3-2，灰色硬陶。侈口，尖圆唇，卷沿，沿面有一道凹槽，束颈，溜肩，弧腹，平底内凹。颈部饰弦纹，肩、腹部饰席纹和方格纹的组合纹饰。腹部贴附两对称泥条辫形堆饰。口径17.0、底径10.0、高25.5厘米（图一八一，4；彩版一二八，4）。

JNZD4M19：4，泥质红胎黑皮陶。残破严重。

JNZD4M19：5-2，泥质灰陶。口沿残缺，溜肩，弧腹残，平底。底径22.8厘米（图一八一，5）。

器盖　1件。

JNZD4M19：3-1，夹砂红陶。桥形提梁，弧顶，残，直壁，直口，圆唇。口径22.5厘米（图一八一，6）。

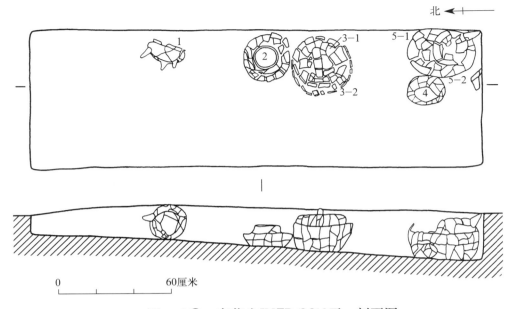

图一八〇　寨花头JNZD4M19平、剖面图

1、5-1. 陶鼎　2、4、5-2. 陶罐　3-1. 陶器盖　3-2. 硬陶罐

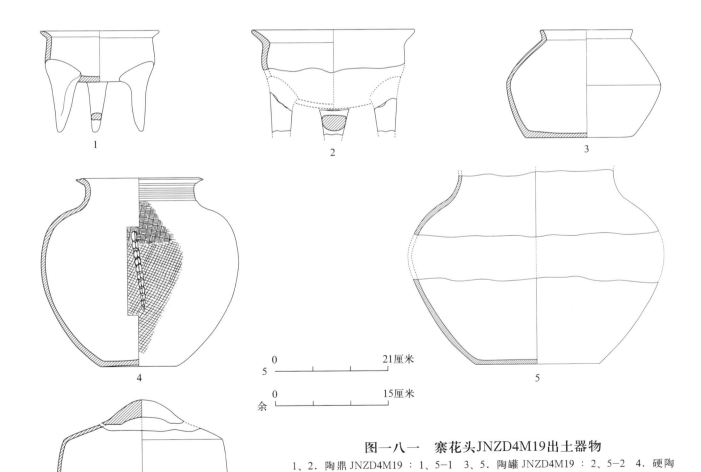

图一八一　寨花头JNZD4M19出土器物

1、2. 陶鼎 JNZD4M19：1、5-1　3、5. 陶罐 JNZD4M19：2、5-2　4. 硬陶罐 JNZD4M19：3-2　6. 陶器盖 JNZD4M19：3-1

20．JNZD4M20

JNZD4M20 位于土墩中部近墩心Ⅱ区和隔梁下，层位关系为⑤－M20→⑧（图一八二；彩版一二九，1）。不太规整的长方形竖穴土坑墓，西窄东宽，直壁，平底，壁、底无明显加工痕迹，长 1.95、宽 1.03～1.20、深 0.20 米。墓向为西北－东南向，墓坑中部偏西有几枚牙齿，头向 276°。内填青灰色土，夹细红烧土颗粒，土质细腻坚硬。

随葬品有罐 5、瓿 3、豆 1、碗 1、器盖 1 共 11 件。

罐　5 件。

JNZD4M20：1-1，硬陶，器表上半部灰褐色，下半部红褐色。侈口，尖圆唇，卷沿，束颈，沿面有一道凹槽，圆折肩，弧腹，平底内凹。颈部饰弦纹，肩、腹部饰菱形填线纹和方格纹，上腹近肩部贴附两对称瓣形堆饰。口径 17.0、底径 13.8、高 23.1 厘米（图一八三，1；彩版一二九，2）。

JNZD4M20：3，泥质褐陶。残破严重。

JNZD4M20：4-1，泥质褐陶。仅有底部，弧腹，平底。底径 10.0、残高 6.0 厘米（图一八三，2）。

JNZD4M20：4-2，泥质红陶。仅有底部，弧腹，平底。底径 10.0、残高 3.8 厘米（图一八三，3）。

JNZD4M20：7，原始瓷。侈口，尖圆唇，卷沿，沿面有一道凹槽，束颈，溜肩，弧腹，平底。颈部饰弦纹，腹部饰三角条带纹（似席纹）。上腹部贴附两对称泥条捏制成的耳。器外施薄黄绿釉，釉有剥落现象。口径 14.0、底径 13.2、高 22.6 厘米（图一八三，4；彩版一二九，3）。

瓿　3 件。

JNZD4M20：2-2，灰色硬陶。侈口，方唇，卷沿，束颈，溜肩，鼓腹，平底内凹。颈部饰弦纹，肩、腹部饰席纹和方格纹。上腹部贴附两对称泥条耳状饰。口径 12.4、底径 11.8、高 14.3 厘米（图

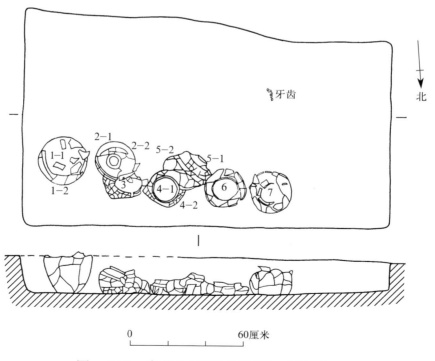

图一八二　寨花头 JNZD4M20 平、剖面图

1-1．硬陶罐　1-2．陶器盖　2-1．原始瓷豆　2-2、5-2、6．硬陶瓿　3、4-1、4-2．陶罐　5-1．原始瓷碗　7．原始瓷罐

一八三，5；彩版一三〇，1）。

　　JNZD4M20：5-2，红色硬陶。侈口，尖圆唇，卷沿，沿面有一道凹槽，束颈，溜肩，鼓腹，平底内凹。颈部饰弦纹，腹部饰方格纹，中腹部原贴附有两对称泥条耳状饰，已脱落。口径12.2、底径12.8、高14.2厘米（图一八三，6；彩版一三〇，2）。

　　JNZD4M20：6，灰褐色硬陶。侈口，尖圆唇，卷沿，束颈，溜肩，鼓腹，平底。颈部饰弦纹，腹部饰席纹，中腹部原有两对称泥条耳状饰。口径12.6、底径13.5、高12.5厘米（图一八三，7；彩版一三〇，3）。

　　豆　1件。

　　JNZD4M20：2-1，原始瓷。敞口，圆唇，折腹，圈足外撇，内底有螺旋凹槽。器表内外施青绿釉，部分剥落，底内部未施釉。口径16.0、足径9.3、高6.4厘米（图一八三，8；彩版一三〇，4）。

　　碗　1件。

　　JNZD4M20：5-1，原始瓷，褐色胎。敞口，尖圆唇，折腹，平底内凹。器底有拉切割痕。内底

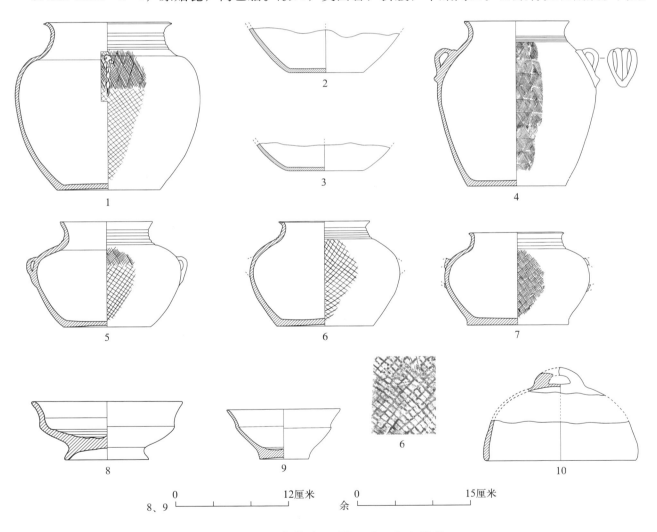

图一八三　寨花头JNZD4M20出土器物

1. 硬陶罐 JNZD4M20：1-1　2、3. 陶罐 JNZD4M20：4-1、4-2　4. 原始瓷罐 JNZD4M20：7　5～7. 硬陶瓿 JNZD4M20：2-2、5-2、6　8. 原始瓷豆 JNZD4M20：2-1　9. 原始瓷碗 JNZD4M20：5-1　10. 陶器盖 JNZD4M20：1-2

有螺旋凹槽。口径 12.0、底径 5.2、高 5.4 厘米（图一八三，9；彩版一三〇，5）。

器盖　1 件。

JNZD4M20：1-2，夹砂红陶。残破，桥形提梁，弧顶，弧壁，口微敛，圆唇。口径 20.0 厘米（图一八三，10）。

21．JNZD4M21

JNZD4M21 位于土墩中部的隔梁和Ⅳ区，层位关系为⑥ － M21 → ⑧（图一八四；彩版一三一，1、2）。不太规整的长梯形竖穴土坑墓，西北窄东南宽，直壁、底近平，墓口西北略高东南略低，呈斜坡状，长 3.37、宽 1.10 ～ 1.90、深 0.08 ～ 0.35 米。墓向为西北－东南向，墓坑南部西侧有几枚牙齿，头向 290°。内填灰黄色花土，夹灰白色土斑，土质纯净坚硬。随葬品大体放置于墓坑中北部，东部墓坑内和墓坑边缘有 5 块石块，可能为简易象征性石床。

随葬品有鼎 4、坛 2、罐 5、瓿 2、豆 2、钵 1、盂 1、器盖 8、玉玦 1 共 26 件。

鼎　4 件。

JNZD4M21：1，夹砂红陶。侈口，圆唇，折沿，沿面较平，斜直腹，圜底，三扁锥足，器内外有烟熏痕迹。口径 23.5、高 19.3 厘米（图一八五，1；彩版一三二，1）。

JNZD4M21：2，夹砂红陶。侈口，圆唇，折沿，沿面较平，斜直腹，圜底，三扁锥足。口径 18.5、高 15.8 厘米（图一八五，2；彩版一三二，2）。

JNZD4M21：4，夹砂红陶。侈口，圆唇，折沿，沿面凸，三扁锥足，直腹略斜，平底。器内外有烟熏痕迹。口径 17.6、高 13.6 厘米（图一八五，3；彩版一三二，3）。

JNZD4M21：17、18-2，夹砂红陶。发掘现场器物分置两处，分别编号，整理时拼合为 1 件。侈口，圆唇，折沿，沿面微卷，直腹略斜，圜底，三扁锥足。器外有烟熏痕迹。口径 15.8、高 12.5 厘米（图一八五，4；彩版一三二，4）。

坛　2 件。

JNZD4M21：14-2，灰色硬陶。侈口，尖圆唇，卷沿，沿面有一道凹槽，束颈，溜肩，弧腹，平底内凹。颈部饰弦纹。肩、腹部饰席纹和方格纹。口径 20.0、底径 18.0、高 39.2 厘米（图一八五，5；彩版一三三，1）。

JNZD4M21：15-2，灰色硬陶。侈口，方唇，卷沿，束颈，广肩，弧腹，平底。颈部饰弦纹，肩、腹部饰席纹和方格纹。口径 26.4、底径 24.1、高 55.4 厘米（图一八五，6；彩版一三三，2）。

罐　5 件。

JNZD4M21：3-2，灰色硬陶，局部红褐色。侈口，方唇，卷沿，束颈，溜肩，鼓腹，平底。颈部饰弦纹，肩、腹部饰菱形填线纹和方格纹。上腹部贴附两对称泥条耳状饰。口径 13.8、底径 13.0、高 15.8 厘米（图一八六，1；彩版一三二，5）。

JNZD4M21：9，泥质红胎黑皮陶。上部残，斜弧腹，平底。底径 16.0、残高 4.2 厘米（图一八六，2）。

JNZD4M21：10，泥质灰陶。残破严重。

JNZD4M21：12-2，灰黑色硬陶。侈口，尖唇，卷沿，沿面有一周凹槽，束颈，溜肩，鼓腹，平底，口沿变形。颈部饰弦纹，肩、腹部饰席纹和小方格纹。底部有 5 道划痕。口径 17.2、底径 15.8、高 23.0 厘米（图一八六，3；彩版一三二，6）。

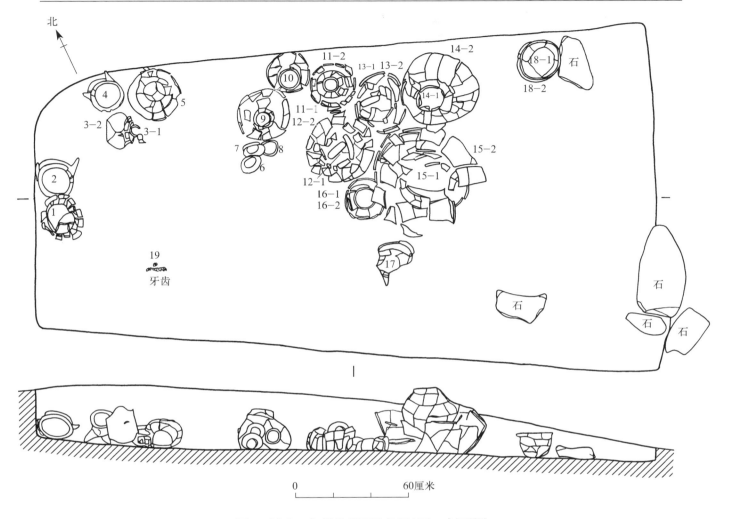

图一八四　寨花头JNZD4M21平、剖面图

1、2、4、18-2（17）. 陶鼎　3-1、11-1、12-1、13-1、14-1、15-1、16-1、18-1. 陶器盖　3-2、12-2. 硬陶罐　5. 陶钵　6、7. 原始瓷豆　8. 硬陶盂　9、10、13-2. 陶罐　11-2、16-2. 硬陶瓿　14-2、15-2. 硬陶坛　19. 玉玦

　　JNZD4M21：13-2，泥质红陶。侈口，尖唇，卷沿，束颈，溜肩，鼓腹，平底内凹。颈部饰弦纹，肩、腹部饰席纹和方格纹。腹部贴附两对称泥条辫形堆饰。口径14.2、底径14.8、高25.3厘米（图一八六，4；彩版一三三，3）。

　　瓿　2件。

　　JNZD4M21：11-2，灰色硬陶。侈口，尖圆唇，卷沿，束颈，溜肩，鼓腹，平底内凹。颈部饰弦纹，肩、腹部饰菱形填线纹。上腹部原有两对称泥条耳状饰，已残缺。口径12.8、底径13.6、高13.2厘米（图一八六，5；彩版一三三，4）。

　　JNZD4M21：16-2，灰褐色硬陶，局部红褐色。侈口，尖圆唇，卷沿，束颈，溜肩，鼓腹，平底内凹。颈部饰弦纹，肩、腹部饰菱形填线纹和方格纹。上腹部原贴附两对称泥条耳状饰，已残缺。口径13.8、底径12.4、高15.7厘米（图一八六，6；彩版一三三，5）。

　　豆　2件。

　　JNZD4M21：6，原始瓷。敞口，尖圆唇，折腹，喇叭状圈足外撇。内壁折腹处有螺旋凹槽，内底有 3 个支钉留下的痕迹。器表内外施黄绿釉，大部剥落。器身略变形。口径 11.8、足径 5.3、高 5.6 厘米（图一八七，1；彩版一三四，1）。

JNZD4M21：7，原始瓷。敞口，尖圆唇，折腹，喇叭状圈足外撇。内壁折腹处有螺旋凹槽。器表内外施黄绿釉，大部剥落。器身烧制略变形。口径 12.1、足径 5.8、高 5.4 厘米（图一八七，2；彩版一三四，2）。

钵　1 件。

JNZD4M21：5，泥质灰陶。敛口，方唇，唇面内凹，折腹，平底。口径 19.7、底径 12.2、高

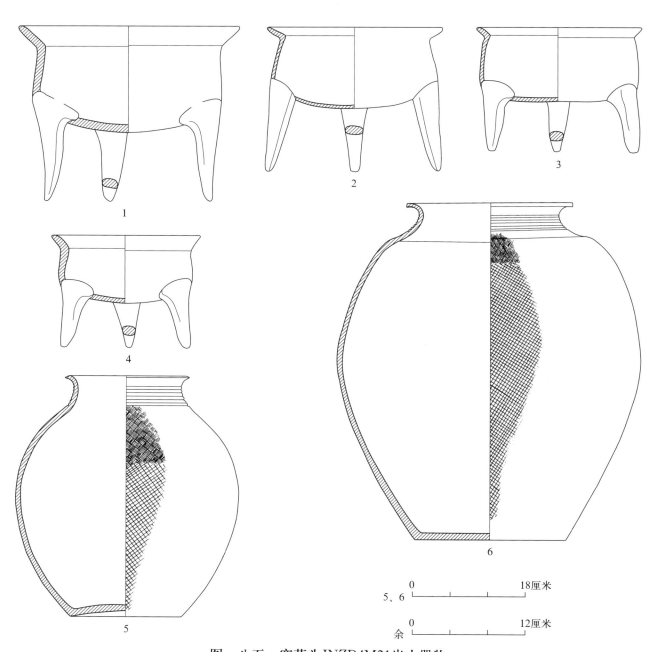

图一八五　寨花头JNZD4M21出土器物

1～4. 陶鼎 JNZD4M21：1、2、4、17、18-2　5、6. 硬陶坛 JNZD4M21：14-2、15-2

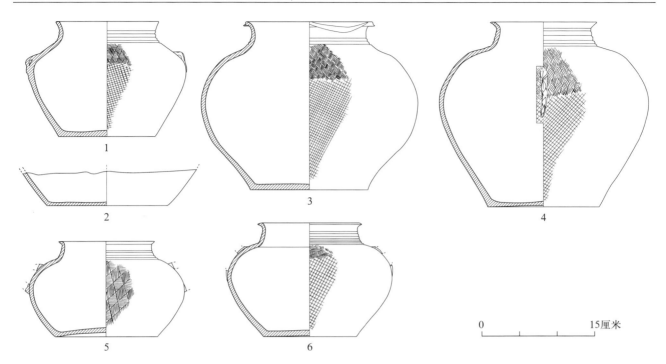

图一八六 寨花头JNZD4M21出土器物

1、3. 硬陶罐 JNZD4M21：3-2、12-2 2、4. 陶罐 JNZD4M21：9、13-2 5、6. 硬陶瓿 JNZD4M21：11-2、16-2

10.8 厘米（图一八七，3）。

　　盂 1件。

　　JNZD4M21：8，褐色硬陶。敛口，尖圆唇，弧腹，平底内凹。底部有线拉切割痕。口径8.5、底径3.9、高3.2厘米（图一八七，4；彩版一三四，3）。

　　器盖 8件。

　　JNZD4M21：3-1，泥质黑皮陶。残损，喇叭状捉手，弧顶，弧壁，顶、壁间折，敞口，圆唇，卷沿。捉手径9.4、口径18.0厘米（图一八七，5）。

　　JNZD4M21：11-1，泥质灰胎黑皮陶。喇叭状捉手，弧顶，弧壁，顶、壁间折，敞口，圆唇，卷沿，沿面有一道凹槽。捉手径8.4、口径17.0、高7.1厘米（图一八七，6；彩版一三四，4）。

　　JNZD4M21：16-1，泥质红胎黑皮陶。喇叭状捉手，弧顶，弧壁，顶、壁间折，敞口，圆唇，卷沿，沿面有一道凹槽，残破。捉手径10.5、口径19.2厘米（图一八七，7）。

　　JNZD4M21：18-1，泥质灰胎黑皮陶。喇叭状捉手，弧顶，弧壁，顶、壁间折，敞口，圆唇，卷沿。捉手径9.2、口径17.0、高7.9厘米（图一八七，8；彩版一三四，5）。

　　JNZD4M21：15-1，泥质黑皮陶。残破严重。

　　JNZD4M21：12-1，夹砂红陶。残破，桥形提梁，弧顶，弧壁，口微敛，圆唇。口径28.5厘米（图一八七，9）。

　　JNZD4M21：13-1，夹砂红陶。残破，桥形提梁，弧顶，弧壁，口微敛，圆唇。口径18.0厘米（图一八七，10）。

　　JNZD4M21：14-1，夹砂红陶。残破，桥形提梁，弧顶，弧壁，口微敛，圆唇。口径28.4厘米（图一八七，11）。

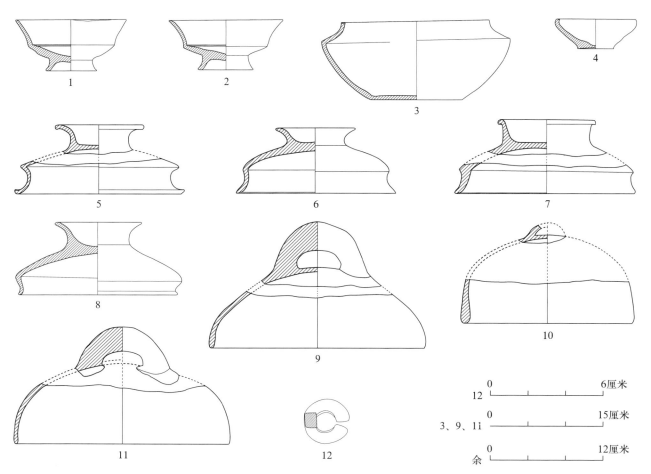

图一八七　寨花头JNZD4M21出土器物

1、2. 原始瓷豆 JNZD4M21：6、7　3. 陶钵 JNZD4M21：5　4. 硬陶盉 JNZD4M21：8　5～11. 陶器盖 JNZD4M21：3-1、11-1、16-1、18-1、12-1、13-1、14-1　12. 玉玦 JNZD4M21：19

玉玦　1件。

JNZD4M21：19，绿松石质。扁环形，一侧有缺口。直径2.4、孔径1.2、厚0.8厘米（图一八七，12；彩版一三四，6）。

（二）器物群

1. JNZD4Q1

JNZD4Q1位于土墩近西部的Ⅰ区和隔梁，层位关系为①–Q1→②（图一八八；彩版一三五，1）。有一个不太规整的小坑，长1.77、宽1.00、深0.16米。

出土器物有残坛1件。

坛　1件。

JNZD4Q1：1，灰色硬陶。侈口，尖唇，卷沿，沿面有一周凹槽，束颈，溜肩，肩以下残缺。颈部饰弦纹，肩部饰方格纹。口径26.0、残高7.5厘米（图一八八，1）。

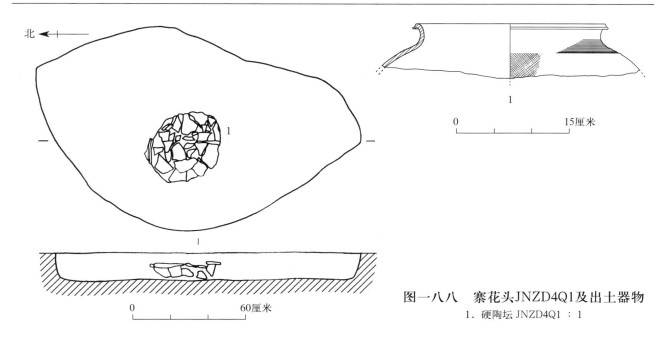

图一八八　寨花头JNZD4Q1及出土器物
1. 硬陶坛 JNZD4Q1：1

2. JNZD4Q2

JNZD4Q2 位于土墩西南部的Ⅲ区，层位关系为①－Q2－②（图一八九；彩版一三五，2）。

出土器物有碗1件。

碗　1件。

JNZD4Q2：1，原始瓷，器表施黄绿釉。敞口，卷沿，沿面有两周凹槽，弧腹，平底内凹。内壁有螺旋凹槽。器底拉切割痕迹。口径15.4、底径6.0、高5.4厘米（图一八九，1；彩版一三五，3）。

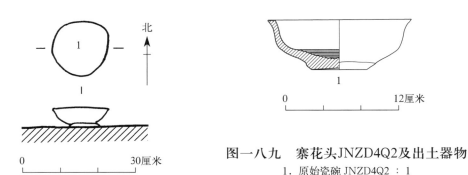

图一八九　寨花头JNZD4Q2及出土器物
1. 原始瓷碗 JNZD4Q2：1

3. JNZD4Q3

JNZD4Q3 位于土墩近西南的Ⅲ区，层位关系为②－Q3－③（图一九○；彩版一三六，1）。

出土器物有残罐1件。

罐　1件。

JNZD4Q3：1，灰色硬陶。上部残，下部斜腹，平底内凹。腹部饰方格纹。底径19.6、残高5.0厘米（图一九○，1）。

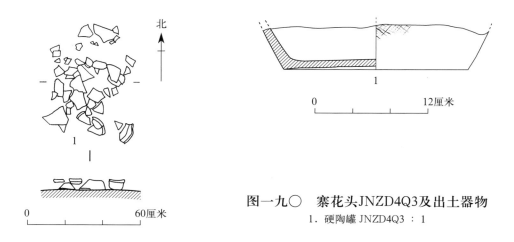

图一九〇　寨花头JNZD4Q3及出土器物
1. 硬陶罐 JNZD4Q3：1

4．JNZD4Q4

JNZD4Q4 位于土墩近西南的Ⅲ区，层位关系为②－Q4－③（图一九一；彩版一三六，2）。
出土器物有坛1、罐1共2件。

坛　1件。

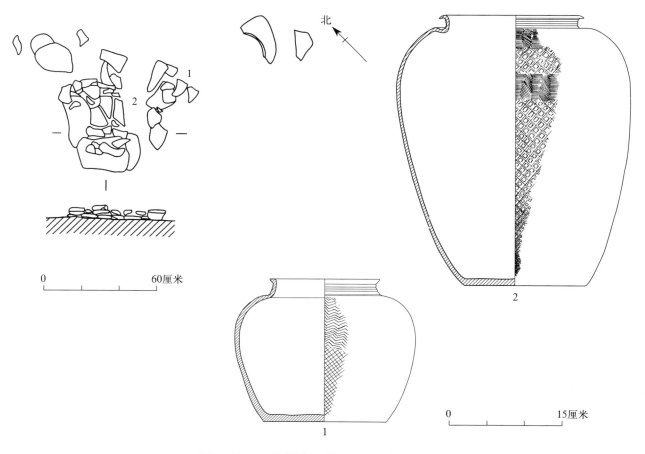

图一九一　寨花头JNZD4Q4及出土器物
1. 陶罐 JNZD4Q4：1　2. 硬陶坛 JNZD4Q4：2

JNZD4Q4：2，灰色硬陶。侈口，尖唇，卷沿，束颈，耸肩，弧腹，平底。颈部饰弦纹，肩、腹部饰折线纹和回纹的组合纹饰。器身略有变形。口径 19.2、底径 16.2、高 36.8 厘米（图一九一，2；彩版一三六，3）。

罐　1 件。

JNZD4Q4：1，泥质灰陶。侈口，尖圆唇，卷沿，束颈，溜肩，弧腹，平底。颈部饰弦纹，肩、腹部饰折线纹和方格纹，纹饰不够清晰。口径 14.6、底径 16.3、高 19.4 厘米（图一九一，1；彩版一三六，4）。

5．JNZD4Q5

JNZD4Q5 位于土墩近西南的Ⅲ区，层位关系为②－Q5－③（图一九二；彩版一三七，1）。

出土器物有豆 1 件，斜置于旁边的石块。

豆　1 件。

JNZD4Q5：1，原始瓷。敞口，尖圆唇，折腹，圈足外撇。内壁折腹处饰弦纹数周。器表内外施黄绿釉。口径 11.6、足径 4.9、高 5.2 厘米（图一九二，1；彩版一三七，2）

石块　1 件。

JNZD4Q5：2，长 7.4、宽 3.7、厚 1.15 厘米。

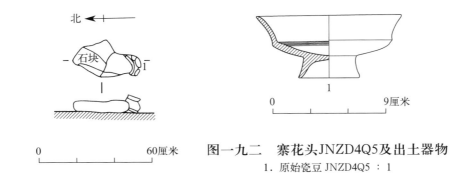

图一九二　寨花头JNZD4Q5及出土器物
1. 原始瓷豆 JNZD4Q5：1

6．JNZD4Q6

JNZD4Q6 位于土墩东北部的Ⅱ区，层位关系为⑤－Q5－⑦（图一九三；彩版一三七，3）。

出土器物有陶鼎 1、罐 1 共 2 件。

鼎　1 件。

JNZD4Q6：2，夹砂红陶。侈口，圆唇，折沿，腹较直，圜底，足残缺。口径 14.2、残高 5.4 厘米（图一九三，2；彩版一三七，4）。

罐　1 件。

JNZD4Q6：1，泥质红陶。侈口，圆唇，卷沿，沿面有一周凹槽，束颈，广肩，鼓腹，平底内凹。颈部饰弦纹，肩、腹部饰席纹。口径 17.8、底径 14.4、高 24.7 厘米（图一九三，1；彩版一三七，5）。

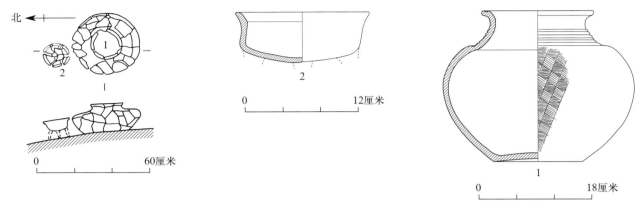

图一九三　寨花头JNZD4Q6及出土器物
1. 陶罐 JNZD4Q6：1　2. 陶鼎 JNZD4Q6：2

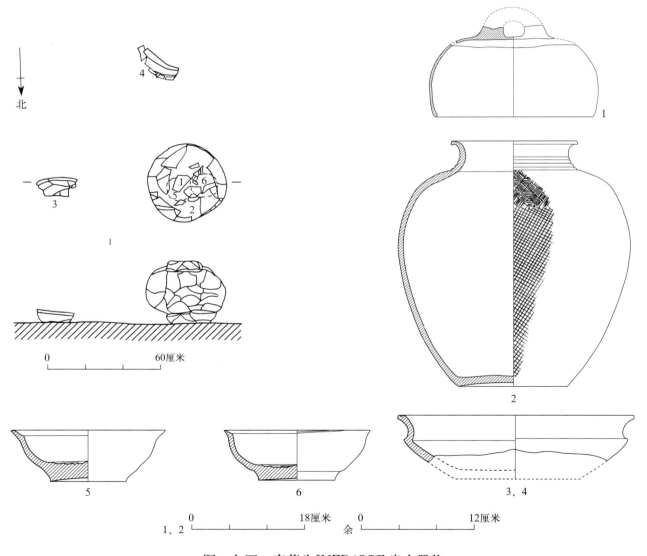

图一九四　寨花头JNZD4Q7及出土器物
1. 陶器盖 JNZD4Q7：1　2. 硬陶坛 JNZD4Q7：2　3、4. 陶盆 JNZD4Q7：3、4　5、6. 原始瓷碗 JNZD4Q7：5、6

7．JNZD4Q7

JNZD4Q7位于土墩东南部的Ⅳ区，层位关系为⑤－Q7－⑥a（图一九四；彩版一三八，1）。

出土器物有坛1、盆1、碗2、器盖1共5件。

坛　1件。

JNZD4Q7：2，灰褐色硬陶。侈口，尖圆唇，卷沿，束颈，溜肩，弧腹，平底内凹。颈部饰弦纹，肩、腹部饰席纹和小方格纹。口径20.0、底径16.8、高40.8厘米（图一九四，2；彩版一三八，2）。

盆　1件。

JNZD4Q7：3和Q7：4拼对而成。泥质灰胎黑皮陶。敞口，圆唇，卷沿，沿面有一周凹槽，折腹，上腹向内弧，下腹斜收，底残。口径25.0、残高5.0厘米（图一九四，3、4）。

碗　2件。

JNZD4Q7：5，原始瓷。敞口，尖圆唇，折沿，沿面内凹，弧腹，平底内凹。内底有螺旋凹槽。器表内外施青绿釉，有剥落现象。口径16.4、底径8.0、高5.6厘米（图一九四，5；彩版一三八，3）。

JNZD4Q7：6，原始瓷。敞口，尖圆唇，折沿，沿面内凹，弧腹，平底内凹。内底有螺旋凹槽。器身略有变形。器表内外釉已剥落殆尽。口径15.6、底径8.2、高5.4厘米（图一九四，6；彩版一三八，4）。

器盖　1件。

JNZD4Q7：1，夹砂红陶。残破，桥形提梁。弧顶，弧壁，敛口，圆唇。口径25.0厘米（图一九四，1）。

8．JNZD4Q8

JNZD4Q8位于土墩北部的隔梁下，层位关系为⑦－Q7－⑧（图一九五；彩版一三八，5）。

出土器物有残罐1件。

罐　1件。

JNZD4Q8：1，泥质红陶。仅有器底，平底内凹。底径13.0、残高2.4厘米（图一九五，1）。

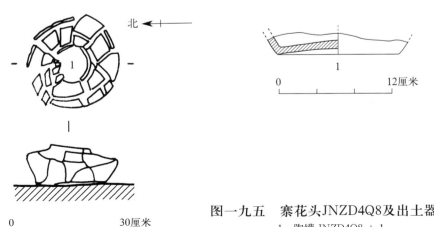

图一九五　寨花头JNZD4Q8及出土器物
1．陶罐JNZD4Q8：1

（三）灰坑

共 3 个。

1．JNZD4H1

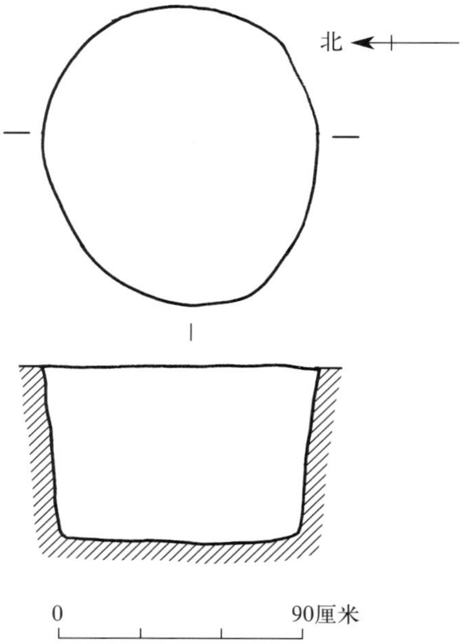

JNZD4H1 位于土墩西南部的Ⅲ区，层位关系为①－H1→②→M2（图一九六；彩版一三九，1）。平面近圆形，斜壁，平底。长 1.00～1.14、深 0.64 米。内填土黄褐色，较疏松，土质细密。

未见包含物。

2．JNZD4H2

JNZD4H2 位于土墩西南部的Ⅲ区，层位关系为①－H2→②（图一九七；彩版一三九，2）。不太规整的长梯形，直壁，平底，东北窄西南宽，坑口东北高西南低，呈斜坡状。长 2.48、宽 0.55～1.26、深 0.57～1.25 米。方向 38°。填土黄褐色，土质疏松细密。

未见包含物。可能为未有随葬品的墓葬。

北 ◄━

0 　　　　　　90厘米

图一九六　寨花头JNZD4H1平、剖面图

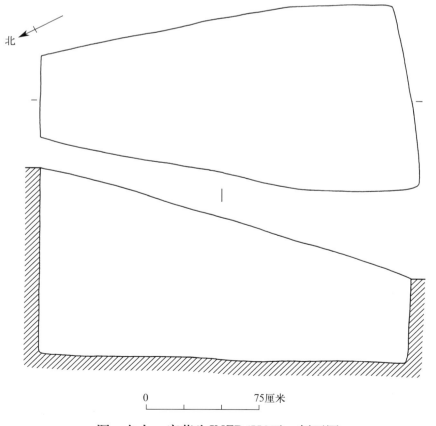

北 ◄

0 　　　　　　75厘米

图一九七　寨花头JNZD4H2平、剖面图

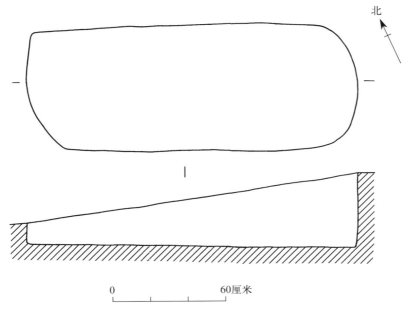

图一九八 寨花头JNZD4H3平、剖面图

3. JNZD4H3

JNZD4H3 位于土墩东北部的 I 区，层位关系为①－H3→②（图一九八；彩版一三九，3）。不太规整的长方形，直壁，平底，坑口东南高西北低，呈斜坡状。长 1.75、宽 0.70、深 0.11～0.41 米。方向 105°。内填土黄褐色，土质疏松细密。

未见包含物。可能为未有随葬品的墓葬。

（四）地层

地层中出土器物有 2 件石器。

穿孔石斧 1 件。

JNZD4 ⑦：1，灰色石质，整体大概呈上略窄，下略宽的条形，下端残，有两面对钻孔。残长 6.0、宽 6.9 厘米（图一九九，1）。

石镞 1 件。

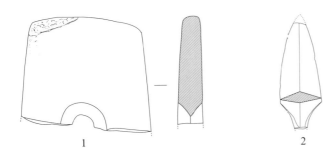

图一九九 寨花头JNZD4地层出土器物

1. 穿孔石斧 JNZD4 ⑦：1 2. 石镞 JNZD4 ⑥ a：1

JNZD4 ⑥ a：1，灰黑石质。整体长三角形，尖部和铤部残，剖面呈菱形。残长5.9、宽2.2厘米（图一九九，2）。

（五）盗洞

盗洞中出土一些陶片，修复完整器罐1、坛1共2件。

罐　1件。

JNZD4 盗：1，泥质灰陶。敛口，方唇，唇面内凹，矮颈，颈部有弦痕，圆折肩，鼓腹，平底。上腹有竖向宽环状耳。口径10.0、底径10.0、高12.8厘米（图二〇〇，1）。

坛　1件。

JNZD4 盗：2，灰色硬陶。侈口，尖唇，卷沿，束颈，溜肩，弧腹，下部残。颈部饰弦纹，肩、腹部饰席纹。残宽7.7、残高8.2厘米（图二〇〇，2）。

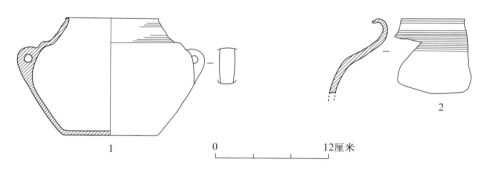

图二〇〇　寨花头JNZD4盗洞出土器物
1. 陶罐 JNZD4 盗：1　2. 硬陶坛 JNZD4 盗：2

四　小结

从地层关系和器物类型学上分析，该土墩墓延续时间较长，可确定最早埋葬的为开口于⑥层下的JNZD4M19和中心主墓JNZD4M21，时代大致处于春秋中后期偏早，与其器物特征相近的单位包括JNZD4M3、M10～13、M15、M18～M20、M21、Q5～Q8。开口于③层下的JNZD4M9器物也具有较早的特征，器物类型上略晚于JNZD4M19和M21，层位关系较晚而遗物较早可能与随葬品数量较少有关，时代大致处于春秋中后期偏晚，与其时代相近的单位包括JNZD4M5、M6、M9、M14、M17。其他墓葬均处于春秋末期，包括JNZD4M1、M2、M4、M7、M8、M16、Q1～Q4。

也就是说，寨花头JNZD4的埋葬过程大致可分为三个阶段：春秋中后期偏早；春秋中后期偏晚和春秋末期。

中心主墓JNZD4M21与M19虽然都开口于⑥层下，大的时间阶段上一致。但从器物上判断，JNZD4M21略晚于M19。也就是说，中心主墓的下葬时间可能并不是最早的。受制于随葬品的种类和数量，以及地层的零散分布，土墩墓器物类型学上所推断的年代序列和地层关系之间往往存在一定的矛盾。地层关系上所显示的晚期墓葬中往往随葬有较早期的器物，甚至完全属于较早期的器物，尤其是那些随葬品数量较少的墓葬更是如此。这类问题的解决应该通过地层关系和器物类型学的相互印证而得出一种较为合理的解释。

第六节　寨花头土墩墓D5

一　概况

寨花头土墩墓 D5（编号 JNZD5）位于江苏省句容市区以南约 25 千米的天王镇农林行政村寨花头自然村北部约 500 米处，西侧紧邻浮山果园，处于浮山北面的岗丘高地之上，为茅山以西句容浮山果园土墩墓群的组成部分（见图三；彩版一四〇，1）。

2004 年 7～8 月南京博物院考古研究所对宁常、镇溧高速公路所经地域范围进行考古调查和勘探时发现。2005 年 7～9 月，南京博物院考古研究所主持了寨花头土墩墓 D5 的抢救性科学考古发掘。

JNZD5 位于宁常高速公路施工取土场范围内，中心地理坐标为 N31°43′25″，E119°10′191″，海拔高度 43 米。西距 JNZD3 约 100、东距 JNZD6 约 20、东南距 JNZD4 约 20 米。土墩呈漫坡状，由中心向四周逐渐趋缓。现存底径东西 27.65、南北约 31.65、高约 3.0 米。土墩东面有一东西约 8.8、南北约 12.5、深 4.0～5.0 米的小池塘（图二〇一）。

二　地层堆积

以东西向隔梁南壁和南北向隔梁西壁剖面为例介绍（图二〇二）。

第①层：可分①a 和①b 两小层。

第①a 层：耕土层，灰褐色土，厚 0.10～0.65 米。土质松软，内夹杂有植物根茎、红烧土块、近现代砖瓦片、瓷片等。该层堆积随墩表凹凸不平，呈漫坡状分布于整个土墩。

第①b 层：灰白色土，深 0.10～0.65、厚 0～0.85 米。土质较松软，内夹杂有近现代砖瓦片、瓷片等。本层呈漫坡状分布于土墩东南部边缘。

第②层：可分②a、②b 两小层。

第②a 层：褐色土，深 0.20～0.50、厚 0～0.85 米。土质较硬，内夹杂红烧土颗粒，本层分布于土墩四周边缘墩脚处，呈环形漫坡状。

第②b 层：红褐色夹黑斑点土，深 0.25～1.15、厚 0～0.60 米。土质较硬，本层呈漫坡状分布于土墩东部，该层下有 JNZD5M1、M2、M3，打破③层。

第③层：灰黄色土，深 0.20～1.20、厚 0～0.80 米。土质较硬，内夹杂有红烧土颗粒，呈漫坡状分布于土墩四周。该层下有一围拢状小夹层，红褐色土夹黑斑点土，深 0.12～0.85、厚 0～0.35 米，呈宽窄不等的条形分布于土墩的东南部和南部以及西北部。第③层和夹层下有 JNZD5M4、M5、M6、M7、Q1，打破或叠压于第④层。

第④层：由黄色土、灰色土、黑色土、灰白色土等多种逐渐堆成花斑土，以黄色土、灰色土较多，

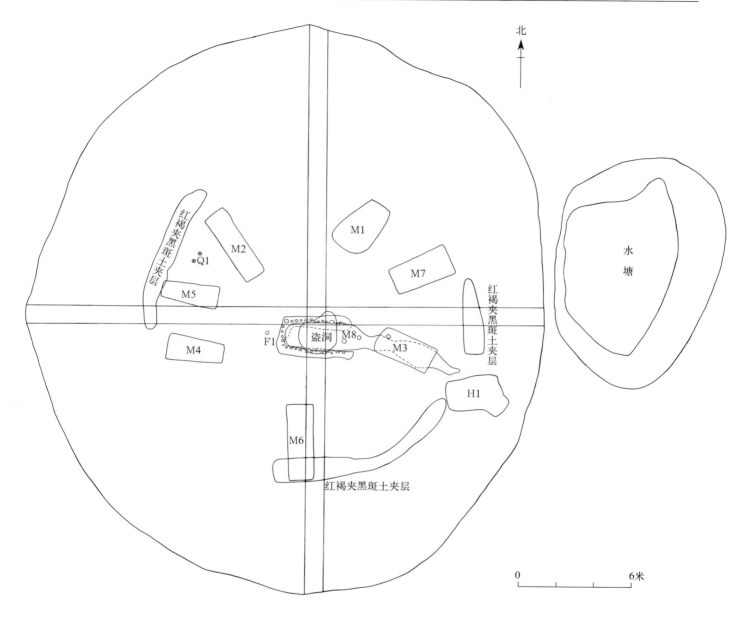

北

红褐夹黑斑土夹层

M2

Q1

M1

M5

M7

红褐夹黑斑土夹层

F1 盗洞 M8

M4

M3

H1

M6

红褐夹黑斑土夹层

水塘

0　　　　　　6米

图二〇一　寨花头JNZD5墓葬分布平面图

大多呈层片状、团块、堆状等，深0.20～1.20、厚0～1.95米。土质相对较松，内夹杂小块红烧土和颗粒、零星陶片和个别石锛等，反映出堆筑时的状态和土的来源杂乱，为土墩主要堆土，呈中心高，四周低的漫坡状分布。该层下有JNZD5M8打破第⑤层。

第⑤层：有灰黑色、灰色、青灰色等土堆积成的偏灰色花斑土，深1.20～2.00、厚0～1.25米。相对较松，呈漫坡状分布于土墩中心。该层下JNZD5F1（包括基槽、柱洞等）打破第⑥层，JNZD5F1有柱子出露被覆盖残留在第⑤层下半部，出露高度约在0.40米以内。

第⑥层：灰白色土，深1.25～2.75、厚0～0.30米。土质相对较硬，土质较为纯净，分布于土墩中部，堆积较平坦。⑥层下有灰坑JNZD5H1，打破枣红色生土层。

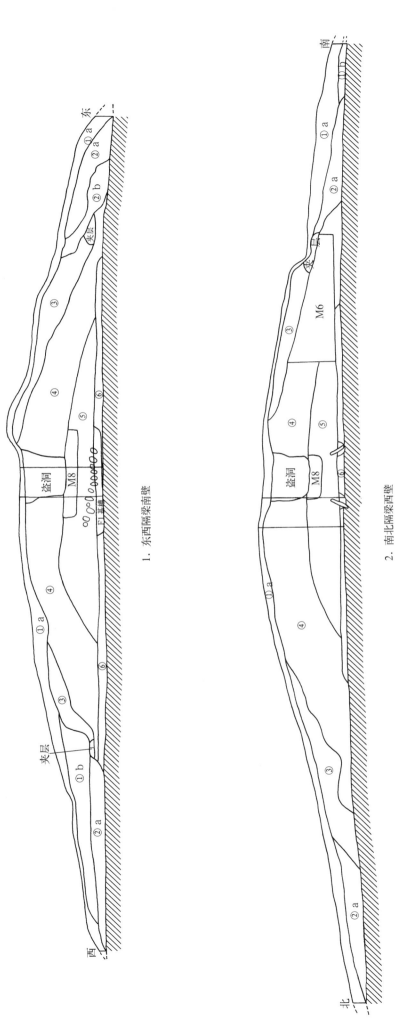

1. 东西隔梁南壁

2. 南北隔梁西壁

0   3.6米

图二〇二　寨花头JNZD5地层剖面图

三　遗迹遗物

JNZD5 共清理墓葬 8 座、器物群 1 组、房址 1 座、灰坑 1 个。

（一）墓葬

JNZD5 共出土墓葬 8 座，属于江南土墩墓中的一墩多墓类型。② b 层下有 JNZD5M1、M2、M3 打破③层，③层和夹层下有 JNZD5M4、M5、M6、M7 打破④层，④层下 M8 打破⑤层。JNZD5M8 为土墩中时代最早的墓葬，位于土墩中部，形制相对较为特殊，其余各层各座墓葬均为直壁平底竖穴土坑墓，环绕于土墩四周。因江南地区特殊的偏酸性的土壤条件，尸骨大多很难保存，仅 JNZD5M2、M5 等墓残留少量牙齿和骨灰粉末，头向朝向土墩中心，呈现出一种向心结构布局。

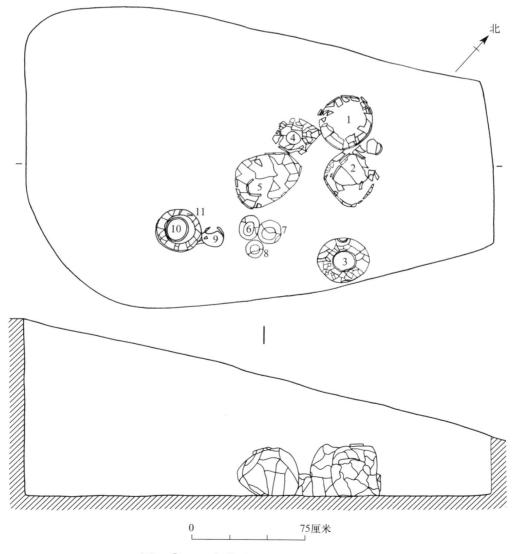

图二〇三　寨花头JNZD5M1平、剖面图

1. 硬陶坛　2、3. 陶罐　4. 陶钵　5. 陶坛　6～8. 原始瓷豆　9. 陶鼎　10. 硬陶瓿　11. 原始瓷罐

1. JNZD5M1

JNZD5M1 位于土墩东北部的Ⅱ区，层位关系为②b－M1→③（图二〇三；彩版一四〇，2）。不规则圆角梯形竖穴土坑墓，东北窄西南宽，直壁，平底，壁、底无明显加工痕迹，墓口西南高东北低，呈斜坡状，长 3.10、宽 1.40～2.08、深 0.39～1.20 米。墓向为东北－西南向，头向 230°。内填红褐色土，土中含草木灰烬。

随葬品有鼎 1、坛 2、罐 3、瓿 1、豆 3、钵 1 共 11 件。

鼎　1 件。

JNZD5M1：9，夹砂红陶。侈口，尖圆唇，折沿，弧腹，圜底，三锥形足，足尖略外撇。腹部有羊角形纽。口径 18.1、高 13.0 厘米（图二〇四，1；彩版一四一，1）。

坛　2 件。

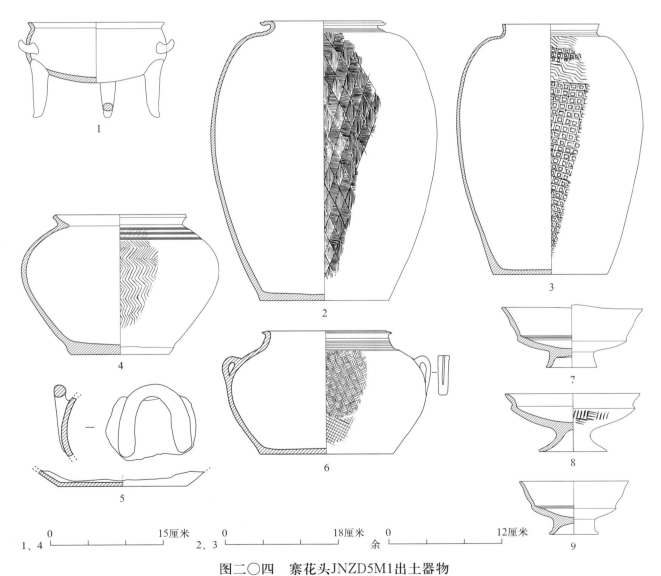

0　　　　　15厘米　　0　　　　　18厘米　　0　　　　　12厘米
1、4　　　　　　　　　2、3　　　　　　　余

图二〇四　寨花头JNZD5M1出土器物

1. 陶鼎 JNZD5M1：9　2. 硬陶坛 JNZD5M1：1　3. 陶坛 JNZD5M1：5　4. 原始瓷罐 JNZD5M1：11　5. 陶罐 JNZD5M1：2
6. 硬陶瓿 JNZD5M1：10　7～9. 原始瓷豆 JNZD5M1：6～8

JNZD5M1：1，灰色硬陶。侈口，尖圆唇，卷沿，束颈，弧肩微耸，弧腹，平底。颈部饰弦纹，肩、腹部饰菱形填线纹。口径 20.1、底径 20.3、高 46.0 厘米（图二〇四，2；彩版一四一，2）。

JNZD5M1：5，泥质红陶。直口，方唇，短颈，弧肩微耸，弧腹，平底。颈部饰弦纹，肩及上腹部饰两组折线纹，间以一组回纹，下腹部饰回纹。口径 15.6、底径 18.0、高 41.3 厘米（图二〇四，3）。

罐　3 件。

JNZD5M1：11，原始瓷。侈口，方唇，折沿，沿面微凹，溜肩，鼓腹，平底。肩部饰弦纹和戳点纹，腹部饰折线纹。器表施青绿釉，略有脱落。口径 17.6、底径 12.9、高 18.9 厘米（图二〇四，4；彩版一四一，3）。

JNZD5M1：2，泥质灰胎黑皮陶，残破严重，腹部有贴附泥条耳，平底。底径 13.6 厘米（图二〇四，5）。

JNZD5M1：3，泥质灰胎黑皮陶，残破严重。

瓿　1 件。

JNZD5M1：10，灰色硬陶，器表色泽不匀。口微侈，尖圆唇，卷沿，沿面有一道凹槽，短束颈，溜肩，鼓腹，平底。肩、腹部有双并泥条桥形对称双竖纽，颈部饰弦纹，肩及上腹部饰席纹，下腹部饰小方格纹。口径 13.9、底径 14.0、高 13.4 厘米（图二〇四，6）。

豆　3 件。

JNZD5M1：6，原始瓷。敞口，圆唇，折腹，内壁折腹处有弦纹，喇叭状圈足。器内外施青绿釉，釉呈点状分布。口径 15.0、足径 5.4、高 6.7 厘米（图二〇四，7；彩版一四一，4）。

JNZD5M1：7，原始瓷。敞口，尖唇，折腹，下腹弧收，喇叭状圈足外撇较甚。下腹部饰粗席纹，局部同一位置两次拍印。器内外施青绿釉，有积釉、流釉现象。口径 14.4、足径 7.3、高 6.3 厘米（图二〇四，8；彩版一四一，5）。

JNZD5M1：8，原始瓷。敞口，圆唇，折腹，内壁折腹处有弦纹，喇叭状圈足，足部略烧制变形。器内外施青绿釉。口径 11.5、足径 5.2、高 5.8 厘米（图二〇四，9）。

钵　1 件。

JNZD5M1：4，泥质黑皮陶，残破严重，无法复原。

2. JNZD5M2

JNZD5M2 位于土墩西北部的 I 区，层位关系为②b－M2→③（图二〇五；彩版一四二，1、2）。不规则长方形竖穴土坑墓，东南略窄西北略宽，直壁底较平，内填红褐色夹花斑色土，土质松软。墓口东南高西北低，呈斜坡状，长 4.18、宽 1.22～1.31、深 0.32～0.80 米。墓向为西北－东南向，头向 143°。墓底有大小不一 73 块石块铺成的石床，东南端有 30 块石头堆砌的石墙，部分石块高出墓口，共五层（彩版一四三，1），排列整齐。西北端有牙齿腐朽后留下的骨渣（彩版一四三，2）。

随葬品有鼎 3、坛 2、罐 1、瓿 2、豆 4 共 12 件。

鼎　3 件。

JNZD5M2：3，夹砂红陶。侈口，圆唇，折沿，弧腹，腹部有羊角形小纽，圜底残，三锥状足，足尖残缺。内外壁均有烟熏痕迹。口径 19.1、残高 9.2 厘米（图二〇六，1；彩版一四四，1）。

JNZD5M2：8-1，夹砂红陶。侈口，圆唇，折沿，弧腹，腹部有羊角形小纽，三锥状足。内外壁有烟熏痕迹。口径 19.6、高 13.4 厘米（图二〇六，2；彩版一四四，2）。

JNZD5M2：4-2，夹砂红陶。仅余口沿，侈口，圆唇，折沿，下部残，口径 22.0、残高 3.8 厘米（图二〇六，3）。

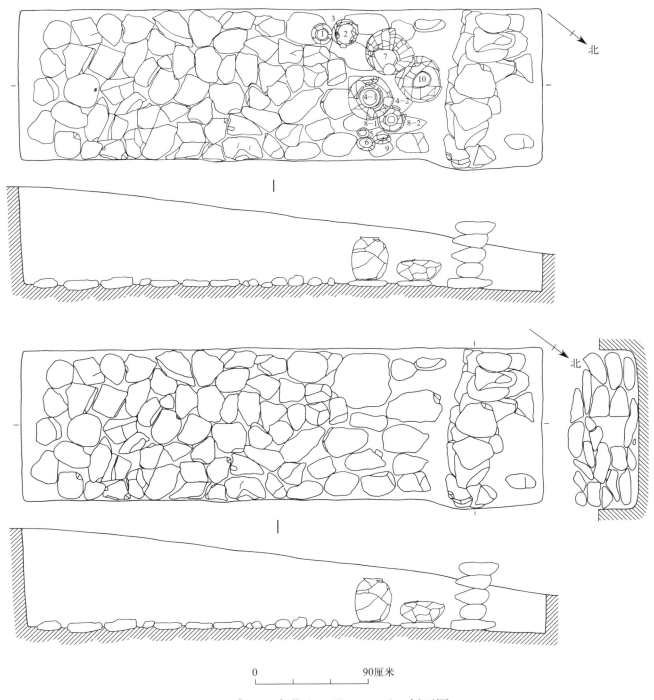

图二〇五　寨花头JNZD5M2平、剖面图

1、2. 硬陶瓿　3、4-2、8-1. 陶鼎　4-1、7. 硬陶坛　5、6. 原始瓷豆　8-2. 陶器盖　9. 硬陶豆　10. 陶罐

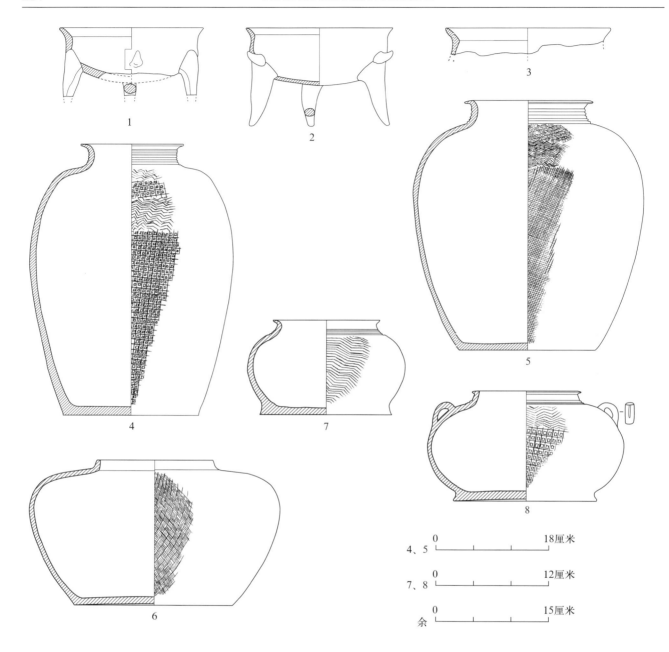

图二〇六　寨花头JNZD5M2出土器物

1～3. 陶鼎 JNZD5M2：3、8-1、4-2　4、5. 硬陶坛 JNZD5M2：4-1、7　6. 陶罐 JNZD5M2：10　7、8. 硬陶瓿 JNZD5M2：1、2

坛　2件。

JNZD5M2：4-1，灰色硬陶。侈口，尖圆唇，卷沿，束颈，弧肩微耸，弧腹，平底。颈部饰弦纹，肩、腹部饰折线纹和回纹的组合纹饰，局部重复拍印形成抹断。口径16.1、底径21.4、高44.6厘米（图二〇六，4；彩版一四四，4）。

JNZD5M2：7，红色硬陶。侈口，尖圆唇，卷沿，束颈，弧肩，弧腹，平底。颈部饰弦纹，肩、腹部饰菱形填线纹、折线纹，小方格纹的组合纹饰。口径20.4、底径22.0、高40.8厘米（图二〇六，5；彩版一四四，5）。

罐　1件。

JNZD5M2：10，泥质灰陶。直口，方唇，短颈，广肩，鼓腹，平底微内凹。肩、腹部饰席纹。口径15.4、底径21.0、高20.0厘米（图二〇六，6；彩版一四四，3）。

瓿　2件。

JNZD5M2：1，灰色硬陶。侈口，尖唇，卷沿，短束颈，弧肩，鼓腹，大平底。肩部饰弦纹，腹部饰折线纹。口径11.5、底径14.0、高10.3厘米（图二〇六，7；彩版一四五，1）。

JNZD5M2：2，灰色硬陶。直口，尖圆唇，平沿，短颈，弧肩，鼓腹，平底微凹。上腹部对称两耳，各以泥条捏制而成。颈部饰弦纹，肩、腹部饰折线纹和回纹的组合纹饰。口径11.2、底径15.3、高12.1厘米（图二〇六，8；彩版一四五，2）。

豆　4件。

JNZD5M2：5，原始瓷。敞口，圆唇，折腹，圈足。内壁折腹处有弦纹数周。器身烧制略有变形。器表釉已剥落。口径11.6、足径6.4、高6.5厘米（图二〇七，1；彩版一四五，3）。

JNZD5M2：6，原始瓷。敞口，圆唇，折腹，圈足。内壁折腹处有弦纹数周。器身烧制略有变形。器内外施黄绿釉。口径12.8、底径5.7、高6.0厘米（图二〇七，2；彩版一四五，4）。

JNZD5M2：9，红色硬陶。敞口，尖圆唇，折腹，圈足。内壁折腹处有弦纹数周。圈足、底心有堆积釉现象。口径12.6、底径6.2、高6.1厘米（图二〇七，3；彩版一四五，5）。

器盖　1件。

JNZD5M2：8-2，泥质黑皮陶。喇叭状捉手，弧顶，弧壁，顶、壁间折，敞口，方唇，卷沿。口径19.4、捉手径10.4、高8.4厘米（图二〇七，4）。

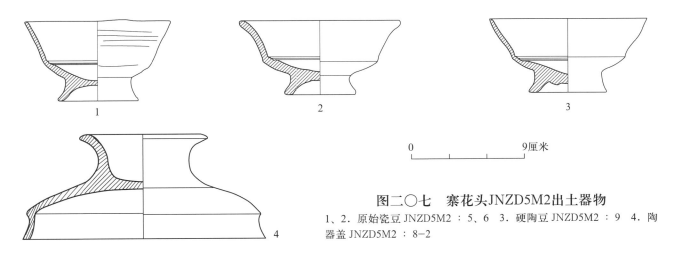

0　　　　　　　9厘米

图二〇七　寨花头JNZD5M2出土器物

1、2. 原始瓷豆JNZD5M2：5、6　3. 硬陶豆JNZD5M2：9　4. 陶器盖JNZD5M2：8-2

3. JNZD5M3

JNZD5M3位于土墩东南部的Ⅳ区，层位关系为②b－M3→③（图二〇八；彩版一四六，1）。不规则长方形竖穴土坑墓，直壁，平底，填红棕色土，土质相对松软。墓口西北高东南低，呈斜坡状，长3.16、宽1.52、深0.50～1.10米。墓向为西北-东南向，头向292°。墓底有大小不一3块石块铺成的简易石床，西北部有68块石块垒成的石墙，大概可分9层，部分石块高出墓口（彩版一四七，1、2）。

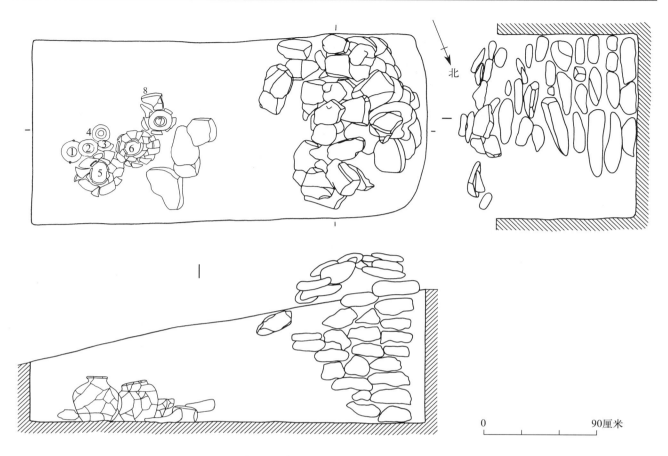

图二〇八　寨花头JNZD5M3平、剖面图
1. 硬陶瓴　2、4. 原始瓷豆　3. 陶钵　5、6. 硬陶坛　7. 陶器盖　8. 陶鼎

随葬品在东南端的石床附件，有鼎1、坛2、瓴1、豆2、钵1、器盖1共8件。

鼎　1件。

JNZD5M3：8，夹砂红陶。侈口，圆唇，折沿，弧腹，圜底，三圆锥足。口径23.0、高19.5厘米（图二〇九，1；彩版一四八，1）。

坛　2件。

JNZD5M3：5，灰色硬陶。侈口，尖唇，卷沿，束颈，弧肩，弧腹，平底微凹。颈部饰弦纹，肩、腹部饰席纹和小方格纹。口径18.8、底径21.6、高42.8厘米（图二〇九，2；彩版一四六，2）。

JNZD5M3：6，灰色硬陶。侈口，尖唇，卷沿，束颈，弧肩，弧腹，平底微凹。颈部饰弦纹，肩、腹部饰折线纹和回纹的组合纹饰。口径18.4、底径18.8、高41.3厘米（图二〇九，3；彩版一四六，3）。

瓴　1件。

JNZD5M3：1，灰色硬陶。敛口，方唇，斜肩，鼓腹，平底。腹部贴附对称两耳状饰，各以泥条捏制而成。口肩部饰弦纹，腹部饰折线纹。口径8.0、底径13.0、高7.4厘米（图二〇九，4；彩版一四八，2）。

豆　2件。

JNZD5M3：2，原始瓷。敞口微折沿，尖圆唇，折腹，圈足。内壁折腹处有数周弦纹，器身烧制

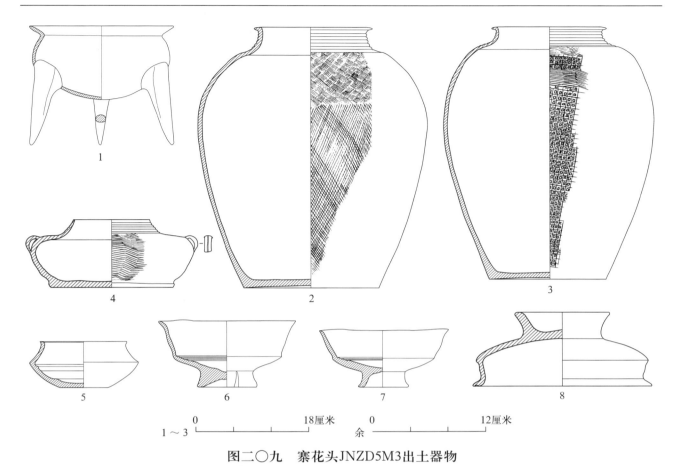

图二〇九 寨花头JNZD5M3出土器物

1. 陶鼎 JNZD5M3：8 2、3. 硬陶坛 JNZD5M3：5、6 4. 硬陶瓿 JNZD5M3：1 5. 陶钵 JNZD5M3：3 6、7. 原始瓷豆 JNZD5M3：2、4 8. 陶器盖 JNZD5M3：7

变形。器内外施青绿釉。口径14.6、足径6.4、高7.2厘米（图二〇九，6；彩版一四八，3）。

JNZD5M3：4，原始瓷。敞口，尖唇，折腹，圈足。内壁折腹处有数周弦纹，器身烧制变形。器表施青绿釉，有剥落现象。口径13.8、足径5.4、高6.2厘米（图二〇九，7；彩版一四八，4）。

钵 1件。

JNZD5M3：3，泥质黑皮陶。口微敛，方唇，束颈，折腹，平底，内壁有弦痕。口径9.2、底径5.2、高5.0厘米（图二〇九，5；彩版一四八，5）。

器盖 1件。

JNZD5M3：7，泥质黑皮陶。喇叭状捉手，弧顶，弧壁，顶、壁间折，敞口，圆唇，卷沿，沿面有一周凹槽。捉手径10.0、口径19.0、高8.0厘米（图二〇九，8；彩版一四八，6）。

4．JNZD5M4

JNZD5M4位于土墩近西部的Ⅲ区，层位关系为③－M4→④（图二一〇；彩版一四九，1）。长梯形竖穴土坑墓，东部窄西部宽，直壁，平底。内填棕色夹花斑土，土质相对松软。墓口东高西低，呈斜坡状。长3.01、宽0.97～1.49、深0.10～0.45米。墓向为近东西向，头向99°。

随葬品有鼎1、坛1、罐2、豆4共8件。

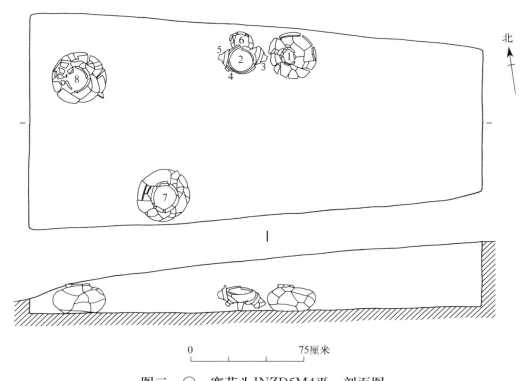

图二一〇　寨花头JNZD5M4平、剖面图
1、8. 陶罐　2. 陶鼎　3～5. 原始瓷豆　6. 陶豆　7. 硬陶坛

鼎　1件。

JNZD5M4：2，夹砂红陶。侈口，尖圆唇，微卷沿，弧腹，圜底，圆锥足。口径17.4、高15.6厘米（图二一一，1；彩版一四九，2）。

坛　1件。

JNZD5M4：7，灰色硬陶。侈口，方唇，卷沿，束颈，溜肩，弧腹，平底微凹。颈部饰弦纹，肩、腹部饰席纹与小方格纹相间的组合纹饰。口径20.4、底径20.4、高41.8厘米（图二一一，2；彩版一四九，3）。

罐　2件。

JNZD5M4：8，泥质红胎灰黑陶。侈口，方圆唇，卷沿，沿面有一周凹槽。矮束颈，广肩，鼓腹，平底。颈部饰弦纹，腹部饰席纹。口径14.2、底径17.0、高22.2厘米（图二一一，3；彩版一五〇，1）。

JNZD5M4：1，泥质红胎灰黑陶。残损，平底微凹。颈部饰弦纹，腹部饰席纹。底径15.0厘米（图二一一，4）。

豆　4件。

JNZD5M4：3，原始瓷。敞口，尖唇，沿微折斜，微束颈折腹，喇叭状圈足。内壁折腹处有弦纹数周。器物在烧制过程中有变形和鼓涨现象。器表内外施青绿釉。口径12.8、足径5.6、高6.4厘米（图二一一，5；彩版一五〇，2）。

JNZD5M4：4，原始瓷。敞口，尖唇，束颈折腹，喇叭状圈足。内壁折腹处有弦纹数周。器身略有变形。器表施青绿釉。口径12.4、足径4.5、高5.2厘米（图二一一，6；彩版一五〇，3）。

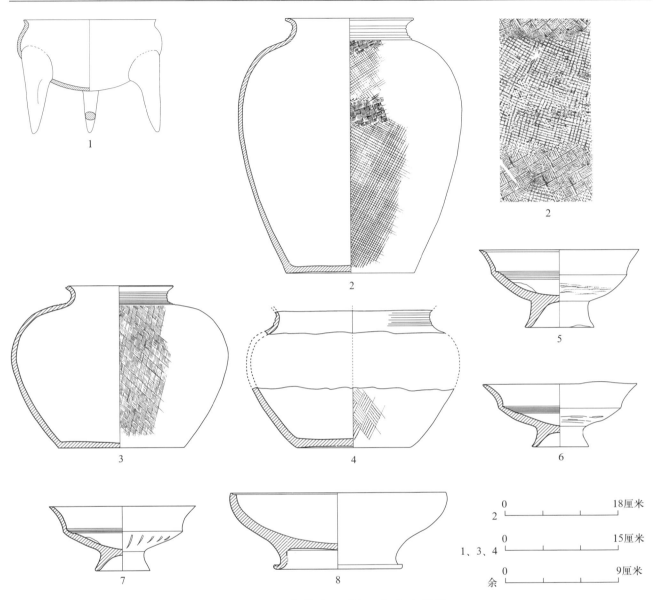

图二一一　寨花头JNZD5M4出土器物

1. 陶鼎 JNZD5M4：2　2. 硬陶坛 JNZD5M4：7　3、4. 陶罐 JNZD5M4：8、1　5～7. 原始瓷豆 JNZD5M4：3～5　8. 陶豆 JNZD5M4：6

　　JNZD5M4：5，原始瓷。敞口，尖唇，折腹，喇叭状圈足。内壁折腹处有弦纹数周。器表施青绿釉。口径 11.8、足径 4.4、高 5.2 厘米（图二一一，7；彩版一五〇，4）。

　　JNZD5M4：6，泥质黑皮陶。微敛口，方唇，唇面有凹槽，弧腹，喇叭状矮圈足外撇卷。口径 17.2、足径 10.4、高 6.2 厘米（图二一一，8；彩版一五〇，5）。

5. JNZD5M5

　　JNZD5M5 位于土墩近西部，层位关系为③和夹层下－M5→④（图二一二；彩版一五一，1）。长梯形竖穴土坑墓，东宽西窄，直壁，平底，墓口东高西低，呈斜坡状。内填红棕色土，土质相对松软，

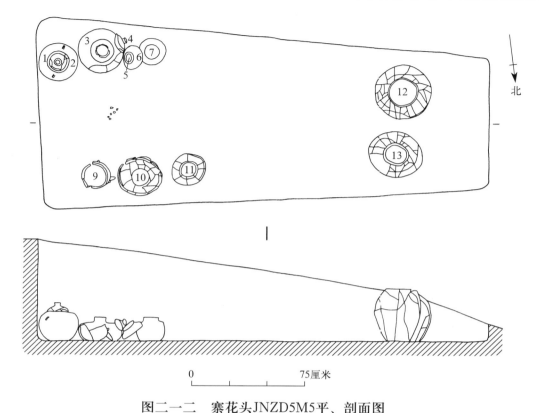

图二一二　寨花头JNZD5M5平、剖面图

1、4、6. 原始瓷豆　2、11. 硬陶罐　3、7、12. 陶罐　5. 陶豆　9. 陶鼎　10. 陶盆　13. 硬陶坛

颗粒较细。长 3.00、宽 0.90～1.33、深 0.12～0.70 米。墓向为东西向，东端有少量腐朽的牙齿，头向 99°。

随葬品有鼎 1、坛 1、罐 5、豆 4、盆 1 共 12 件。

鼎　1 件。

JNZD5M5：9，夹砂红陶。侈口，尖圆唇，折沿，弧腹，圜底，三扁锥足。腹部有羊角形小纽。器表有烟熏痕迹。口径 17.4、高 14.0 厘米（图二一三，1；彩版一五一，2）。

坛　1 件。

JNZD5M5：13，灰色硬陶。侈口，尖圆唇，卷沿，沿面有一周凹槽，束颈，耸肩，弧腹，平底内凹。器表和底部有起鼓现象。颈部饰弦纹，肩、腹部饰折线纹和回纹相间的组合纹饰。口径 17.5、底径 18.1、高 41.6 厘米（图二一三，2；彩版一五一，3）。

罐　5 件。

JNZD5M5：2，灰色硬陶。敛口，方唇，唇面内凹，斜直颈，溜肩，弧腹，平底内凹。肩部贴附对称以小泥条捏制成的两耳。颈部饰弦纹，肩、腹部饰折线纹和回纹相间的组合纹饰。口径 15.0、底径 19.8、高 31.2 厘米（图二一三，3；彩版一五一，4）。

JNZD5M5：11，灰色硬陶。侈口，尖圆唇，卷沿，沿面有一周凹槽，束颈，溜肩，鼓腹，平底内凹。颈部饰弦纹，肩、腹部饰席纹。口径 12.8、底径 10.8、高 13.0 厘米（图二一三，4；彩版一五二，1）。

JNZD5M5：7，泥质灰陶。微侈口，尖圆唇，矮颈，溜肩，鼓腹，平底，下部有明显的手抹痕迹。肩部原有双系，已残缺。肩部饰弦纹和戳点纹的组合纹饰。口径 10.2、底径 13.2、高 12.8 厘米（图二一三，5）。

　　JNZD5M5：12，泥质灰陶。侈口，方唇，短颈，溜肩，弧腹，平底内凹。腹部饰席纹。口径21.0、底径22.7、高31.4厘米（图二一三，6）。

　　JNZD5M5：3，泥质红胎黑皮陶。平底内凹，下腹斜收，腹部饰席纹，上部残。底径11.0、残高6.6厘米（图二一三，7）。

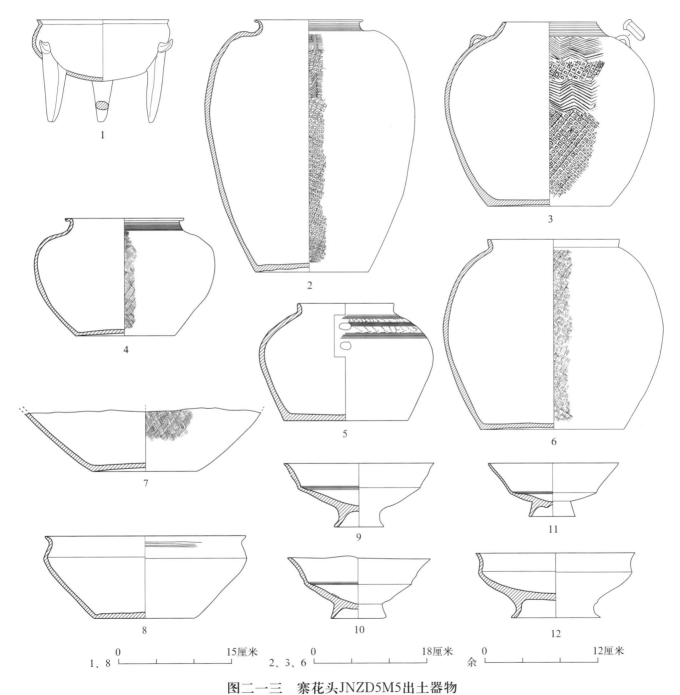

图二一三　寨花头JNZD5M5出土器物

1. 陶鼎 JNZD5M5：9　2. 硬陶坛 JNZD5M5：13　3、4. 硬陶罐 JNZD5M5：2、11　5～7. 陶罐 JNZD5M5：7、12、3　8. 陶盆 JNZD5M5：10　9～11. 原始瓷豆 JNZD5M5：1、4、6　12. 陶豆 JNZD5M5：5

盆　1件。

JNZD5M5：10，泥质灰红胎黑皮陶。侈口，尖圆唇，卷沿，束颈，折腹，平底。颈部有轮刮划痕。口径26.5、底径13.3、高11.2厘米（图二一三，8；彩版一五二，2）。

豆　4件。

JNZD5M5：1，原始瓷。敞口，尖圆唇，折腹，矮圈足。内壁折腹处有弦纹数周。器身略有变形。内底有3个支钉。器表施黄绿釉。口径16.0、足径5.4、高7.0厘米（图二一三，9；彩版一五二，3）。

JNZD5M5：4，原始瓷。敞口，尖圆唇，微束颈，折腹，矮圈足。内壁折腹处有弦纹数周，器身略有变形和气泡起鼓现象。内底有2个窄条形支钉痕迹。器表施黄绿釉。口径15.1、足径6.0、高6.6厘米（图二一三，10；彩版一五二，4）。

JNZD5M5：6，原始瓷。敞口，尖圆唇，折腹，矮圈足。内壁折腹处有弦纹数周。器身略有变形。内有支钉痕迹两条。器表内外施黄绿釉。口径14、底径5.0、高5.8厘米（图二一三，11；彩版一五二，5）。

JNZD5M5：5，泥质黑皮陶。敞口，尖圆唇，束颈，折腹，喇叭状矮圈足。素面。口径17.0、底径9.4、高7.0厘米（图二一三，12；彩版一五二，6）。

6．JNZD5M6

JNZD5M6位于土墩南部，层位关系为③层和夹层下－M6→④（图二一四；彩版一五三，1、2）。近长方形竖穴土坑墓，北略宽南略窄，直壁，平底。内填深棕色土，土质疏松，颗粒较细。墓口北高南低，呈斜坡状，长4.20、宽1.35～1.45、深0.35～1.55米。墓向为南北向，头向367°。墓底有大小不一的58块石块铺成的石床，石块较小，且分散，北部有35块石块垒成的石墙，堆积较为散乱。

随葬品有鼎2、坛2、罐4、瓿2、豆3、盆1、钵1、器盖1共16件。

鼎　2件。

JNZD5M6：3，夹砂红褐陶。侈口，尖圆唇，折沿，沿面稍鼓，弧腹，圜底，三扁圆锥形足。沿面略凸，足根部各有1个羊角形小纽。口径15.6、高10.7厘米（图二一五，1；彩版一五四，1）。

JNZD5M6：8，夹砂红褐陶。侈口，圆唇，宽折沿，沿面较平，弧腹，圜底，三扁圆锥形足。泥条盘筑。口径21.0、高16.8厘米（图二一五，2；彩版一五四，2）。

坛　2件。

JNZD5M6：14，灰褐色硬陶。侈口，尖圆唇，卷沿微外翻，耸肩，鼓腹，平底微内凹。颈部饰弦纹，肩、腹部饰方格纹。口径17.3、底径21.5、高45.3厘米（图二一五，3；彩版一五四，3）。

JNZD5M6：15，灰色硬陶。侈口，方唇，卷沿，矮领，领部有爆浆釉，耸肩，鼓腹，平底微内凹。颈部饰弦纹，肩、腹部饰席纹与方格纹的组合纹饰。口径20.4、底径21.1、高48.7厘米（图二一五，4；彩版一五四，4）。

罐　4件。

JNZD5M6：13，灰褐色硬陶。侈口，圆唇，卷沿，沿面有一周凹槽，束颈，耸肩，弧腹，平底内凹。颈部饰弦纹，肩、腹部饰套菱纹和回纹相间的组合纹饰。口径16.3、底径16.4、高26.9厘米（图二一五，5；彩版一五五，1）。

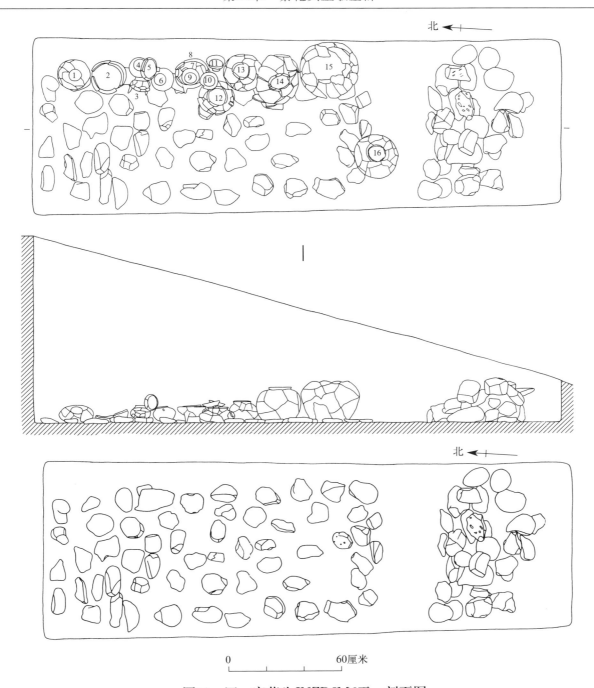

图二一四　寨花头JNZD5M6平、剖面图

1、12、16. 陶罐　2. 陶盆　3、8. 陶鼎　4、6. 硬陶瓿　5. 陶钵　7. 陶器盖　9、10、11. 原始瓷豆　13. 硬陶罐　14、15. 硬陶坛

　　JNZD5M6∶1，泥质灰胎黑皮陶。侈口，圆唇，卷沿，沿面有一周凹槽，束颈，耸肩，鼓腹，平底内凹。上腹部有对称两桥形耳。口径11.0、底径11.3、高15.3厘米（图二一五，6；彩版一五五，2）。

　　JNZD5M6∶12，泥质灰胎黑皮陶。侈口，尖圆唇，卷沿，沿面有一周凹槽，束颈，耸肩，鼓腹，平底。上腹部有对称两桥形耳，表面有套菱形纹饰。口径16.0、底径15.2、高18.8厘米（图二一五，7；彩版一五五，3）。

　　JNZD5M6：16，泥质褐陶。残破严重，平底，下腹部饰席纹（图二一五，8）。

　　瓿　2件。

　　JNZD5M6：4，灰色硬陶。侈口，尖圆唇，卷沿，束颈，溜肩，鼓腹，平底微凹。颈部饰弦纹，肩、腹部饰菱形填线纹。口径10.5、底径10.4、高10.4厘米（图二一六，1；彩版一五五，4）。

　　JNZD5M6：6，灰褐色硬陶。侈口，尖唇，微卷沿，束颈，溜肩，鼓腹，平底。上腹有对称竖向泥条器耳，已残。颈部饰弦纹，肩、腹部饰折线纹和回纹。口径10.7、底径13.6、高11.3厘米（图二一六，2；彩版一五六，1）。

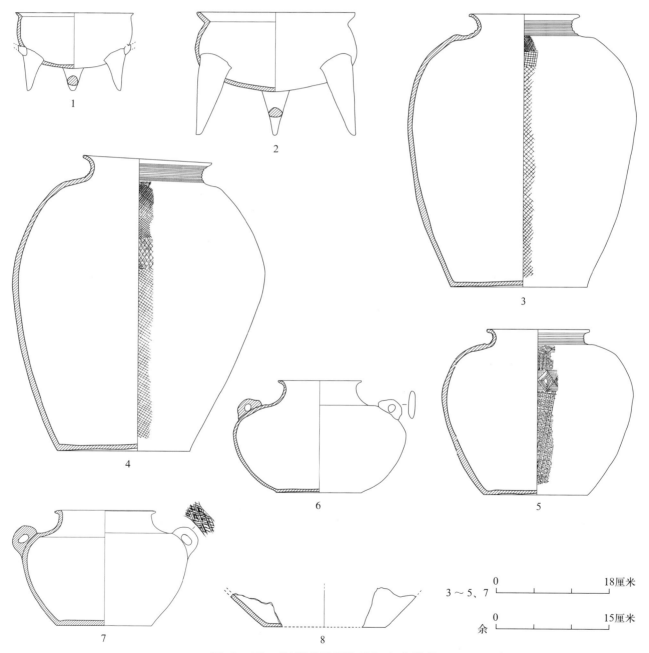

图二一五　寨花头JNZD5M6出土器物

1、2. 陶鼎 JNZD5M6：3、8　3、4. 硬陶坛 JNZD5M6：14、15　5. 硬陶罐 JNZD5M6：13　6～8. 陶罐 JNZD5M6：1、12、16

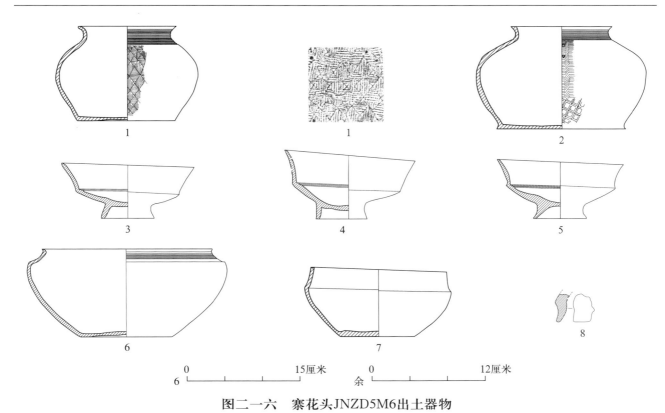

图二一六　寨花头JNZD5M6出土器物

1、2. 硬陶瓿 JNZD5M6：4、6　3～5. 原始瓷豆 JNZD5M6：9、10、11　6. 陶盆 JNZD5M6：2　7. 陶钵 JNZD5M6：5　8. 陶器盖 JNZD5M6：7

豆　3件。

JNZD5M6：9，原始瓷，灰胎。敞口，尖圆唇，折腹，矮圈足。内壁折腹处有数周弦纹。器身变形。器表施黄绿釉，剥落较甚。口径14.2、足径5.6、高6.0厘米（图二一六，3；彩版一五六，2）。

JNZD5M6：10，原始瓷，浅灰胎。敞口微卷，尖圆唇，折腹，矮圈足。内壁折腹处有数周弦纹。器身变形。器表施黄绿釉，剥落较甚。口径14.1、足径5.4、高7.5厘米（图二一六，4；彩版一五六，3）。

JNZD5M6：11，原始瓷，灰胎。敞口，尖圆唇，折腹，矮圈足。内壁折腹处有数周弦纹，内有3个支钉痕迹。器身变形。器表施黄绿釉，剥落较甚。口径13.6、足径5.8、高6.3厘米（图二一六，5；彩版一五六，4）。

盆　1件。

JNZD5M6：2，泥质灰黄胎黑皮陶。敛口微侈，微卷沿，尖唇，斜折肩，弧腹，平底内凹。肩部饰弦纹。口径22.6、底径12.3、高12.0厘米（图二一六，6；彩版一五六，5）。

钵　1件。

JNZD5M6：5，泥质灰黄胎黑皮陶。敛口，方唇，唇面微内凹，折腹，平底。口径15.2、底径8.2、高8.0厘米（图二一六，7；彩版一五六，6）。

器盖　1件。

JNZD5M6：7，泥质红胎黑皮陶。仅有局部盖口。圆唇，束口，卷沿，折壁，上部残。残宽2.1、残高3.1厘米（图二一六，8）。

7. JNZD5M7

JNZD5M7 位于土墩东北部的Ⅱ区，层位关系为③－M7→④（图二一七；彩版一五七，1）。长梯形竖穴土坑墓，西南窄东北宽，直壁，平底，壁、底无明显加工痕迹，内填红棕色土，土质较硬，颗粒较细。墓口西南高东北低，呈斜坡状，长3.30、宽1.50～1.70、深0.08～0.40米。墓向东北－西南向，仅在墓坑西南端发现腐朽的牙齿数颗，头向247°。

随葬品有鼎2、坛2、罐1、豆2、钵1、盂1、器盖1共10件。

鼎　2件。

JNZD5M7：3，夹砂红陶。侈口，圆唇，折沿，腹较直，圆底，三扁锥足，足尖残缺。口径22.6、残高13.9厘米（图二一八，1；彩版一五七，2）。

JNZD5M7：8-1，夹砂红褐陶。侈口，圆唇，平折沿，弧腹，平底。三圆锥足。口径19.2、高14.0厘米（图二一八，2；彩版一五七，3）。

坛　2件。

JNZD5M7：1，泥质灰陶。直口，圆唇，短颈，溜肩，弧腹，平底。肩、腹部饰席纹。口径20.0、底径21.6、高35.2厘米（图二一八，3；彩版一五七，4）。

JNZD5M7：4，灰褐色硬陶。侈口，卷沿，沿面有一周凹槽，圆唇，束颈，溜肩，弧腹，平底内凹。颈部饰弦纹，肩、腹部饰折线纹与回纹相间的组合纹饰。口径15.6、底径17.6、高27.8厘米（图二一八，4；彩版一五八，1）。

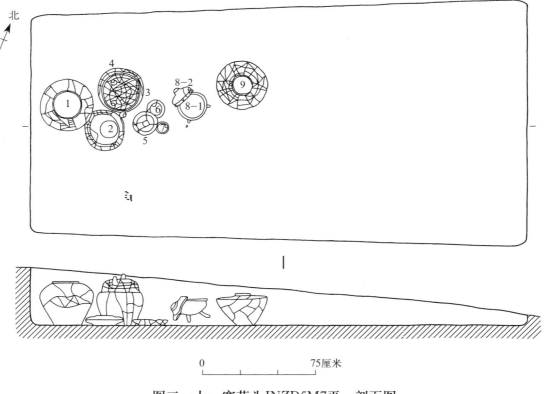

图二一七　寨花头JNZD5M7平、剖面图

1. 陶坛　2. 陶钵　3、8-1. 陶鼎　4. 硬陶坛　5、6. 原始瓷豆　7. 硬陶盂　8-2. 陶器盖　9. 陶罐

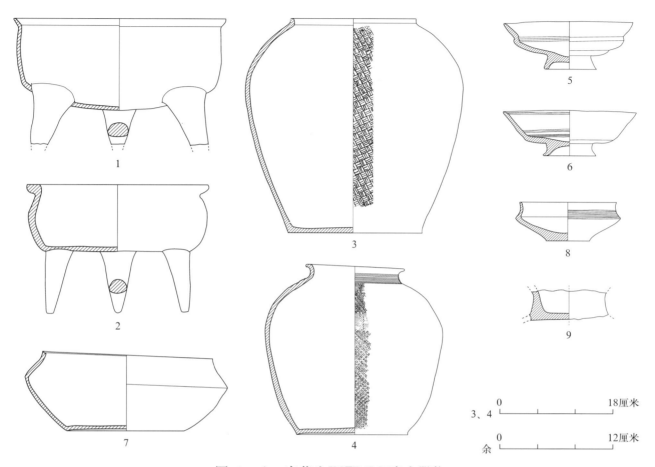

图二一八　寨花头JNZD5M7出土器物

1、2.陶鼎 JNZD5M7：3、8-1　3.陶坛 JNZD5M7：1　4.硬陶坛 JNZD5M7：4　5、6.原始瓷豆 JNZD5M7：5、6　7.陶钵 JNZD5M7：2　8.硬陶盂 JNZD5M7：7　9.陶器盖 JNZD5M7：8-2

罐　1件。

JNZD5M7：9，泥质红陶，残破严重，无法复原。

豆　2件。

JNZD5M7：5，原始瓷。敞口，尖圆唇，折腹，矮圈足。器壁内外有轮制过程中形成的数周弦纹和弦痕。内壁有支烧痕迹。器身变形，不够规整。器表内外施青绿釉，结合程度较差。口径13.8、足径5.6、高5.5厘米（图二一八，5；彩版一五八，2）。

JNZD5M7：6，原始瓷。敞口，尖圆唇，折腹，矮圈足。内壁有数周弦纹。器身变形。器表内外施青绿釉，结合程度较差。口径12.8～14.1、足径5.7、高6.4厘米（图二一八，6；彩版一五八，3）。

钵　1件。

JNZD5M7：2，泥质红胎黑皮陶。敛口，方唇，唇面内凹，折腹，平底内凹。口径18.1、底径12.4、高8.8厘米（图二一八，7；彩版一五八，4）。

盂　1件。

JNZD5M7：7，绛褐色硬陶。直口，尖圆唇，束颈，折腹，平底。上腹有数周弦痕。底部有轮制过程中形成的拉切痕迹。烧制过程中有气泡和细孔。口径10.3、底径4.7、高4.2厘米（图二一八，8；彩版一五八，5）。

器盖　1件。

JNZD5M7：8-2，泥质红胎黑皮陶。仅有喇叭状捉手残片（图二一八，9）。

8．JNZD5M8

JNZD5M8位于土墩中东部，层位关系为④-M8→⑤（图二一九；彩版一五九，1、2）。为D5年代最早的墓葬。大体有墓坑和墓道组成，墓坑为不规则圆角长条形竖穴土坑，微斜直壁，平底。长约3.90、宽1.54、深约0.49米。方向大体为东西向。距墓坑口约0.10米左右，有大小不一73块石块铺成的石床，石床受盗洞影响，个别石块的位置有所扰动。石床到墓底大约还有0.35米左右，墓坑填土基本为红棕色杂花土，土质相对潮湿松软，距墓底约0.05米和0.17米处大约有两层极薄的断续相连的红烧土，面上有小片的黑色灰烬。墓道和墓坑连为一体，大致西北-东南向，为不够规则宽窄不等的长条形，长约5.62、最宽1.35、深0.07～0.49米。从中部向东南部逐渐倾斜，并逐渐变浅。在中段的南北两侧各有一块石块，填土基本为红棕色杂花土，与墓坑基本一致，墓坑的红烧土薄层向墓道略有延伸并逐渐消失。

在墓葬中未发现随葬品，但在直接破坏M8的盗洞中发现一些器物，考虑到盗洞范围内未有其他墓葬，暂把这些器物归入M8，编号为"M8盗"，个别石器可能为扰动地层所致。随葬品有鼎1、坛1、罐1、瓿1、豆4、石器1件等。

鼎　1件。

JNZD5M8盗：9，夹砂红陶。侈口，圆唇，折沿，浅弧腹，圜底略残，三扁圆形锥状足。器外有烟熏痕迹。口径19.4、高14.0厘米（图二二〇，1；彩版一六〇，1）。

坛　1件

JNZD5M8盗：1，灰色硬陶。侈口，方唇，卷沿，束颈，肩微耸，弧腹，圜底近平。颈部饰弦纹，肩、腹部饰折线纹和回纹相间的组合纹饰。口径24.2、高49.6厘米（图二二〇，2；

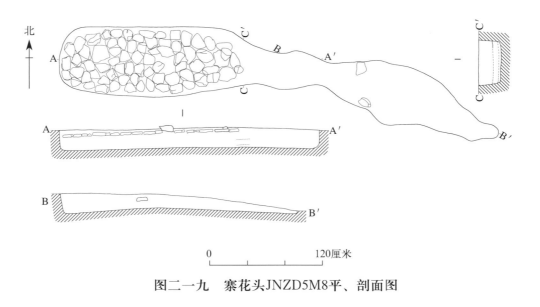

北

0　　　　　　　120厘米

图二一九　寨花头JNZD5M8平、剖面图

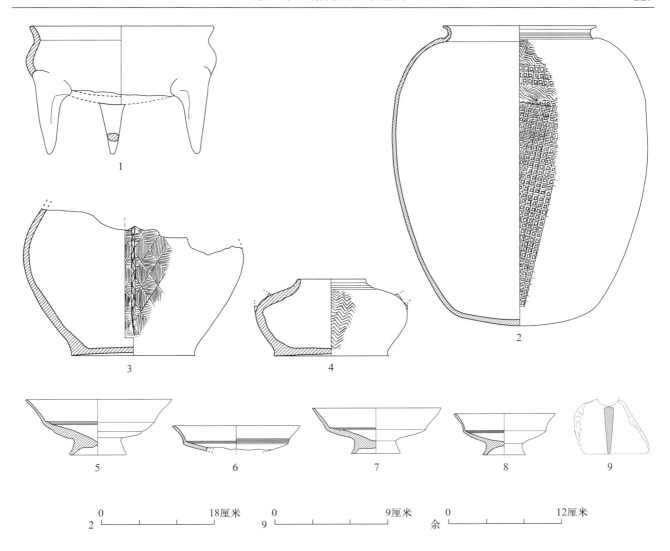

图二二〇　寨花头JNZD5M8出土器物

1. 陶鼎 JNZD5M8 盗：9　2. 硬陶坛 JNZD5M8 盗：1　3. 硬陶罐 JNZD5M8 盗：2　4. 硬陶瓿 JNZD5M8 盗：3　5～8. 原始瓷豆 JNZD5M8 盗：4、5、7、8　9. 残穿孔石斧 JNZD5M8 盗：6

彩版一六〇，2）。

罐　1件。

JNZD5M8 盗：2，灰色硬陶。口、颈残缺。鼓腹，平底内凹。腹部贴附四条对称辫形泥条堆饰。腹部饰菱形填线纹。底径 13.2、残高 16.0 厘米（图二二〇，3）。

瓿　1件。

JNZD5M8 盗：3，灰色硬陶。敛口，方唇，斜肩，鼓腹，平底内凹。颈肩部饰弦纹，腹部饰折线纹。腹部有对称竖耳，已残。口径 7.4、底径 12.4、高 8.5 厘米（图二二〇，4；彩版一六〇，3）。

豆　4件。

JNZD5M8 盗：4，原始瓷，青灰色胎。敞口，尖圆唇，折腹，矮圈足。内壁折腹处有数周弦纹。器内外施青绿釉。口径 15.4、足径 6.0、高 6.1 厘米（图二二〇，5；彩版一六〇，4）。

JNZD5M8 盎：5，原始瓷。敞口，尖圆唇，折腹，圈足残缺。内壁折腹处有数周弦纹。器表施青绿釉。口径 13.6、残高 3.1 厘米（图二二〇，6）。

JNZD5M8 盎：7，原始瓷。敞口，尖圆唇，折腹，矮圈足。内壁折腹处有数周弦纹。器身烧制略有变形。内底有条形支钉。器表施黄绿釉。口径 13.8、足径 5.2、高 5 厘米（图二二〇，7）。

JNZD5M8 盎：8，原始瓷。敞口，尖圆唇，折腹，矮圈足。内壁折腹处有数周弦纹。器表施薄青绿釉。口径 10.8、足径 4.5、高 4.5 厘米（图二二〇，8；彩版一六〇，5）。

石器　1 件。

JNZD5M8 盎：6，残穿孔石斧类，一边平直。残宽 6.0、残高 4.5、厚 0.8 厘米（图二二〇，9）。

（二）器物群

JNZD5Q1

JNZD5Q1 位于土墩西北部的Ⅰ区，层位关系为③－Q1－④（图二二一；彩版一六一，1）。

出土器物有鼎 1、罐 1、豆 1 件。

鼎　1 件。

JNZD5Q1：2-2，夹砂红褐陶。陶胎夹砂粗细不等，器身表面和口沿部色泽偏红褐色，内壁和鼎足偏红色。侈口，圆唇，浅弧腹，圜底，三圆锥形鼎足。口径 15.8、高 11.0 厘米（图二二一，2-2）。

罐　1 件。

JNZD5Q1：1，泥质灰陶。口微侈，圆唇，溜肩，鼓腹微折，下腹斜收，大平底。器表有泥条盘筑痕迹。口径 11.6、底径 16.8、高 10.4 厘米（图二二一，1；彩版一六一，2）。

豆　1 件。

JNZD5Q1：2-1，泥质灰胎黑皮陶。口微敛，圆唇，弧腹，喇叭状圈足形捉手。捉手径 9.2、口径 16.2、高 6.2 厘米（图二二一，2-1；彩版一六一，3）。

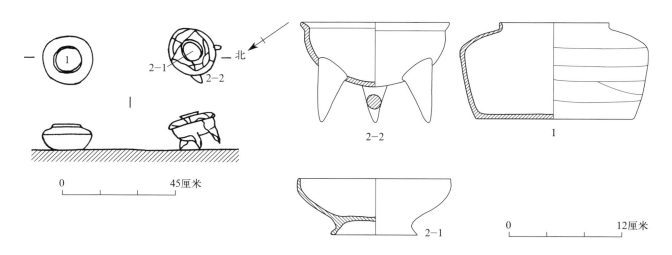

图二二一　寨花头 JNZD5Q1 及出土器物
1. 陶罐 JNZD5Q1：1　2-1. 陶豆 JNZD5Q1：2-1　2-2. 陶鼎 JNZD5Q1：2-2

（三）建筑遗存

JNZD5F1

位于土墩中部的Ⅲ区、Ⅳ区和隔梁处，层位关系为⑤－F1→⑥（图二二二；彩版一六二、一六三）。由基槽和柱洞组成。基槽南、北、西三面环绕形成长条状，东部缺口，平面呈平躺的"U"形。方向将近正东西向。东西约4.22、南北约2.37米。基槽宽窄略有变化，尺寸为36～80厘米，填土为灰黄杂有灰褐花斑土，弧壁圜底，深20～22厘米。基槽内密集分布柱洞32个，柱子朽烂后填土

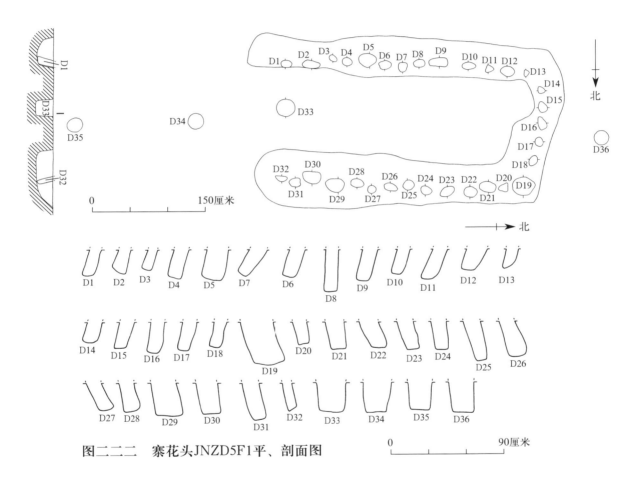

图二二二 寨花头JNZD5F1平、剖面图

为灰黑色，土质较为疏松。柱洞排列较为整齐，柱距在4～22厘米之间，大体呈圆形、长圆形、三角形和不规则形。大小不等，柱径在8～30厘米不等。柱洞基本向内倾斜，倾斜度在60°～90°，打破⑥层和生土的深度在16～35厘米之间。部分出露残留在⑤层下半部，出露残留高度约在40厘米以内。在基槽的东西中轴线上还有4个直径20厘米左右的圆形柱洞，柱洞相对较大，基本为直壁平底，JNZD5D33、D36填土为灰褐土，夹有较多的红烧土颗粒。JNZD5D34、D35灰褐土。它们可能为中间的承重柱，和基槽及基槽内的柱洞共同构成了两面坡人字形建筑。

建筑遗存JNZD5F1与开口于④层下、打破⑤层的中心主墓JNZD5M8的开口层面相距近1米，但M8墓坑和石床基本在F1基槽环绕的范围内，位置、方向、尺寸非常的重合和巧合。建筑和墓葬应为丧葬行为过程中先后形成的具有密切联系的相关遗存。

（四）灰坑

JNZD5H1

JNZD5H1 位于 D5 东南部的Ⅳ区，层位关系为⑥－H1→生土层（图二二三）。不规则形，斜壁平底，口径 3.50～1.60、坑深 0.34～0.44 米。内填青灰色土，夹有大量草木灰，土质细腻。包含物主要为陶片，有夹砂陶、泥质陶、印纹硬陶等，纹饰有叶脉纹、梯格纹、篮纹、附加堆纹＋斜线＋刻划组合纹、剔刻纹、弦纹、绳纹、席纹等，器形有罐等平底器（表一）。

表一　H1陶色陶质纹饰统计表

陶系 纹饰	泥质陶			夹砂陶			印纹硬陶		合计	百分比
	红陶	灰陶	黑陶	红陶	灰陶	黑陶	绛褐陶	灰褐陶		
叶脉纹	1							3	4	3.31%
梯格纹	1								1	0.83%
篮纹	1								1	0.83%
附加堆纹 ＋斜线 ＋刻划		1		1					2	1.65%
剔刻纹		1		2					3	2.48%
弦纹		1							1	0.83%
绳纹							1	5	6	4.96%
席纹								4	4	3.31%
素面	3	13	6	25	48	3	1	0	99	81.82%
合计	6	16	6	28	48	3	2	12	121	100%
百分比	4.96%	13.22%	4.96%	23.14%	39.67%	2.48%	1.65%	9.92%	100%	

罐　2 件。

JNZD5H1：1，绛褐色硬陶。侈口，方圆唇，斜折沿，沿面有凹槽，溜肩，下部残。肩部以下饰绳纹，口沿烧制变形。口径 12.2、残高 3.0 厘米（图二二四，1）。

JNZD5H1：2，灰褐色硬陶。侈口，方唇，唇面有凹槽，折沿，溜肩。肩部饰有席纹，肩部以下残缺。轮制。口径 13.2、残高 5.64 厘米（图二二四，2）。

器底　4 件。

JNZD5H1：3，夹砂红陶。上部残，饼形平底。底径 10.0、残高 2.8 厘米（图二二四，3）。

JNZD5H1：5，泥质红陶。上部残，平底略内凹。底径 8.6、残高 3.4 厘米（图二二四，4）。

JNZD5H1：6，夹砂灰陶。上部残，饼形平底。底径 11.8、残高 4.4 厘米（图二二四，5）。

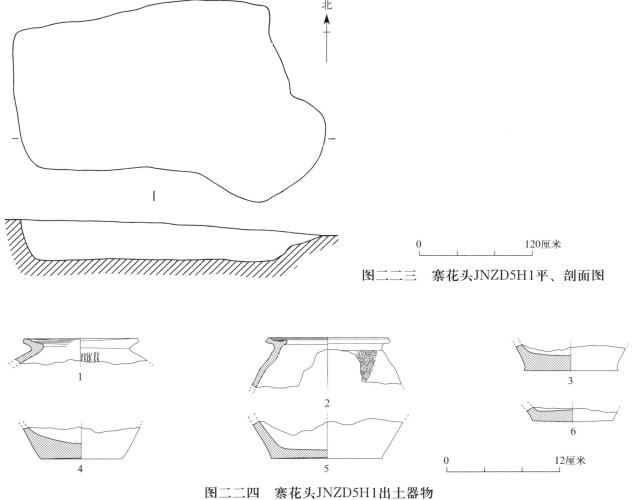

北

0 ————————— 120厘米

图二二三　寨花头JNZD5H1平、剖面图

1　2　3

4　5　6

0 ————————— 12厘米

图二二四　寨花头JNZD5H1出土器物
1、2. 硬陶罐 JNZD5H1：1、2　3～6. 陶器底 JNZD5H1：3、5、6、4

JNZD5H1：4，夹砂红陶。上部残，饼形平底，底心略凸。素面。底径8.6、残高1.5厘米（图二二四，6）。

（五）地层

地层中出土器物有石锛2件。

石锛　2件。

JNZD5 ④：1，黑色玄武岩。表面打磨光滑，正面、后端及侧面，密布疤痕，刃部有使用痕迹。磨制。长5.7、宽4.1、厚1.4厘米（图二二五，1）。

JNZD5 ④：2，青灰石质。长方形，表面打磨光滑，侧面和刃端残损。磨制。残长9.4、残宽4.5、厚2.0厘米（图二二五，2）。

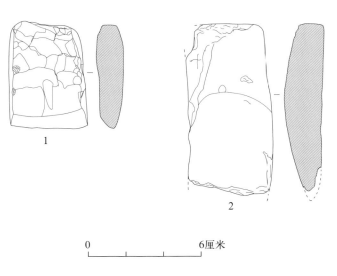

1

2

0 ————————— 6厘米

图二二五　寨花头JNZD5地层出土器物
1、2. 石锛 JNZD5 ④：1、2

四　结语

从器物类型学上判断，土墩墓 JNZD5 总体延续时间不长，大致均处于春秋中期偏早。从器物演变特征上看，中心主墓 JNZD5M8 略晚于 M4 和 M5，但仍处于一个大的时代阶段，并不具有明显的分期意义。所有墓葬均朝向 JNZD5M8 呈向心式结构，且少有打破关系，说明在营建之前，是经过了严格规划的。

此土墩墓的严格规划还体现在其他两个特殊方面：首先，是垫土层的铺垫；其次，垫土层之上的丧葬建筑的营建和中心主墓的关系。在垫土层筑造之前，可能事先进行了一次祭祀行为，体现在垫土层之下的 JNZD5H1 的设置。JNZD5H1 的器物大致相当于团山遗址第五期，即春秋早期。这与通过墓葬器物判断的春秋中期偏早基本一致。但两种器物无论在器形还是功用、纹饰方面都有不同的特征，可能分别代表了生活遗存和墓葬遗存。也就是说，墓葬区规划之初，利用日常生活用品在墓葬区首先进行了一次祭祀活动；然后垫土，垫土之上营建建筑。建筑形式为吴越地区流行的人字坡式木构建筑，但此建筑并非墓葬，可能作为下葬前的停尸祭祀遗存，也可能起到规划墓地的作用。有证据表明，主墓下葬时，之前的建筑是被拔除的，且中心主墓的位置完全与墓下建筑的位置对应，虽然两者之间相距有近 1 米厚的垫土层。说明两者之间应该有密切的联系。JNZD5H1 中器物的出现也说明在此土墩墓附近应该有同时代的居住遗存存在，这一点在寨花头 JNZD6 上体现的更为明显。

第七节　寨花头土墩墓D6

一　概况

寨花头土墩墓 D6（编号 JNZD6）位于江苏省句容市区以南约 25 千米的天王镇农林行政村寨花头自然村北部约 500 米处，西侧紧邻浮山果园，处于浮山北面的岗丘高地之上，为茅山以西句容浮山果园土墩墓群的组成部分（见图三）。

2004 年 7 ～ 8 月，南京博物院考古研究所对宁常、镇溧高速公路所经地域范围进行考古调查和勘探时发现。2005 年 8 ～ 9 月，南京博物院考古研究所主持了寨花头土墩墓 D6 的抢救性科学考古发掘。

JNZD6 在宁常高速公路取土场范围内，中心地理坐标为 N31°43′24″，E119°10′222″，海拔高度 41 米。西南距 JNZD4 约 25 米、西距 JNZD5 约 20 米。外观呈漫坡状，中部和西、南部稍高，东部、北部稍低，南部局部因农田修整形成断崖。现存底径东西约 13.5、南北约 15.9 米，墩表至生土面 1.5 米左右（图二二六）。

二　地层堆积

以东西隔梁南壁和南北隔梁东壁剖面为例（图二二七）。

第①层：耕土层，浅褐色土，厚约 0.05 ～ 0.45 米。土质疏松，JNZD6M1 开口于该层下。

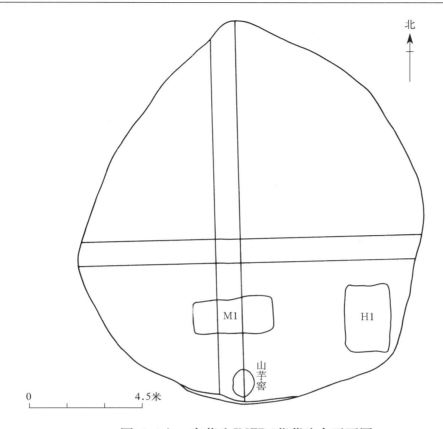

图二二六　寨花头JNZD6墓葬分布平面图

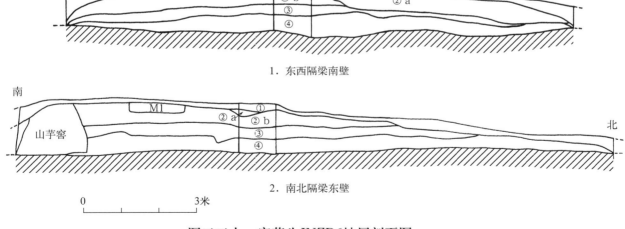

图二二七　寨花头JNZD6地层剖面图

第②层：分 a 和 b 两小层。

第② a 层：黄灰土，深 0.05～0.30、厚 0～0.60 米。土质较硬，比较纯净，分布于土墩东南部。

第② b 层：黄灰土，深 0.05～0.95、厚 0～0.65 米。土质较硬，杂有不少红烧土颗粒，分布于土墩大部。包含物有少量陶片。

第③层：红烧土层，深0.20～0.80、厚0～0.50米。土质坚硬致密。东部火红色，向西变为浅红色。土墩中部较厚，往边缘逐渐变薄消失。包含物有陶片、残石器、小块砂石、木炭渣等。

第④层：灰黄土，深 0.15～1.05、厚 0～0.60 米。土质较硬，中部较厚，四周逐渐变薄消失。包含物有陶片。④层下有灰坑 JNZD6H1，打破枣红色生土。

三　遗迹遗物

（一）墓葬

JNZD6 为江南土墩墓中的一墩一墓类型。

JNZD6M1

JNZD6M1 分布于土墩的中南部，开口于①层下，打破②b层（图二二八；彩版一六四，1、2）。M1 为长方形竖穴浅坑墓，四边不甚规整，长 3.31～3.33、宽 1.28～1.61、深 0.28～0.34 米。墓葬大体呈东西向，方向 92°。有 36 块石块构成的石床铺于墓坑底部，石块大小不一，不太规整，为青色火山岩。石床上残留有少量腐朽的牙齿和下肢骨渣，从残迹判断头向可能向东，葬式似为直肢葬。内填土为浅黄色，土质较松，有少量红烧土颗粒。

随葬品有鼎 1、鬲 1、坛 2、罐 2、豆 1、灯形器 1、圈足盘 1 共 9 件，放置于头骨顶部和身体两侧。

鼎　1件。

JNZD6M1：6，泥质红陶。侈口，尖唇，斜平沿，弧腹，圜底，三扁锥形鼎足，足截面扁圆形。手制。素面。口径 11.4、高 9.4 厘米（图二二九，1；彩版一六五，1）。

鬲　1件。

JNZD6M1：5，夹砂红褐陶。侈口，圆唇，卷沿，弧腹，连裆，袋足较浅，足尖平钝。捏制，泥片塑贴。素面。口径 22.0、高 23.8 厘米（图二二九，2；彩版一六五，2）。

坛　2件。

JNZD6M1：2，红色硬陶。局部灰色。微侈口，尖圆唇，卷沿，短束颈，溜肩，鼓腹，平底内凹。颈、肩、腹部饰弦纹、折线纹、回纹。泥条盘筑，口、颈部轮修。口径 18.0、底径 20.4、高 38.4 厘米（图二二九，3）。

JNZD6M1：4，红色硬陶。微侈口，圆唇，卷沿，广肩，鼓腹，平底。肩、腹部饰弦纹和回纹，泥条盘筑。口径 12.8、底径 19.6、高 25.1 厘米（图二二九，4；彩版一六五，3）。

罐　2件。

JNZD6M1：1，泥质灰陶。微侈口，尖圆唇，卷沿，短束颈，溜肩，鼓腹，平底。肩饰弦纹，腹施套菱形纹中间填短竖条。泥条盘筑，轮修。口径 14.6、底径 16.5、高 21.6 厘米（图二二九，5）。

JNZD6M1：3，灰色硬陶。侈口，尖圆唇，卷沿，短束颈，广肩，鼓腹，圜底近平。颈、肩、腹部饰弦纹、折线纹、回纹。泥条盘筑，口、颈部轮修。口径 28.3、高 52.0 厘米（图二二九，6）。

豆　1件。

JNZD6M1：7，原始瓷，铁红色胎。直口稍敞，略形变，局部外敞稍甚，尖唇，微束颈，折腹，矮圈足，饰弦纹。施青绿釉，局部脱釉，露白色化妆土。口径 13.6、足径 6.2、高 5.8 厘米（图二二九，7；彩版一六五，4）。

图二二八　寨花头JNZD6M1平、剖面图
1. 陶罐　2、4. 硬陶坛　3. 硬陶罐　5. 陶鬲　6. 陶鼎　7. 原始瓷豆　8. 原始瓷灯形器　9. 陶圈足盘

灯形器　1件。

JNZD6M1：8，原始瓷，灰红胎。敞口，方圆唇，束颈，折腹，喇叭形圈足，盘中为盂。盂敛口，圆唇，折腹，圈足部有一对穿孔但穿而未透，饰弦纹，为一豆和一盂合体而成。轮制。黄褐衣，除圈足外遍施青绿釉。豆口径19.8、盂口径6.5、底径8.7、高10.0厘米。用途不明（图二二九，8；彩版一六五，5）。

圈足盘　1件。

JNZD6M1：9，泥质灰胎黑衣陶，敞口，尖唇，折腹，矮圈足。腹部饰弦纹，轮制。口径16.2、底径12.7、高5.5厘米（图二二九，9；彩版一六五，6）。

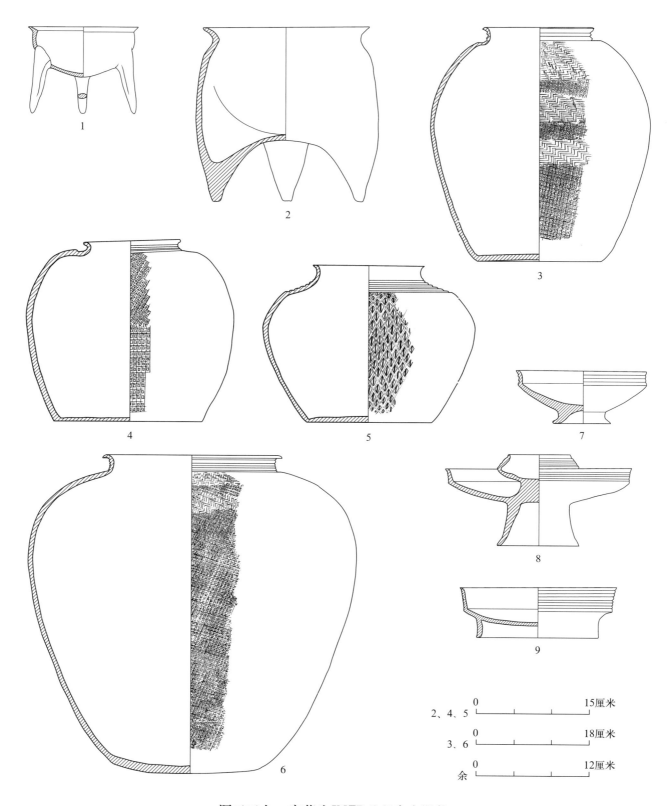

图二二九　寨花头JNZD6M1出土器物

1. 陶鼎 JNZD6M1∶6　2. 陶鬲 JNZD6M1∶5　3、4. 硬陶坛 JNZD6M1∶2、4　5. 陶罐 JNZD6M1∶1　6. 硬陶罐 JNZD6M1∶3
7. 原始瓷豆 JNZD6M1∶7　8. 原始瓷灯形器 JNZD6M1∶8　9. 陶圈足盘 JNZD6M1∶9

（二）地层

1．JNZD6②b层

JNZD6②b层出土陶片141片，以红色硬陶和夹砂红陶为多，泥质灰陶、红陶、夹砂黄褐陶、灰陶以及黄褐色、黑色硬陶次之，以素面为主，有少量绳纹、叶脉纹、回纹、席纹等，器形有罐、豆、器盖等（表二）。

表二　寨花头JNZD6②b层出土陶片陶色、陶质、纹饰统计表

陶系	泥质陶		夹砂陶			硬陶			合计	百分比
	红陶	灰陶	红陶	灰陶	黄褐陶	红陶	黑陶	黄褐陶		
绳纹	17								17	12.06%
叶脉纹						12		4	16	11.35%
回纹						2		1	3	2.13%
席纹						8			8	5.67%
素面		23	33	7	15	17	1	1	97	68.79%
合计	17	23	33	7	15	39	1	6	141	
百分比	12.06%	16.31%	23.40%	4.96%	10.64%	27.66%	0.71%	4.26%		100%

罐　2件。

JNZD6②b:5，泥质红陶。侈口，方唇，唇缘上凸，折沿，沿面有凹槽，溜肩，肩部饰叶脉纹，下部残。口径17.8、残高6.4厘米（图二三〇，1；彩版一六六，1）。

JNZD6②b:4，泥质红陶。侈口，方唇，折沿，溜肩，肩部饰叶脉纹，下部残。口径12.8、残高5.4厘米（图二三〇，2）。

豆　2件。

JNZD6②b:2，泥质黑皮陶。残存较少的一段喇叭形豆把和部分豆盘，轮制。残高5.5厘米（图二三〇，3）。

JNZD6②b:3，夹砂灰陶。残存一段喇叭形豆把，轮制。残高5.2厘米（图二三〇，4）。

器盖　1件。

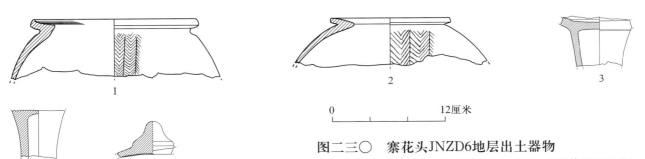

0　　　　　　　　　12厘米

图二三〇　寨花头JNZD6地层出土器物

1、2. 陶罐 JNZD6②b：5、4　3、4. 陶豆 JNZD6②b：2、3　5. 陶器盖 JNZD6②b：1

JNZD6 ② b：1，泥质红陶。残存盖纽顶部，圆形纽。残高 3.7 厘米（图二三〇，5；彩版一六六，2）。

2．JNZD6③层

JNZD6 ③层出土陶片 179 片，以夹砂灰陶、红陶、红色硬陶为多，泥质红陶、灰陶以及灰色、黑色、黄褐色硬陶次之，素面为多，纹饰有少量绳纹、叶脉纹、回纹、席纹、剔刻纹、梯格纹等，器形有罐、豆、盆、甗裆等，另有个别石器（表三）。

罐　2 件。

JNZD6 ③：3，灰色硬陶。侈口，方唇，唇缘上、下微凸，平折沿，沿面有凹槽，溜肩。肩部饰叶脉纹，下部残，轮制。口径 14.6、残高 2.8 厘米（图二三一，1）。

JNZD6 ③：4，夹砂灰陶。直口，方圆唇，口沿外侧微鼓，高领，下部残。残宽 9.8、残高 6.2 厘米（图二三一，2）。

盆　2 件。

JNZD6 ③：1，灰色硬陶。敞口，圆唇，斜折沿，弧腹，圜底。腹部饰回形纹。轮制。口径 14.4、高 6.5 厘米（图二三一，3；彩版一六六，3）。

JNZD6 ③：2，泥质灰陶。敞口，圆唇，上部宽沿，下部弧鼓腹，平底微内凹。轮制。口径 12.0、底径 5.0、高 5.8 厘米（图二三一，4；彩版一六六，4）。

甗裆　1 件。

JNZD6 ③：5，夹砂灰陶。三个甗足的交接部位，残损严重。素面。残宽 14.4、残高 10.0 厘米（图二三一，5；彩版一六六，5）。

穿孔石斧　1 件。

JNZD6 ③：6，青灰石质。两面打磨光滑，中间有孔，残损严重。残长 4.9、残宽 5.8 厘米（图二三一，6；彩版一六六，6）。

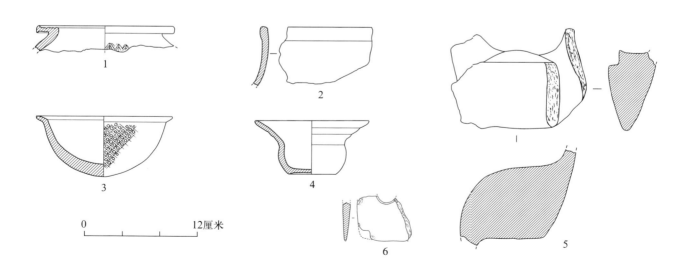

0　　　　　　　　　　12厘米

图二三一　寨花头JNZD6地层出土器物

1．硬陶罐 JNZD6 ③：3　2．陶罐 JNZD6 ③：4　3．硬陶盆 JNZD6 ③：1　4．陶盆 JNZD6 ③：2　5．甗裆 JNZD6 ③：5　6．穿孔石斧 JNZD6 ③：6

表三　寨花头JNZD6③层出土陶片陶色、陶质、纹饰统计表

陶系	泥质陶		印纹硬陶				夹砂陶		总计	百分比
	红陶	灰陶	红陶	黑陶	灰陶	黄褐陶	红陶	灰陶		
绳纹										
叶脉纹			10		1				11	6.15%
席纹			3		3				6	3.35%
回纹			4		1				5	2.79%
剔刻纹							2		2	1.12%
梯格纹			2						2	1.12%
素面	14	13		3		1	30	92	153	85.47%
总计	14	13	19	3	5	1	32	92	179	
百分比	7.82%	7.26%	10.61%	1.68%	2.79%	0.56%	17.88%	51.40%		100%

3．JNZD6④层

JNZD6④层出土陶片109片，以夹砂红陶为多，泥质红陶、灰陶、夹砂褐陶、硬陶（灰褐、红陶、绛褐）次之，以素面为主，纹饰有叶脉纹、梯格纹、篮纹、回纹、弦纹、附加堆纹上加斜线刻划纹、剔刻纹、凸棱、类席纹等，可见器形有鬲（或甗）、罐、豆、尊等（表四）。

表四　寨花头JNZD6④层出土陶片陶色、陶质、纹饰统计表

陶系	泥质		夹砂		硬陶			总计	百分比
	红陶	灰陶	红陶	褐陶	红陶	绛褐陶	灰褐陶		
叶脉纹	6				7		9	22	20.18%
梯格纹	2				2			4	3.67%
篮纹	1				2	1	1	5	4.59%
凸棱	1							1	0.92%
弦纹	1							1	0.92%
附加堆+斜线刻划			1	1				2	1.83%
剔刻纹			1					1	0.92%
回纹						2		2	1.83%
席纹							3	3	2.75%
素面	5	6	49	6			2	68	62.39%
总计	16	6	51	7	11	3	15	109	100.00%
百分比	14.68%	5.50%	46.79%	6.42%	10.09%	2.75%	13.76%		100%

罐　3件。

JNZD6④：5，泥质黑皮陶。侈口，尖圆唇，微卷沿，束颈，削肩，颈部有两道凸弦纹，肩部可看见小方格纹，肩以下残缺。轮制。口28.2、残高6.8厘米（图二三二，1）。

JNZD6④：3，泥质红陶。侈口，圆唇，平折沿，沿面有轮制形成的凹槽，削肩，肩部饰绳纹。轮制。残长5.2、残高4.2厘米（图二三二，2）。

JNZD6④：1，夹砂灰陶。侈口，圆唇，削肩，下部残，轮制。素面。残长6.8、残高3.7厘米（图二三二，3）。

豆　1件。

JNZD6④：2，泥质灰陶。残存一段细柄豆把。残高8.7厘米（图二三二，4）。

尊　1件。

JNZD6④：4，夹砂灰陶。敛口，圆唇，直腹，颈部有一道凸弦纹，下部残。轮制。口径10.4、残高6.4厘米（图二三二，5）。

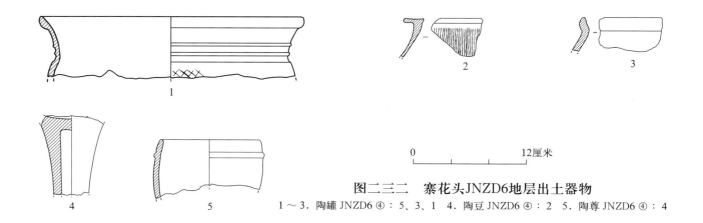

图二三二　寨花头JNZD6地层出土器物

1～3.陶罐JNZD6④：5、3、1　4.陶豆JNZD6④：2　5.陶尊JNZD6④：4

（三）灰坑

JNZD6H1

JNZD6H1位于土墩东南边缘的Ⅳ区，开口于④层下，打破生土（图二三三；彩版一六七，1）。平面形状呈不规则的长方形，长2.65～2.78、宽1.5～1.85、深0.15～0.18米。内填灰黑色土，土质较软，出土数量较多的陶片和少量的动物骨骼、牙齿等。出土陶片484片，以夹砂褐陶为多，泥质红陶、灰陶、夹砂红陶次之，有少量的硬陶（灰褐、绛褐、红陶）和泥质黑陶，以素面为主，纹饰有叶脉纹、弦纹、附加堆纹＋斜线刻划纹、绳纹、方格纹、梯格纹、篮纹、回纹、剔刻纹、凸棱等，可见器形有鼎、鬲（或甗、或斝）的袋足、罐、豆、尊、壶、杯等（表五）。

鼎　1件。

JNZD6H1：1，夹砂红陶。侈口，方唇，卷沿，弧腹，圜底近平，三扁圆形足残。轮制。素面。口径15.6、残高12.4厘米（图二三四，1；彩版一六七，2）。

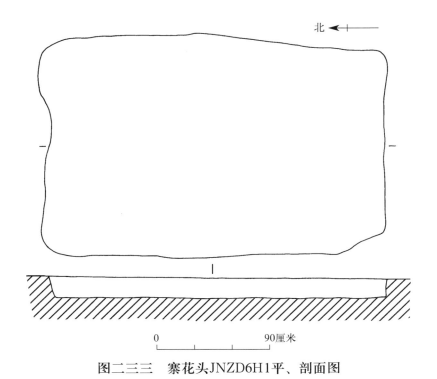

北 ←

0 ———— 90厘米

图二三三　寨花头JNZD6H1平、剖面图

表五　寨花头JNZD6H1出土陶片陶色、陶质、纹饰统计表

纹饰	泥质			硬陶			夹砂		总计	百分比
	红陶	灰陶	黑陶	红陶	绛褐陶	灰褐陶	红陶	褐陶		
叶脉纹	5			3		16			24	4.96%
附加堆纹+斜线刻划纹	3		3				1	2	9	1.86%
绳纹		2							2	0.41%
凸棱		4						1	5	1.03%
弦纹		8	2						10	2.07%
方格纹		3							3	0.62%
梯格纹		2		2		1			5	1.03%
篮纹				2		3			5	1.03%
回纹					7				7	1.45%
剔刻纹							3	2	5	1.03%
素面	97	74	2			2	75	159	409	84.50%
总计	105	93	7	7	7	22	79	164	484	
百分比	21.69%	19.21%	1.45%	1.45%	1.45%	4.55%	16.32%	33.88%		100.00%

豆　2件。

JNZD6H1：4，泥质灰陶。喇叭形粗圈足，柄中部有一周剔刻纹，偏下部有两道低凸棱，足跟外侧部形成折棱，上部残。足径17.0、残高9.6厘米（图二三四，2；彩版一六七，3）。

JNZD6H1：12，泥质灰陶。残存一段细柄豆把，柄中部饰弦纹。轮制。残高7.0厘米（图二三四，3）。

袋足　1件。

JNZD6H1：3，夹粗砂红陶。呈筒状炮弹形，足跟部圆钝，可能为鬲（或甗、或斝）等袋足器中的一足，厚胎，一侧有和器身粘接的痕迹。残高22.8厘米（图二三四，4）。

罐　3件。

JNZD6H1：2，灰褐色硬陶。侈口，方唇，斜平折沿，沿面有凹槽，束颈，溜肩，肩部饰梯格纹，肩以下残。轮制。口径17.6、残高3.8厘米（图二三四，5；彩版一六七，4）。

JNZD6H1：5，泥质红陶。侈口，圆唇，唇面上缘外凸，斜平折沿，溜肩，肩部饰梯格纹，肩以下残。口径22.0、残高6.0厘米（图二三四，6）。

JNZD6H1：8，泥质红陶。侈口，方唇，斜平折沿，溜肩，肩部饰叶脉纹，肩以下残。轮制。口径20.0、残高5.2厘米（图二三四，7）。

尊　5件。

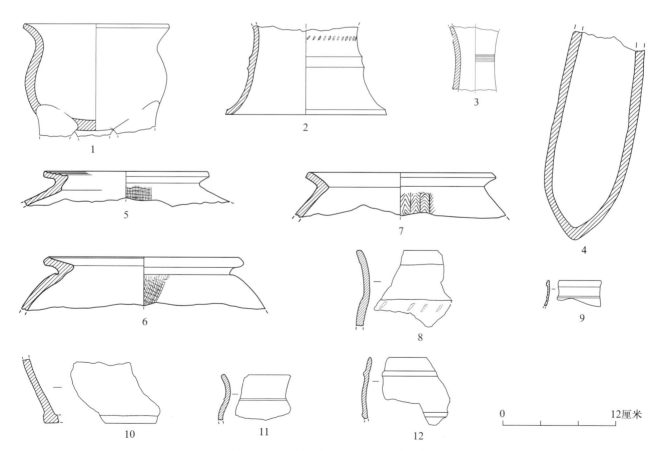

图二三四　寨花头JNZD6H1出土器物

1. 陶鼎 JNZD6H1：1　2、3. 陶豆 JNZD6H1：4、12　4. 袋足 JNZD6H1：3　5. 硬陶罐 JNZD6H1：2　6、7. 陶罐 JNZD6H1：5、8　8～12. 陶尊 JNZD6H1：6、13～15、17

JNZD6H1：6，泥质红陶。微侈口，方圆唇，微束颈，颈下部有剔刻纹，下部残。轮制。残长 8.3、残高 8.3 厘米（图二三四，8）。

JNZD6H1：13，泥质灰陶。敛口较直，尖圆唇，沿外侧微鼓，颈部有一道凸弦纹，下部残，器物胎较薄。轮制。残长 4.6、残高 2.8 厘米（图二三四，9）。

JNZD6H1：14，夹砂灰陶。直口，圆唇，颈部有一道凸棱，下部残。轮制。残长 9.6、残高 6.8 厘米（图二三四，10；彩版一六七，5）。

JNZD6H1：15，泥质灰陶。微侈口，圆唇，微束颈，近肩部有一道凸弦纹，下部残。残长 5.9、残高 5.0 厘米（图二三四，11）。

JNZD6H1：17，泥质灰陶。敛口较直，圆唇，颈部与腹部各有一道凸棱，下部残轮制。残长 7.1、残高 7.3 厘米（图二三四，12）。

壶 2 件。

JNZD6H1：11，泥质红陶。侈口，方唇，卷沿，束颈，肩以下残。素面。口径 25.6、残高 8.4 厘米（图二三五，1）。

JNZD6H1：16，泥质红陶。微侈口，圆唇，残存极少。残长 6.5、残高 5.9 厘米（图二三五，2）。

杯 1 件。

JNZD6H1：9，夹砂红陶。直口，方唇，直腹，下部残。残长 7.0、残高 8.5 厘米（图二三五，3）。

器底 4 件。

JNZD6H1：7，夹砂红陶。斜腹，饼形底，上部残。轮制。素面。底径 7.2、残高 3.0 厘米（图二三五，4）。

JNZD6H1：10，夹砂红陶。斜腹，饼形底，上部残。轮制。素面。残长 6.9、残高 6.7 厘米（图二三五，5）。

JNZD6H1：18，泥质黑皮陶。斜腹，平底微内凹，上部残。轮制。底径 9.0、残高 2.2 厘米（图二三五，6）。

JNZD6H1：19，泥质黑皮陶。弧腹，平底微内凹，腹底处有弦凸纹，上部残。轮制。底径 12.1、残高 3.0 厘米（图二三五，7）。

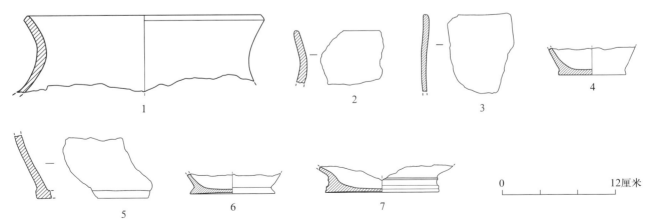

0　　　　　　　　　　　　　　12厘米

图二三五　寨花头JNZD6H1出土器物

1、2. 陶壶 JNZD6H1：11、16　3. 陶杯 JNZD6H1：9　4～7. 陶器底 JNZD6H1：7、10、18、19

四　小结

　　句容寨花头 JNZD6 属于江南土墩群中的一墩一墓类型。JNZD6M1 年代较早，JNZD6M1 : 5 鬲与溧水乌山岗沿山 M1 鬲、浮山果园 D1M11 : 1 鬲相近，形态介于两者之间；JNZD6M1 : 7 豆盘直口稍敞和 M1 : 8 灯形器盘壁风格一致，与岗沿山 M2 较为接近，形态稍晚。JNZD6M1 : 3 罐与岗沿山 M1 瓮相似；JNZD6M1 : 9 圈足盘与岗沿山 M2 黑陶盘、溧水乌山秧田西山墓盘相像，形态介于两者之间。综合以往的土墩墓分期研究成果，寨花头 JNZD6M1 的年代大体处于西周前期。

　　本土墩墓除了以上的 JNZD6M1 外，尚有早于 JNZD6M1 的 ② b、③、④ 层和开口于 ④ 层下的 JNZD6H1。具有较平缓的文化层是本土墩墓不同于其他土墩墓的重要特征，这些文化层可能即是原生的堆积，不同于寨花头 JNZD5 中的 JNZD5H1 属于搬运而来的情况，即本土墩墓所在的位置应该是略早于该土墩墓的一处生活遗存。

　　除 JNZD6M1 外的各地层和遗迹大致可分为两个发展阶段：第一阶段为 JNZD6H1；第二阶段为 ② b、③、④ 层。从陶系上看，自下至上层，泥质陶的数量逐渐减少，JNZD6H1 的泥质陶比例达到 42.35％，而第 ③ 层的硬陶只占 15.08％；硬陶的数量却在逐渐增多，JNZD6H1 的硬陶仅占 7.45％，第 ② b 层达到 32.63％；夹砂陶的比例均超过 50％，变化不明显。纹饰上看，叶脉纹和梯格纹在逐渐减少，方格纹、回纹和席纹的数量均逐渐增加，叶脉纹和梯格纹是宁镇地区商时期湖熟文化的主要纹饰，前者延续至西周时期，而后者主要属于商时期。器形上看，第 ② b、③、④ 层和开口于 ④ 层下的 JNZD6H1 的器形有一个共同特征，即均出土有平折沿或斜折沿、沿面带数周凹槽、肩部和腹部装饰叶脉纹或梯格纹的硬陶罐，这种器物与 JNZD5H1 中的同类器物形制相似，只是装饰了席纹。这些共同器物的出现，说明它们均处于一个大的时间阶段，大致处于商代晚期至西周早期。

　　但是 JNZD6H1 和 ② b、③、④ 层之间尚有诸多变化：JNZD6H1 中出土有类似岳石文化的突棱尊形器、突棱粗豆柄、腹部弧曲的卷沿鼎、肥大袋足无实足尖的鬶、饼形底等；纹饰中以梯格纹为主、不见席纹、开始出现回纹且粗犷不甚规整；硬陶比例较小等。这些特征均与团山遗址第三期的特征类似，时代大致为商代晚期，或已部分跨入西周早期。

　　而第 ② b、③、④ 层的硬陶罐装饰叶脉纹，基本不见装饰梯格纹的现象；豆柄较细，JNZD6 ② b : 3 和 JNZD6 ④ : 2 的豆柄基本相同；JNZD6 ③ : 2 的盆与团山第三期和屯溪土墩墓的同类器物基本一致；岳石文化的尊形器仍有少量残留。综上，此三层的时代大致处于西周前期，下接 JNZD6M1 的建造。JNZD6M1 利用原有遗址的高土台，一侧挖低后开挖 JNZD6M1，且仅有 JNZD6M1，没有其他墓葬和祭祀遗存继续埋藏，可能与此一家族的延续性有关。

　　以上较早文化层的发现说明在土墩墓群的附近应该有聚落的存在，根据现有的研究成果，宁镇地区商代晚期至西周早期的聚落对于研究湖熟文化的消亡、中原王朝势力的变迁以及与周边文化的关系方面具有重要意义，是以后需要关注的方向。同样的情况也发现在同属此次抢救性考古项目的金坛薛埠上水 D2 内：D2 的主体部分为西周晚期至春秋早期，但其垫土层中的器物确属商代早期，经过大范围的调查，在距离 D2 不到 1 千米的地方发现了新浮遗址，聚落与墓葬区的配合研究无疑可以为江南商周时期的文化研究提供更广阔的思路。

第三章　周岗土墩墓群

第一节　概述

周岗土墩墓群（简称 JZ）位于江苏省句容市天王镇浮山行政村周岗自然村，北距句容约 25、西北距天王镇约 3 千米，经过发掘的周岗土墩墓群共包括 2 座土墩墓，其中 JZD1 位于宁常高速公路主线范围内，在周岗自然村西南部约 20 米，JZD2 位于高速公路南部取土场范围内，西北距 JZD1 约 70 米，北距周岗自然村近 100 米。周岗土墩墓群西距寨花头土墩墓群约 2～3 千米，处于浮山东北部的山前平原地带之上，为茅山以西句容浮山果园土墩墓群的有机组成部分（图二三六）。

第二节　周岗土墩墓D1

一　概况

周岗土墩墓 D1（编号 JZD1）位于江苏省句容市区以南约 25 千米的天王镇浮山行政村周岗自然村西南部，处于浮山东北部的平原地带之上，为茅山以西句容浮山果园土墩墓群的组成部分。

2004 年 7～8 月，南京博物院考古研究所对宁常高速公路所经地域范围进行考古调查和勘探时发现。2005 年 4 月 18 日～4 月 30 日进行了抢救性清理发掘。

周岗 JZD1 位于宁常高速公路主线上，东南距 JZD2 约 70 米，东北距周岗自然村约 20 米。中心地理坐标 E119°11′716″，N31°43′063″，海拔高度 32 米。发现前村民长期在此墩取土，土墩中心部位已被严重掏空和破坏，仅残留四周局部堆积，现场散布有大量的原始瓷片和印纹陶片。根据残存部分估算东西底径约 31 米左右，南北底径 24.2 米，面积约 600 平方米（图二三七～二三九；彩版一六八，1、2）。残存部分不到土墩原面积的二分之一，残存最高处约 3.1 米。采用中心十字布方，按照四分法开方，土墩中部虚拟留存正方向十字形交叉的 1 米宽隔梁，西北、东北、西南、东南四个探方编号为 Ⅰ、Ⅱ、Ⅲ、Ⅳ区。考虑到实际情况，先将内侧一周剖面切出，然后按照由上至下、由晚到早的地层顺序逐层清理。

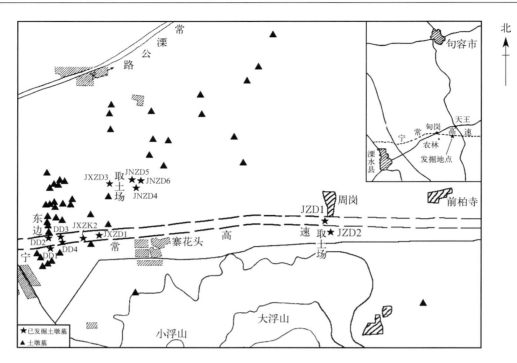

图二三六　句容周岗土墩墓位置图

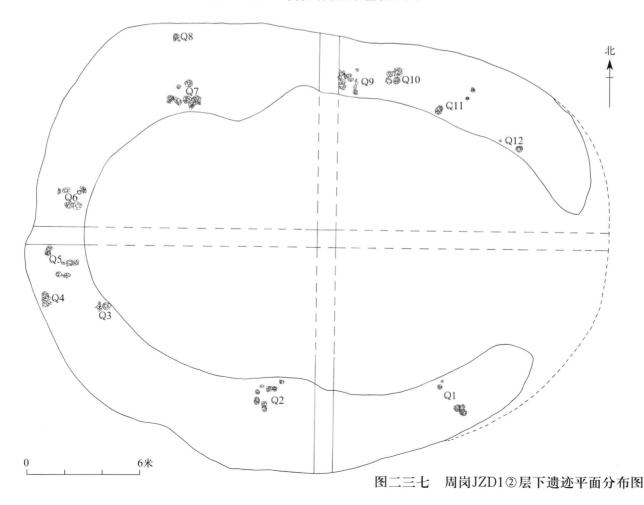

图二三七　周岗JZD1②层下遗迹平面分布图

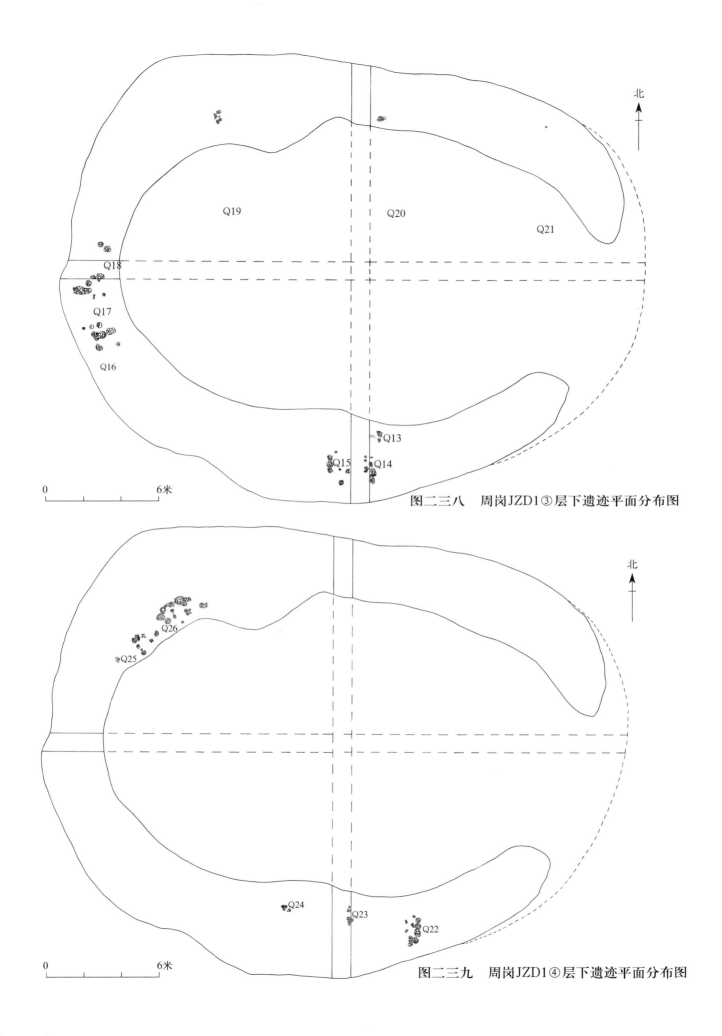

北

Q19　Q20　Q21

Q18

Q17

Q16

Q13

Q15　Q14

0　　　　　6米

图二三八　周岗JZD1③层下遗迹平面分布图

北

Q26

Q25

Q24　Q23

Q22

0　　　　　6米

图二三九　周岗JZD1④层下遗迹平面分布图

二　地层堆积

以东西隔梁南壁和南北隔梁东壁剖面为例介绍（图二四〇）。

第①层：耕土层，灰褐色土，厚 0.25 ～ 0.50 米。土质较疏松，包含物为草根、树根、少量印纹陶片和瓷片等。

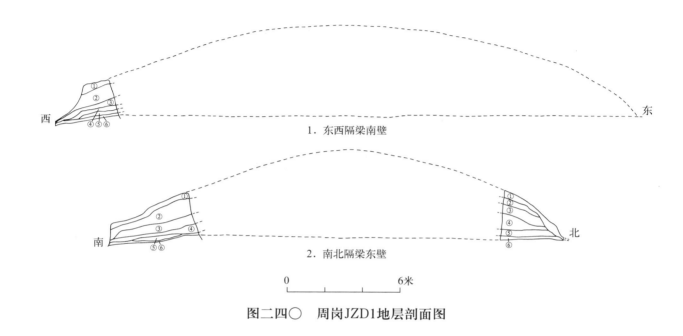

图二四〇　周岗 JZD1 地层剖面图

第②层：红褐土，深 0.15 ～ 0.45、厚 0.50 ～ 1.00 米。土质较为松软，该层清理器物群 12 组，如 JZD1Q1（5 件）、Q2（10 件）、Q3（3 件）、Q4（4 件）、Q5（8 件）、Q6（6 件）、Q7（10 件）、Q8（2 件）、Q9（7 件）、Q10（6 件）、Q11（3 件）、Q12（2 件）。

第③层：红褐土，深 0.55 ～ 1.25、厚 0.35 ～ 0.70 米。土质较硬，该层清理器物群 9 组，如 JZD1Q13（4 件）、Q14（7 件）、Q15（7 件）、Q16（9 件）、Q17（9 件）、Q18（2 件）、Q19（6 件）、Q20（1 件）、Q21（1 件）。

第④层：灰黄土，深 0.95 ～ 1.75、厚 0.20 ～ 0.60 米。土质坚硬，该层清理器物群 5 组，如 JZD1Q22（10 件）、Q23（6 件）、Q24（4 件）、Q25（4 件）、Q26（36 件）。

第⑤层：浅白色土，深 1.15 ～ 2.10、厚 0 ～ 0.30 米。经过夯打，土质十分坚硬，细腻，在墩内不连续分布，个别地段该层极薄，甚至没有。包含物极少，见有个别原始瓷片。

第⑥层：次生土层，土色偏黑，深 1.15 ～ 2.25、厚 0.10 ～ 0.30 米。土质相对较硬，无包含物。

第⑥层下为生土层，黑褐色土，土质硬。

三　遗迹遗物

第②、③、④层共清理器物群 26 组，一般出土于接近下一层面的层位中。有的器物较为高大，露头较早，器物多成组出现，部分器物群当不排除被破坏的墓葬可能性。

1．JZD1Q1

JZD1Q1 位于土墩东南部的Ⅳ区，层位关系为②－Q1－③（图二四一；彩版一六九，1）。

出土器物有坛1、罐2、瓿1、碟1共5件。

坛　1件。

JZD1Q1：5，红色硬陶。颈部以上残缺，束颈，溜肩，弧腹，平底微凹。颈部饰弦纹，肩、腹部饰水波纹和叶脉纹。底径20.0、残高39.6厘米（图二四一，5）。

罐　2件。

JZD1Q1：2，泥质黑皮陶。敛口，圆唇，卷沿，沿面有一道凹槽，耸肩，鼓腹。腹上部有两对称贯耳。口径15.0、底径12.5、高22.4厘米（图二四一，2）。

JZD1Q1：3，灰褐色硬陶。敛口，尖唇，沿微折，溜肩，弧腹，平底微凹。腹部堆贴对称泥条已残缺。肩部饰弦纹，腹部饰席纹。口径9.4、底径12.2、高16.6厘米（图二四一，3；彩版一六九，2）。

瓿　1件。

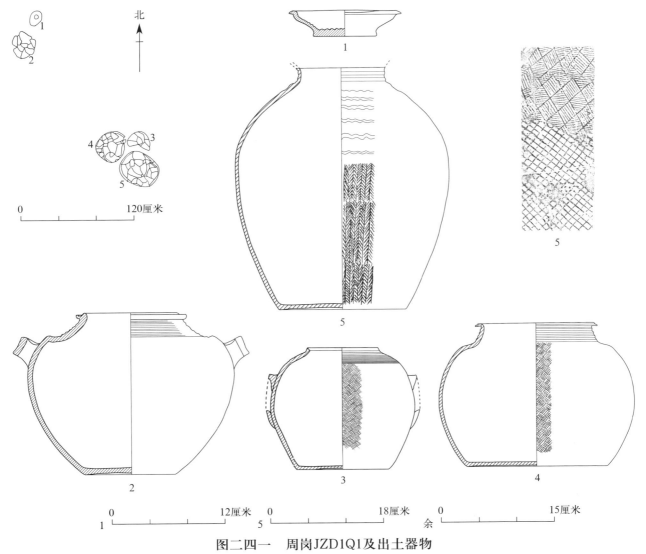

图二四一　周岗JZD1Q1及出土器物

1．原始瓷碗 JZD1Q1：1　2．陶罐 JZD1Q1：2　3．硬陶罐 JZD1Q1：3　4．硬陶瓿 JZD1Q1：4　5．硬陶坛 JZD1Q1：5

JZD1Q1：4，灰色硬陶。侈口，尖唇，卷沿，沿面有一道凹槽，束颈，溜肩，弧腹，平底微凹。颈部饰弦纹，肩、腹部饰席纹。口径 16.3、底径 19.0、高 19.4 厘米（图二四一，4；彩版一六九，3）。

碗　1 件。

JZD1Q1：1，原始瓷。敞口，尖唇，腹部弧收，平底内凹。内壁有螺旋凹槽。器表施黄釉。口径 11.8、底径 6.4、高 2.8 厘米（图二四一，1；彩版一六九，4）。

2．JZD1Q2

JZD1Q2 位于土墩近南部的Ⅲ区，层位关系为②－Q2－③（图二四二；彩版一七〇，1）。

出土器物有坛 3、罐 4、盆 2、器盖 1 共 10 件。

坛　3 件。

JZD1Q2：2，灰色硬陶。侈口，圆唇，卷沿，沿面有一道凹槽，束颈，溜肩，弧腹，平底内凹。颈部饰弦纹。肩、腹部饰菱形填线纹和方格纹。口径 21.2、底径 19.2、高 42.0 厘米（图二四三，1；彩版一七〇，2）。

JZD1Q2：6-2，灰色硬陶。侈口，圆唇，卷沿，沿面有一道凹槽，束颈，溜肩，弧腹，平底内凹。颈部饰弦纹，肩、腹部饰菱形填线纹和方格纹。口径 19.6、底径 19.8、高 43.2 厘米（图二四三，2；彩版一七〇，3）。

JZD1Q2：8，灰色硬陶。侈口，尖唇，卷沿，沿面有一道凹槽，束颈，溜肩，弧腹，平底内凹。上腹贴附两不对称泥条瓣形堆饰。颈部饰弦纹，肩、腹部饰席纹和方格纹。口径 26.6、底径 25.0、高 53.6 厘米（图二四三，3；彩版一七〇，4）。

罐　4 件。

JZD1Q2：1，灰色硬陶。侈口，尖唇，卷沿，直颈，肩略平，弧腹，平底微凹。颈、肩部饰弦纹，腹部饰席纹和菱形填线纹。口径 16.5、底径 17.4、高 19.8 厘米（图二四四，1；彩版一七一，1）。

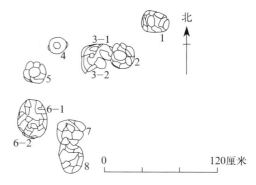

图二四二　周岗JZD1Q2平面图

1、3-2、5．硬陶罐　2、6-2、8．硬陶坛　3-1、7．陶盆　4．原始瓷罐　6-1．陶器盖

JZD1Q2：3-2，灰色硬陶。敛口微侈，尖唇，窄沿，沿面内凹，折肩起棱，弧腹，平底。肩部有两对称绞索状堆饰。肩部饰弦纹，腹部饰席纹和菱形填线纹。口径 15.6、底径 20.0、高 26.5 厘米（图二四四，2；彩版一七一，2）。

JZD1Q2：4，原始瓷。侈口，尖唇，沿面有一道凹槽，折肩起棱，鼓腹，平底。上腹有两对称绞索状耳。腹部饰变形涡旋纹。器表施黄绿釉。口径 12.4、底径 14.2、高 16.8 厘米（图二四四，3；彩版一七一，3）。

JZD1Q2：5，褐色硬陶。侈口，尖唇，卷沿，沿面有一道凹槽，束颈，折肩，弧腹，平底内凹。肩、腹部有两对称绞索状堆饰。颈、肩部饰弦纹，腹部饰叶脉纹。口径 17.5、底径 18.0、高 24.8 厘米（图二四四，4；彩版一七一，4）。

盆　2 件。

JZD1Q2：3-1，泥质红陶。敞口，尖唇，卷沿，折腹，平底。口径 16.8、底径 9.0、高 7.0 厘米（图

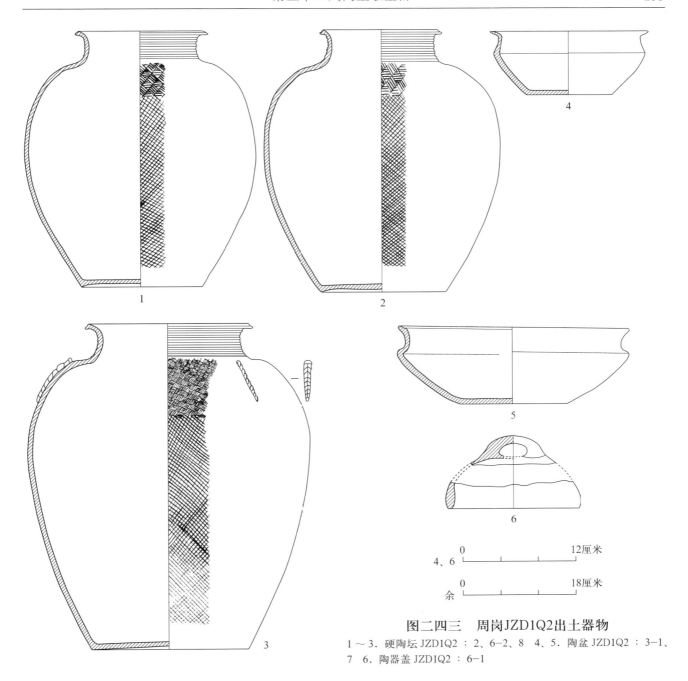

图二四三　周岗JZD1Q2出土器物

1～3. 硬陶坛 JZD1Q2：2、6-2、8　4、5. 陶盆 JZD1Q2：3-1、
7　6. 陶器盖 JZD1Q2：6-1

二四三，4；彩版一七一，5）。

JZD1Q2：7，泥质黑皮陶。侈口，圆唇，卷沿，沿面有一道凹槽，折腹，斜收成平底。口径36.8、底径17.0、高12.8厘米（图二四三，5）。

器盖　1件。

JZD1Q2：6-1，夹砂红陶。桥形提梁，弧顶，弧壁残，敛口，圆唇。口径14.0厘米（图二四三，6）。

3. JZD1Q3

JZD1Q3位于土墩西南部的Ⅲ区，层位关系为②－Q3－③（图二四五；彩版一六九，5）。

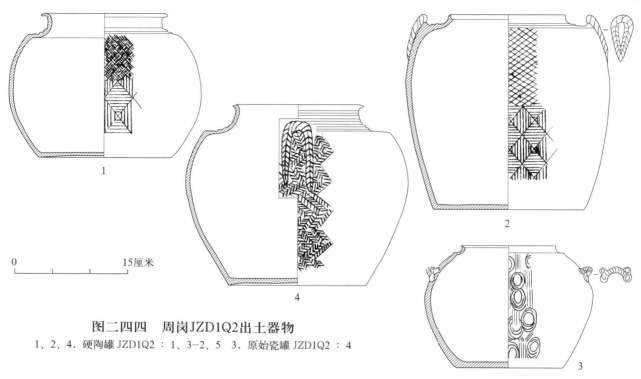

图二四四　周岗JZD1Q2出土器物

1、2、4. 硬陶罐 JZD1Q2：1、3–2、5　3. 原始瓷罐 JZD1Q2：4

出土器物有坛1、罐2共3件。

坛　1件。

JZD1Q3：2，灰色硬陶。肩部以上残缺。弧腹，平底内凹。腹部饰方格纹和菱形填线纹。残高

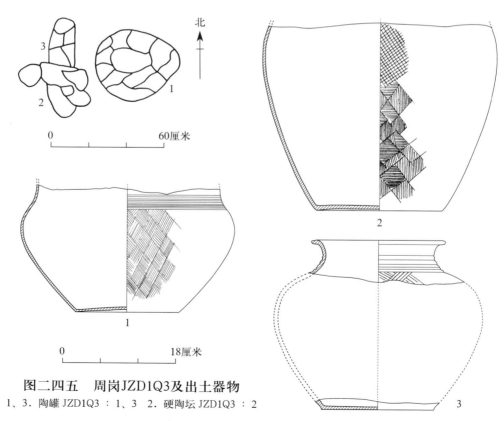

图二四五　周岗JZD1Q3及出土器物

1、3. 陶罐 JZD1Q3：1、3　2. 硬陶坛 JZD1Q3：2

30.9、底径 20.0 厘米（图二四五，2）。

罐　2 件。

JZD1Q3：1，泥质红陶。口部残缺，束径，鼓腹，平底内凹。颈部饰弦纹，腹部饰席纹。底径 16.5、残高 20.0 厘米（图二四五，1）。

JZD1Q3：3，泥质红陶。侈口，圆唇，沿面内凹，高领，束颈，弧肩，腹部残缺，平底。颈部饰弦纹，上腹部饰席纹。口径 21.2、底径 18.4 厘米（图二四五，3）。

4．JZD1Q4

JZD1Q4 位于土墩西南部的Ⅲ区，层位关系为② - Q4 - ③（图二四六；彩版一七二，1）。

出土器物有鼎 1、罐 2、豆 1 共 4 件。

鼎　1 件。

JZD1Q4：2，夹砂红陶。残破。侈口，圆唇，折沿，弧腹，底残，三扁锥足。口径 20.2 厘米（图二四六，2）。

罐　2 件。

JZD1Q4：1，灰色硬陶。侈口，尖唇，卷沿，束颈，溜肩，鼓腹，平底。肩部贴附两对称泥条堆饰。肩、腹部饰菱形填线纹和方格纹。口径 18.2、底径 15.6、高 29.6 厘米（图二四六，1；彩版一七二，2）。

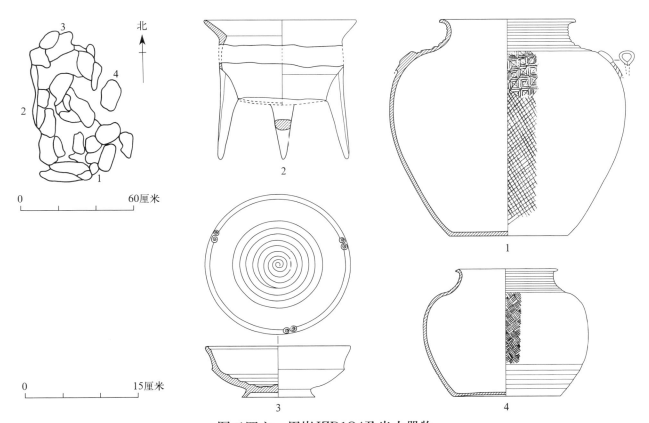

图二四六　周岗 JZD1Q4 及出土器物

1、4．硬陶罐 JZD1Q4：1、4　2．陶鼎 JZD1Q4：2　3．原始瓷豆 JZD1Q4：3

JZD1Q4：4，灰色硬陶。侈口，卷沿，沿面有一道浅凹槽，尖唇，束颈，溜肩，弧腹，平底内凹。颈部饰弦纹，肩、腹部饰席纹。口径13.7、底径14.5、高17.4厘米（图二四六，4；彩版一七二，3）。

豆　1件。

JZD1Q4：3，原始瓷。敞口，圆唇，卷沿，沿面有一道凹槽，折腹，弧收，矮圈足外撇。沿面有3个对称"∽"堆饰。内壁有螺旋凹槽。釉色发黄，表面有酱色釉斑。口径19.2、足径9.4、高7.0厘米（图二四六，3；彩版一七二，4）。

5．JZD1Q5

JZD1Q5位于土墩近西部的Ⅲ区，层位关系为②－Q5－③（图二四七）。

北

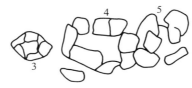

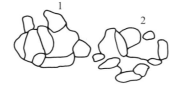

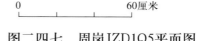

0　　　　　　　　60厘米

图二四七　周岗JZD1Q5平面图

1、2．硬陶瓿　3、6．陶罐　4．陶鼎　5．陶盆　7．硬陶坛　8．陶钵

出土器物有鼎1、坛1、罐2、瓿2、盆1、钵1共8件。

鼎　1件。

JZD1Q5：4，夹砂红陶。侈口，圆唇，折沿，弧腹残，圜底残，三扁锥形足。底部有烟黛。口径20.0厘米（图二四八，1）。

坛　1件。

JZD1Q5：7，红色硬陶。侈口，圆唇，沿面内凹，弧肩，弧腹，下腹斜收，平底。口部变形。颈部饰弦纹，肩、腹部饰席纹和菱形填线纹。口径20.4、底径15.2、高41.5厘米（图二四八，2；彩版一七三，1）。

罐　2件。

JZD1Q5：3，泥质灰陶。口微侈，方唇，弧腹，平底。肩下有两对称耳。素面。口径13.0、底径10.0、高14.0厘米（图二四八，3）。

JZD1Q5：6，泥质红陶。侈口，圆唇，沿面内凹，弧肩，弧腹，平底。颈部饰弦纹，肩、腹部饰席纹，

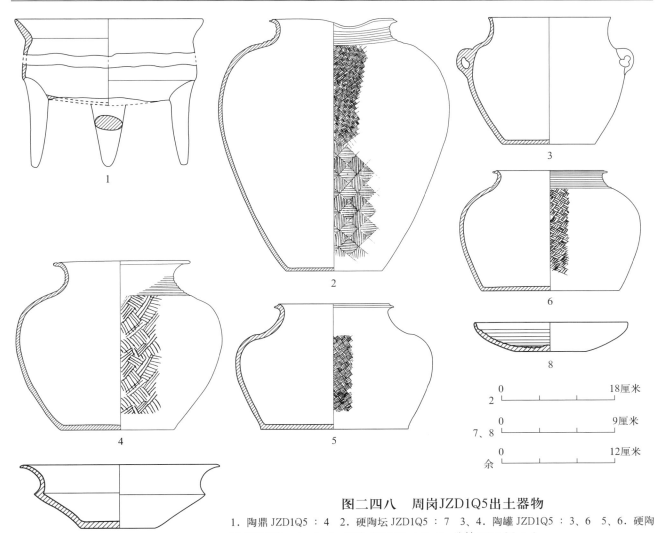

图二四八　周岗JZD1Q5出土器物

1. 陶鼎 JZD1Q5：4　2. 硬陶坛 JZD1Q5：7　3、4. 陶罐 JZD1Q5：3、6　5、6. 硬陶瓿 JZD1Q5：1、2　7. 陶盆 JZD1Q5：5　8. 陶钵 JZD1Q5：8

拍印较杂乱。口径 14.8、底径 12.0、高 18.8 厘米（图二四八，4；彩版一七三，2）。

瓿　2件。

JZD1Q5：1，灰色硬陶。侈口，尖唇，卷沿，沿面有一道凹槽，束颈，肩略耸，鼓腹，平底。腹部饰席纹。口径 12.8、底径 15.6、高 13.8 厘米（图二四八，5；彩版一七三，3）。

JZD1Q5：2，灰褐色硬陶。侈口，尖唇，卷沿，沿面有一道凹槽，束颈，肩略平，鼓腹，平底。颈部饰弦纹，肩、腹部饰席纹。口径 12.2、底径 14.8、高 13.2 厘米（图二四八，6；彩版一七三，4）。

盆　1件。

JZD1Q5：5，泥质灰胎黑皮陶。敞口，尖唇，折腹，平底。口径 16.0、底径 6.0、高 5.2 厘米（图二四八，7；彩版一七三，5）。

钵　1件。

JZD1Q5：8，泥质灰陶。敞口，圆唇，浅腹，小平底。内壁有螺旋凹槽。口径 12.2、底径 5.0、高 2.4 厘米（图二四八，8）。

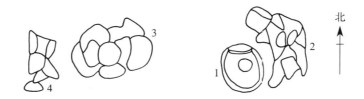

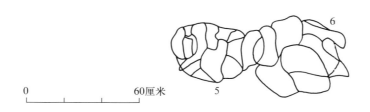

0 ———————— 60厘米

图二四九　周岗JZD1Q6平面图
1. 原始瓷碗　2. 陶盆　3、6. 硬陶坛　4. 陶罐　5. 陶鼎

6. JZD1Q6

JZD1Q6位于土墩近西部的Ⅰ区，层位关系为②－Q6－③（图二四九；彩版一七四，1）。

出土器物有鼎1、坛2、罐1、盆1、碗1共6件。

鼎　1件。

JZD1Q6：5，夹砂红陶。敛口，圆唇，腹、底残缺，三扁圆锥足残。口径26.4厘米（图二五〇，1）。

坛　2件。

JZD1Q6：3，灰色硬陶。侈口，尖唇，卷沿，沿面有一道凹槽，束颈，溜肩，弧腹，平底。颈部饰弦纹，肩、腹部饰叶脉纹和菱形填线纹。口径22.8、底径23.0、高52.2厘米（图二五〇，2；彩版一七四，2）。

JZD1Q6：6，灰色硬陶。侈口，尖唇，卷沿，沿面有一道凹槽，束颈，肩略耸，弧腹，平底。颈部饰弦纹，腹部饰席纹和方格纹。口径21.2、底径20.0、高45.6厘米（图二五〇，3；彩版一七四，3）。

罐　1件。

JZD1Q6：4，泥质红陶。敞口，圆唇，沿面内凹，束颈，溜肩，腹残缺，平底。肩、腹部饰席纹。口径30.0、底径16.8厘米（图二五〇，4）。

盆　1件。

JZD1Q6：2，泥质黑胎黑皮陶。侈口，圆唇，折沿，沿面内凹，折腹，腹斜收，平底。上腹部饰弦纹。口径29.0、底径9.0、高12.2厘米（图二五〇，5；彩版一七四，4）。

碗　1件。

JZD1Q6：1，原始瓷。侈口，圆唇，折沿，沿面有两道凹槽，弧腹斜收，平底内凹。内壁有螺旋凹槽。釉已色脱落。口径19.2、底径9.4、高6.2厘米（图二五〇，6；彩版一七四，5）。

7. JZD1Q7

JZD1Q7位于土墩西北部的Ⅰ区，层位关系为②－Q7－③（图二五一；彩版一七五，1）。

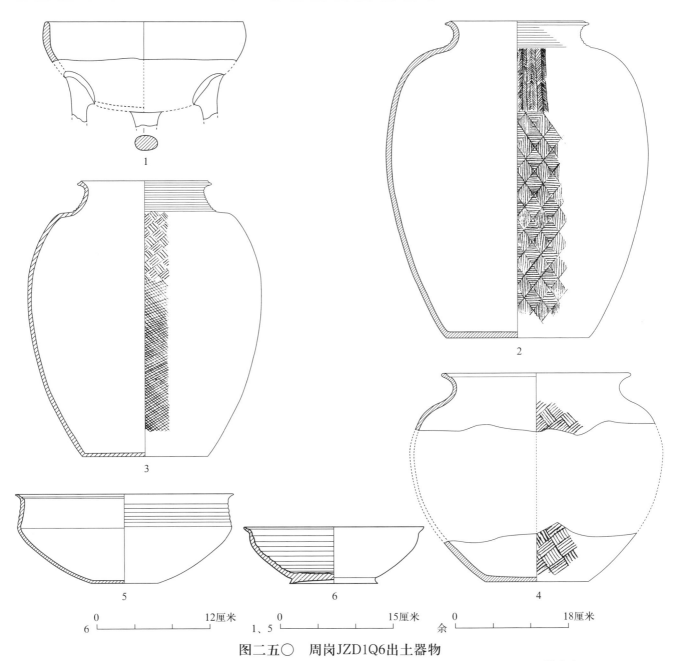

图二五〇　周岗JZD1Q6出土器物

1. 陶鼎 JZD1Q6：5　2、3. 硬陶坛 JZD1Q6：3、6　4. 陶罐 JZD1Q6：4　5. 陶盆 JZD1Q6：2　6. 原始瓷碗 JZD1Q6：1

出土器物有鼎1、坛4、罐3、碗1、器盖1共10件。

鼎　1件。

JZD1Q7：9，夹砂红陶。仅存圆锥形鼎足。残高12.4厘米（图二五二，1）。

坛　4件。

JZD1Q7：1，灰色硬陶。侈口，圆唇，卷沿，沿面内凹，束颈，弧肩，鼓腹，平底内凹。颈部饰弦纹，肩、腹部饰席纹和方格纹。口径22.8、底径23.2、高57.0厘米（图二五二，2；彩版一七五，2）。

JZD1Q7：5，褐色硬陶。侈口，尖唇，卷沿，沿面内凹，束颈，弧肩，弧腹，平底内凹。颈部饰弦纹，

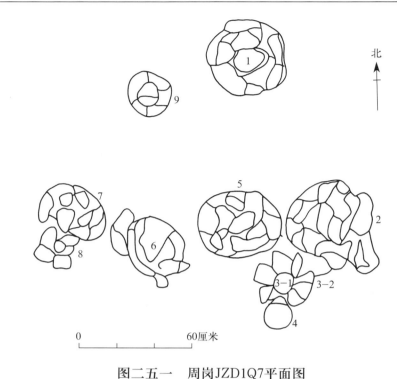

北

0　　　　　　　　　60厘米

图二五一　　周岗JZD1Q7平面图

1、5～7. 硬陶坛　2、3-2. 硬陶罐　3-1. 陶器盖　4. 原始瓷碗　8. 原始瓷罐　9. 陶鼎

肩、腹部饰席纹和方格纹。口径18.4、底径17.8、高39.2厘米（图二五二，3；彩版一七五，3）。

　　JZD1Q7：6，灰色硬陶。侈口，圆唇，卷沿，沿面内凹，束颈，弧肩，弧腹，平底微凹。颈部饰弦纹，肩、腹部饰席纹和方格纹。口径18.3、底径18.0、高38.5厘米（图二五二，4；彩版一七五，4）。

　　JZD1Q7：7，灰褐色硬陶。侈口，尖唇，卷沿，沿面内凹，束颈，矮颈，溜肩，弧腹，平底内凹。颈部饰弦纹，肩、腹部饰折线纹和回纹的组合纹饰。口径20.4、底径18.4、高42.4厘米（图二五二，5；彩版一七六，1）。

　　罐　3件。

　　JZD1Q7：2，灰褐色硬陶。侈口，尖唇，卷沿，沿面有一道凹槽，束颈，圆肩，鼓腹，平底内凹。腹部贴附两对称辫形堆饰。颈部饰弦纹，肩、腹部饰席纹和方格纹。口径14.8、底径15.0、高23.0厘米（图二五二，6；彩版一七六，2）。

　　JZD1Q7：3-2，灰色硬陶。侈口，尖唇，卷沿，束颈，平肩，鼓腹，平底。腹部贴附四条对称辫形堆饰。颈部饰弦纹，肩、腹部饰菱形填线纹。口径14.6、底径11.4、高19.0厘米（图二五二，7；彩版一七六，3）。

　　JZD1Q7：8，原始瓷。敞口，圆唇，溜肩，弧腹，平底。腹部有两对称耳，已残缺。肩、腹部饰回纹。施青黄釉。口径12.4、底径14.0、高22.1厘米（图二五二，8）。

　　碗　1件。

　　JZD1Q7：4，原始瓷。敞口，圆唇，折沿，沿面内凹，弧腹斜收，饼形底内凹近似圈足。内壁有螺旋凹槽。釉剥落。口径15.4、底径8.0、高5.2厘米（图二五二，9；彩版一七六，4）。

　　器盖　1件。

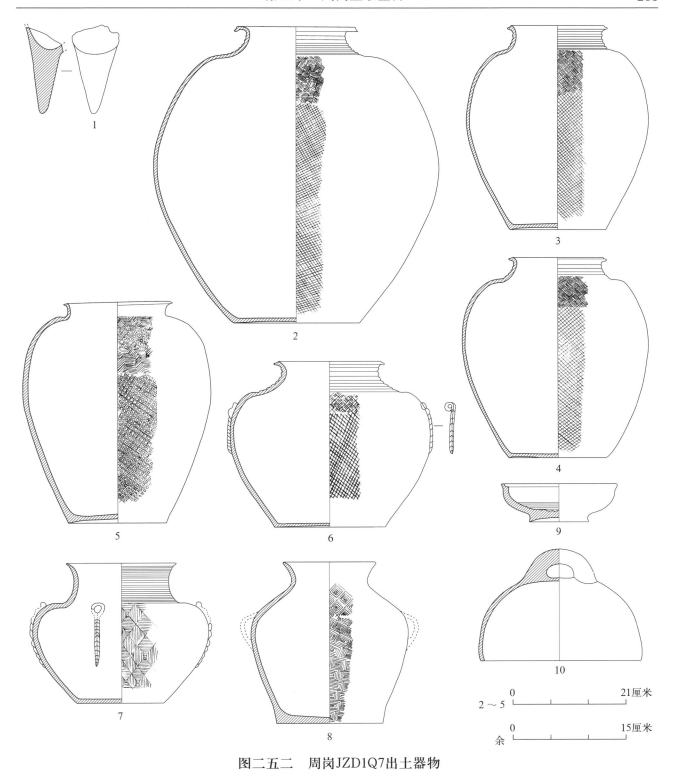

图二五二　周岗JZD1Q7出土器物

1. 陶鼎 JZD1Q7：9　2～5. 硬陶坛 JZD1Q7：1、5～7　6、7. 硬陶罐 JZD1Q7：2、3-2　8. 原始瓷罐 JZD1Q7：8　9. 原始瓷碗 JZD1Q7：4　10. 陶器盖 JZD1Q7：3-1

　　JZD1Q7：3-1，夹砂红陶。桥形提梁，弧顶，弧壁，敛口，方圆唇。口径21.2、高15.2厘米（图二五二，10；彩版一七六，5）。

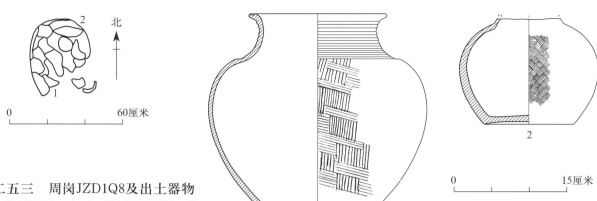

图二五三　周岗JZD1Q8及出土器物
1. 陶罐 JZD1Q8：1　2. 硬陶罐 JZD1Q8：2

8．JZD1Q8

JZD1Q8 位于土墩西北部的Ⅰ区，层位关系为②－Q8－③（图二五三；彩版一七七，1）。

出土器物有罐 2 件。

罐　2 件。

JZD1Q8：1，泥质红胎红衣陶。侈口，圆唇，沿面内凹，束颈，弧肩，鼓腹，平底内凹。颈部饰弦纹，肩、腹部饰编织状席纹。口径 18.4、底径 14.4、高 27.2 厘米（图二五三，1；彩版一七七，2）。

JZD1Q8：2，灰色硬陶。口部残缺，溜肩，弧腹，平底内凹。颈部饰弦纹，肩、腹部饰席纹，底径 12.0、高 14.5 厘米（图二五三，2）。

9．JZD1Q9

JZD1Q9 位于土墩东北部的Ⅱ区，层位关系为②－Q9－③（图二五四；彩版一七七，4）。

出土器物有坛 3、罐 2、碗 1、盂 1 共 7 件。

坛　3 件。

JZD1Q9：5，灰色硬陶。口部残缺，圆折肩，弧腹，平底。颈部饰弦纹，肩、腹部饰席纹和方格纹。底径 20.0、残高 45.6 厘米（图二五五，1）。

JZD1Q9：6，灰色硬陶。侈口，圆唇，卷沿，高领，溜肩，弧腹，平底内凹。颈部饰弦纹，肩、腹部饰席纹和方格纹。口径 20.0、底径 17.0、高 42.0 厘米（图二五五，2）。

JZD1Q9：7，褐色硬陶。口、底残缺，束颈，弧肩，弧腹。颈部饰弦纹，肩、腹部饰折线纹回纹的组合纹饰。残高 17.0 厘米（图二五五，3）。

罐　2 件。

JZD1Q9：1，褐色硬陶。侈口，尖唇，卷沿，溜肩，弧腹，平底微凹。颈部饰弦纹，肩、腹部饰方格纹。口径 15.7、底径 16.0、高 21.8 厘米（图二五五，4；彩版一七七，3）。

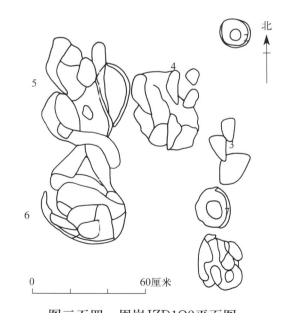

图二五四　周岗JZD1Q9平面图
1. 硬陶罐　2. 原始瓷碗　3. 原始瓷盂　4. 陶罐　5～7. 硬陶坛

JZD1Q9：4，泥质红胎黑皮陶。口腹残缺，仅余底部，平底。底径11.2厘米（图二五五，5）。

碗　1件。

JZD1Q9：2，原始瓷，灰胎。敞口，尖唇，折沿，弧腹，斜收平底。内壁有螺旋凹槽。器表施青黄釉。口径16.4、底径8.6、高5.3厘米（图二五五，6；彩版一七七，5）。

盂　1件。

JZD1Q9：3，原始瓷，浅灰胎。敛口，尖唇，折沿，折肩，弧腹，平底内凹。肩部贴附两对称"ᔆ"

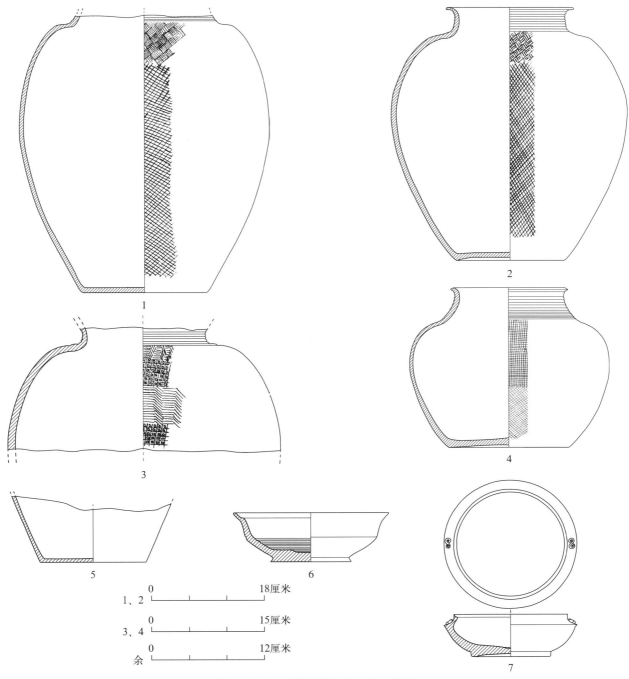

图二五五　周岗JZD1Q9出土器物

1～3.硬陶坛 JZD1Q9：5～7　4.硬陶罐 JZD1Q9：1　5.陶罐 JZD1Q9：4　6.原始瓷碗 JZD1Q9：2　7.原始瓷盂 JZD1Q9：3

形堆饰。内壁有螺旋凹槽，有气泡。残留有釉痕。口径12.0、底径8.4、高4.7厘米（图二五五，7；彩版一七七，6）。

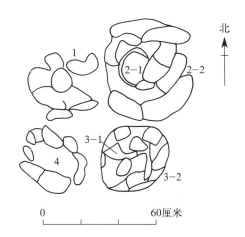

图二五六　　周岗JZD1Q10平面图
1、2—2. 硬陶坛　2—1. 原始瓷豆　3—1. 陶器盖　3—2、4. 陶罐

10．JZD1Q10

JZD1Q10位于土墩东北部的Ⅱ区，层位关系为②－Q10－③（图二五六；彩版一七八，1）。

出土器物有坛2、罐2、豆1、器盖1共6件。

坛　2件。

JZD1Q10：1，褐色硬陶。侈口，圆唇，卷沿，沿面内凹，高领，弧肩，弧腹，平底内凹。颈部饰弦纹，肩、腹部饰变体凤鸟纹和方格纹。口径25.2、底径24.0、高57.2厘米（图二五七，1；彩版一七八，3）。

JZD1Q10：2—2，灰色硬陶。侈口，尖唇，卷沿，束颈，溜肩，弧腹，平底内凹。颈部饰弦纹，肩、腹部饰菱形填线纹和方格纹。口径19.8、底径17.8、高47.2厘米（图二五七，2；彩版一七八，4）。

罐　2件。

JZD1Q10：3—2，泥质红陶。罐口部残缺，鼓腹，平底。腹部饰席纹。底径16.3、残高19.2厘米（图二五七，3）。

JZD1Q10：4，泥质红陶。侈口，圆唇，卷沿，沿面内凹，弧肩，腹部残缺，平底。下腹部饰席纹。口径17.2、底径16.5厘米（图二五七，4）。

豆　1件。

JZD1Q10：2—1，原始瓷。敞口，圆唇，折腹，圈足外撇，内壁有螺旋凹槽。施黄釉。口径14.8、足径5.6、高6.7厘米（图二五七，5；彩版一七八，2）。

器盖　1件。

JZD1Q10：3—1，泥质黑胎红陶。残损，喇叭状捉手，弧顶，弧壁，顶、壁间折（图二五七，6）。

11．JZD1Q11

JZD1Q11位于土墩东北部的Ⅱ区，层位关系为②－Q11－③（图二五八；彩版一七九，1、2）。

出土器物有坛1、罐2共3件。

坛　1件。

JZD1Q11：3，泥质黑胎红陶。侈口，圆唇，卷沿，沿面内凹，高领，弧肩，弧腹，腹部残损，平底内凹。颈部饰弦纹，肩、腹部饰方格纹。口径20.5、底径15.6厘米（图二五八，3）。

罐　2件。

JZD1Q11：1，泥质黑胎黑皮陶。口微侈，圆唇，沿面内凹，溜肩，鼓腹，平底。上腹部有对称双耳。肩部饰弦纹。口径11.0、底径8.6、高14.0厘米（图二五八，1）。

JZD1Q11：2，泥质灰胎黑皮陶。敛口微侈，斜方唇，弧折腹弧收，平底。口径8.4、底径7.0、高7.0厘米（图二五八，2；彩版一七九，3）。

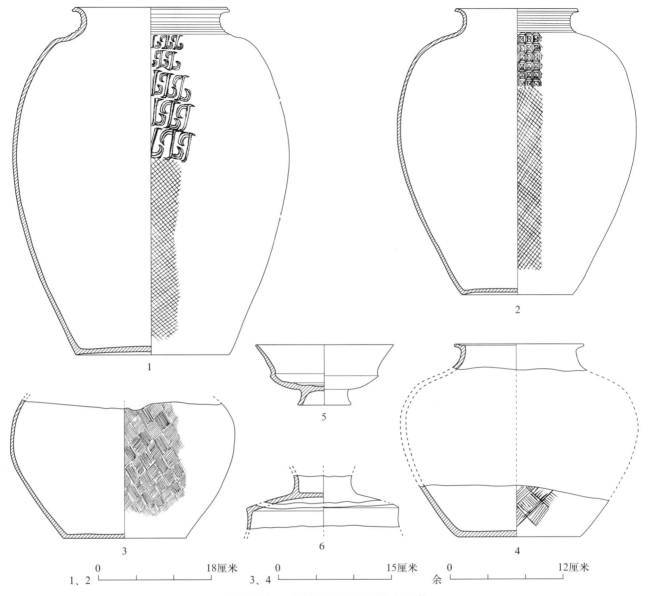

图二五七　周岗JZD1Q10出土器物

1、2. 硬陶坛 JZD1Q10：1、2-2　3、4. 陶罐 JZD1Q10：3-2、4　5. 原始瓷豆 JZD1Q10：2-1　6. 陶器盖 JZD1Q10：3-1

12. JZD1Q12

JZD1Q12 位于土墩东北部的Ⅱ区，层位关系为②－Q12－③（图二五九；彩版一七九，4）。

出土器物有盆1、碗1共2件。

盆　1件。

JZD1Q12：2，泥质黑胎黑皮陶。侈口，圆唇，折腹斜收，平底。口径23.6、底径9.6、高6.2厘米（图二五九，2；彩版一七九，5）。

碗　1件。

JZD1Q12：1，原始瓷。侈口，尖唇，折沿，弧腹，平底内凹。内壁有螺旋凹槽。器表釉已剥落。口径12.7、底径7.8、高4.8厘米（图二五九，1；彩版一七九，6）。

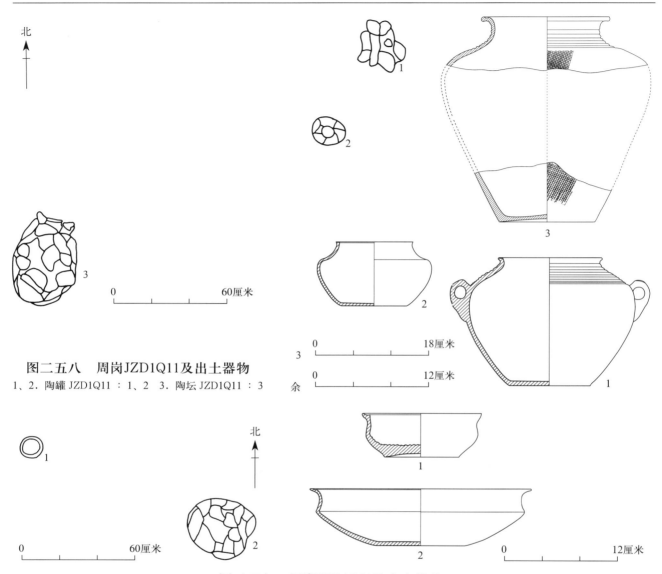

图二五八　周岗JZD1Q11及出土器物

1、2. 陶罐 JZD1Q11：1、2　3. 陶坛 JZD1Q11：3

图二五九　周岗JZD1Q12及出土器物

1. 原始瓷碗 JZD1Q12：1　2. 陶盆 JZD1Q12：2

13．JZD1Q13

JZD1Q13位于土墩近南部的Ⅳ区，层位关系为③－Q13－④（图二六〇；彩版一八〇，1）。

出土器物有鼎2、碗2共4件。

鼎　2件。

JZD1Q13：1，夹砂红陶。侈口，圆唇，折沿，弧腹，底残，三扁圆锥足。足上有数道刻划的线条。口径16.0厘米（图二六〇，1）。

JZD1Q13：2，夹砂红陶。侈口，圆唇，折沿，弧腹，底残，三扁圆锥足。口径18.3厘米（图二六〇，2）。

碗　2件。

JZD1Q13：3，原始瓷。侈口，圆唇，折沿，沿面内凹，弧腹斜收，平底内凹。内壁有螺旋凹槽，有气泡。施黄绿釉，大部剥落。口径14.6、底径8.4、高5.2厘米（图二六〇，3）。

JZD1Q13：4，原始瓷。敞口，尖唇，折腹弧收，平底微凹。内壁有螺旋凹槽。有流釉现象。口

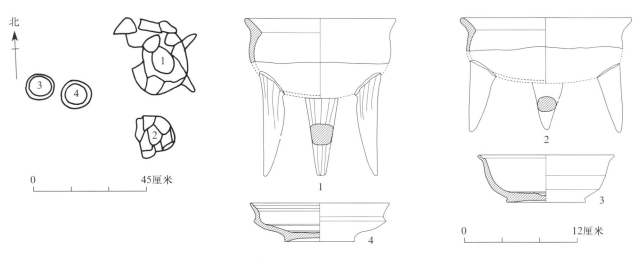

图二六〇　周岗JZD1Q13及出土器物

1、2. 陶鼎 JZD1Q13：1、2　3、4. 原始瓷碗 JZD1Q13：3、4

径 14.8、底径 7.4、高 4.4 厘米（图二六〇，4；彩版一八〇，2）。

14. JZD1Q14

JZD1Q14 位于土墩近南部的Ⅳ区和隔梁下，层位关系为③－Q14－④（图二六一；彩版一八〇，4）。出土器物有坛 2、罐 1、大口器 1、碗 3 共 7 件。

坛　2 件。

JZD1Q14：3，灰色硬陶。侈口，尖唇，卷沿，沿面内凹，弧肩，弧腹，平底内凹。颈部饰弦纹，肩部饰席纹，并在肩的一周有指捺窝，腹部饰方格纹。口径 17.6、底径 17.5、高 47.2 厘米（图二六二，1；彩版一八〇，5）。

JZD1Q14：4，灰色硬陶。口沿残缺，耸肩，弧腹，平底。颈部饰弦纹，肩、腹部饰折线纹和回纹。底径 17.5、残高 40.0 厘米（图二六二，2）。

罐　1 件。

JZD1Q14：2，泥质红陶。口部残缺，腹微鼓，平底。腹部饰席纹。底径 16.0、残高 18.2 厘米（图二六二，3）。

大口器　1 件。

JZD1Q14：7，泥质红陶。口部残缺，下腹斜收，平底。腹部饰席纹。底径 10.5、残高 19.0 厘米（图二六二，4）。

碗　3 件。

JZD1Q14：1，原始瓷。侈口，尖唇，折沿，沿面内凹，弧腹斜收，平底内凹。内壁有螺旋凹槽。器表釉剥落。口径 12.8、底径 8.0、高 3.2 厘米（图二六二，5；彩版一八〇，3）。

JZD1Q14：5，原始瓷。侈口，尖唇，折沿，沿面内凹，

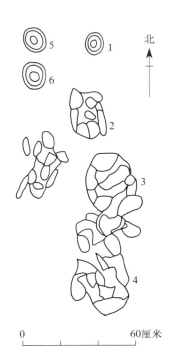

图二六一　周岗JZD1Q14平面图

1、5、6. 原始瓷碗　2. 陶罐　3、4. 硬陶坛　7. 陶大口器

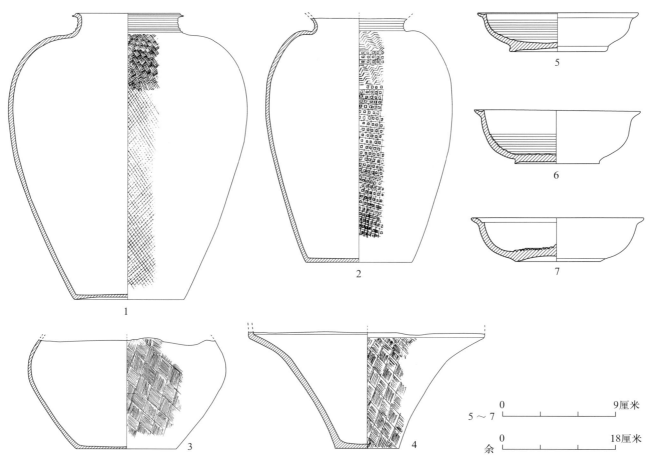

图二六二　周岗 JZD1Q14 出土器物
1、2. 硬陶坛 JZD1Q14：3、4　3. 陶罐 JZD1Q14：2　4. 陶大口器 JZD1Q14：7　5～7. 原始瓷碗 JZD1Q14：1、5、6

弧腹斜收，平底内凹。内壁有螺旋凹槽。器表施黄釉。口径 13.2、底径 6.8、高 4.4 厘米（图二六二，6；彩版一八〇，6）。

　　JZD1Q14：6，原始瓷。侈口，圆唇，折沿，沿面内凹，弧腹斜收，平底内凹。内壁有螺旋凹槽。器表釉已剥落。口径 13.8、底径 6.8、高 3.6 厘米（图二六二，7）。

15. JZD1Q15

　　JZD1Q15 位于土墩近南部的Ⅲ区，层位关系为③－Q15－④（图二六三；彩版一八一，1）。

　　出土器物有坛 1、罐 3、碗 1、盂 1、盖 1 共 7 件。

　　坛　1 件。

　　JZD1Q15：7，灰色硬陶。侈口，尖唇，卷沿，沿面有一道凹槽，束颈，肩略耸，弧腹，平底。颈部饰弦纹，肩、腹部饰席纹和菱形填线纹。口径 19.5、底径 21.0、高 38.0 厘米（图二六四，1；彩版一八一，2）。

　　罐　3 件。

　　JZD1Q15：2，泥质黑胎红陶。上部残，下腹斜收，平底，腹部饰席纹。底径 18.0、残高 9.0 厘米（图二六四，2)。

JZD1Q15：3，泥质红陶。口底残缺，溜肩，鼓腹。颈部饰弦纹，肩部饰席纹，腹部饰方格纹。残高20.5厘米（图二六四，3)。

JZD1Q15：4，灰色硬陶。侈口，尖唇，束颈，溜肩，弧腹，平底微凹。肩部有两个对称堆塑。肩、腹部饰席纹和方格纹。口径16.0、底径16.2、高23.3厘米（图二六四，4；彩版一八一，3)。

碗　1件。

JZD1Q15：5，原始瓷。敞口，尖唇，弧腹斜收，平底微凹。内壁有螺旋凹槽，有气泡。表面釉脱落。口径14.6、底径6.4、高5.0厘米（图二六四,5;彩版一八一,4)。

盂　1件。

JZD1Q15：1，褐色硬陶，灰胎。敛口，圆唇，折腹，平底内凹。肩部有两堆塑，并饰水波纹。口径7.0、底径5.1、高2.8厘米（图二六四，6；彩版一八一，5)。

器盖　1件。

JZD1Q15：6，泥质灰胎黑皮陶。喇叭状捉手，侈口，圆唇，直颈，弧顶，壁斜收。盖口沿为侈口，圆唇，沿面内凹。捉手径8.3、高6.2、口径18.0厘米(图二六四,7)。

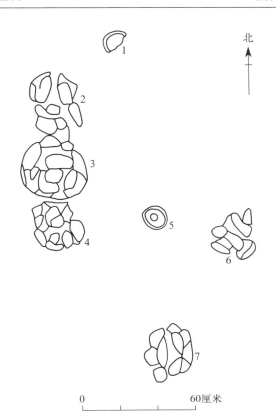

北

图二六三　周岗JZD1Q15平面图
1. 硬陶盂　2、3. 陶罐　4. 硬陶罐　5. 原始瓷碗　6. 陶器盖　7. 硬陶坛

16．JZD1Q16

JZD1Q16位于土墩西南部的Ⅲ区，层位关系为③－Q16－④（图二六五；彩版一八二，1)。

出土器物有坛3、罐4、杯1、碗1共9件。

坛　3件。

JZD1Q16：5，灰色硬陶。侈口，圆唇，卷沿，高领，溜肩，球腹，平底内凹。颈部饰弦纹，肩、腹部饰席纹和方格纹。口径30.0、底径24.4、高63.6厘米（图二六六，1；彩版一八二，2)。

JZD1Q16：6，红色硬陶。口、颈残缺，弧腹，平底。腹部饰菱形填线纹。底径20.0、残高33.7厘米（图二六六，2)。

JZD1Q16：9，褐色硬陶。侈口，圆唇，卷沿，沿面内凹，肩略平，弧腹，平底内凹。颈部饰弦纹，肩、腹部饰席纹和菱形填线纹。口径18.0、底径16.4、高36.4厘米（图二六六，3;彩版一八二，3)。

罐　4件。

JZD1Q16：2，灰色硬陶。侈口，尖唇，卷沿，沿面有一道宽凹槽，束颈，弧肩，弧腹，平底内凹。腹部饰席纹。口径13.2、底径12.8、高13.2厘米（图二六六，4；彩版一八二，4)。

JZD1Q16：3，灰色硬陶。侈口，尖唇，卷沿，束颈，溜肩，弧腹，平底内凹。腹部饰方格纹。口径16.0、底径17.6、高21.6厘米（图二六六，5)。

JZD1Q16：4，红色硬陶。侈口，尖唇，卷沿，束颈，溜肩，弧腹，平底内凹。颈部饰弦纹，腹

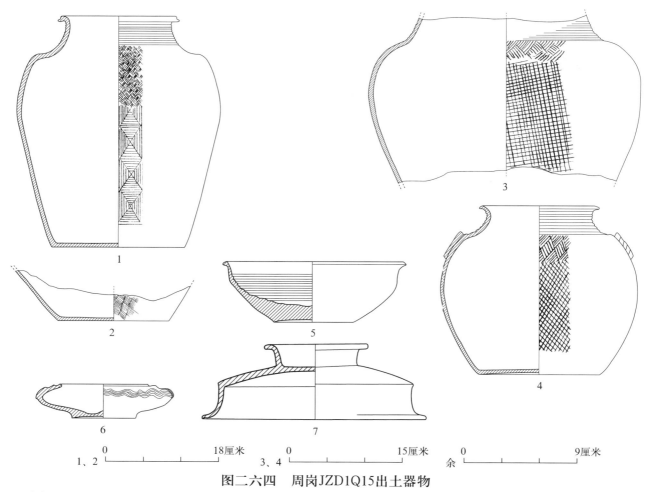

图二六四　周岗JZD1Q15出土器物

1. 硬陶坛 JZD1Q15：7　2、3. 陶罐 JZD1Q15：2、3　4. 硬陶罐 JZD1Q15：4　5. 原始瓷碗 JZD1Q15：5　6. 硬陶盂 JZD1Q15：1　7. 陶盖 JZD1Q15：6

部饰菱形填线纹和方格纹。口径13.3、底径13.8、高14.8厘米（图二六六，6；彩版一八三，1）。

JZD1Q16：7，泥质红陶。口沿残缺，溜肩，弧腹，平底。腹部饰席纹。底径18.0、残高30.0厘米（图二六六，7）。

杯　1件。

JZD1Q16：1，泥质灰胎灰陶。口微敞，圆唇，斜直腹，平底。口径10.6、底径6.6、高4.6厘米（图二六六，8；彩版一八三，2）。

碗　1件。

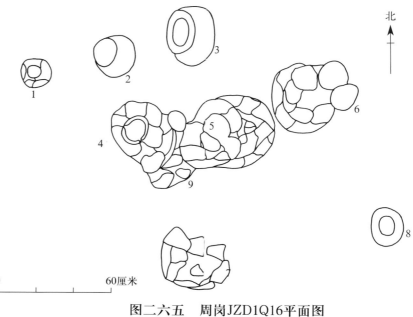

图二六五　周岗JZD1Q16平面图

1. 陶杯　2～4. 硬陶罐　5、6、9. 硬陶坛　7. 陶罐　8. 原始瓷碗

JZD1Q16：8，原始瓷。侈口，尖唇，折沿，沿面内凹，弧腹斜收，平底内凹。内壁有螺旋凹槽。器表施青黄釉，大部剥落。口径13.0、底径6.6、高3.6厘米（图二六六，9；彩版一八三，3）。

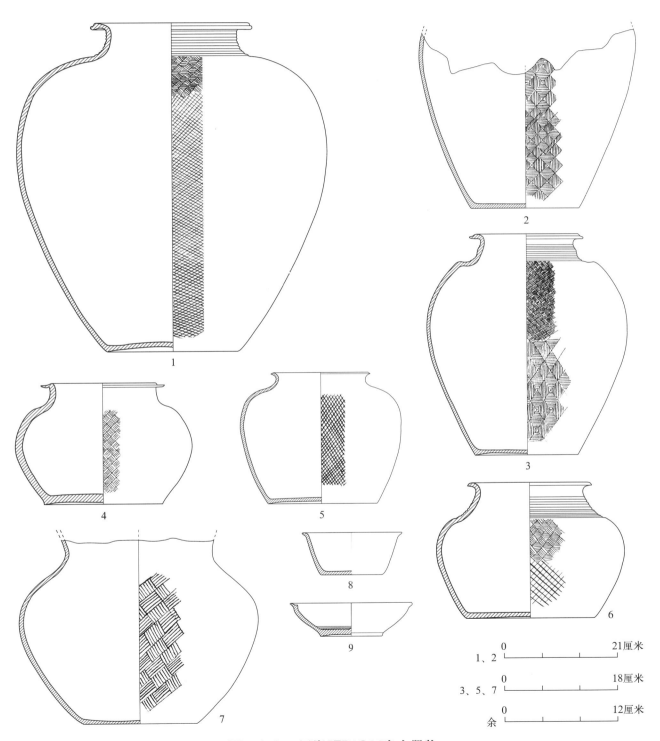

图二六六 周岗JZD1Q16出土器物

1～3.硬陶坛JZD1Q16：5、6、9 4～6.硬陶罐JZD1Q16：2～4 7.陶罐JZD1Q16：7 8.陶杯JZD1Q16：1 9.原始瓷碗JZD1Q16：8

17．JZD1Q17

JZD1Q17位于土墩近西部的Ⅲ区和隔梁下，层位关系为③－Q17－④（图二六七；彩版一八三，4）。出土器物有坛1、罐3、瓿1、碗3、器盖1共9件。

坛　1件。

JZD1Q17：4，灰色硬陶。侈口，尖唇，卷沿，高领，肩略耸，弧腹，平底内凹。颈部饰弦纹，肩、腹部饰席纹和方格纹。口径18.8、底径21.6、高48.2厘米（图二六八，1；彩版一八四，1）。

罐　3件。

JZD1Q17：1，泥质黑胎黑皮陶。口微侈，尖唇，斜肩，折腹，平底内凹。口径10.2、底径8.0、高5.7厘米（图二六八，2；彩版一八三，5）。

JZD1Q17：5，泥质黑胎灰陶。口部残缺，弧腹，平底。肩部饰弦纹，并有两对称耳，腹部饰不规则席纹。底径10.2、残高14.4厘米（图二六八，3）。

JZD1Q17：8，泥质黑胎黑皮陶。侈口，圆唇，耸肩，弧腹，平底内凹。口径11.8、底径8.8、高8.0厘米（图二六八，4；彩版一八三，6）。

瓿　1件。

JZD1Q17：7-1，红色硬陶。侈口，方唇，唇面有一道凹槽，矮颈，溜肩，弧腹，平底。腹部有两对称瓣形堆饰。颈部饰弦纹，肩、腹部席纹和方格纹。口径11.2、底径14.8、高13.0厘米（图二六八，5；彩版一八四，2）。

碗　3件。

JZD1Q17：2，原始瓷，灰白胎。敞口，方唇，唇面有一浅凹槽，弧腹，平底内凹。内壁有螺旋凹槽。器表施黄釉。口径13.8、底径7.0、高5.2厘米（图二六八，6；彩版一八四，3）。

JZD1Q17：3，原始瓷。侈口，尖唇，沿面有一道凹槽，上腹较直，下腹弧收，平底内凹。内壁

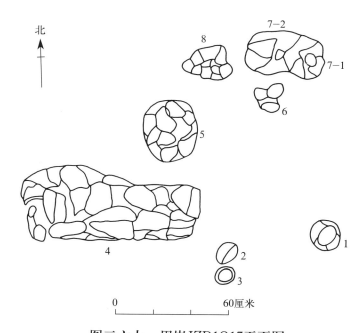

北

0　　　　　　　　60厘米

图二六七　周岗JZD1Q17平面图

1、5、8．陶罐　2、3、6．原始瓷碗　4．硬陶坛　7-1．硬陶瓿　7-2．陶器盖

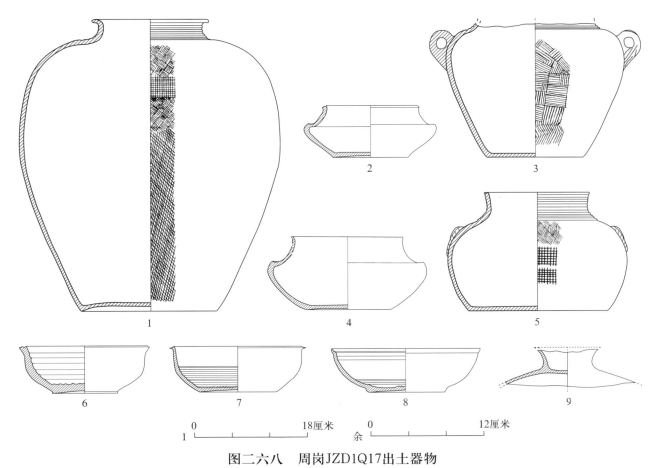

图二六八　周岗JZD1Q17出土器物

1. 硬陶坛 JZD1Q17：4　2～4. 陶罐 JZD1Q17：1、5、8　5. 硬陶瓿 JZD1Q17：7-1　6～8. 原始瓷碗 JZD1Q17：2、3、6　9. 陶器盖 JZD1Q17：7-2

有螺旋凹槽。器表釉已剥落。口径 14.4、底径 8.0、高 5.0 厘米（图二六八，7；彩版一八四，4）。

　　JZD1Q17：6，原始瓷。直口，圆唇，沿面内凹，弧腹，平底内凹。腹部饰两周弦纹，内壁有螺旋凹槽。器表施黄釉，表面有流釉现象。口径 15.8、底径 8.3、高 5.0 厘米（图二六八，8；彩版一八四，5）。

　　器盖　1 件。

　　JZD1Q17：7-2，泥质黑胎黑皮陶。仅有捉手上半部分。喇叭状捉手。侈口，圆唇，弧顶。残高 3.9 厘米（图二六八，9）。

18．JZD1Q18

JZD1Q18 位于土墩西北部的 I 区，层位关系为③－Q18－④（图二六九）。

　　出土器物有罐 2 件。

　　罐　2 件。

　　JZD1Q18：1，泥质黑胎红陶。口部残缺，鼓腹，平底。腹部饰方格纹。残高 15.0、底径 15.0 厘米（图二六九，1）。

　　JZD1Q18：2，泥质灰胎黑皮陶。口微侈，沿面内凹，弧肩，鼓腹，平底内凹。腹部有两对称耳。肩部饰弦纹。口径 12.8、底径 12.4、高 18.0 厘米（图二六九，2）。

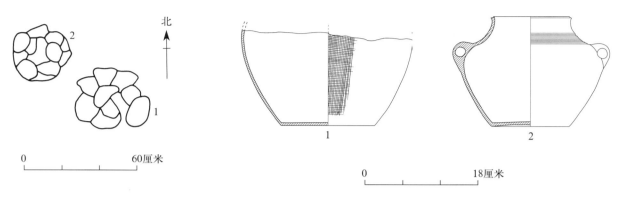

图二六九　周岗JZD1Q18及出土器物
1、2. 陶罐 JZD1Q18：1、2

19．JZD1Q19

JZD1Q19 位于土墩西北部的Ⅰ区，层位关系为③－Q19－④（图二七〇；彩版一八五，1）。

出土器物有鼎4、豆1、碗1共6件。

鼎　4件。

JZD1Q19：3，夹砂红陶。腹、底残缺。侈口，圆唇，折沿，三扁锥足。口径16.0厘米（图二七一，1）。

JZD1Q19：4，夹砂红陶。残破严重。

JZD1Q19：5，夹砂红陶。侈口，圆唇，折沿，腹底残缺，三扁锥足。口径43.0厘米（图二七一，2）。

JZD1Q19：6，夹砂红陶。仅有鼎足，宽扁足。残高15.2厘米（图二七一，3）。

豆　1件。

JZD1Q19：2，原始瓷。侈口，圆唇，折沿，折腹，矮圈足外撇。上腹贴附3个"∽"堆饰，并有一周锥刺竖向水波纹，器表釉已大部脱落。口径15.4、底径8.3、高6.4厘米（图二七一，4；彩版一八五，2）。

碗　1件。

JZD1Q19：1，灰色硬陶。敞口，尖唇，折腹，平底。有气泡。口径15.4、底径6.5、高5.4厘米（图二七一，5；彩版一八五，3）。

20．JZD1Q20

JZD1Q20 位于土墩近北部的Ⅱ区，层位关系为③－Q21－④（图二七二）。

出土器物有坛1件。

坛　1件。

JZD1Q20：1，灰色硬陶。侈口，方唇，卷沿，束颈，溜肩，弧腹，平底。颈部饰弦纹，肩、腹部饰方格纹和席纹。口径26.0、底径28.0、高57.6厘米（图二七二，1）。

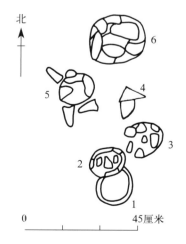

图二七〇　周岗JZD1Q19平面图
1. 硬陶碗　2. 原始瓷豆　3～6. 陶鼎

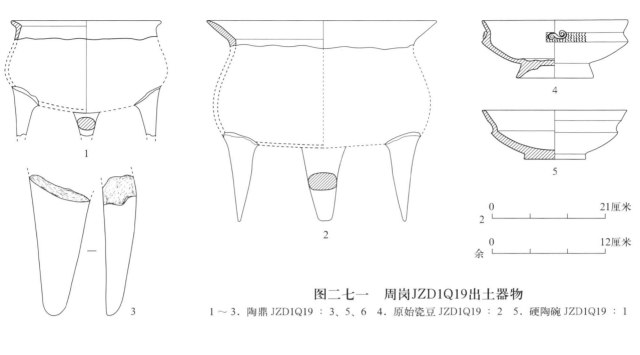

图二七一　周岗JZD1Q19出土器物
1～3. 陶鼎 JZD1Q19：3、5、6　4. 原始瓷豆 JZD1Q19：2　5. 硬陶碗 JZD1Q19：1

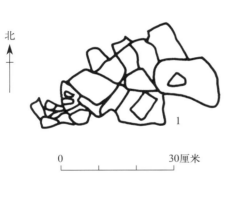

图二七二　周岗JZD1Q20及出土器物
1. 硬陶坛 JZD1Q20：1

21．JZD1Q21

JZD1Q21位于土墩东北部的Ⅱ区，层位关系为③－Q20－④（图二七三）。

出土器物有罐1件。

罐　1件。

JZD1Q21：1，泥质黑胎红衣陶。口沿残缺，折肩，弧腹，平底。肩部有两对称小耳。颈部饰弦纹。底径7.0、残高8.2厘米（图二七三，1）。

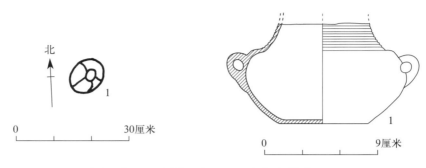

图二七三　周岗JZD1Q21及出土器物
1. 陶罐 JZD1Q21∶1

22．JZD1Q22

JZD1Q22 位于土墩东南部的Ⅳ区，层位关系为④－Q22－⑤（图二七四；彩版一八五，4）。

出土器物有鼎1、坛1、罐3、瓿2、盆2、钵1、器盖1共11件。

鼎　1件。

JZD1Q22∶6，夹砂红陶。残损，侈口，圆唇，折沿，弧腹残，圜底残，三扁锥足。口径25.0厘米（图二七五，1）。

坛　1件。

JZD1Q22∶8，灰色硬陶。侈口，尖唇，卷沿，沿面内凹，束颈，弧肩，弧腹，平底。颈部饰弦纹，肩、腹部饰菱形填线纹。口径20.0、底径16.8、高45.6厘米（图二七五，2）。

罐　3件。

JZD1Q22∶7，泥质红陶。仅有底部，下腹斜收，平底。下腹部饰方格纹。底径20.0、残高14.0厘米（图二七五，3）。

JZD1Q22∶11，泥质黑皮陶。仅有口沿部分，侈口，圆唇，卷沿，沿面内凹，束颈，颈部饰弦纹。残长6.7、残高4.2厘米（图二七五，4）。

JZD1Q22∶9，泥质黑胎黑皮陶。口部残缺，溜肩，弧腹残，平底。腹上部饰两对称耳，肩部饰弦纹。底径8.4厘米（图二七五，5）。

瓿　2件。

JZD1Q22∶3，灰色硬陶。口微侈，尖唇，卷沿，束颈，溜肩，鼓腹，平底内凹。肩部贴附两对称附加堆纹。颈部饰弦纹，肩、腹部饰方格纹。口径12.5、底径14.2、高13.0厘米（图二七五，6；彩版一八五，5）。

JZD1Q22∶5，灰褐色硬陶。侈口，尖唇，卷沿，

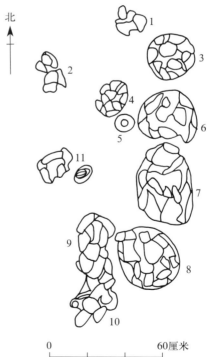

图二七四　周岗JZD1Q22平面图
1、10. 陶盆　2. 陶器盖　3、5. 硬陶瓿　4. 陶钵　6. 陶鼎　7、9、11. 陶罐　8. 硬陶坛

沿面内凹，矮颈，溜肩，弧腹，平底内凹。颈部饰弦纹，肩、腹部饰叶脉纹。口径 11.0、底径
11.7、高 15.0 厘米（图二七五，7；彩版一八五，6）。

盆　2 件。

JZD1Q22：1，泥质灰胎黑皮陶。敞口，尖唇，卷沿，沿面有一道凹槽，折腹弧收，平底。口径

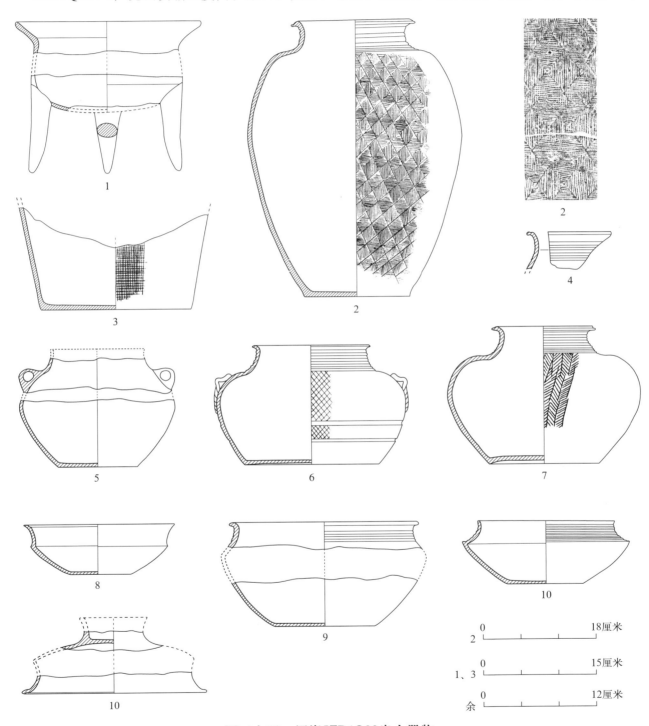

图二七五　周岗JZD1Q22出土器物

1. 陶鼎 JZD1Q22：6　2. 硬陶坛 JZD1Q22：8　3～5. 陶罐 JZD1Q22：7、11、9　6、7. 硬陶瓿 JZD1Q22：3、5　8、9. 陶盆
JZD1Q22：1、10　10. 陶钵 JZD1Q22：4　11. 陶器盖 JZD1Q22：2

16.0、底径 6.5、高 5.4 厘米（图二七五，8）。

JZD1Q22：10，泥质黑胎黑皮陶。侈口，圆唇，卷沿，腹部残，平底。上腹部饰弦纹。口径 20.2、底径 10.8 厘米（图二七五，9）。

钵　1 件。

JZD1Q22：4，泥质黑胎黑皮陶。敛口，圆唇，折腹斜收，平底。上腹部饰弦纹。口径 14.6、底径 8.0、高 6.8 厘米（图二七五，10）。

器盖　1 件。

JZD1Q22：2，泥质黑皮陶。喇叭状捉手，弧顶，弧壁，顶、壁间折，盖口沿为侈口，圆唇，沿面内凹。口径 19.6 厘米（图二七五，11）。

23．JZD1Q23

JZD1Q23 位于土墩近南部的Ⅳ区和隔梁下，层位关系为④－Q23－⑤（图二七六）。

出土器物有鼎 1、罐 2、瓿 1、盆 1、碗 1 共 6 件。

鼎　1 件。

JZD1Q23：3，夹砂红陶。残破严重，圆锥足。残高 11.6 厘米（图二七六，3）。

罐　2 件。

JZD1Q23：1，泥质黑胎黑皮陶。口微侈，圆唇，卷沿，沿面内凹，折腹，平底内凹。腹部饰两对称耳。肩部饰弦纹。口径 12.5、底径 11.8、高 17.4 厘米（图二七六，1）。

JZD1Q23：2－1，灰色硬陶。侈口，圆唇，卷沿，束颈，弧肩，弧腹，平底内凹。肩、腹部饰席纹。口径 13.0、底径 10.4、高 14.5 厘米（图二七六，2－1；彩版一八六，1）。

瓿　1 件。

JZD1Q23：4，灰色硬陶。侈口，尖唇，卷沿，沿面内凹，矮颈，斜肩，弧腹，平底。颈部饰弦纹，肩、腹部饰席纹。口径 13.4、底径 13.4、高 15.0 厘米（图二七六，4；彩版一八六，2）。

盆　1 件。

JZD1Q23：5，泥质黑胎黑皮陶。侈口，圆唇，卷沿，沿面内凹，折腹斜收，平底。肩部饰弦纹。口径 16.4、底径 6.0、高 6.8 厘米（图二七六，5）。

碗　1 件。

JZD1Q23：2－2，原始瓷。侈口，尖唇，折沿，沿面内凹，折腹斜收，平底。内壁有螺旋凹槽。釉已剥落。口径 15.0、底径 7.7、高 4.6 厘米（图二七六，2－2；彩版一八六，3）。

24．JZD1Q24

JZD1Q24 位于土墩西部的Ⅲ区，层位关系为④－Q24－⑤（图二七七）。

出土器物有鼎 1、碗 2、盂 1 共 4 件。

鼎　1 件。

JZD1Q24：4，夹砂红陶。侈口，圆唇，折沿，腹底残。口径 36.8 厘米（图二七七，4）。

碗　2 件。

JZD1Q24：2，原始瓷。敞口，尖唇，折沿，沿面内凹，折腹，下腹斜收，平底微凹。内壁有螺旋凹槽。

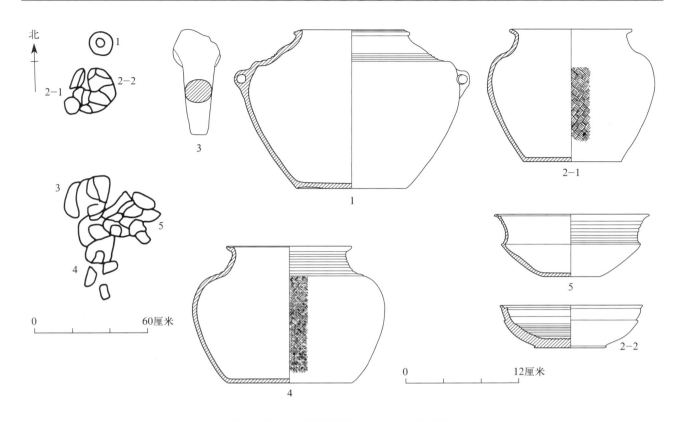

图二七六　周岗JZD1Q23及出土器物

1. 陶罐 JZD1Q23：1　2-1. 硬陶罐 JZD1Q23：2-1　2-2. 原始瓷碗 JZD1Q23：2-2　3. 陶鼎 JZD1Q23：3　4. 硬陶瓿 JZD1Q23：4　5. 陶盆 JZD1Q23：5

器表施黄釉。口径 13.8、底径 7.8、高 4.6 厘米（图二七七，2；彩版一八六，4）。

JZD1Q24：3，原始瓷。侈口，尖唇，折沿，沿面内凹，弧腹斜收，平底内凹。内壁有螺旋凹槽。器表施黄釉。口径 14.3、底径 6.6、高 3.8 厘米（图二七七，3；彩版一八六，5）。

盂　1件。

JZD1Q24：1，原始瓷。直口，尖唇，沿面内凹，折肩，弧腹，平底。器表施黄釉。口径 8.5、底径 5.8、高 4.4 厘米（图二七七，1；彩版一八六，6）。

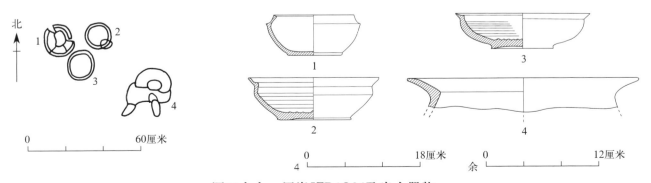

图二七七　周岗JZD1Q24及出土器物

1. 原始瓷盂 JZD1Q24：1　2、3. 原始瓷碗 JZD1Q24：2、3　4. 陶鼎 JZD1Q24：4

25．JZD1Q25

JZD1Q25 位于土墩西北部的 I 区，层位关系为④－Q25－⑤（图二七八）。

出土器物有碗 3、豆 1 共 4 件。

碗　3 件。

JZD1Q25：1，原始瓷，灰胎。敛口，斜方唇，折沿，折肩，斜直腹，平底。内壁有螺旋凹槽。器表施青绿釉。口径 8.2、底径 6.2、高 4.2 厘米（图二七八，1）。

JZD1Q25：2，原始瓷。敞口，尖唇，折沿，弧腹斜收，平底内凹。内壁有螺旋凹槽。器表施青绿釉，有流釉现象。口径 15.2、底径 8.6、高 5.2 厘米（图二七八，2；彩版一八七，1）。

JZD1Q25：3，原始瓷。口微侈，尖唇，折沿，折肩，弧腹，平底微凹。内壁有螺旋凹槽。肩部有两对称附加堆饰。器表施青黄釉，大部剥落。口径 12.2、底径 8.0、高 4.4 厘米（图二七八，3；彩版一八七，2）。

豆　1 件。

JZD1Q25：4，原始瓷。敞口，尖唇，折腹，圈足略外撇。内壁有螺旋痕。器表施黄釉，大部剥落。口径 13.4、足径 5.0、高 6.4 厘米（图二七八，4）。

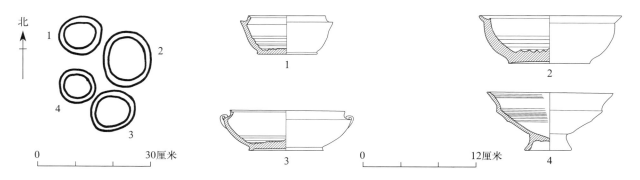

图二七八　周岗 JZD1Q25 及出土器物

1～3．原始瓷碗 JZD1Q25：1～3　4．原始瓷豆 JZD1Q25：4

26．JZD1Q26

JZD1Q26 位于土墩西北部的 I 区，层位关系为④－Q26－⑤（图二七九；彩版一八七，3）。

出土器物有鼎 2、坛 5、罐 6、瓿 1、豆 2、盆 2、壶 1、杯 1、碗 3、钵 1、器盖 3、纺轮 1、玉玦 7、玛瑙石 1 件共 36 件。

鼎　2 件。

JZD1Q26：1，夹砂红陶。侈口，圆唇，折沿，折腹，圜底残，三扁圆锥足。口径 25.2 厘米（图二八〇，1）。

JZD1Q26：24，夹砂红陶。侈口，圆唇，折沿，弧腹，圜底残，三圆锥形足。口径 26.8 厘米（图二八〇，2）。

坛　5 件。

JZD1Q26：6-1，褐色硬陶。腹部以上残缺，弧腹，平底内凹。上腹部饰方格纹，下腹部饰菱形

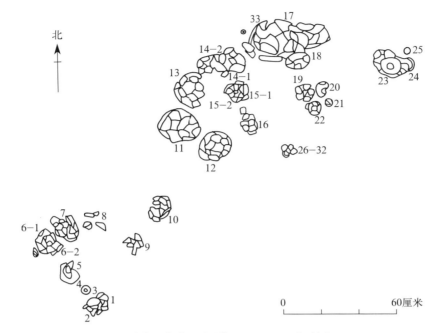

图二七九　周岗JZD1Q26平面图

1、24. 陶鼎　2、19、22. 原始瓷碗　3. 原始瓷钵　4、11、14-2. 硬陶罐　5、14-1、16. 陶器盖　6-1、6-2、7、8、13. 硬陶坛　9、10、18. 陶罐　12. 硬陶瓿　15-1、17. 陶盆　15-2. 原始瓷壶　20、23. 原始瓷豆　21. 原始瓷杯　25. 陶纺轮　26～32. 玉玦　33. 玛瑙石

填线纹。底径18.4、残高26.0厘米（图二八〇，3）。

JZD1Q26：6-2，灰色硬陶。口部残缺，溜肩，弧腹，平底内凹。颈部饰弦纹，肩部饰菱形填线纹，腹部饰方格纹。底径18.0、残高45.0厘米（图二八〇，4）。

JZD1Q26：7，灰色硬陶。侈口，尖唇，卷沿，沿面有一道凹槽，高颈，溜肩，弧腹，平底内凹。颈部饰弦纹，肩、腹部饰菱形填线纹、方格纹和菱形填线纹。口径22.0、底径16.4、高46.4厘米（图二八〇，5）。

JZD1Q26：8，红胎褐色硬陶。侈口，尖唇，卷沿，沿面有一道凹槽，束颈，弧肩，腹较鼓，平底微凹。颈部饰弦纹，肩、腹部饰席纹和方格纹。口径18.2、底径19.0、高49.5厘米（图二八〇，6；彩版一八七，4）。

JZD1Q26：13，灰色硬陶。侈口，口微卷，尖唇，沿面有一道凹槽，溜肩，弧腹，平底微凹。颈部饰弦纹，肩、腹部饰菱形填线纹和方格纹的组合纹饰。口径18.3、底径17.6、高40.4厘米（图二八〇，7；彩版一八七，5）。

罐　6件。

JZD1Q26：4，灰色硬陶。侈口，尖唇，卷沿，沿面有一道凹槽，颈部略高，斜肩，鼓腹，平底。肩部各饰两对称"S"形泥条堆饰。肩、腹部饰席纹和方格纹。口径18.8、底径19.8、高22.5厘米（图二八一，1；彩版一八八，1）。

JZD1Q26：9，泥质黑胎黑皮陶。侈口，圆唇，沿面内凹，束颈，弧腹，平底。上腹附两对称桥形耳。颈、肩部饰弦纹。口径10.0、底径11.2、高19.0厘米（图二八一，2）。

JZD1Q26：10，泥质红陶。仅有下半部，弧腹，平底内凹。底径14.4、残高7.2厘米（图二八一，3）。

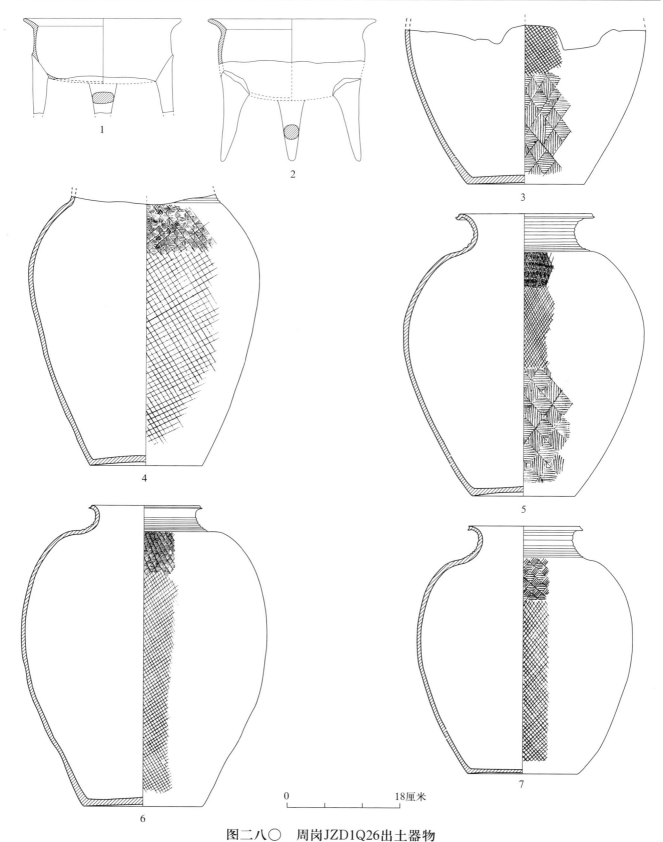

0   18厘米

图二八〇　周岗JZD1Q26出土器物

1、2. 陶鼎 JZD1Q26：1、24　3～7. 硬陶坛 JZD1Q26：6-1、6-2、7、8、13

JZD1Q26：11，灰色硬陶。侈口，尖唇，卷沿，耸肩，鼓腹，平底。颈部饰弦纹，肩、腹部饰席纹和方格纹。口径 16.0、底径 16.0、高 22.6 厘米（图二八一，4；彩版一八八，2）。

JZD1Q26：14-2 灰色硬陶。侈口，尖唇，卷沿，沿面内凹，弧肩，弧腹，平底内凹。颈部饰弦纹，肩、腹部饰菱形填线纹。口径 20.2、底径 22.4、高 43.6 厘米（图二八一，5）。

JZD1Q26：18，泥质黑皮陶。侈口，圆唇，卷沿，沿面内凹，折腹，下腹及底残。口径 21.2、残高 5.4 厘米（图二八一，6）。

瓿　1 件。

JZD1Q26：12，灰色硬陶。侈口，尖唇，沿面有一道凹槽，肩部有一周折棱，弧腹，平底。肩部饰两对称泥条堆饰，已残缺。上腹部饰水波纹，下腹部饰菱形填线纹。口径 9.8、底径 14.8、高 17.5 厘米（图二八一，7；彩版一八八，3）。

豆　2 件。

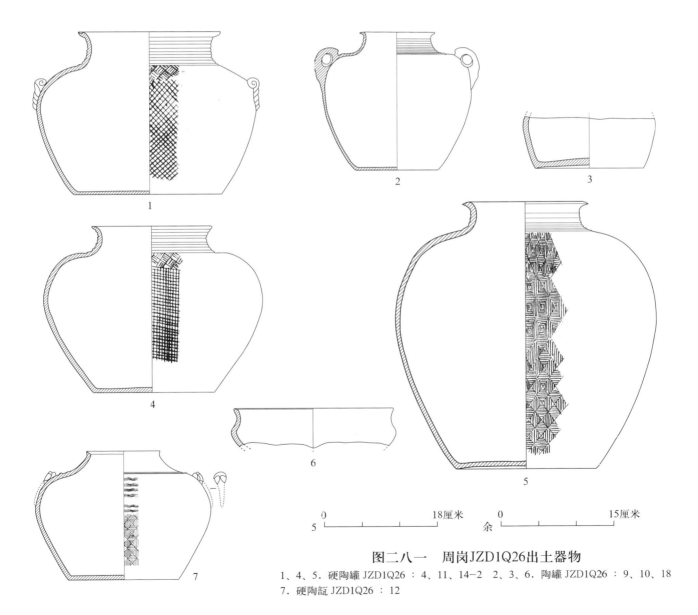

图二八一　周岗 JZD1Q26 出土器物

1、4、5. 硬陶罐 JZD1Q26：4、11、14-2　2、3、6. 陶罐 JZD1Q26：9、10、18
7. 硬陶瓿 JZD1Q26：12

JZD1Q26：20，原始瓷。敞口微卷，圆唇，折腹，圈足外撇。内壁有螺旋凹槽。器表施青黄釉，外壁釉剥落。口径 13.7、底径 5.5、高 5.4 厘米（图二八二，1；彩版一八八，4）。

JZD1Q26：23，原始瓷。侈口，圆唇，折沿，沿面有一道凹槽，折腹，矮圈足。内壁有螺旋凹槽，沿面有三个对称"∽"形堆饰。器表施青绿釉。烧制火候不均匀有气泡，有流釉现象。口径 18.2、底径 9.8、高 7.0 厘米（图二八二，3；彩版一八八，5）。

盆 2 件。

JZD1Q26：15-1，泥质黑胎黑皮陶。侈口，尖唇，卷沿，沿面有一道凹槽，折腹斜收，平底。口径 14.8、底径 7.0、高 4.0 厘米（图二八二，2；彩版一八八，6）。

JZD1Q26：17，泥质黑皮陶。侈口，圆唇，卷沿，沿面有一道凹槽，折腹斜收残破，平底。上腹部饰弦纹。口径 42.2、底径 20.0 厘米（图二八二，4）。

壶 1 件。

JZD1Q26：15-2，原始瓷。侈口，尖唇，卷沿，高颈，溜肩，弧腹，平底。上腹附对称两耳。肩、腹部饰填线方格纹、雷纹。器表施青黄釉，釉已剥落。口径 13.0、底径 14.0、高 30.4 厘米（图二八二，5；彩版一八九，1）。

杯 1 件。

JZD1Q26：21，原始瓷。口微敛，方唇，唇面内凹。弧鼓腹，平底。口径 8.2、底径 6.4、高 4.2 厘米（图二八二，6；彩版一八九，2）。

碗 3 件。

JZD1Q26：2，原始瓷。侈口，尖唇，折沿，沿面有一道凹槽，弧腹，矮圈足。内壁有螺旋

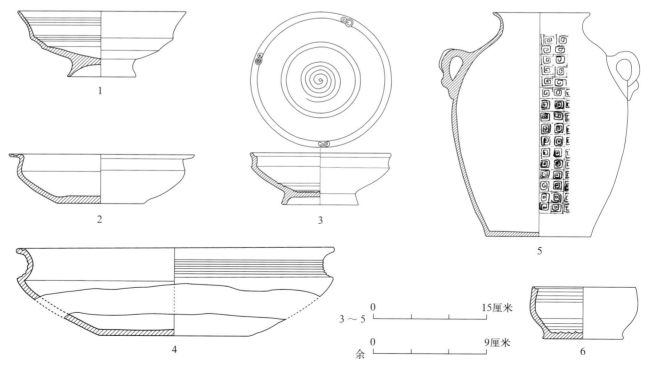

图二八二 周岗 JZD1Q26 出土器物

1、3. 原始瓷豆 JZD1Q26：20、23 2、4. 陶盆 JZD1Q26：15-1、17 5. 原始瓷壶 JZD1Q26：15-2 6. 原始瓷杯 JZD1Q26：21

凹槽。下腹有锥刺纹。器表施青黄釉，有积釉、流釉现象。口径16.8、底径8.2、高6.0厘米（图二八三，1；彩版一八九，3）。

JZD1Q26：19，原始瓷。侈口，尖唇，折沿，沿面有一道凹槽，弧腹斜收，底内凹。内壁有螺旋凹槽。器表施青黄釉。口径16.4、底径8.4、高5.5厘米（图二八三，2；彩版一八九，4）。

JZD1Q26：22，原始瓷。侈口，尖唇，折沿，沿面有一道凹槽，弧腹斜收，底内凹。内壁有螺旋凹槽。器表釉剥落，底边缘修整不均匀。口径14.2、底径8.1、高4.2厘米（图二八三，3；彩版一八九，5）。

钵 1件。

JZD1Q26：3，原始瓷。侈口，尖唇，折沿，沿面内凹，折肩起棱，直腹，平底微凹。肩部有两

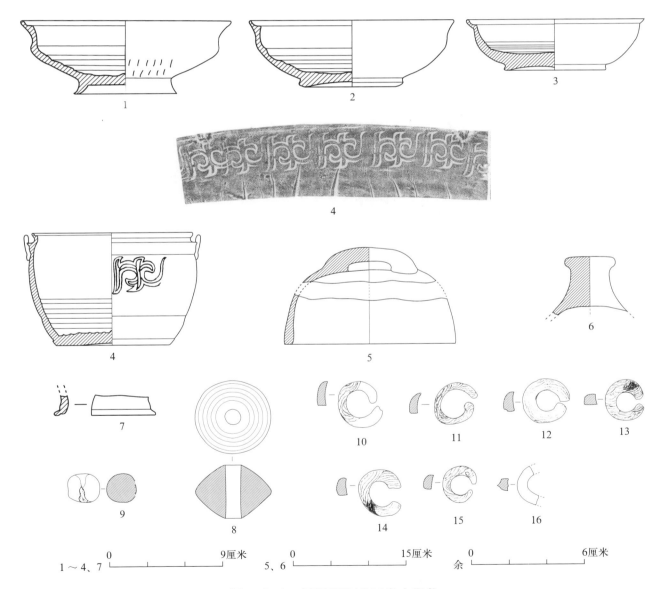

图二八三 周岗JZD1Q26出土器物

1～3. 原始瓷碗 JZD1Q26：2、19、22 4. 原始瓷钵 JZD1Q26：3 5～7. 陶器盖 JZD1Q26：5、14-1、16 8. 陶纺轮 JZD1Q26：25 9. 玛瑙石 JZD1Q26：33 10～16. 玉玦 JZD1Q26：26～32

对称堆饰。腹上部饰变体凤鸟纹。内壁有螺旋凹槽。器表施青黄釉。口径12.8、底径9.0、高9.2厘米（图二八三，4；彩版一八九，6）。

器盖　3件。

JZD1Q26：5，夹砂红陶。桥形提梁，弧顶残，侈口，圆唇。口径22.8厘米（图二八三，5）。

JZD1Q26：14-1，夹砂红陶。残破严重，仅余蘑菇形捉手。捉手径6.7、残高7.7厘米（图二八三，6）。

JZD1Q26：16，泥质黑皮陶。残破严重，仅剩盖口沿残片。残长4.8、残高1.5厘米（图二八三，7）。

纺轮　1件。

JZD1Q26：25，泥质红褐胎黑皮陶。算珠形，上下两表面有数道弦纹，中间有一穿孔。直径3.9、厚2.9、孔径0.7厘米（图二八三，8）。

玉玦　7件，绿松石质，表面有条纹。环形，孔径大于肉宽。质地较疏，分化较严重（图二八三，10～16）。

JZD1Q26：26，直径2.4～2.6、孔径1.4～1.5、厚0.8厘米（图二八三，10；彩版一九〇，1）。

JZD1Q26：27，直径2.1～2.5、孔径1.4～1.6、厚1.1厘米（图二八三，11；彩版一九〇，2）。

JZD1Q26：28，直径2.4～2.5、孔径1.1、厚1.0厘米（图二八三，12；彩版一九〇，3）。

JZD1Q26：29，直径2.3、孔径1.05、厚0.55厘米（图二八三，13；彩版一九〇，4）。

JZD1Q26：30，直径2.4～2.6、孔径1.2～1.4、厚0.95厘米（图二八三，14；彩版一九〇，5）。

JZD1Q26：31，直径2.0、孔径1.05～1.1、厚0.8厘米（图二八三，15；彩版一九〇，6）。

JZD1Q26：32，残长2.1、残宽0.5、残厚0.6厘米（图二八三，16；彩版一九〇，7）。

玛瑙石　1件。

JZD1Q26：33，天然质地，表面磨圆。长1.7、宽1.6、厚1.5厘米（图二八三，9；彩版一九〇，8）。

四　小结

推测JZD1是在次生土层上直接起封。先用白土在原本高低不平的地面堆筑成一平面，并夯实。之后是直接放置随葬器物，营建墓室，还是经过进一步处理，则无法推测。夯实的白土之上，堆封灰黄土。后人在其上再次摆设器物祭祀后再堆封红褐土，之后再次祭祀，堆封，形成土墩墓。其表面土壤经长期风化形成耕土层。

由于该土墩墓被破坏极为严重，土墩中心部位均已无存，因此对于诸器物群开口层位的判断可能存在误差。但由于器物群的延续时间并不长，通过对器物进行类型学的排列基本亦能大致判断出早晚关系。

根据出土器物的形制及纹饰判断，JZD1年代大约从西周晚期延续到春秋中期。

JZD1规模较大，从其夯土来看等级亦应较高。残存部分仍有一百五十余件器物出土。可以想见若是保存完整，则有极高的研究价值。惜遭破坏，墓葬主体部分荡然无存，对其堆建过程，结构及其他问题的探讨均无法深入。

第三节　周岗土墩墓D2

一　概况

周岗土墩墓 D2（编号 JZD2）位于江苏省句容市区以南约 25 千米的天王镇浮山行政村周岗自然村南部约 100 米处，处于浮山东北部的平原地带之上，为茅山以西句容浮山果园土墩墓群的组成部分（见图二三六；彩版一九一，1）。

2004 年 7～8 月，南京博物院考古研究所对宁常高速公路所经地域范围进行考古调查和勘探时发现。2005 年 4～6 月，南京博物院考古研究所主持了周岗土墩墓 D2 的抢救性科学考古发掘。

周岗 JZD2 位于宁常高速公路南部约 60 米的取土场内，西北距 JZD1 约 70 米，土墩大体呈不太规整的圆角长条状，现存底径东西长 29.3、南北宽 22.3 米，面积约 650 平方米，高出周围地面 2.1 米（图二八四）。中心地理坐标 N31°42′990″，E119°11′734″，海拔高度 34 米。发掘前土墩上有一条近东北－西南向的排水沟，土墩遭到一定的破坏，南北局部形成断崖和陡坎，土墩表面不够平整。

二　地层堆积

以 JZD2 东西向隔梁北壁和南北向隔梁西壁剖面为例介绍（图二八五）。

第①层：可分两小层。

第① a 层：褐色耕土层，厚 0.10～0.50 米。土质松软，内夹杂有植物根茎，红烧土块，近现代瓦片、瓷片等，该层堆积随墩表凹凸不平。

第① b 层：灰褐色土，深 0.10～0.50、厚 0～0.75 米。土质较软，内夹杂有经烧土点，木灰星，出土物有青花瓷片及灰陶瓦片，本层分布在土墩东北角，堆积由墩顶向墩底呈斜坡状倾斜。该层下有墓葬 JZD2M2、M3、M5、M6、M7、M8、M9、M10、M11、M12、M20、M21 和 Q1，其中 JZD2M2 打破 JZD2M3。

第②层：可分两小层。

第② a 层：黄褐色土，内夹杂零星红烧土粒和木灰星，深 0.10～0.60、厚 0～0.50 米。土质较硬，分布在土墩西南部，堆积顶薄底厚呈斜坡状。出土物有碗 3 件，该层下有 JZD2M13、M14、M15、M16、M17 和 H1。

第② b 层：浅黄色土，夹杂有红烧土粒、黑褐色小斑点和木灰星，深 0.10～1.10、厚 0～0.85 米。土质较硬，出土物有玉玦 1、罐 3 件。分布在土墩西南部，堆积呈斜坡状向边缘倾斜，该层下有 JZD2M22、M23、M24 和 H2。

第③层：红褐色土，夹杂有零星木灰星，深 0.15～1.25、厚 0～0.60 米。土质较硬，本层分布于土墩东北角，堆积由墩顶到墩底边缘呈斜坡状。

第④层：可分为两小层。

第④ a 层：灰褐色土，内夹杂有零星红烧土颗粒和木灰星，深 0.15～1.00、厚 0～0.60 米。土质较硬，本层分布在土墩东部，呈斜坡状分布。本层内在 IV 区北隔梁内出土原始瓷碗 4 件。

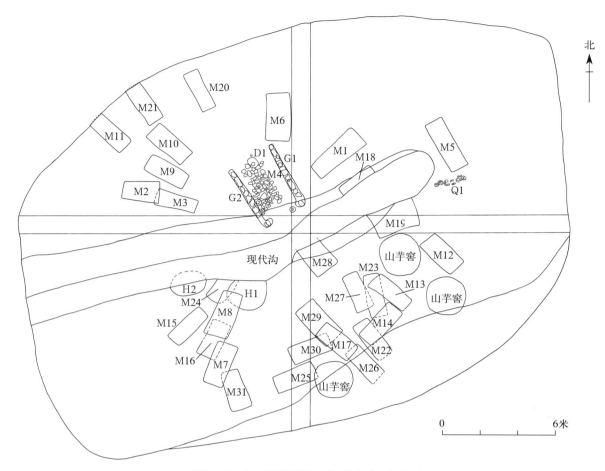

北

图二八四　周岗JZD2墓葬分布平面图

第④b层：青褐色土，深 0.30～0.50、厚 0～0.40 米。土质较硬，本层分布在土墩东部，堆积西高东低呈斜坡状，该层下有 JZD2M19。

第⑤层：可分为两小层。

第⑤a层：黄灰色土，夹杂有红烧土颗粒、木灰星等，深 0.10～0.85、厚 0～0.90 米。土质较硬，本层除土墩东北部外其余地方均有该层堆积，堆积顶薄底部厚呈斜坡状，本层下 JZD2M28。

第⑤b层：浅灰色土，内夹杂红烧土颗粒、木灰星及黑褐色小斑点，深 0.85～0.95、厚 0～0.75 米。土质较硬，本层分布在土墩中部偏南。该层内出土泥质红陶罐 2 件。

第⑥层：可分为 3 小层。

第⑥a层：黄褐色土，内夹杂木灰星、黑褐色小斑点等，深 0.80～1.00、厚 0～0.30 米。土质较硬，本层分布在土墩西南部，堆积呈斜坡状。本层下有 JZD2M25、M26、M27、M29、M30、M31，其中 JZD2M29 打破 JZD2M30。

第⑥b层：褐红色土，内夹杂零星木灰星，深 0.80～1.25、厚 0～0.20 米。土质较硬，本层分布在土墩西南部。

第⑥c层：黄灰色土，内夹杂有红烧土粒和木灰星，表深 0.15～1.00、厚 0～0.80 米。土质硬，本层分布在土墩北部，堆积顶厚底薄呈斜坡状，本层下有 JZD2M1、M18 露头。

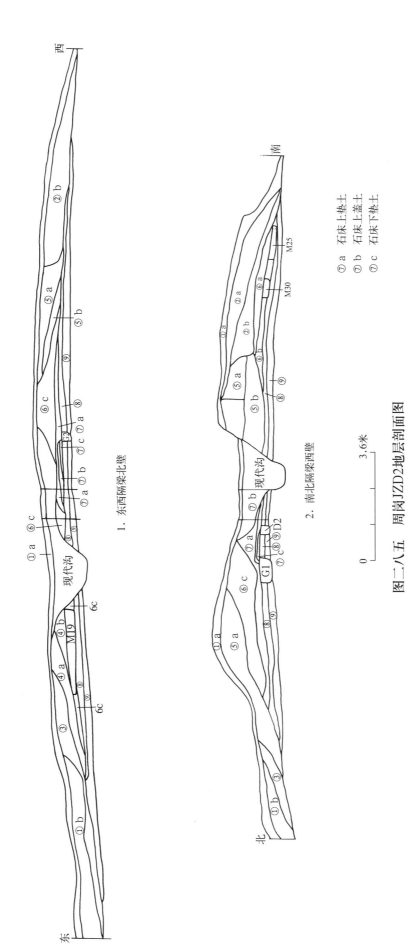

图二八五　周岗JZD2地层剖面图

1. 东西隔梁北壁

2. 南北隔梁西壁

0　　　　　　3.6米

⑦a　石床上垫土
⑦b　石床上盖土
⑦c　石床下垫土

第⑦层：分为 3 个小层。

第⑦ a 层：红褐色土，内夹杂有红烧土颗粒和木灰星，深 0.15 ~ 1.45、厚 0 ~ 0.60 米。土质较硬，堆积状态为土墩中部较厚，明显呈馒头状凸出，周围堆积较薄，分布面积较大。该层内出土器物有鼎 1、罐 2、瓿 1、器盖 4 共 8 件。

第⑦ b 层：红褐色土，内夹杂大量草木灰及红烧土颗粒，厚 0 ~ 0.12 米。相当较硬，分布于土墩中部关键柱西北侧，分布面积较小。该层下有 JZD2M4。

第⑦ c 层：为黄褐色土，纯净无夹杂物，厚 0 ~ 0.10 米。相对较硬，分布于土墩中部关键柱西北侧，分布面积较小。该层下有建筑遗存 JZD2F1（包括 JZD2G1、G2、D1、D2），层位关系为⑦ c － F1 →⑧。

第⑧层：花白色土，内较纯净无包含物，深 0.80 ~ 1.45、厚 0.15 ~ 0.25 米。土质较硬，本层遍布全墩，堆积较平坦。

第⑨层：红褐色次生土，内夹杂零星黑斑点，深 0.90 ~ 1.50、厚 0.10 ~ 0.30 米。土质硬，本层遍布全墩。

第⑨层下为红褐色夹杂大量黑斑点的生土，土质坚硬纯净。

三 遗迹遗物

（一）墓葬

JZD2 共清理墓葬 31 座，属于江南土墩墓中的一墩多墓类型。

第① b 层下有 JZD2M2、M3、M5、M6、M7、M8、M9、M10、M11、M12、M20、M21，其中 M2 → M3。第② a 下有 M13、M14、M15、M16、M17。第② b 层下有 JZD2M22、M23、M24。第④ b 层下有 JZD2M19。第⑤ a 层下有 JZD2M28。第⑥ a 层下有 JZD2M25、M26、M27、M29、M30、M31，其中 M29 打破 M30。第⑥ c 层下有 JZD2M1、M18。第⑦ b 层下、⑧层表有 JZD2M4。

JZD2M4 为位于土墩中部的中心主墓，是唯一带有石床平地封土掩埋的墓葬。除 JZD2M14、M15、M25、M30 等 4 墓外，绝大多数墓葬方向朝向土墩中心部位，基本都环绕着土墩四周，呈现出一种向心结构布局。因江南地区特殊的偏酸性的土壤条件，尸骨大多很难保存。

1．JZD2M1

JZD2M1 位于土墩东北部的 II 区，层位关系为⑥ c － M1 →⑦（图二八六；彩版一九一，2）。近长梯形竖穴土坑墓，西南窄东北宽，直壁，平底，壁、底无明显加工痕迹，长 3.10、宽 0.85 ~ 1.28、深 0.11 米。墓向为东北－西南向，头向 227°。内填红褐色土，土质相对较硬。

随葬品有鼎 3、罐 1、瓿 1、豆 1、碗 1、钵 1、盂 1 共 9 件。

鼎 3 件。

JZD2M1：1，夹砂红陶。敛口，圆唇，直腹微弧，圜底，三扁锥足。口径 21.0、高 16.6 厘米（图二八七，1；彩版一九二，1）。

JZD2M1：5，夹砂红陶。侈口，圆唇，折沿，弧腹，圜底残。三圆锥足，足尖残。口径 10.8、残高 8.8 厘米（图二八七，2）。

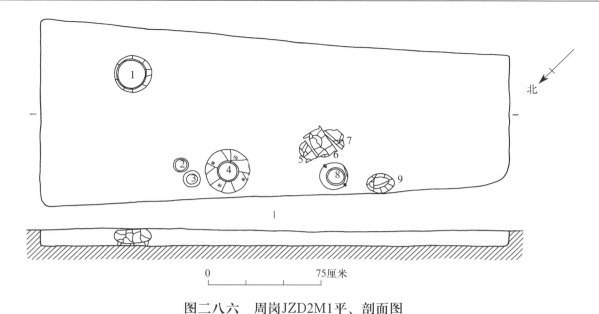

图二八六　周岗JZD2M1平、剖面图

1、5、6. 陶鼎　2. 硬陶盂　3. 原始瓷豆　4. 硬陶罐　7. 硬陶碗　8. 硬陶瓿　9. 陶钵

JZD2M1：6，夹砂红陶。侈口，圆唇，折沿，弧腹，圜底，三扁锥足。口径 20.0、高 14.5 厘米（图二八七，3；彩版一九二，2）。

罐　1 件。

JZD2M1：4，灰褐色硬陶。微侈口，尖唇，微折沿，沿面内凹，广肩，鼓腹，平底。肩部贴附对称四耳状饰，各以泥条捏制而成。肩、腹部饰间隔弦纹和水波纹。口径 14.6、底径 15.8、高 14.8 厘米（图二八七，4；彩版一九二，3）。

瓿　1 件。

JZD2M1：8，灰色硬陶。侈口，尖唇，卷沿，溜肩，弧腹，平底内凹。肩部饰对称两耳状饰，各以泥条捏制而成。颈部饰弦纹，肩及上腹部饰席纹，下腹部饰方格纹。口径 13.0、底径 12.6、高 12.8 厘米（图二八七，5；彩版一九二，4）。

豆　1 件。

JZD2M1：3，原始瓷。敞口，尖唇，折腹，喇叭状圈足外撇。内壁有螺旋凹槽。器表施青绿色釉，剥落较甚。口径 12.0、足径 5.4、高 5.2 厘米（图二八七，6；彩版一九二，5）。

碗　1 件。

JZD2M1：7，褐色硬陶。敞口，尖圆唇，折腹，平底微内凹。素面。内壁有螺旋凹槽。口径 18.0、底径 7.0、高 7.2 厘米（图二八七，7；彩版一九二，6）。

钵　1 件。

JZD2M1：9，泥质灰陶。敛口，方唇，沿面内凹，折腹，下腹残，平底。口径 16.1、底径 8.8 厘米（图二八七，8）。

盂　1 件。

JZD2M1：2，灰褐色硬陶，灰胎。敛口微侈，尖唇，弧折腹，平底微内凹。内壁有螺旋凹槽。口径 7.8、底径 4.5、高 3.2 厘米（图二八七，9）。

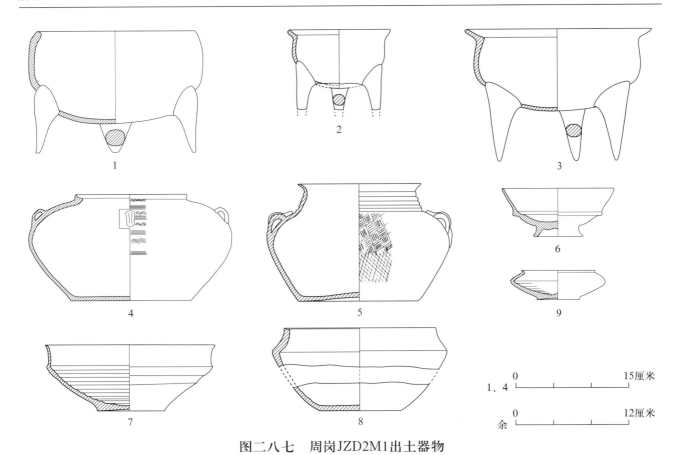

图二八七　周岗JZD2M1出土器物

1～3. 陶鼎 JZD2M1：1、5、6　4. 硬陶罐 JZD2M1：4　5. 硬陶瓿 JZD2M1：8　6. 原始瓷豆 JZD2M1：3　7. 硬陶碗 JZD2M1：7　8. 陶钵 JZD2M1：9　9. 硬陶盂 JZD2M1：2

2．JZD2M2

JZD2M2位于土墩近西部的Ⅰ区，层位关系为① b － M2 → M3 → ② b（图二八八；彩版一九三，1）。近长梯形竖穴土坑墓，西窄东宽，直壁，平底，壁、底无明显加工痕迹，长2.05、宽0.93～1.20、深0.10米。墓向为近东－西向，头向95°。内填红褐色土，土质较软。

随葬品有鼎1、坛4、罐2、碗5共12件。

鼎　1件。

JZD2M2：6，夹砂红陶。残，弧腹，三扁锥足。残高9.6厘米（图二八九，1）。

坛　4件。

JZD2M2：2，灰色硬陶。侈口，尖唇，卷沿，沿面有一道凹槽，束颈，肩微耸，弧腹，平底。颈部饰弦纹。肩、腹部饰席纹和菱形填线纹。口径23.8、底径24.5、高52.8厘米（图二八九，2；彩版一九四，1）。

JZD2M2：3，红色硬陶。侈口，尖唇，卷沿，沿面有一道凹槽，束颈，溜肩，弧腹，平底。颈部饰弦纹，肩、腹部饰席纹和菱形填线纹。口径20.8、底径20.0、高40.8厘米（图二八九，3；彩版一九四，2）。

JZD2M2：9，泥质红陶。口沿残，溜肩，弧腹，平底。底径18.0、残高29.4厘米（图二八九，4）。

JZD2M2：10-2，红色硬陶。侈口，尖唇，卷沿，沿面有一道凹槽，束颈，弧折耸，弧腹，平底。

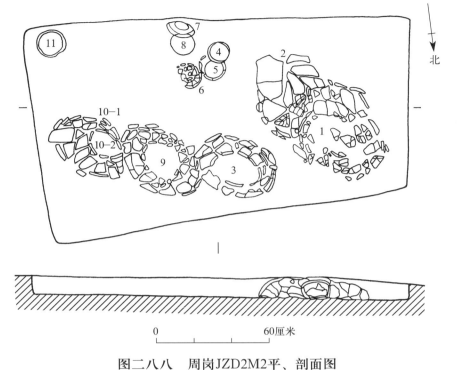

图二八八　周岗JZD2M2平、剖面图

1、10-1. 陶罐　2、3、10-2. 硬陶坛　4、5、7、8、11. 原始瓷碗　6. 陶鼎　9. 陶坛

颈部饰弦纹。肩、腹部饰席纹和菱形填线纹。口径 18.2、底径 18.0、高 38.4 厘米（图二八九，5；彩版一九四，3）。

罐　2件。

JZD2M2：1，泥质红陶。侈口，圆唇，卷沿，沿面内凹，肩部以下残。口径 24.6、残高 5.8 厘米（图二九〇，1）。

JZD2M2：10-1，泥质灰陶。侈口，圆唇，卷沿，口外侧有凹弦纹，下部残。残长 4.3、残高 4.0 厘米（图二九〇，2）。

碗　5件。

JZD2M2：4，原始瓷，灰白胎。敛口，斜方唇，唇面有一道凹槽，弧腹，平底内凹。器内壁有螺旋凹槽。底部有切割痕迹。施黄釉，基本剥落。口径 11.6、底径 7.2、高 5.0 厘米（图二九〇，3；彩版一九三，2）。

JZD2M2：5，原始瓷，灰白胎。敞口，斜方唇，唇面有一道凹槽，弧腹，平底内凹。器内壁有螺旋凹槽，底部有线切割痕迹。釉已剥落。口径 13.0、底径 7.0、高 4.4 厘米（图二九〇，4；彩版一九三，3）。

JZD2M2：7，原始瓷，灰白胎。敞口，斜方唇，唇面有两道浅凹槽，弧腹，平底内凹。器内壁有螺旋凹槽，底部有线拉切割痕迹。施黄釉，大多剥落。口径 16.0、底径 8.2、高 5.0 厘米（图二九〇，5；彩版一九三，4）。

JZD2M2：8，原始瓷，灰白胎。敞口，斜方唇，唇面有一道浅凹槽，弧腹，平底内凹。器内壁有螺旋凹槽，底部有线拉切割痕迹。施黄釉，大多剥落。口径 13.4、底径 8.0、高 4.2 厘米（图二九〇，

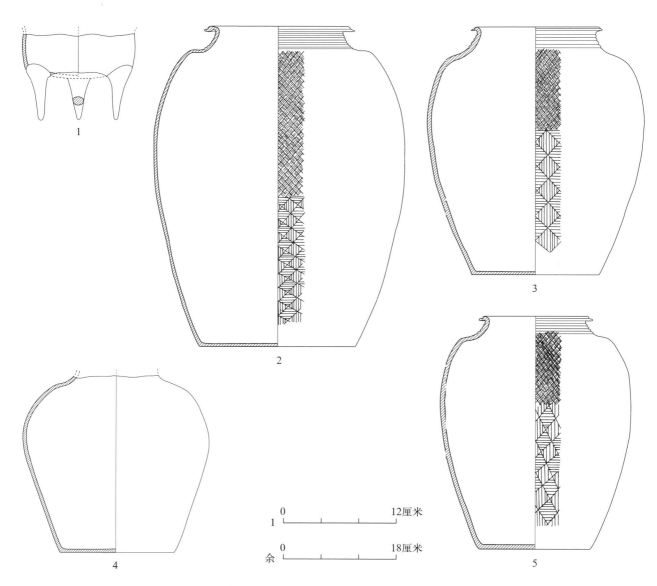

图二八九　周岗JZD2M2出土器物

1. 陶鼎 JZD2M2：6　2、3、5. 硬陶坛 JZD2M2：2、3、10-2　4. 陶坛 JZD2M2：9

6；彩版一九三，5）。

JZD2M2：11，原始瓷，灰白胎。敞口，斜方唇，唇面有两道凹槽，弧腹，平底微凹。内壁有螺旋凹槽，器底有线拉切痕。器表施黄绿釉。口径15.0、底径5.2、高4.5厘米（图二九〇，7；彩版一九四，4）。

3．JZD2M3

JZD2M3位于土墩近西部的Ⅰ区，层位关系为①b－M2→M3→②b（图二九一；彩版一九五，1）。近长梯形竖穴土坑墓，西北宽东南窄，直壁，平底，壁、底无明显加工痕迹，长2.22、宽0.74～0.92、深0.26～0.31米。墓向为西北－东南向，头向106°。内填红褐色土，土质较软。

随葬品有鼎1、罐1、瓿5、盆1、碗2、钵1、器盖1共12件。

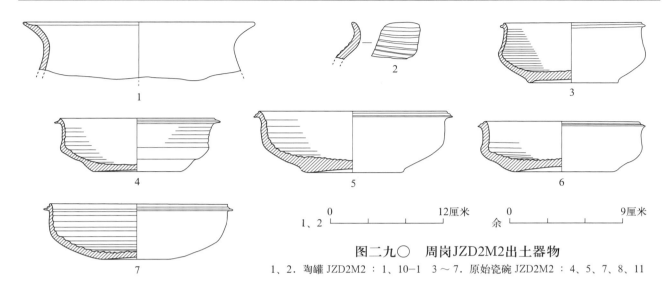

图二九〇　周岗JZD2M2出土器物

1、2. 陶罐 JZD2M2：1、10-1　3～7. 原始瓷碗 JZD2M2：4、5、7、8、11

鼎　1件。

JZD2M3：2，夹砂红陶。侈口，圆唇，折沿，三扁锥足，腹底残。口径14.2厘米（图二九二，1）。

罐　1件。

JZD2M3：11，泥质红陶。侈口，圆唇，卷沿，沿面内凹，腹部残，平底。口径14.0、底径10.4厘米（图二九二，2）。

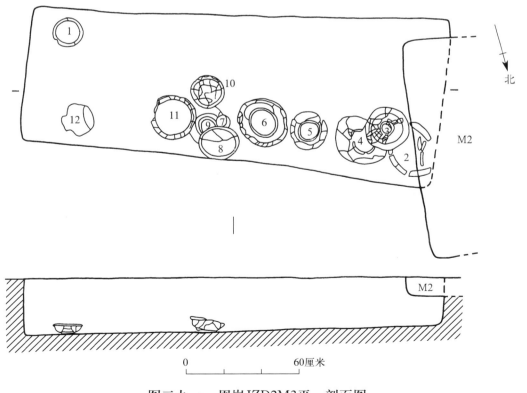

图二九一　周岗JZD2M3平、剖面图

1、7. 原始瓷碗　2. 陶鼎　3. 陶器盖　4～6、9、12. 硬陶瓿　8. 陶钵　10. 陶盆　11. 陶罐

瓿　5件。

JZD2M3：4，灰色硬陶。侈口，尖唇，卷沿，沿面有一周凹槽，束颈，耸肩，鼓腹，平底内凹。颈部饰弦纹，肩、腹部饰席纹。口径15.6、底径16.4、高17.8厘米（图二九二，3；彩版一九六，1）。

JZD2M3：5，灰色硬陶。侈口，圆唇，卷沿，束颈，溜肩，鼓腹，平底。肩部饰弦纹，腹部饰席纹。口径13.0、底径16.0、高12.5厘米（图二九二，4；彩版一九六，2）。

JZD2M3：6，灰色硬陶。侈口，尖唇，卷沿，束颈，肩微耸，鼓腹，平底微凹。肩、腹部饰席纹和菱形填线纹。口径15.0、底径17.2、高19.2厘米（图二九二，5；彩版一九六，3）。

JZD2M3：9，灰褐色硬陶。侈口，尖唇，卷沿，束颈，溜肩，鼓腹，平底。肩、腹部饰席纹。口径16.8、底径16.0、高13.3厘米（图二九二，6；彩版一九六，4）。

JZD2M3：12，灰色硬陶。侈口，尖唇，卷沿，沿面有一周凹槽，束颈，溜肩，鼓腹，平底内凹。肩、腹部饰席纹。口径10.8、底径14.8、高12.9厘米（图二九二，7；彩版一九六，5）。

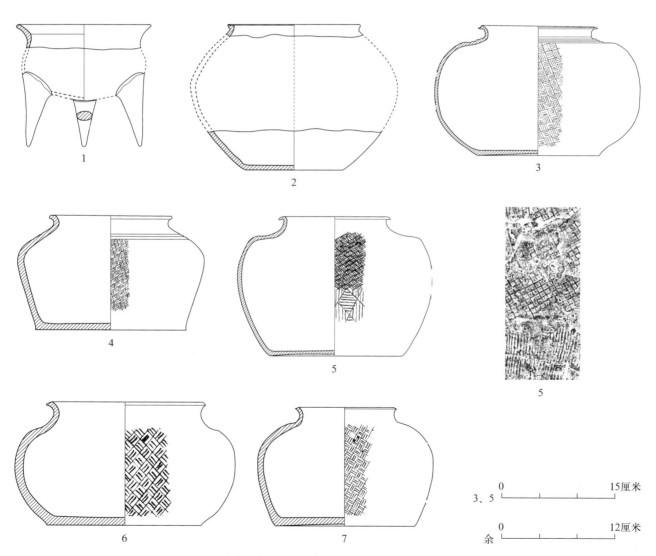

图二九二　周岗JZD2M3出土器物

1. 陶鼎 JZD2M3：2　2. 陶罐 JZD2M3：11　3～7. 硬陶瓿 JZD2M3：4～6、9、12

盆　1件。

JZD2M3：10，泥质红陶。残存底部，平底，内壁有螺旋凹槽。底径12.0、残高2.0厘米（图二九三，1）。

碗　2件。

JZD2M3：1，原始瓷。敞口，斜方唇，弧腹，平底微凹。内壁有螺旋凹槽，器底有切割痕。釉已剥落。口径15.2、底径8.2、高4.6厘米（图二九三，2；彩版一九五，2）。

JZD2M3：7，原始瓷，灰白胎。敞口，斜方唇，弧腹，平底微凹。内壁有螺旋凹槽，器底有拉切割痕。器表施青绿釉。口径9.0、底径5.8、高3.4厘米（图二九三，3；彩版一九五，3）。

钵　1件。

JZD2M3：8，泥质黑皮陶。敛口，方唇，沿面内凹，溜肩，鼓腹，平底。口径17.3、底径9.0、高6.6厘米（图二九三，4；彩版一九五，4）。

器盖　1件。

JZD2M3：3，泥质黑皮陶。整体呈覆豆形，喇叭状捉手。弧顶，折壁，敞口，圆唇，卷沿。捉手径8.4、口径23.8、高7.8厘米（图二九三，5；彩版一九五，5）。

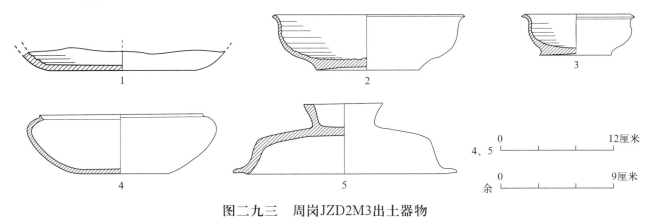

图二九三　周岗JZD2M3出土器物

1. 陶盆JZD2M3：10　2、3. 原始瓷碗JZD2M3：1、7　4. 陶钵JZD2M3：8　5. 陶器盖JZD2M3：3

4．JZD2M4

JZD2M4位于近土墩中部的Ⅰ区和隔梁下，层位关系在⑦b层下，叠压于⑦c层、建筑遗存JZD2F1和⑧层表（图二九四；彩版一九七，1）。由53块石头铺成西北－东南向长方形石床，长约2.70、宽约1.25米。头向152°。

石床上有随葬品鼎1、坛3、罐2、瓿2、豆3共11件。

JZD2M4为JZD2层位关系最早的中心主墓，也是唯一一座平地堆土掩埋的墓葬，和其下的建筑遗存JZD2F1的关系极其密切，其分布范围、方向与JZD2F1基本一致，石床、随葬品也基本在F1基槽内，局部叠压于其上。从堆积过程看，⑧层表形成丧葬建筑遗存JZD2F1后，覆盖土质比较纯净无夹杂物的⑦c层。在⑦c层上以及JZD2F1的范围内铺垫JZD2M4石床，随葬器物，其上覆盖夹杂大量草木灰及红烧土粒的⑦b层，草木灰和红烧土粒可能与埋葬过程中的某种活动有关。最后堆积⑦a层。从堆积性质看，⑦c层为建筑遗存JZD2F1的盖土和JZD2M4石床的垫土，⑦b层为JZD2M4石床的盖土，⑦a层为JZD2M4石床和随葬品的封土。

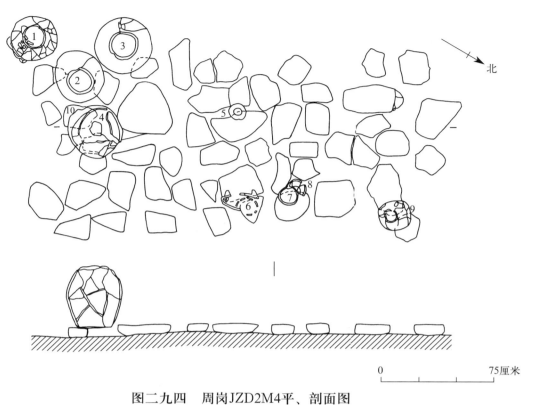

图二九四　周岗JZD2M4平、剖面图
1、11. 陶罐　2～4. 硬陶坛　5、7、8. 原始瓷豆　6. 陶鼎　9. 硬陶瓿　10. 陶瓶

鼎　1件。

JZD2M4：6，夹砂红褐陶。侈口，圆唇，折沿，腹底残，三圆锥足。口径16.0厘米（图二九五，1）。

坛　3件。

JZD2M4：2，灰褐色硬陶。侈口，尖唇，卷沿，沿面有一道凹槽，束颈，肩微耸，弧腹，平底内凹。颈部饰弦纹，肩、腹部饰席纹和方格纹。口径18.0、底径20.4、高42.4厘米（图二九五，2；彩版一九七，3）。

JZD2M4：3，红褐色硬陶。口、颈残缺，溜肩，弧腹，平底。肩及上腹部饰两组折线纹间以一组回纹，下腹部饰回纹。底径19.4、残高36.0厘米（图二九五，3）。

JZD2M4：4，灰色硬陶。侈口，尖唇，卷沿，矮束颈，耸肩，弧腹，平底。颈部饰弦纹，肩和上腹部饰两组套菱纹间以回纹的组合纹饰，下腹部饰回纹。口径18.4、底径20.2、高41.6厘米（图二九五，4；彩版一九七，4）。

罐　2件。

JZD2M4：1，泥质黑胎黑陶。口残，鼓腹，平底。腹部饰席纹。底径15.0、残高17.2厘米（图二九五，5）。

JZD2M4：11，泥质黑胎黑陶。口部残缺，溜肩，弧腹，平底内凹。颈部饰弦纹，肩、腹部饰席纹。底径10.0厘米（图二九五，6）。

瓿　2件。

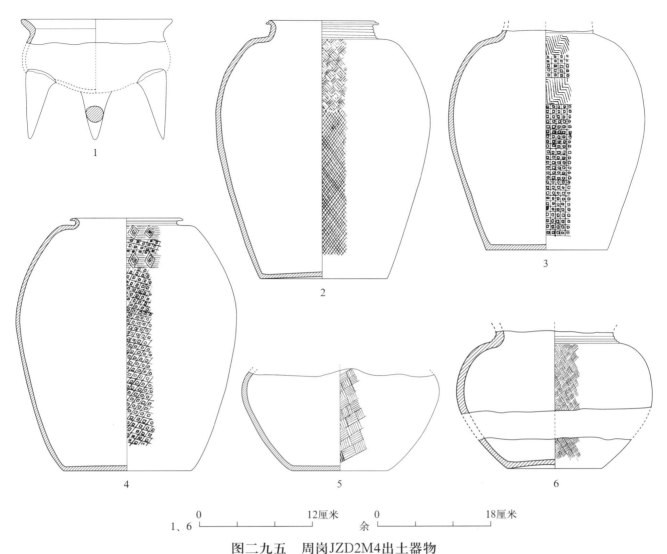

图二九五　周岗JZD2M4出土器物

1. 陶鼎 JZD2M4：6　2～4. 硬陶坛 JZD2M4：2～4　5、6. 陶罐 JZD2M4：1、11

JZD2M4：9，灰色硬陶。侈口，尖唇，卷沿，直颈，溜肩，鼓腹，平底内凹。颈部饰弦纹，肩、腹部饰折线纹。口径 10.4、底径 11.6、高 9.4 厘米（图二九六，1；彩版一九七，2）。

JZD2M4：10，泥质红陶。侈口，圆唇，卷沿，弧肩，弧腹，平底内凹。肩部饰弦纹，腹部饰席纹。口径 19.0、底径 19.0、高 20.4 厘米（图二九六，2）。

豆　3件。

JZD2M4：5，原始瓷，灰胎。敞口，尖圆唇，折腹，喇叭状圈足外撇。内壁可见轮制旋痕。施青黄釉。口径 12.4、底径 5.2、高 6.2 厘米（图二九六，3；彩版一九八，1）。

JZD2M4：7，原始瓷，灰胎。敞口，尖唇，折腹，喇叭状圈足外撇。内壁可见轮制旋痕。器表施青黄釉。口径 12.2、底径 5.4、高 6.4 厘米（图二九六，4；彩版一九八，2）。

JZD2M4：8，原始瓷。敞口，折腹，喇叭状圈足外撇。内壁可见轮制旋痕。器表施青黄釉。口径 11.2、底径 4.8、高 6.6 厘米（图二九六，5；彩版一九八，3）。

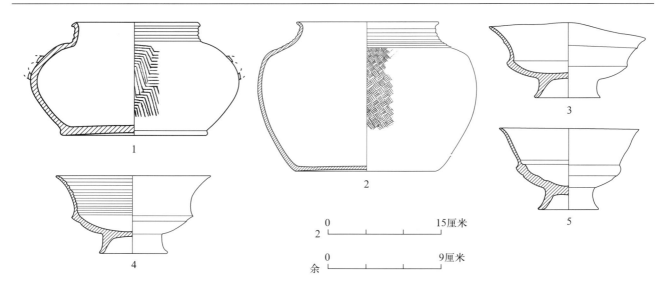

0　　　　　　　　15厘米

2

0　　　　　　9厘米

余

图二九六　周岗JZD2M4出土器物

1. 硬陶瓿 JZD2M4：9　2. 陶瓿 JZD2M4：10　3～5. 原始瓷豆 JZD2M4：5、7、8

5. JZD2M5

JZD2M5位于土墩东北部的Ⅱ区，层位关系为①b－M5→③（图二九七；彩版一九八，4）。长方形竖穴土坑墓，直壁，平底，壁、底无明显加工痕迹。长3.00、宽0.98～1、深0.08～0.10米。墓向为西北－东南向，头向330°。内填红褐色土，土质较软。

随葬品有鼎1、釜1、罐1、碗2共5件。

鼎　1件。

JZD2M5：4，夹砂红褐陶。残存圆锥形鼎足。残高7.0厘米（图二九八，1）。

釜　1件。

JZD2M5：5，夹砂红陶。残破，敞口，折沿，弧腹。残高11.2厘米（图二九八，2）。

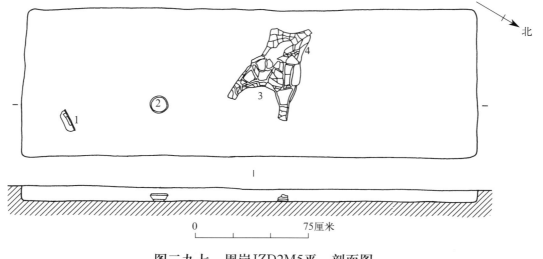

北

0　　　　　　　75厘米

图二九七　周岗JZD2M5平、剖面图

1、2. 原始瓷碗　3. 陶罐　4. 陶鼎　5. 陶釜

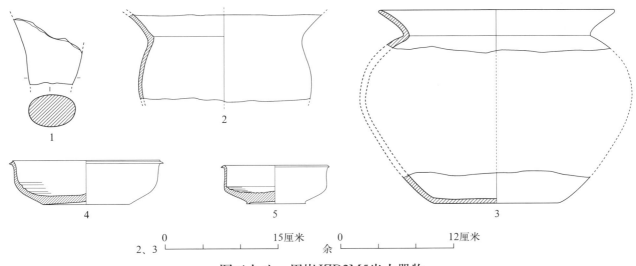

图二九八　周岗JZD2M5出土器物

1. 陶鼎 JZD2M5：4　2. 陶釜 JZD2M5：5　3. 陶罐 JZD2M5：3　4、5. 原始瓷碗 JZD2M5：1、2

罐　1件。

JZD2M5：3，夹砂红陶。敞口，圆唇，折沿，腹残，平底。口径32.0、底径17.0厘米（图二九八，3）。

碗　2件。

JZD2M5：1，原始瓷，灰白胎。敞口，斜方唇，唇面有一道凹槽，上腹较直，下腹弧收，平底内凹。内壁有螺旋凹槽。器表施青黄釉。口径16.5、底径9.0、高4.8厘米（图二九八，4；彩版一九八，5）。

JZD2M5：2，原始瓷。敞口，斜方唇，唇面有一道凹槽，上腹较直，下腹弧收，平底内凹。内壁有螺旋凹槽。器表施青黄釉，口径11.7、底径6.0、高4.4厘米（图二九八，5；彩版一九八，6）。

6. JZD2M6

JZD2M6位于土墩近北部的Ⅰ区，层位关系为①b－M6→⑤a（图二九九；彩版一九九，1）。不规则长方形竖穴土坑墓，直壁，平底，壁、底无明显加工痕迹，长2.70、宽1.24～1.34、深0.26米。墓向为近南北向，头向180°。内填灰白土，土质较硬。

随葬品有鼎3、坛1、罐5、瓿1、碗1、钵2、盂1、器盖1共15件。

鼎　3件。

JZD2M6：2，夹砂红陶。仅余部分口沿及鼎足残片，侈口，圆唇，折沿，腹底残，三圆锥足（图三〇〇，1）。

JZD2M6：5，夹砂红陶。侈口，圆唇，折沿，沿面微凸，溜肩，弧腹，圜底残，三圆锥足。口径17.0、高12.0厘米（图三〇〇，2）。

JZD2M6：9，夹砂红陶。侈口，圆唇，折沿，沿面微凹，弧腹，圜底，三扁圆锥足。口径19.2、高12.3厘米（图三〇〇，3；彩版一九九，2）。

坛　1件。

JZD2M6：8，灰色硬陶。口、上腹残，下腹斜弧收，平底内凹，腹部饰回纹。底径18.8、残高25.0厘米（图三〇〇，4）。

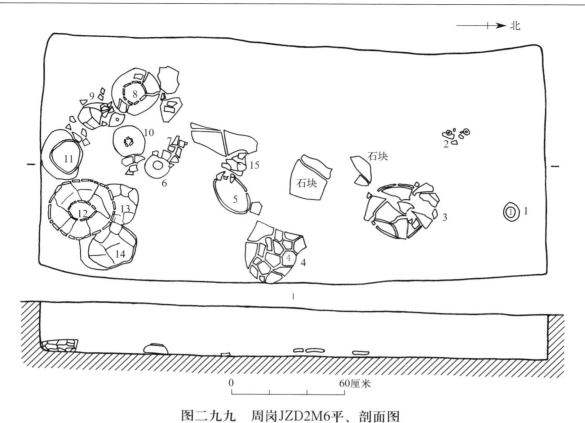

图二九九　周岗JZD2M6平、剖面图

1. 硬陶盃　2、5、9. 陶鼎　3. 硬陶罐　4、12～14. 陶罐　6. 硬陶碗　7. 硬陶瓿　8. 硬陶坛　10、11. 陶钵　15. 陶器盖

罐　5件。

JZD2M6：3，灰色硬陶。侈口，尖唇，卷沿，矮束颈，弧肩，弧腹，平底内凹。颈部饰弦纹，肩及上腹部饰两组折线纹间以一组回纹，下腹部饰回纹。口径14.0、底径16.2、高22.8厘米（图三〇〇，5；彩版一九九，3）。

JZD2M6：4，泥质褐胎黑陶。残破，侈口，尖圆唇，卷沿，沿面有一道凹槽，颈部饰弦纹。残宽4.5、残高3.0厘米（图三〇〇，6）。

JZD2M6：12、M6：13、M6：14均为泥质红陶。残破，无法复原。

瓿　1件。

JZD2M6：7，褐色硬陶。侈口，尖唇，卷沿，束颈，耸肩，鼓腹，平底。肩部对称贴附耳状饰，以泥条捏制而成，已残缺。颈部饰弦纹，腹部饰席纹。口径11.8、底径10.8、高13.0厘米（图三〇〇，7；彩版一九九，4）。

碗　1件。

JZD2M6：6，灰褐色硬陶。敞口，尖唇，折腹弧收成平底。内壁有螺旋凹槽。口径15.2、底径6.2、高5.2厘米（图三〇〇，8；彩版二〇〇，1）。

钵　2件。

JZD2M6：10，泥质红陶。敛口，圆唇，弧腹，平底。口径18.2、底径13.8、高7.0厘米（图三〇〇，9）。

JZD2M6：11，泥质红陶。残破严重。

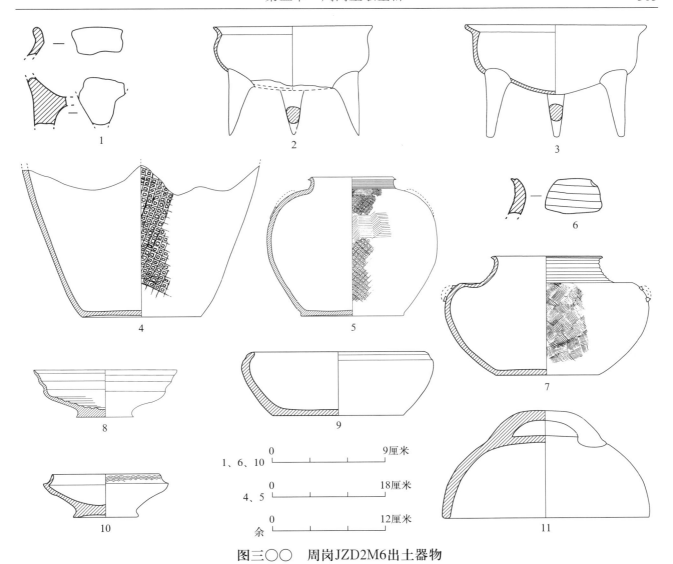

图三〇〇　周岗JZD2M6出土器物

1～3. 陶鼎 JZD2M6：2、5、9　4. 硬陶坛 JZD2M6：8　5. 硬陶罐 JZD2M6：3　6. 陶罐 JZD2M6：4　7. 硬陶瓿 JZD2M6：7
8. 硬陶碗 JZD2M6：6　9. 陶钵 JZD2M6：10　10. 硬陶盂 JZD2M6：1　11. 陶器盖 JZD2M6：15

盂　1件。

JZD2M6：1，灰褐色硬陶。敛口，尖唇，折肩，腹壁内收，平底内凹。肩部饰水波纹。口径8.4、底径5.2、高3.5厘米（图三〇〇，10；彩版二〇〇，2）。

器盖　1件。

JZD2M6：15，夹砂红陶。桥形提梁，弧顶，弧壁，敞口，圆唇。口径21.8、高11.8厘米（图三〇〇，11；彩版二〇〇，3）。

7. JZD2M7

JZD2M7位于土墩西南部的Ⅲ区，层位关系为①b－M7→②a（图三〇一；彩版二〇〇，5）。不规则长方形竖穴土坑墓，直壁，平底，壁、底无明显加工痕迹，长2.40、宽1.01～1.15、深0.12米。墓向为东北－西南向，头向20°。内填红褐色土，土质较软。

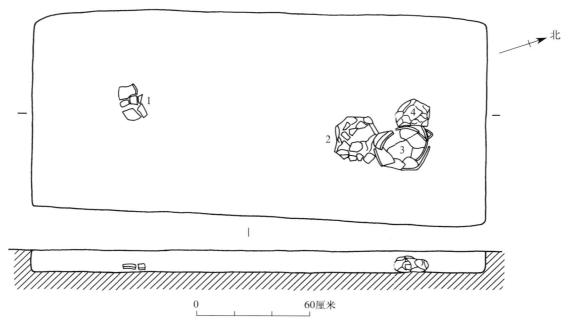

图三○一　周岗JZD2M7平、剖面图

1. 陶钵　2. 陶鼎　3. 硬陶瓿　4. 陶罐

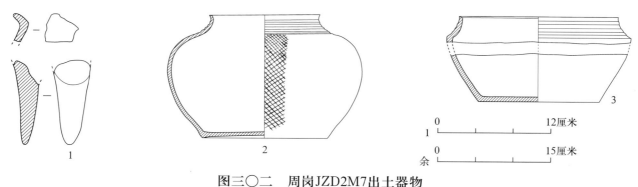

图三○二　周岗JZD2M7出土器物

1. 陶鼎 JZD2M7：2　2. 硬陶瓿 JZD2M7：3　3. 陶钵 JZD2M7：1

随葬品有鼎1、罐1、瓿1、钵1共4件。

鼎　1件。

JZD2M7：2，夹砂红陶。残破，侈口，圆唇，折沿，沿面微凸，三扁锥足（图三○二，1）。

罐　1件。

JZD2M7：4，泥质红陶。残破严重。

瓿　1件。

JZD2M7：3，红色硬陶。侈口，尖唇，卷沿，束颈，溜肩，鼓腹，平底内凹。颈部饰弦纹，腹部饰方格纹。口径14.8、底径16.6、高17.0厘米（图三○二，2；彩版二○○，4）。

钵　1件。

JZD2M7：1，泥质灰陶。侈口，方唇，唇面微凹，折腹，中腹残，平底。口径21.2、底径16.0厘米（图三○二，3）。

8．JZD2M8

JZD2M8 位于土墩西南部的Ⅲ区，层位关系为① b － M8 → ② a（图三〇三；彩版二〇一，1）。不太规整的长条形竖穴土坑墓，西南宽东北窄，直壁，平底，壁、底无明显加工痕迹，长 2.60、宽 1.04 ～ 1.32、深 0.12 米。墓向为东北－西南向，头向 20°。内填红褐色土，土质较软。

随葬品有鼎 2、坛 2、碗 4、器盖 1、类红土砖块 1 共 10 件。

鼎　2 件。

JZD2M8：5-2，夹砂红陶。侈口，圆唇，折沿，沿面微凹，斜弧腹，圜底残，三扁锥足。口径 14.0、高 11.2 厘米（图三〇四，1）。

JZD2M8：8，夹砂红陶。侈口，圆唇，折沿，沿面微凸，上腹斜直，下腹折收，圜底残，三扁锥足。口径 26.0 厘米（图三〇四，2）。

坛　2 件。

JZD2M8：4，灰色硬陶。侈口，卷沿，矮束颈，溜肩，弧腹，平底。颈部饰弦纹，肩、腹部饰席纹和菱形填线纹。口径 22.0、底径 25.0、高 42.8 厘米（图三〇四，3；彩版二〇一，2）。

JZD2M8：7，灰褐色硬陶。上部残，下腹斜弧，平底内凹。下腹部饰方格纹。底径 22.0、残高 14.8 厘米（图三〇四，4）。

碗　4 件。

JZD2M8：1，原始瓷，灰胎。侈口，尖唇，折沿，沿面有两道凹槽，弧腹，平底微凹。内壁有螺旋凹槽。器身多不规整。器表施青绿釉。口径 8.6、底径 6.6、高 3.7 厘米（图三〇四，5；彩版二〇一，3）。

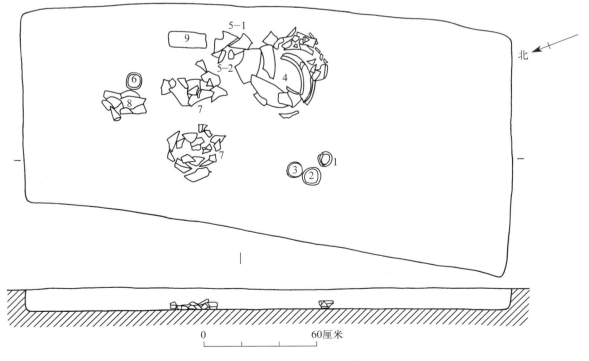

图三〇三　周岗 JZD2M8 平、剖面图

1 ～ 3、6. 原始瓷碗　4、7. 硬陶坛　5-2、8. 陶鼎　9. 类红土砖块　5-1. 陶器盖

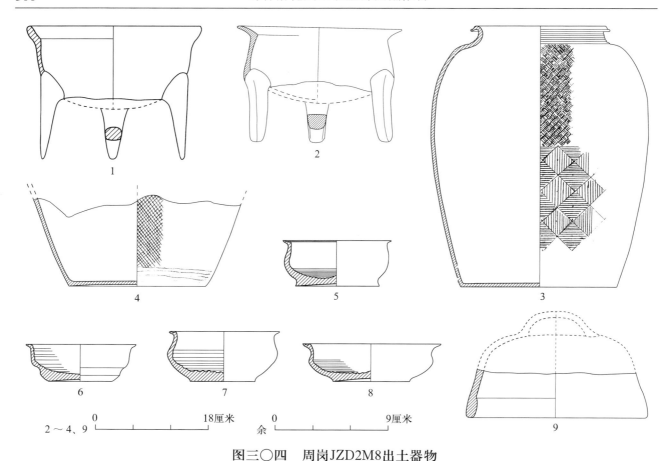

图三〇四　周岗JZD2M8出土器物

1、2. 陶鼎JZD2M8：5-2、8　3、4. 硬陶坛JZD2M8：4、7　5～8. 原始瓷碗JZD2M8：1～3、6　9. 陶器盖JZD2M8：5-1

　　JZD2M8：2，原始瓷，灰胎。敞口，尖唇，折沿，沿面有一道凹槽，弧腹，平底微凹。内壁有螺旋凹槽。器表釉已剥落。口径8.6、底径5.0、高3.0厘米（图三〇四，6）。

　　JZD2M8：3，原始瓷，灰胎。侈口，尖唇，折沿，沿面有一道浅凹槽，弧腹，平底。内壁有螺旋凹槽。器身不规整。器表施黄绿釉。口径8.7、底径5.2、高4.1厘米（图三〇四，7；彩版二〇一，4）。

　　JZD2M8：6，原始瓷。敞口，尖唇，折沿，沿面有一道凹槽，弧腹，平底微凹。内壁有螺旋凹槽。器表施黄绿釉，大部剥落。口径11.1、底径6.0、高3.1厘米（图三〇四，8；彩版二〇一，5）。

　　器盖　1件。

　　JZD2M8：5-1，夹砂红陶。残破，敞口，圆唇。口径29.0、残高7.2厘米（图三〇四，9）。

　　类红土砖块　1件。

　　JZD2M8：9，泥质红褐陶。疏松残破严重，无法复原。

9. JZD2M9

　　JZD2M9位于土墩西北部的Ⅰ区，层位关系为①b-M9→②b（图三〇五；彩版二〇二，1）。不规则长方形竖穴土坑墓，直壁，平底，壁、底无明显加工痕迹，长2.30、宽0.85～1.00、深0.16米。墓向为西北-东南向，头向118°。内填红褐色土，土质较软。

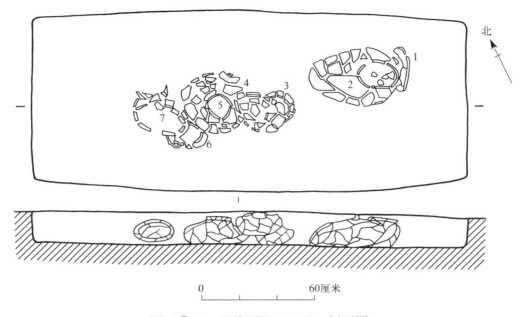

图三〇五　周岗JZD2M9平、剖面图
1、6. 陶器盖　2. 硬陶坛　3、4. 硬陶瓿　5. 陶罐　7. 陶鼎

随葬品有鼎1、坛1、罐1、瓿2、器盖2共7件。

鼎　1件。

JZD2M9：7，夹砂红陶。侈口，圆唇，折沿，沿面较平，上腹较直，下腹折收，圜底，三扁锥足，足尖外撇。口径19.4、高13.2厘米（图三〇六，1；彩版二〇二，2）。

坛　1件。

JZD2M9：2，灰色硬陶。侈口，尖唇，卷沿，沿面有一道凹槽，矮束颈，溜肩，弧腹，平底。颈部饰弦纹，肩及上腹部饰两组折线纹间以一组回纹，下腹部饰回纹。口径17.0、底径17.0、高38.6厘米（图三〇六，2；彩版二〇二，3）。

罐　1件。

JZD2M9：5，泥质黑皮陶。侈口，圆唇，卷沿，弧肩，弧腹，平底内凹，肩部有对称两耳。口径12.2、底径12.6、高20.4厘米（图三〇六，3；彩版二〇二，4）。

瓿　2件。

JZD2M9：3，灰褐色硬陶。侈口，尖唇，卷沿，耸肩，鼓腹，平底。颈部饰弦纹，肩、腹部饰席纹和方格纹。口径14.0、底径13.2、高14.2厘米（图三〇六，4；彩版二〇三，1）。

JZD2M9：4，灰色硬陶。侈口，尖唇，矮颈，弧肩，鼓腹，平底。肩及上腹部饰折线纹，下腹部饰回纹。口径13.5、底径14.4、高12.4厘米（图三〇六，5；彩版二〇三，2）。

器盖　2件。

JZD2M9：1，夹砂红陶。残，敛口，圆唇，弧壁，上部残。口径24.8、残高5.0厘米（图三〇六，6）。

JZD2M9：6，泥质黑皮陶。喇叭状捉手，弧顶，弧壁，顶、壁间折，敞口，圆唇。素面。捉手径8.2、口径17.2、高6.7厘米（图三〇六，7；彩版二〇二，5）。

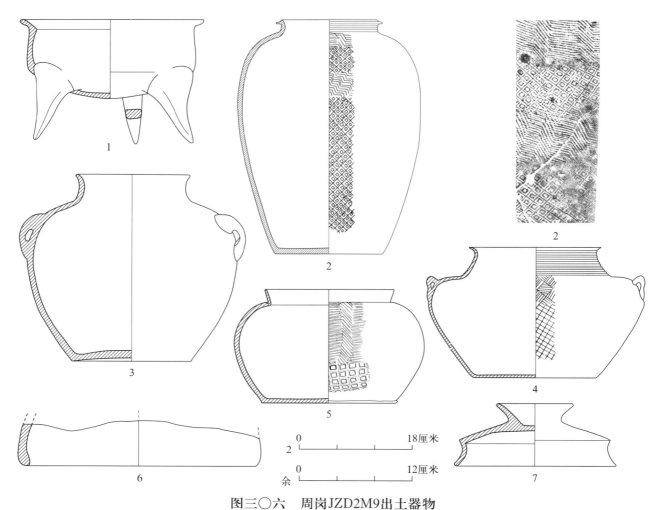

图三〇六　周岗JZD2M9出土器物

1. 陶鼎 JZD2M9：7　2. 硬陶坛 JZD2M9：2　3. 陶罐 JZD2M9：5　4、5. 硬陶瓿 JZD2M9：3、4　6、7. 陶器盖 JZD2M9：1、6

10．JZD2M10

JZD2M10 位于土墩西北部的 I 区，层位关系为① b－M10→③（图三〇七；彩版二〇三，5）。不规则长方形竖穴土坑墓，直壁斜坡底，壁、底无明显加工痕迹，墓口与底均为东南高西北低呈斜坡状，长 2.40、宽 1.00、深 0.20～0.25 米。墓向为西北东南向，头向 132°。内填红褐色土，土质较软。

随葬品有鼎 2、坛 1、罐 3、瓿 3、豆 2、盂 1、器盖 2 共 14 件。

鼎　2 件。

JZD2M10：5，夹砂褐陶。侈口，圆唇，折沿，沿面微凹，弧腹，底残，三扁锥足。口径 24.0 厘米（图三〇八，1）。

JZD2M10：12，夹砂红陶。侈口，圆唇，卷沿，弧腹，底残，三扁锥足。口径 13.0、高 7.2 厘米（图三〇八，2）。

坛　1 件。

JZD2M10：9，灰色硬陶。口部残缺，束颈，弧肩，弧腹，平底。颈部饰弦纹，肩、腹部饰席纹和方格纹。底径 21.2、残高 39.0 厘米（图三〇八，3）。

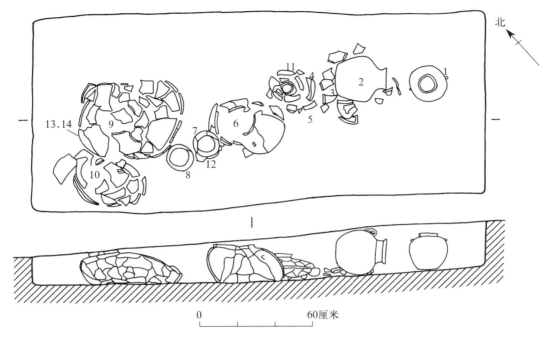

图三〇七　周岗JZD2M10平、剖面图

1、3、13. 硬陶瓿　2、6. 原始瓷罐　4、14. 陶器盖　5、12. 陶鼎　7、8. 原始瓷豆　9. 硬陶坛　10. 硬陶罐　11. 硬陶盂

罐　3件。

JZD2M10：2，原始瓷，灰白胎。侈口，尖唇，卷沿，高领，弧肩，弧腹，平底。肩部饰对称两耳。腹部饰填线回纹和变体席纹。器表施青黄釉。口径13.1、底径16.2、高22.0厘米（图三〇八，4；彩版二〇三，3）。

JZD2M10：6，原始瓷。侈口，尖唇，卷沿，束颈，弧肩，弧腹，平底内凹，肩部对称堆贴两个耳状饰。颈部饰弦纹，肩部饰席纹，腹部饰方格纹。口径15.4、底径17.8、高25.0厘米（图三〇八，5；彩版二〇三，4）。

JZD2M10：10，灰褐色硬陶。敛口，方唇，溜肩，弧腹，平底。肩、腹部饰席纹和方格纹。肩部饰对称两个耳状饰。口径13.0、底径14.8、高24.2厘米（图三〇八，6；彩版二〇四，1）。

瓿　3件。

JZD2M10：1，灰色硬陶。口部微残，侈口，尖唇，卷沿，溜肩，弧腹，平底微凹。颈部饰弦纹，肩部饰席纹，腹部饰方格纹。肩部贴附两个对称的耳状饰，各以小泥条捏制而成。口径12.0、底径14.2、高12.3厘米（图三〇九，1；彩版二〇四，2）。

JZD2M10：3，灰色硬陶。侈口，尖唇，卷沿，广肩，鼓腹，平底。颈部饰弦纹，肩、腹部饰方格纹。肩两侧有两个对称堆塑。口径13.3、底径13.6、高13.0厘米（图三〇九，2；彩版二〇四，3）。

JZD2M10：13，灰色硬陶。侈口，圆唇，卷沿，束颈，弧肩，鼓腹，平底内凹。颈部饰弦纹，肩、腹部饰席纹和小方格纹。口径10.4、底径12.0、高12.2厘米（图三〇九，3；彩版二〇四，4）。

豆　2件。

JZD2M10：7，原始瓷。敞口，圆唇，折腹，喇叭状圈足外撇。内壁有螺旋凹槽。施青黄釉，釉大部分脱落。口径14.0、足径5.8、高6.8厘米（图三〇九，4；彩版二〇四，5）。

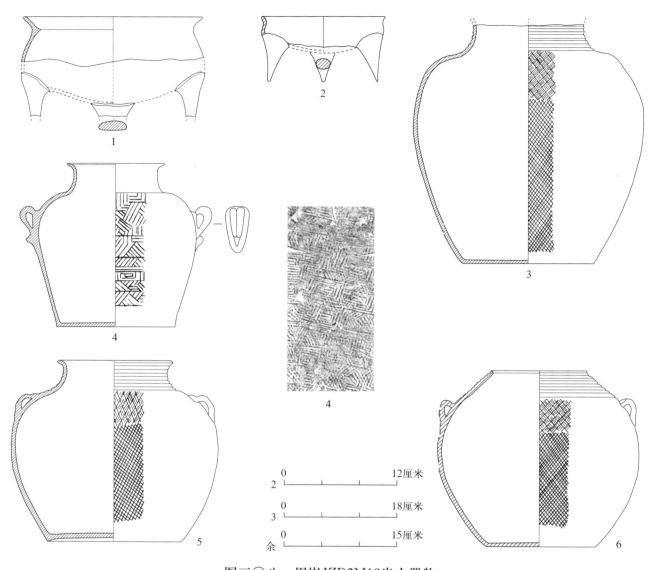

图三〇八　周岗JZD2M10出土器物

1、2. 陶鼎 JZD2M10：5、12　3. 硬陶坛 JZD2M10：9　4、5. 原始瓷罐 JZD2M10：2、6　6. 硬陶罐 JZD2M10：10

JZD2M10：8，原始瓷。敞口，圆唇，折腹，喇叭状圈足外撇。内壁有螺旋凹槽。施黄釉，釉大部脱落。口径 15.6、足径 6.0、高 7.2 厘米（图三〇九，5；彩版二〇四，6）。

盂　1件。

JZD2M10：11，灰褐色硬陶。敛口窄沿，尖唇，鼓腹，平底内凹。口径 11.8、底径 6.6、高 5.6 厘米（图三〇九，6；彩版二〇五，1）。

器盖　2件。

JZD2M10：4，泥质灰陶。喇叭状捉手，弧顶，弧壁，顶壁间折，敞口，圆唇，卷沿，沿面有一道凹槽。捉手径 8.5、口径 17.6、高 7.2 厘米（图三〇九，7；彩版二〇五，2）。

JZD2M10：14，泥质红陶。喇叭状捉手略残，弧顶，弧壁，顶壁间折，敞口，圆唇，卷沿，沿面有一道凹槽。口径 17.6、残高 6.0 厘米（图三〇九，8；彩版二〇五，3）。

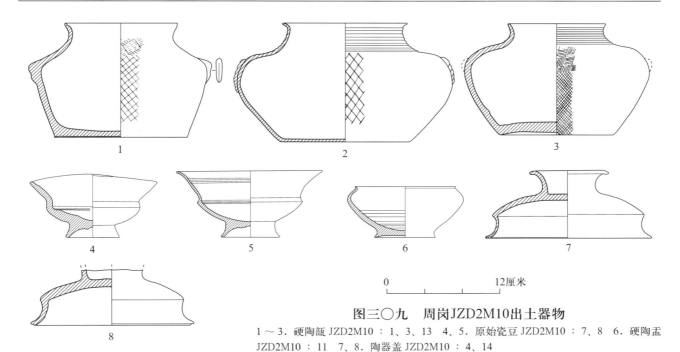

图三〇九　周岗JZD2M10出土器物

1～3. 硬陶瓿 JZD2M10：1、3、13　4、5. 原始瓷豆 JZD2M10：7、8　6. 硬陶盂
JZD2M10：11　7、8. 陶器盖 JZD2M10：4、14

11. JZD2M11

JZD2M11位于土墩西北部的Ⅰ区，层位关系为①b－M11→③（图三一〇；彩版二〇五，4）。长方形竖穴土坑墓，直壁斜坡底，壁、底无明显加工痕迹，墓口与底均为东南高西北低呈斜坡状，西北部被破坏。残长2.20、宽0.98、深0.09～0.12米。墓向为西北－东南向，头向130°。内填灰褐色土，土质较软。

随葬品有鼎1、碗1、三足盂1共3件。

鼎　1件。

JZD2M11：2，夹砂褐陶。侈口，圆唇，折沿，弧腹，底残，三扁锥足。口径14.0厘米（图三一〇，2）。

碗　1件。

JZD2M11：1，灰褐色硬陶。敞口，尖唇，折腹，平底微凹。外壁有弦纹数周，内壁有弦纹。口径15.2、底径5.8、高6.1厘米（图三一〇，1；彩版二〇五，5）。

三足盂　1件。

JZD2M11：3，灰褐色硬陶。敛口，尖唇，鼓腹，平底，三足。口径10.4、高4.1厘米（图三一〇，3；彩版二〇五，6）。

12. JZD2M12

JZD2M12位于土墩东南部的Ⅳ区，层位关系为①b－M12→③（图三一一；彩版二〇六，1）。不太规整的长方形竖穴土坑墓，直壁，平底，壁、底无明显加工痕迹，长2.30、宽1.02～1.16、深0.17～0.20米。墓向为西北－东南向，头向313°。内填灰土，土质较软。

随葬品有坛1、罐2、碗1、盅1共5件。

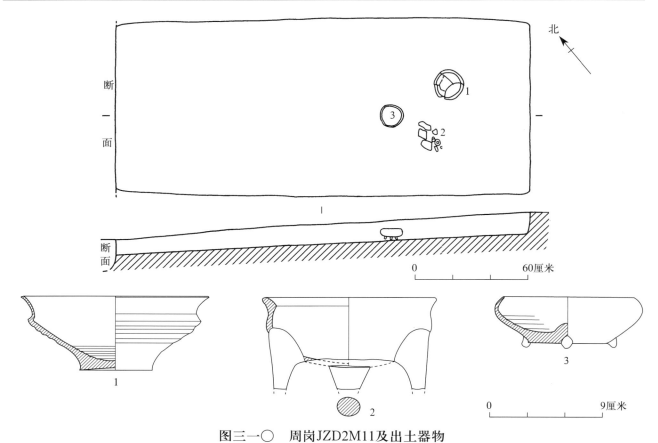

图三一〇　周岗JZD2M11及出土器物

1. 硬陶碗 JZD2M11：1　2. 陶鼎 JZD2M11：2　3. 硬陶三足盂 JZD2M11：3

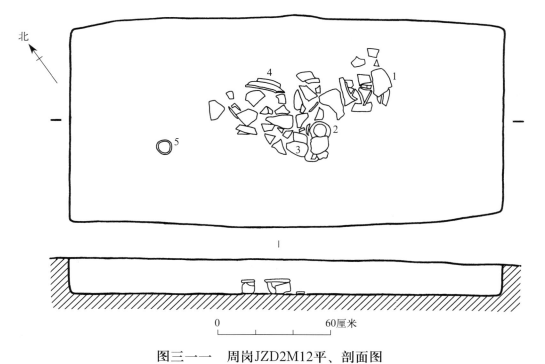

图三一一　周岗JZD2M12平、剖面图

1. 陶罐　2. 原始瓷碗　3. 硬陶罐　4. 硬陶坛　5. 原始瓷盅

坛　1件。

JZD2M12：4，红色硬陶，灰胎。侈口，卷沿，矮束颈，肩部略平，弧腹，平底微凹。颈部饰弦纹，上腹部饰方格纹，下腹部饰不规整的菱形填线纹，纹饰不清楚，有的磨蚀。口径16.4、底径18.0、高39.2厘米（图三一二，1；彩版二〇六，2）。

罐　2件。

JZD2M12：1，泥质灰陶。侈口，圆唇，卷沿，沿面有一道凹槽，弧肩，弧腹，中部残，平底。颈部饰弦纹，腹部饰席纹，磨蚀较甚。口径17.2、底径17.6厘米（图三一二，2）。

JZD2M12：3，灰胎灰色硬陶。侈口，尖唇，卷沿，溜肩，鼓腹，平底微凹。肩、腹部饰方格纹。口径11.0、底径13.8、高15.0厘米（图三一二，3；彩版二〇六，3）。

碗　1件。

JZD2M12：2，原始瓷。敞口，斜方唇，唇面有一道浅凹槽，弧腹斜收，平底内凹。器内壁有螺旋凹槽。施青绿釉。口径12.4、底径6.0、高4.6厘米（图三一二，4；彩版二〇六，4）。

盅　1件。

JZD2M12：5，原始瓷。敞口，方唇，唇面有二道凹槽外突，斜直腹，下腹折，斜收，平底。器内壁有螺旋凹槽，底部有切割痕迹。施黄釉。口径8.3、底径3.8、高3.8厘米（图三一二，5；彩版二〇六，5）。

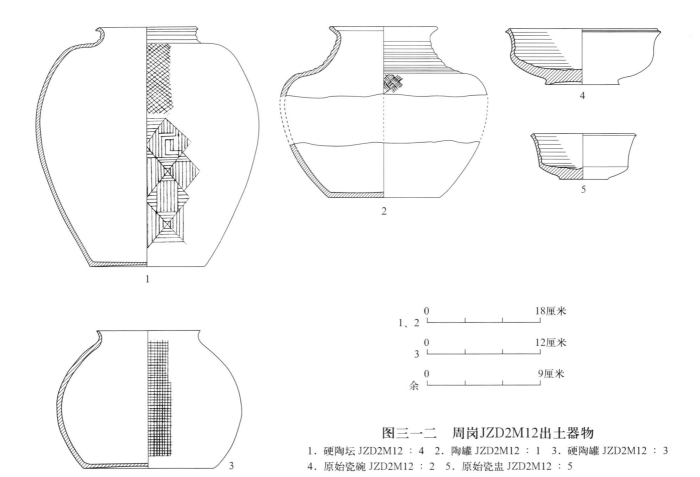

图三一二　周岗JZD2M12出土器物

1. 硬陶坛JZD2M12：4　2. 陶罐JZD2M12：1　3. 硬陶罐JZD2M12：3
4. 原始瓷碗JZD2M12：2　5. 原始瓷盅JZD2M12：5

13. JZD2M13

JZD2M13 位于土墩东南部的Ⅳ区，层位关系为② a － M13 → ② b（图三一三；彩版二〇七，1）。不太规整的长方形竖穴土坑墓，西北宽东南窄，直壁斜坡底，壁、底无明显加工痕迹，墓口与底均为西北高东南低呈斜坡状，长 2.40、宽 0.82 ～ 0.98、深 0.15 ～ 0.23 米。墓向为西北－东南向，头向310°。内填灰土，土质较软。

随葬品有坛 1、罐 1、盆 1、盖 1 共 4 件。

坛　1 件。

JZD2M13：2，灰色硬陶。侈口，卷沿，束颈，耸肩，鼓腹，平底。颈部饰弦纹，肩、腹部饰席纹和小方格纹。口径 18.0、底径 18.4、高 38.4 厘米（图三一三，2；彩版二〇七，2）。

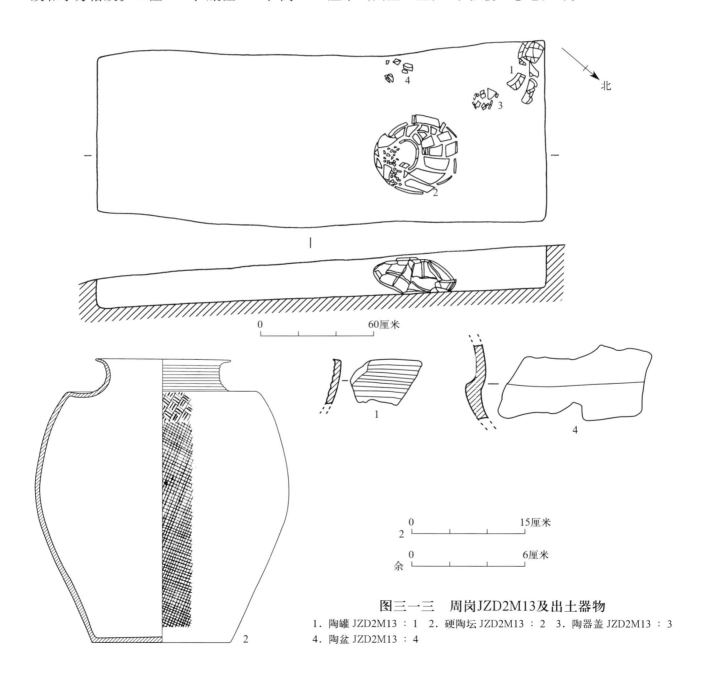

图三一三　周岗JZD2M13及出土器物

1. 陶罐 JZD2M13：1　2. 硬陶坛 JZD2M13：2　3. 陶器盖 JZD2M13：3
4. 陶盆 JZD2M13：4

罐　1件。

JZD2M13∶1，泥质红陶。侈口，折沿，沿面内凹，颈部饰弦纹，下部残。残宽4.0、残高2.4厘米（图三一三，1）。

盆　1件。

JZD2M13∶4，泥质黑胎黑皮陶。口底残，仅见腹部为折腹。残宽8.0、残高4.0厘米（图三一三，4）。

器盖　1件。

JZD2M13∶3，泥质红陶。残破严重，无法复原。

14．JZD2M14

JZD2M14位于土墩东南部的Ⅳ区，层位关系为②a－M14→②b（图三一四；彩版二〇七，3）。不太规整的长方形竖穴土坑墓，直壁，平底，壁、底无明显加工痕迹，西南局部边缘遭破坏，长2.45、宽0.90～0.95、深0.18米。墓向为东北－西南向，头向40°。内填灰土，土质较软。

随葬品有鼎2、罐1、盘1、碗1、钵4、盖1共10件。

鼎　2件。

JZD2M14∶3，夹砂红陶。侈口，圆唇，折沿，腹底残，三扁锥足。口径22.0厘米（图三一五，1）。

JZD2M14∶9，夹砂红陶。侈口，圆唇，折沿。腹、足残缺。口径22.8厘米（图三一五，2）。

罐　1件。

JZD2M14∶2，泥质黑皮陶。口、颈残缺。鼓腹，平底。腹部饰水波纹和席纹，近底部有弦痕。底径6.6、残高8.3厘米（图三一五，3）。

盘　1件。

JZD2M14∶6，泥质黑胎黑皮陶。敞口，方唇，弧折腹，平底。内壁有螺旋凹槽。口径16.6、底径8.4、

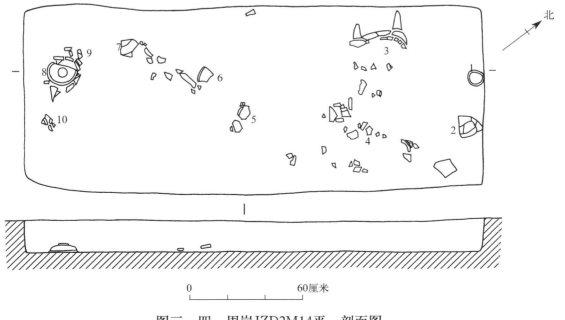

0　　　　　　　60厘米

图三一四　周岗JZD2M14平、剖面图

1、5、7、10.陶钵　2.陶罐　3、9.陶鼎　4.陶器盖　6.陶盘　8.原始瓷碗

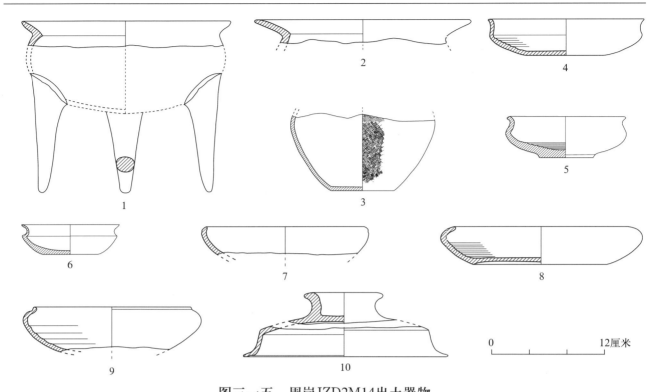

图三一五　周岗JZD2M14出土器物

1、2. 陶鼎 JZD2M14：3、9　3. 陶罐 JZD2M14：2　4. 陶盘 JZD2M14：6　5. 原始瓷碗 JZD2M14：8　6～9. 陶钵 JZD2M14：1、5、
7、10　10. 陶器盖 JZD2M14：4

高4.0厘米（图三一五，4）。

　　碗　1件。

　　JZD2M14：8，原始瓷。侈口，圆唇，折腹，小平底。内壁有螺旋凹槽，器底有切割痕。釉剥落。
口径12.7、底径5.8、高4.5厘米（图三一五，5）。

　　钵　4件。

　　JZD2M14：1，泥质灰胎。敞口，尖唇，折腹，平底。口径10.3、底径6.0、高3.3厘米（图三一五，6；
彩版二〇七，4）。

　　JZD2M14：5，泥质红陶。敛口，圆唇，弧腹，底部残缺。口径16.8、残高3.2厘米（图三一五，7）。

　　JZD2M14：7，泥质灰陶。敛口，圆唇，弧腹，平底内凹，内壁有螺旋凹槽。口径18.5、底14.0、高4.1
厘米（图三一五，8；彩版二〇七，5）。

　　JZD2M14：10，泥质灰陶。敛口，圆唇，弧腹，底残缺。口径16.7、残高5.1厘米（图三一五，9）。

　　器盖　1件。

　　JZD2M14：4，泥质灰陶。喇叭状捉手，弧顶，斜壁，顶、壁间折，敞口，圆唇，卷沿，沿面有
一道凹槽。捉手径8.4、口径21.8、高7.0厘米（图三一五，10）。

15．JZD2M15

　　JZD2M15位于土墩西南部的Ⅲ区，层位关系为②a－M15→②b（图三一六；彩版二〇八，1）。
不太规整的长方形竖穴土坑墓，直壁，平底，壁、底无明显加工痕迹，长2.32、宽0.80～0.90、深0.12

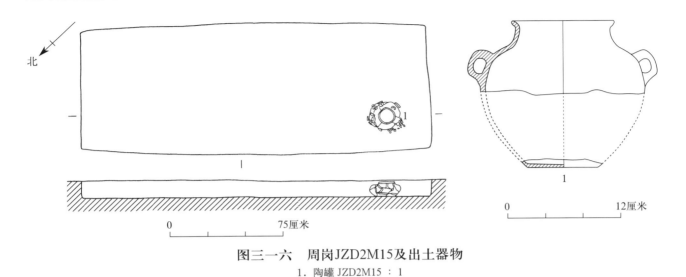

图三一六　周岗JZD2M15及出土器物
1. 陶罐 JZD2M15：1

米。墓向为东北－西南向，头向45°。内填灰土，土质较软。

随葬品有罐1件。

罐　1件。

JZD2M15：1，泥质灰陶。口微侈，圆唇，束颈，溜肩，腹残，上腹有两对称环耳，平底。口径11.0、底径7.4厘米（图三一六，1）。

16．JZD2M16

JZD2M16位于土墩西南部的Ⅲ区，层位关系为② a － M16 → ② b（图三一七；彩版二〇八，2）。

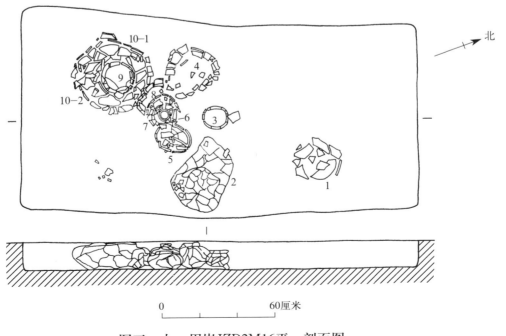

图三一七　周岗JZD2M16平、剖面图
1、4、5、7、10-1、10-2. 陶罐　2、3. 陶鼎　6、8、9、11. 陶器盖

不太规整的长方形竖穴土坑墓，直壁，平底，壁、底无明显加工痕迹，长 2.10、宽 0.97 ～ 1.10、深 0.15米。墓向为东北－西南向，头向 21°。内填灰土，土质较软。

随葬品有鼎 2、罐 6、器盖 4 共 12 件。

鼎　2 件。

JZD2M16：2，夹砂红陶。残破严重，无法复原。

JZD2M16：3，夹砂红陶。侈口，圆唇，折沿，腹、底残，圆锥足（图三一八，1）。

罐　6 件。

JZD2M16：1，泥质红衣陶，陶衣大部脱落。敛口，方圆唇，束颈，折腹，平底。口径 22.0、底径 17.2、高 10.4 厘米（图三一八，2；彩版二〇八，3）。

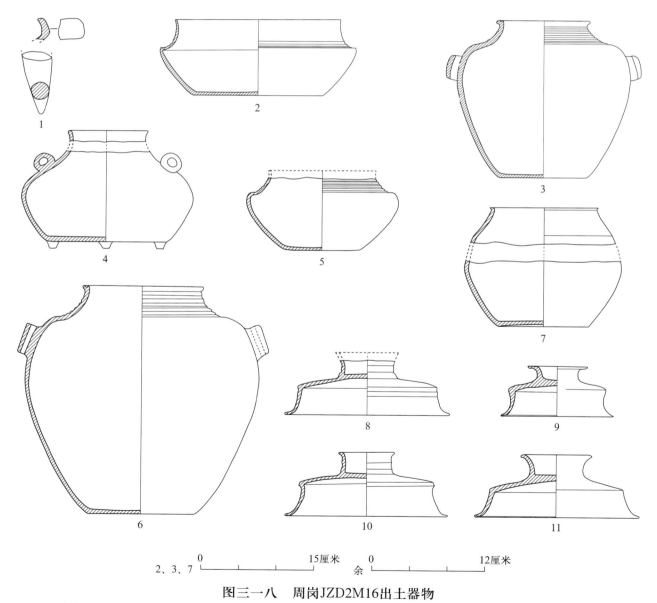

图三一八　周岗 JZD2M16 出土器物

1. 陶鼎 JZD2M16：3　2 ～ 7. 陶罐 JZD2M16：1、4、5、7、10-2、10-1　8 ～ 11. 陶器盖 JZD2M16：6、8、9、11

JZD2M16：4，泥质黑胎黑皮陶。侈口，圆唇，卷沿，沿面内凹，弧肩，弧腹，平底。腹上部有两个对称的耳，颈部饰弦纹。口径 12.5、底径 11.6、高 21.6 厘米（图三一八，3；彩版二〇八，4）。

JZD2M16：5，泥质灰陶。侈口，圆唇，溜肩略残，鼓腹，平底，三个矮圆柱足。肩部对称两环形耳。口径 8.4、底径 12.6、残高 12.4 厘米（图三一八，4；彩版二〇九，1）。

JZD2M16：7，泥质黑胎黑皮陶。口沿残，斜肩，折腹，平底。肩部饰弦纹。底径 7.4、残高 8.0厘米（图三一八，5）。

JZD2M16：10-2，泥质黑陶。口微侈，方唇，沿面内凹，折肩，弧腹，平底。颈部饰弦纹。上腹有对称两耳。口径 12.8、底径 10.6、高 24.8 厘米（图三一八，6）。

JZD2M16：10-1，泥质灰陶。敛口，方唇，折腹弧收，平底内凹。口径 14.0、底径 12.5 厘米（图三一八，7）。

器盖　4件。

JZD2M16：6，泥质黑皮陶。喇叭形捉手略残，弧顶，弧壁，顶、壁间折，敞口，卷沿，沿面有一道凹槽。口径 17.6、残高 5.9 厘米（图三一八，8；彩版二〇九，2）。

JZD2M16：8，泥质黑皮陶。喇叭形捉手，弧顶，弧壁，顶、壁间折，敞口，卷沿，沿面有一道凹槽。捉手径 6.4、口径 12.0、高 5.4 厘米（图三一八，9；彩版二〇九，3）。

JZD2M16：9，泥质黑皮陶。喇叭形捉手，弧顶，弧壁，顶、壁间折，敞口，卷沿，沿面有一道凹槽。捉手径 6.0、口径 17.3、高 7.1 厘米（图三一八，10；彩版二〇九，4）。

JZD2M16：11，泥质黑皮陶。喇叭形捉手，弧顶，弧壁，顶、壁间折，敞口，卷沿，沿面有一道凹槽。捉手径 7.6、口径 17.6、高 6.8 厘米（图三一八，11；彩版二〇九，5）。

17．JZD2M17

JZD2M17 位于土墩东南部的Ⅳ区，层位关系为② a － M17 →② b（图三一九；彩版二一〇，1）。不太规整的长方形竖穴土坑墓，直壁，平底，壁、底无明显加工痕迹，长 2.25、宽 0.90 ～ 1.07、深0.28 ～ 0.36 米。墓向为西北－东南向，头向 310°。内填灰土，土质较软。

随葬品有鼎 1、坛 3 共 4 件。

鼎　1 件。

JZD2M17：4，夹砂红陶。口微侈，圆唇，弧腹，圜底，三足略内收，足端面近梯形。口径 15.6、高 9.4厘米（图三一九，4；彩版二一〇，2）。

坛　3 件。

JZD2M17：1，灰色硬陶。侈口，尖唇，卷沿，沿面有一道凹槽，束颈，肩微耸，腹微鼓，平底。颈部饰弦纹，肩、腹部饰方格纹和菱形填线纹。口径 18.5、底径 17.4、高 38.8 厘米（图三一九，1；彩版二一〇，3）。

JZD2M17：2，灰色硬陶。侈口，斜方唇，卷沿，矮束颈，耸肩，弧腹，平底微凹。颈部饰弦纹，肩、腹部饰席纹和菱形填线纹。口径 22.8、底径 23.0、高 45.5 厘米（图三一九，2；彩版二一〇，4）。

JZD2M17：3，灰色硬陶。侈口，尖唇，卷沿，卷沿外翻，沿面有一道凹槽，矮束颈，弧肩，弧腹。颈部饰弦纹，肩、腹部饰方格纹和菱形填线纹。口径 21.4、底径 23.6、高 45.0 厘米（图三一九，3）。

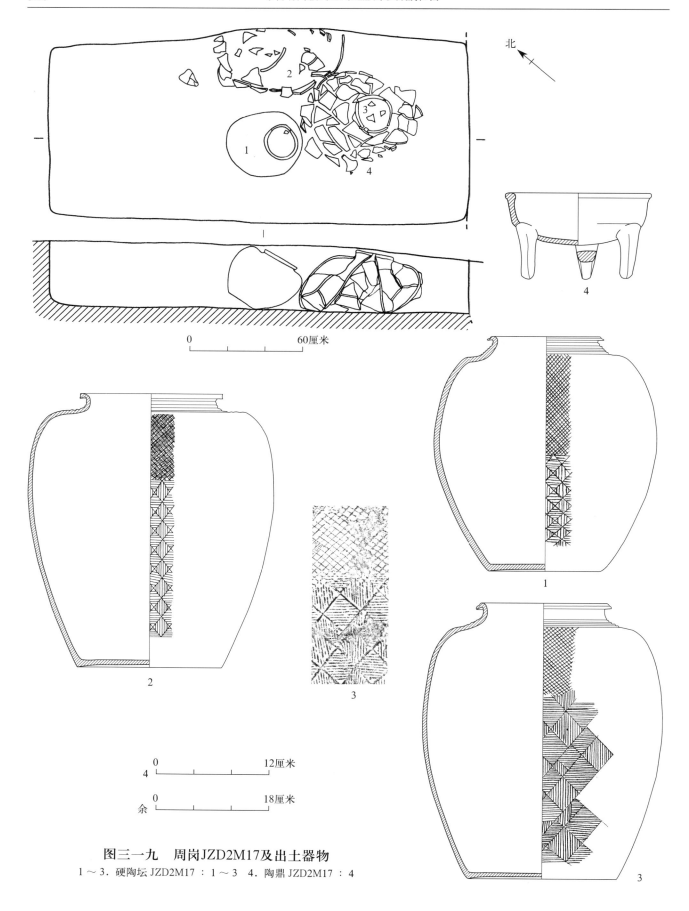

北

0　　　　　　60厘米

0　　　　　　12厘米
4

0　　　　　　18厘米
余

图三一九　周岗JZD2M17及出土器物
1～3. 硬陶坛 JZD2M17：1～3　4. 陶鼎 JZD2M17：4

18．JZD2M18

JZD2M18 位于土墩东北部的Ⅱ区，层位关系为⑥c－M18→⑦（图三二〇；彩版二一一，1）。长方形竖穴土坑墓，南部被现代沟破坏，直壁，平底，壁、底无明显加工痕迹，长 2.05、残宽 0.52、深 0.11 米。墓向为西南－东北向，头向 230°。内填红褐色土，土质较软。

随葬品有器盖 1 件。

器盖　1 件。

JZD2M18：1，夹砂红陶。残破，桥形提梁，弧顶，敞口，圆唇。口径 22.0 厘米（图三二〇，1）。

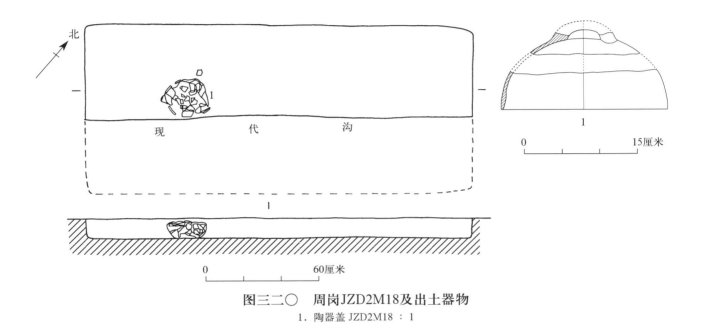

图三二〇　周岗 JZD2M18 及出土器物
1. 陶器盖 JZD2M18：1

19．JZD2M19

JZD2M19 位于土墩中部偏东的Ⅱ、Ⅳ区和隔梁下，层位关系为④b－M19→⑥c（图三二一；彩版二一一，2）。不太规整的长方形竖穴土坑墓，北部被现代沟打破，直壁，平底，壁、底无明显加工痕迹，墓口西南高东北低呈斜坡状，残长 2.60、残宽 1.52、深 0.06～0.24 米。墓向为西南－东北向，头向 252°。内填红黄花土，土质较硬。

随葬品有鼎 1、坛 1、罐 3、瓿 1、豆 2、钵 1、器盖 2 共 11 件。

鼎　1 件。

JZD2M19：10，夹砂红陶。残破，侈口，圆唇，折沿，三宽扁锥足（图三二二，1）

坛　1 件。

JZD2M19：2，灰色硬陶。侈口，圆唇，卷沿，束颈，溜肩，弧腹，平底。颈部饰弦纹，肩、腹部饰席纹和方格纹。口径 18.5、底径 18.7、高 44.8 厘米（图三二二，2）。

罐　3 件。

JZD2M19：1，红褐色硬陶。侈口，尖唇，卷沿，束颈，弧肩，鼓腹，平底内凹。颈部饰弦纹，肩、腹部饰席纹和方格纹。口径 11.4、底径 13.0、高 14.6 厘米（图三二二，3；彩版二一二，1）。

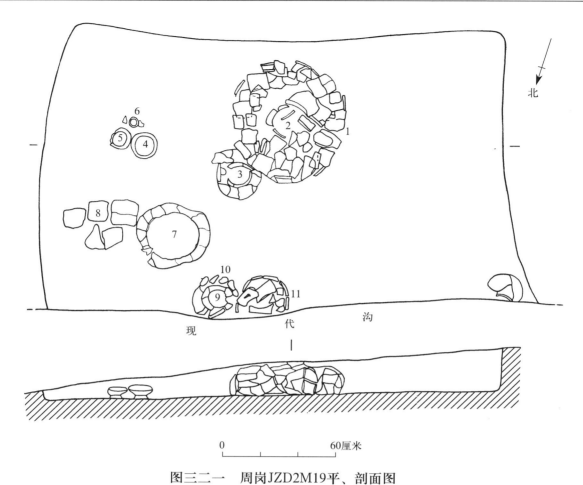

图三二一　周岗JZD2M19平、剖面图

1、11. 硬陶罐　2. 硬陶坛　3. 硬陶瓿　4、5. 原始瓷豆　6、9. 陶器盖　7. 陶钵　8. 陶罐　10. 陶鼎

　　JZD2M19：8，泥质红陶。口部残缺，溜肩，弧腹，平底。肩上部饰弦纹，腹部饰席纹。底径18.0厘米（图三二二，4）。

　　JZD2M19：11，灰胎褐色硬陶。口微侈，尖唇，斜沿，溜肩，鼓腹，平底内凹。腹上部堆贴两条对称绳索状堆饰。上腹部饰水波纹，下腹部饰菱形填线纹。口径14.6、底径17.7、高19.8厘米（图三二二，5；彩版二一二，2）。

　　瓿　1件。

　　JZD2M19：3，灰色硬陶。侈口，方唇，卷沿，唇面内凹，溜肩，鼓腹，平底。颈部饰弦纹，肩、腹部饰两组折线纹和回纹组合纹饰。口径15.0、底径17.2、高14.4厘米（图三二二，6；彩版二一二，3）。

　　豆　2件。

　　JZD2M19：4，原始瓷。敞口，尖唇，折腹，喇叭状圈足。内壁有螺旋凹槽。施黄釉，剥落较甚。口径15.0、高6.5、足径5.8厘米（图三二二，7；彩版二一二，4）。

　　JZD2M19：5，原始瓷。敞口，尖唇，折腹，喇叭状圈足。内壁有螺旋凹槽。施黄釉，剥落较甚。口径15.2、足径5.6、高6.4厘米（图三二二，8；彩版二一二，5）。

　　钵　1件。

　　JZD2M19：7，泥质黑胎黑皮陶。敛口，圆唇，折腹，平底内凹。口径19.0、底径15.0、高9.4厘米（图

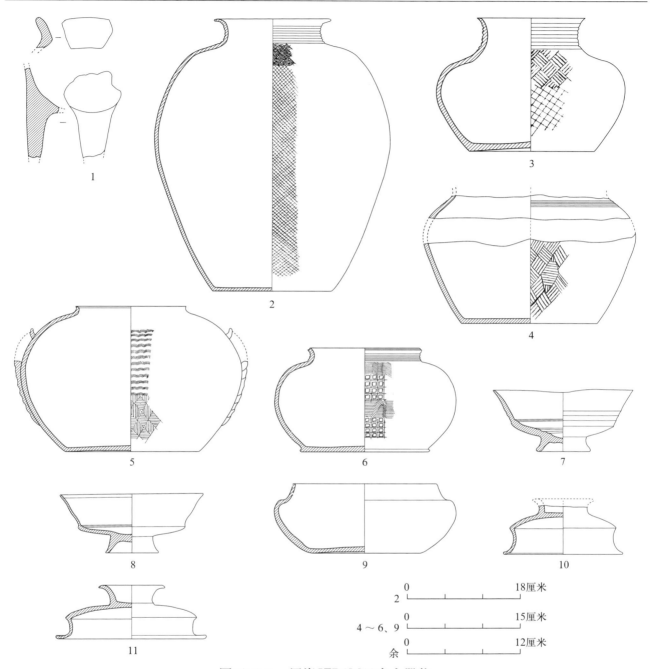

图三二二　周岗JZD2M19出土器物

1. 陶鼎 JZD2M19：10　2. 硬陶坛 JZD2M19：2　3、5. 硬陶罐 JZD2M19：1、11　4. 陶罐 JZD2M19：8　6. 硬陶瓿 JZD2M19：3
7、8. 原始瓷豆 JZD2M19：4、5　9. 陶钵 JZD2M19：7　10、11. 陶器盖 JZD2M19：6、9

三二二，9；彩版二一二，6）。

　　器盖　2件。

　　JZD2M19：6，泥质黑皮陶。喇叭形捉手略残，弧顶，弧壁，顶、壁间折，敞口，卷沿，沿面有一道凹槽。口径12.7、残高6.0厘米（图三二二，10；彩版二一一，3）。

　　JZD2M19：9，泥质灰陶。喇叭形捉手，弧顶，弧壁，顶、壁间折，敞口，卷沿，沿面有一道凹槽。捉手径7.0、口径16.0、高5.8厘米（图三二二，11；彩版二一一，4）。

20．JZD2M20

JZD2M20 位于土墩西北部的 I 区，层位关系为① b － M20 →⑤ a（图三二三；彩版二一三，1）。不太规整的长方形竖穴土坑墓，直壁斜坡底，壁、底无明显加工痕迹，墓口与底均为东南高西北低呈斜坡，长 2.30、宽 0.78 ～ 0.87、深 0.21 ～ 0.37 米。墓向为东南－西北向，头向 155°。内填灰白土，土质较硬。

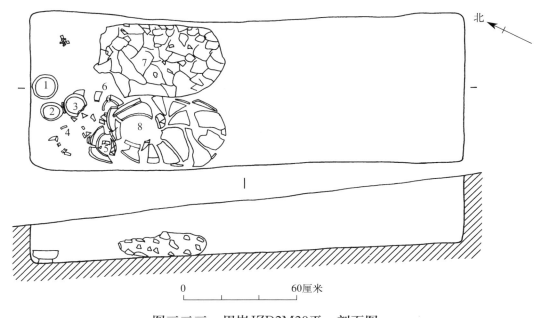

图三二三　周岗 JZD2M20 平、剖面图

1 ～ 3．原始瓷豆　4．陶鼎　5、6．硬陶瓿　7．陶罐　8．硬陶坛

随葬品有鼎 1、坛 1、罐 1、瓿 2、豆 3 共 8 件。

鼎　1 件。

JZD2M20：4，夹砂红陶。残破，侈口，圆唇，折沿，圆锥足（图三二四，1）。

坛　1 件。

JZD2M20：8，褐色硬陶。侈口，尖唇，卷沿，直颈，弧肩，弧腹，平底内凹。颈部饰弦纹，肩、腹部饰折线纹和回纹的组合纹饰。口径 18.0、底径 18.5、高 43.8 厘米（图三二四，2；彩版二一三，2）。

罐　1 件。

JZD2M20：7，泥质红陶。残破严重，无法复原，残片上饰席纹。

瓿　2 件。

JZD2M20：5，灰色硬陶。侈口，尖唇，卷沿，沿面有一道凹槽，束颈耸肩，鼓腹，平底内凹。肩部有对称附加堆饰（已残）。颈部饰弦纹，肩、腹部饰席纹和方格纹。口径 13.8、底径 13.8、高 12.0 厘米（图三二四，3；彩版二一三，3）。

JZD2M20：6，褐色硬陶。侈口，尖唇，卷沿，沿面有一道凹槽，束颈溜肩，鼓腹，平底。肩部有对称附加堆饰（残缺）。颈部饰弦纹，肩、腹部饰折线纹和回纹。口径 11.2、底径 13.4、高 11.0 厘米（图三二四，4；彩版二一三，4）。

豆　3件。

JZD2M20：1，原始瓷，红胎。敞口，尖圆唇，折腹，喇叭状圈足。内壁有螺旋凹槽。釉已剥落。口径13.4、足径5.6、高6.0厘米（图三二四，5；彩版二一四，1）。

JZD2M20：2，原始瓷。敞口，尖圆唇，折腹，喇叭状圈足。内壁有螺旋凹槽。外壁有数周细弦纹。表施青黄釉。口径14.0、足径5.4、高6.0厘米（图三二四，6；彩版二一四，2）。

JZD2M20：3，原始瓷。敞口，尖圆唇，折腹，喇叭状圈足。内壁有螺旋凹槽。器身严重变形。器表施黄釉。口径16.3、足径6.0、高6.8厘米（图三二四，7）。

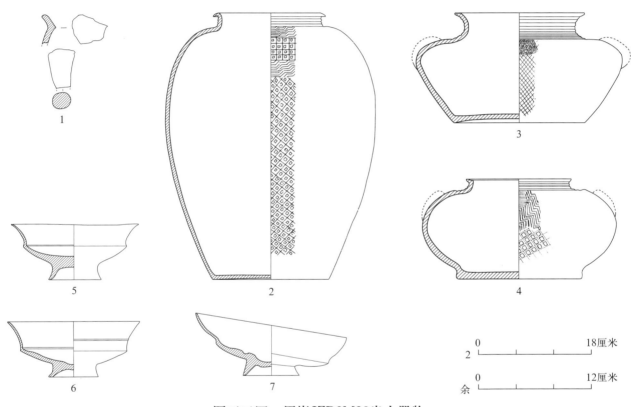

图三二四　周岗JZD2M20出土器物

1. 陶鼎 JZD2M20：4　2. 硬陶坛 JZD2M20：8　3、4. 硬陶瓿 JZD2M20：5、6　5～7. 原始瓷豆 JZD2M20：1～3

21．JZD2M21

JZD2M21位于土墩西北部的Ⅰ区，层位关系为①b－M21→⑤a（图三二五；彩版二一四，4）。不规则长方形竖穴土坑墓，直壁斜坡底，壁、底无明显加工痕迹，墓口与底均为东南高西北低呈斜坡，北端略遭破坏，残长2.30、宽0.88～0.96、深0.16～0.23米。墓向为东南－西北向，头向145°。内填灰白土，土质较硬。

随葬品有坛1件。

坛　1件。

JZD2M21：1，褐色硬陶。侈口，方唇，卷沿，束颈，肩微耸，弧腹，平底。颈部饰弦纹，肩、腹部饰折线纹和回纹的组合纹饰。器身多处起鼓形成气孔。口径26.0、底径22.0、高46.5厘米（图三二五，1；彩版二一四，3）。

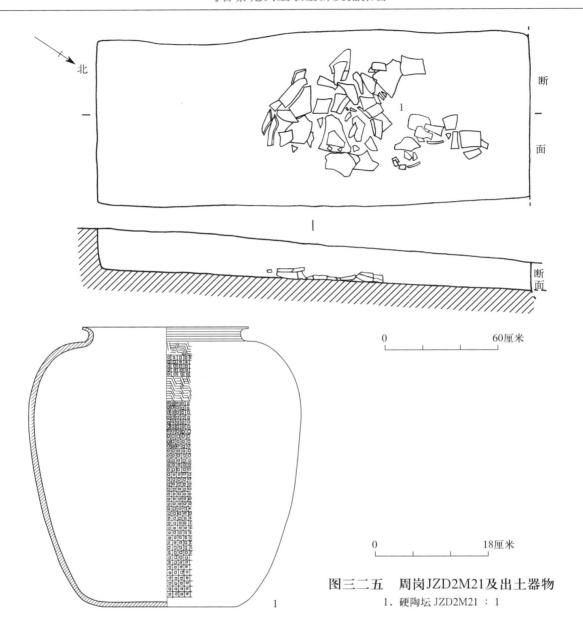

图三二五　周岗JZD2M21及出土器物
1. 硬陶坛 JZD2M21：1

22. JZD2M22

JZD2M22 位于土墩东南部的Ⅳ区，层位关系为② b－M22→⑥ a（图三二六；彩版二一五，1）。不规则长方形竖穴土坑墓，直壁斜坡底，壁、底无明显加工痕迹，墓口与底均为西北高东南低呈斜坡状，东南端略残，残长 2.35、宽 0.83～0.99、深 0.17～0.29 米。墓向为西北－东南向，头向 324°。内填灰白土，土质较硬。

随葬品有鼎 2、坛 1、罐 1、瓿 2、豆 1、碗 1、器盖 1 共 9 件。

鼎　2 件。

JZD2M22：2，夹砂红褐陶。侈口，圆唇，折沿，弧腹，圆底，三扁锥足。底部有烟熏痕迹。口径 12.0、高 9.0 厘米（图三二七，1；彩版二一五，2）。

JZD2M22：8，夹砂红褐陶。侈口，圆唇，折沿，弧腹，底残，三扁锥足。口径 18.6、残高 14.8

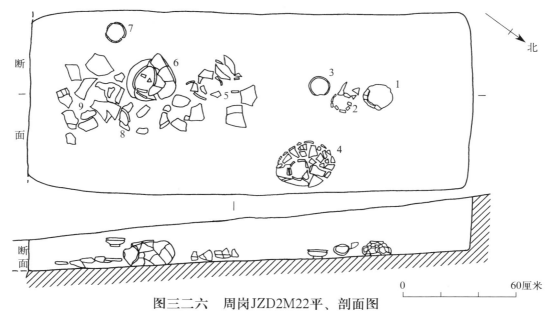

图三二六　周岗JZD2M22平、剖面图

1.陶器盖　2、8.陶鼎　3.原始瓷豆　4.陶罐　5.陶瓿　6.硬陶瓿　7.原始瓷碗　9.硬陶坛

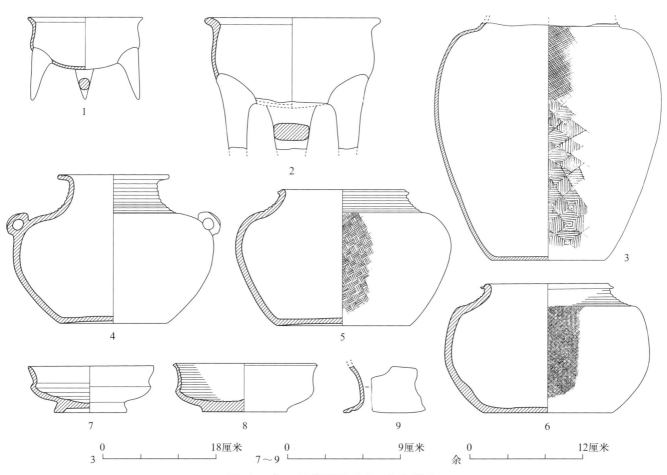

图三二七　周岗JZD2M22出土器物

1、2.陶鼎 JZD2M22：2、8　3.硬陶坛 JZD2M22：9　4.陶罐 JZD2M22：4　5.陶瓿 JZD2M22：5　6.硬陶瓿 JZD2M22：6　
7.原始瓷豆 JZD2M22：3　8.原始瓷碗 JZD2M22：7　9.陶器盖 JZD2M22：1

厘米（图三二七，2）。

坛　1件。

JZD2M22：9，灰褐色硬陶。口部残缺，弧肩，弧腹，平底。颈部饰弦纹，肩、腹部饰方格纹和菱形填线纹。底径18.0、残高39.0厘米（图三二七，3）。

罐　1件。

JZD2M22：4，泥质灰胎黑皮陶。侈口，圆唇，卷沿，沿面有一道凹槽，高束颈，溜肩，鼓腹，平底内凹。肩部有对称两耳，素面。口径11.8、底径11.4、高16.2厘米（图三二七，4；彩版二一五，3）。

瓿　2件。

JZD2M22：5，泥质红胎红陶。微侈口，圆唇，卷沿，沿面内凹，溜肩，鼓腹，平底内凹。肩部饰弦纹，腹部饰席纹。口径14.0、底径14.2、高14.8厘米（图三二七，5；彩版二一五，4）。

JZD2M22：6，灰色硬陶。侈口，尖唇，卷沿，沿面内凹，束颈，弧折肩，鼓腹，平底。肩部饰弦纹，腹部饰席纹。口径14.2、底径14.0、高14.0厘米（图三二七，6；彩版二一五，5）。

豆　1件。

JZD2M22：3，原始瓷，灰白胎。敞口，尖圆唇，折腹，矮圈足。内壁有螺旋凹槽。器表釉已全部剥落。口径10.0、足径5.8、高3.9厘米（图三二七，7；彩版二一六，1）。

碗　1件。

JZD2M22：7，原始瓷，灰白胎。敞口，方唇，弧折腹，平底。内壁有螺旋凹槽。器表施青釉，有流釉现象。口径11.4、底径6.6、高4.0厘米（图三二七，8；彩版二一六，2）。

器盖　1件。

JZD2M22：1，泥质红胎黑皮陶。残破，仅余口沿部分，敞口，圆唇，卷沿，沿面有一道凹槽。残长4.3、残高3.9厘米（图三二七，9）。

23．JZD2M23

JZD2M23位于土墩东南部的Ⅳ区，层位关系为②b－M23→⑥a（图三二八；彩版二一六，3）。不太规整的长方形竖穴土坑墓，直壁，平底，壁、底无明显加工痕迹。长2.40、宽0.85～0.93、深0.30米。墓向为西北－东南向，头向350°。内填灰白土，土质较硬。

随葬品有鼎1、罐3、豆1、碗1、器盖1共7件。

鼎　1件。

JZD2M23：4，夹砂红陶。腹、底残缺，侈口，圆唇，折沿，三扁锥足。口径21.6厘米（图三二九，1）。

罐　3件。

JZD2M23：3，泥质灰胎红陶。侈口，圆唇，卷沿，沿面有一道凹槽，束颈，折肩，鼓腹，平底。颈部饰弦纹，腹部饰席纹。口径24.0、底径16.8、高26.5厘米（图三二九，2；彩版二一六，4）。

JZD2M23：5-2，泥质黑胎黑皮陶。口微侈，圆唇，卷沿，沿面有一道凹槽，斜颈，折肩，鼓腹残，平底内凹。颈部饰弦纹。口径12.6、底径13.4厘米（图三二九，3）。

JZD2M23：6，红色硬陶。敛口，尖唇，溜肩，弧腹，平底。颈部饰弦纹，肩、腹部饰叶脉纹，并堆贴两个附加堆纹。口径8.6、底径14.4、高13.8厘米（图三二九，4；彩版二一六，5）。

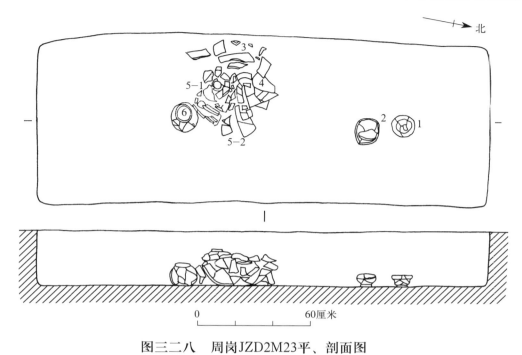

图三二八　周岗JZD2M23平、剖面图

1. 原始瓷豆　2. 硬陶碗　3、5-2. 陶罐　4. 陶鼎　5-1. 陶器盖　6. 硬陶罐

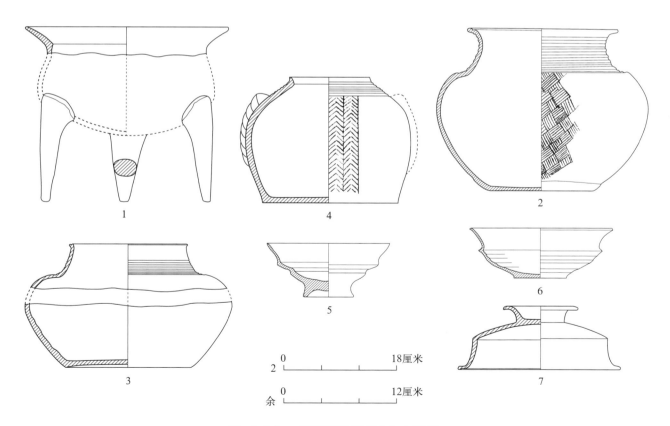

图三二九　周岗JZD2M23出土器物

1. 陶鼎 JZD2M23：4　2、3. 陶罐 JZD2M23：3、5-2　4. 硬陶罐 JZD2M23：6　5. 原始瓷豆 JZD2M23：1　6. 硬陶碗 JZD2M23：2
7. 陶器盖 JZD2M23：5-1

豆 1件。

JZD2M23：1，原始瓷。敞口，尖唇，折腹，矮圈足稍外撇。内壁有螺旋凹槽。釉剥落。口径13.0、足径5.3、高5.8厘米（图三二九，5；彩版二一七，1）。

碗 1件。

JZD2M23：2，灰胎灰褐色硬陶。敞口，尖唇，折腹，平底。外壁有弦纹，内壁有螺旋凹槽。口径15.2、底径5.6、高5.4厘米（图三二九，6；彩版二一七，2）。

器盖 1件。

JZD2M23：5-1，泥质黑皮陶。喇叭状捉手，弧顶，弧壁，顶、壁间折，敞口，圆唇，卷沿，沿面有一道凹槽。捉手径8.0、口径17.5、高6.8厘米（图三二九，7；彩版二一七，3）。

24．JZD2M24

JZD2M24 位于土墩西南部的Ⅲ区，层位关系为② b－H1 → M24 →⑤ a（图三三○）。西北部被现代沟破坏。长方形竖穴土坑墓，直壁，平底，壁、底无明显加工痕迹，残长1.65、宽1.02、深0.20米。墓向为东北－西南向，头向38°。内填黄色花土，土质较硬。

随葬品有罐3、豆1共4件。

罐 3件。

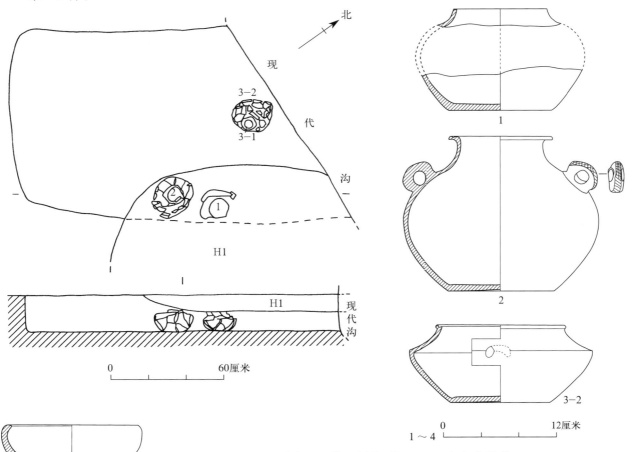

图三三○ 周岗JZD2M24及出土器物

1、2、3-2. 陶罐JZD2M24：1、2、3-2 3-1. 陶豆JZD2M24：3-1

JZD2M24：1，泥质红胎黑皮陶，黑皮剥落较甚。敛口，方唇，唇面有一道凹槽，腹部残损，平底。口径 10.0、底径 11.0 厘米（图三三〇，1）。

JZD2M24：2，泥质红胎黑皮陶，黑皮剥落较甚。侈口，圆唇，卷沿，沿面有一道凹槽，束颈，溜肩，鼓腹，平底微凹。肩部有对称两耳。口径 11.0、底径 11.4、高 16.9 厘米（图三三〇，2；彩版二一七，4）。

JZD2M24：3-2，泥质红胎黑皮陶，黑皮剥落较甚。敛口，微卷沿，沿面有一道凹槽，折腹，平底。腹部有对称"n"形耳状饰，已残缺。口径 13.8、底径 10.6、高 8.4 厘米（图三三〇，3-2；彩版二一七，5）。

豆　1 件。

JZD2M24：3-1，夹砂红褐陶。敛口，圆唇，弧腹，矮圈足。口径 14.0、足径 8.0、高 6.2 厘米（图三三〇，3-1；彩版二一七，6）。

25．JZD2M25

JZD2M25 位于土墩南部的Ⅲ、Ⅳ区和隔梁下，层位关系为⑥ a － M25 → ⑥ b（图三三一；彩版

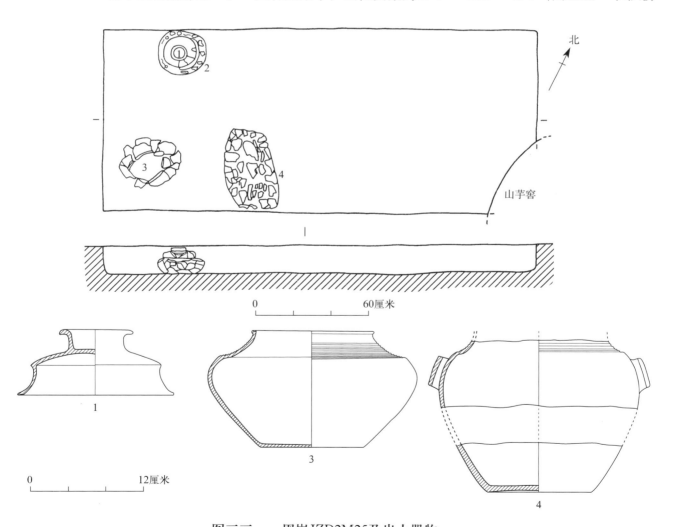

图三三一　周岗 JZD2M25 及出土器物

1. 陶器盖 JZD2M25：1　2. 陶鼎 JZD2M25：2　3、4. 陶罐 JZD2M25：3、4

二一八，1）。东南部被山芋窖打破。长方形竖穴土坑墓，直壁，平底，壁、底无明显加工痕迹，长2.30、宽1.02、深0.15米。墓向为东北－西南向，头向66°。内填黄色花土，土质较硬。

随葬品有鼎1、罐2、器盖1共4件。

鼎　1件。

JZD2M25：2，夹砂红褐陶。残破严重。

罐　2件。

JZD2M25：3，泥质灰胎黑皮陶。敛口，圆唇，斜沿，沿面有一道凹槽，折肩，鼓腹，平底。肩部饰弦纹。口径13.0、底11.0、高12.6厘米（图三三一，3；彩版二一八，2）。

JZD2M25：4，泥质黑胎黑皮陶。口、腹残损，折肩，弧腹，平底内凹。上腹有对称两耳。肩部饰弦纹。底径11.0厘米（图三三一，4）。

器盖　1件。

JZD2M25：1，泥质黑皮陶。喇叭形捉手，弧顶，弧壁，顶、壁间折，敞口，圆唇，卷沿，沿面有一道凹槽。捉手径7.8、口径16.6、高7.0厘米（图三三一，1；彩版二一八，3）。

26．JZD2M26

JZD2M26位于土墩东南部的Ⅳ区，层位关系为⑥a－M26→⑥b（图三三二；彩版二一九，1）。长方形竖穴土坑墓，直壁斜坡底，壁、底无明显加工痕迹，墓口与底均为西北高东南低呈斜坡状，东南端遭破坏，残长2.22、宽0.92、深0.16～0.23米。墓向为西北－东南向，头向320°。内填黄色花土，土质较硬。

随葬品有鼎2、坛1、罐1、瓿1、器盖2共7件。

鼎　2件。

JZD2M26：4，夹砂红陶。残破严重。

JZD2M26：5，夹砂褐陶。侈口，圆唇，折沿，弧腹，底残损，三扁锥足。口径16.0、残高12.4厘米（图三三三，1）。

坛　1件。

JZD2M26：6，红色硬陶。侈口，尖唇，卷沿，沿面略凹，束颈，弧肩，弧腹，平底。肩、腹部饰席纹和菱形填线纹，纹饰磨蚀不够清晰。口径22.0、底径19.5、高47.8厘米（图三三三，2；彩版二一八，4）。

罐　1件。

JZD2M26：7，泥质黑胎黑皮陶。侈口，方圆唇，溜肩，残损严重。残长4.2、残高3.7厘米（图三三三，3）。

瓿　1件。

JZD2M26：2，灰褐色硬陶。侈口，尖唇，卷沿，束颈，溜肩，鼓腹，平底内凹。肩、腹部饰菱形填线纹和方格纹。口径13.8、底径14.0、高13.0厘米（图三三三，4；彩版二一八，5）。

器盖　2件。

JZD2M26：1，泥质灰胎黑皮陶。喇叭形捉手，弧顶，弧壁，顶、壁间折，敞口，卷沿，沿面有一道凹槽。捉手径7.2、口径16.8、高6.7厘米（图三三三，5）。

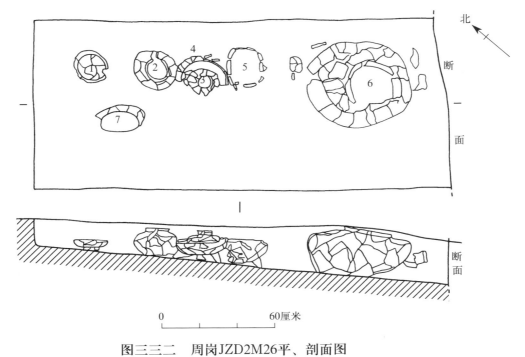

图三三二　周岗JZD2M26平、剖面图

1、3. 陶器盖　2. 硬陶瓿　4、5. 陶鼎　6. 硬陶坛　7. 陶罐

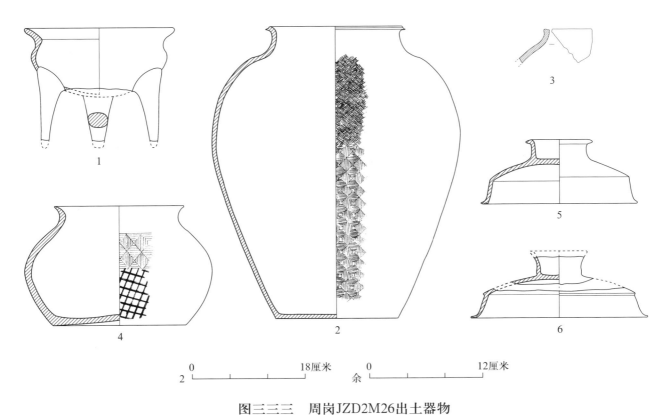

图三三三　周岗JZD2M26出土器物

1. 陶鼎 JZD2M26：5　2. 硬陶坛 JZD2M26：6　3. 陶罐 JZD2M26：7　4. 硬陶瓿 JZD2M26：2　5、6. 陶器盖 JZD2M26：1、3

JZD2M26：3，泥质黑胎黑皮陶。喇叭形捉手略残，弧顶略残，弧壁，顶、壁间折，敞口，卷沿，沿面有一道凹槽。口径 18.8 厘米（图三三三，6）。

27．JZD2M27

JZD2M27 位于土墩东南部的Ⅳ区，层位关系为 M23 → ⑥ a － M27 → ⑥ b（图三三四；彩版二一九，2）。不太规整的长方形竖穴土坑墓，直壁斜坡底，壁、底无明显加工痕迹，墓口与底均为西北高东南低呈斜坡状，长 2.15、残宽 0.63 ～ 0.94、深 0.08 ～ 0.13 米。墓向为西北－东南向，头向335°。内填黄褐色花土，土质较硬。

随葬品有鼎 1、罐 1、盆 2、钵 1 共 5 件。

鼎　1 件。

JZD2M27：4，夹砂红陶。侈口，圆唇，折沿，腹底残。口径 24 厘米（图三三四，4）。

罐　1 件。

JZD2M27：3，泥质黑胎黑皮陶。口、腹部有残损，折肩，弧腹，平底内凹。颈部饰弦纹。腹部

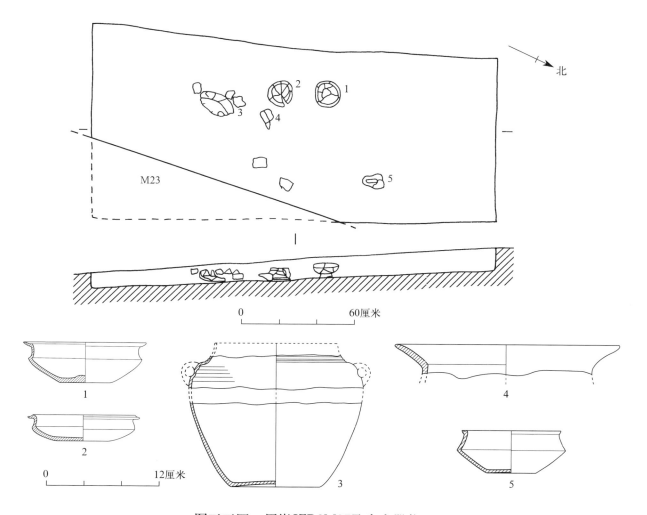

图三三四　周岗JZD2M27及出土器物

1、2. 陶盆 JZD2M27：1、2　3. 陶罐 JZD2M27：3　4. 陶鼎 JZD2M27：4　5. 陶钵 JZD2M27：5

饰对称两耳，残缺。底径9.4厘米（图三三四，3）。

盆　2件。

JZD2M27：1，泥质灰胎黑皮陶。敞口，圆唇，卷沿，沿面有一道凹槽，折腹，平底。口径13.0、底径5.4、高4.4厘米（图三三四，1；彩版二一九，3）。

JZD2M27：2，泥质灰胎黑皮陶。敞口，圆唇，卷沿，沿面有一道凹槽，折腹，平底。口径11.8、底径5.0、高2.8厘米（图三三四，2；彩版二一九，4）。

钵　1件。

JZD2M27：5，泥质红胎黑皮陶。敛口，尖唇，方沿，沿面内凹，折腹，斜收，小平底内凹。口径10.5、底径5.2、高4.6厘米（图三三四，5）。

28．JZD2M28

JZD2M28位于土墩近中部的Ⅳ区和隔梁下，层位关系为⑤a－M28→⑤b（图三三五；彩版二二〇，1）。西北部被现代沟打破，近长梯形竖穴土坑墓，直壁，平底，壁、底无明显加工痕迹，残长1.89、残宽1.31～1.45、深0.50米。墓向为西北－东南向，头向322°。内填红褐色花土，土质较硬。

随葬品有鼎2、罐1、豆4、钵1、器盖1共9件。

鼎　2件。

JZD2M28：4，夹砂红陶。侈口，尖圆唇，折沿，弧腹，圜底，三圆锥足。口径12.4、高8.9厘米（图三三六，1；彩版二二〇，2）。

JZD2M28：9，夹砂红陶。残损仅有一件鼎足，三扁锥形。残高7.6厘米（图三三六，2）。

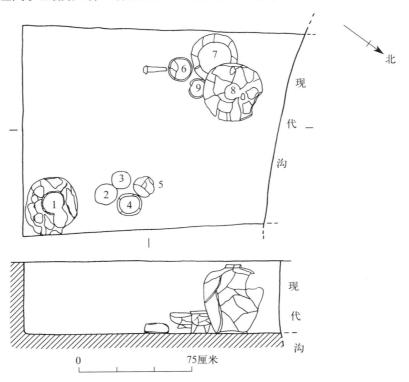

图三三五　周岗JZD2M28平、剖面图

1．陶器盖　2、3、5．原始瓷豆　4、9．陶鼎　6．陶豆　7．陶钵　8．陶罐

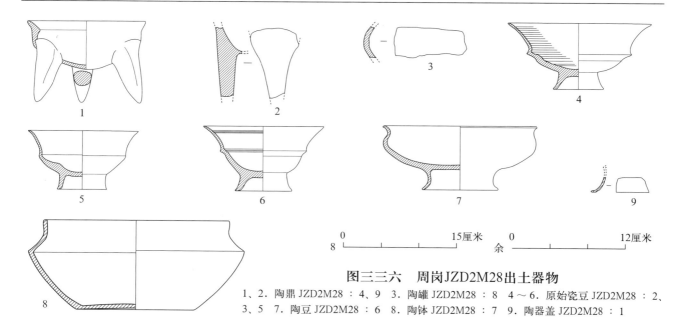

图三三六　周岗JZD2M28出土器物

1、2. 陶鼎 JZD2M28：4、9　3. 陶罐 JZD2M28：8　4～6. 原始瓷豆 JZD2M28：2、
3、5　7. 陶豆 JZD2M28：6　8. 陶钵 JZD2M28：7　9. 陶器盖 JZD2M28：1

罐　1件。

JZD2M28：8，泥质黑皮陶。残破严重，弧腹。残长7.6、残宽3.4厘米（图三三六，3）。

豆　4件。

JZD2M28：2，原始瓷，灰胎。敞口，尖唇，折腹，喇叭状圈足。内壁有螺旋纹。器形不规整。釉已剥落。口径15、足径5.3、高7.2厘米（图三三六，4；彩版二二〇，3）。

JZD2M28：3，原始瓷。敞口，尖唇，折腹，喇叭状圈足。内壁有螺旋纹。施黄釉，大部剥落。口径11.6、足径5.2、高6.4厘米（图三三六，5；彩版二二〇，4）。

JZD2M28：5，原始瓷。敞口，尖唇，折腹，喇叭状圈足。内壁有螺旋纹。釉已剥落。口径12.7、足径6.0、高7.0厘米（图三三六，6；彩版二二〇，5）。

JZD2M28：6，夹砂红褐陶。侈口，圆唇，卷沿，弧腹，矮圈足。口径16.4、底径8.0、高7.0厘米（图三三六，7；彩版二二一，1）。

钵　1件。

JZD2M28：7，泥质红胎黑皮陶。敛口，方圆唇，折腹，平底内凹。口径24.4、底径15.6、高12.2厘米（图三三六，8；彩版二二一，2）。

器盖　1件。

JZD2M28：1，泥质红胎黑皮陶。仅余口部残片，敞口，卷沿，沿面有一道凹槽，圆唇。残长3.2、残高1.6厘米（图三三六，9）。

29．JZD2M29

JZD2M29位于土墩近南部的Ⅳ区和隔梁下，层位关系为⑥a－M29→M30→⑥b（图三三七；彩版二二一，3）。长方形竖穴土坑墓，直壁，平底，壁、底无明显加工痕迹，长2.40、宽1.20～1.27、深0.15米。墓向为西北－东南向，头向320°。内填黄色花土，土质较硬。

随葬品有鼎2、瓿5、碗5、钵2、器盖1共15件。

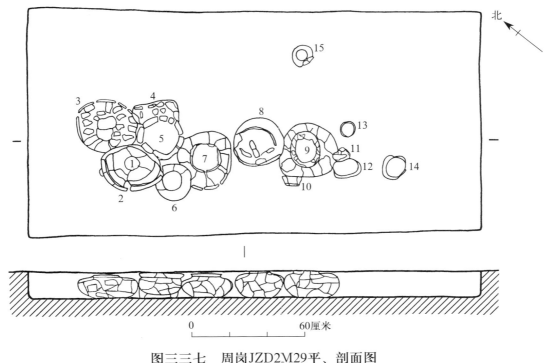

图三三七　周岗JZD2M29平、剖面图

1. 陶器盖　2、5. 陶鼎　3、6～9. 硬陶瓿　4、15. 陶钵　10～14. 原始瓷碗

鼎　2件。

JZD2M29：2，夹砂红陶。侈口，圆唇，折沿，腹底部残，三扁锥足。残口径23.2厘米（图三三八，1）。

JZD2M29：5，夹砂红陶。侈口，圆唇，折沿，腹部较直，圜底，三扁锥足，足上有数道刻划纹。口径22.4、高19.3厘米（图三三八，2；彩版二二一，4）。

瓿　5件。

JZD2M29：3，灰色硬陶。侈口，尖圆唇，卷沿，沿面有一道凹槽，束颈，弧肩，鼓腹，平底。颈部饰弦纹，肩、腹部饰细方格纹。泥条盘筑。口径14.8、底径18.8、高17.2厘米（图三三八，3；彩版二二一，5）。

JZD2M29：6，灰色硬陶。侈口，尖唇，卷沿，束颈，鼓腹，平底内凹。肩、腹部饰席纹。泥条盘筑。口径11.2、底径11.7、高11.8厘米（图三三八，4；彩版二二二，1）。

JZD2M29：7，灰色硬陶。侈口，尖唇，卷沿，沿面内凹，短颈，溜肩，鼓腹，平底。颈部饰弦纹，肩、腹部饰席纹。口径15.2、底径17.8、高14.6厘米（图三三八，5；彩版二二二，2）。

JZD2M29：8，灰色硬陶。侈口，尖唇，卷沿，沿面有一周凹槽，肩略耸，弧腹，平底内凹。颈部饰弦纹，腹部饰席纹和菱形填线纹。口径14.4、底径15.2、高16.8厘米（图三三八，6；彩版二二二，3）。

JZD2M29：9，灰色硬陶。侈口，尖唇，卷沿，沿面有一道凹槽，束颈，溜肩，弧腹，平底微凹。颈部饰弦纹，肩、腹部饰大小不一的菱形填线纹。口径16.0、底径17.0、高16.6厘米（图三三八，7；彩版二二二，4）。

碗　5件。

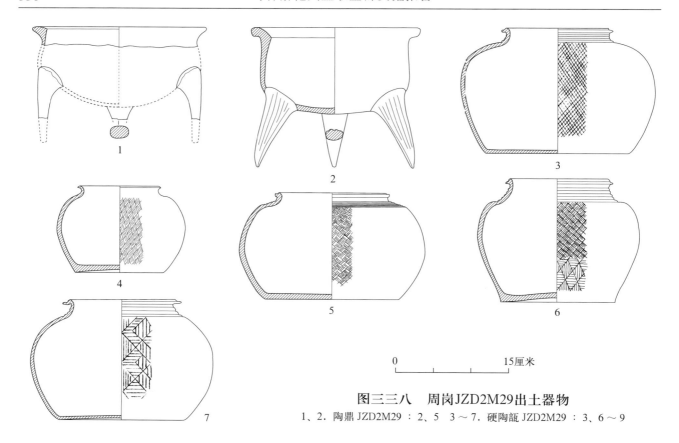

图三三八　周岗JZD2M29出土器物

1、2. 陶鼎 JZD2M29：2、5　3～7. 硬陶瓿 JZD2M29：3、6～9

JZD2M29：10，原始瓷。敞口，斜方唇，弧腹，平底微凹。器内壁有螺旋凹槽。器表施青黄釉，有流釉现象。口径9.6、底径6.4、高3.0厘米（图三三九，1；彩版二二二，5）。

JZD2M29：11，原始瓷，灰胎。敞口，斜方唇，唇面有一道凹槽，直腹，平底微凹。器内壁有螺旋凹槽。釉已剥落。口径13.6、底径6.2、高4.2厘米（图三三九，2；彩版二二二，6）。

JZD2M29：12，原始瓷，灰白胎。敞口，方唇，唇面内凹。腹外鼓，平底微凹。器内壁有螺旋凹槽。施青黄釉。口径12.6、底径6.4、高4.8厘米（图三三九，3；彩版二二三，1）。

JZD2M29：13，原始瓷。微敛口，尖唇，折沿，直腹弧收，平底内凹。器内壁有弦纹。施青釉。口径8.8、底径4.0、高3.4厘米（图三三九，4；彩版二二三，2）。

JZD2M29：14，原始瓷。敞口，斜尖唇，唇面的一道浅凹槽，直腹，弧收，平底内凹。器内壁有弦纹。底部有切割痕迹。施青黄釉。口径11.6、底径6.8、高4.4厘米（图三三九，5；彩版二二三，3）。

钵　2件。

JZD2M29：4，泥质褐胎黑陶。敛口，方唇，唇面内凹，弧腹，底残。口径21.0、残高3.2厘米（图三三九，6）。

JZD2M29：15，泥质灰陶。口部残缺，折腹，平底。器内壁有弦纹。手制，轮修。残高5.5、底径11.5厘米（图三三九，7）。

器盖　1件。

JZD2M29：1，泥质红胎黑皮陶。喇叭状捉手，弧顶略残，弧壁，顶、壁间折。敞口，圆唇，卷沿，沿面有一道凹槽。捉手径8.0、口径26.0厘米（图三三九，8）。

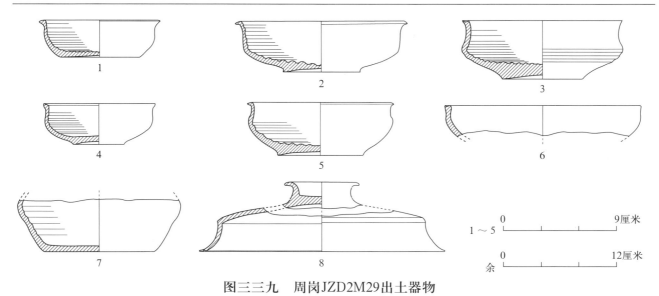

图三三九　周岗JZD2M29出土器物

1～5. 原始瓷碗 JZD2M29：10～14　6、7. 陶钵 JZD2M29：4、15　8. 陶器盖 JZD2M29：1

30. JZD2M30

JZD2M30 位于土墩南部的隔梁和Ⅲ、Ⅳ区，层位关系为⑥a－M29→M30→⑥b（图三四〇；彩版二二四，1）。近长方形竖穴土坑墓，直壁，平底，壁、底无明显加工痕迹，长 2.27、宽 1.05、深 0.24～0.28 米。墓向为东北－西南向，头向 67°。内填黄色花土，土质较硬。

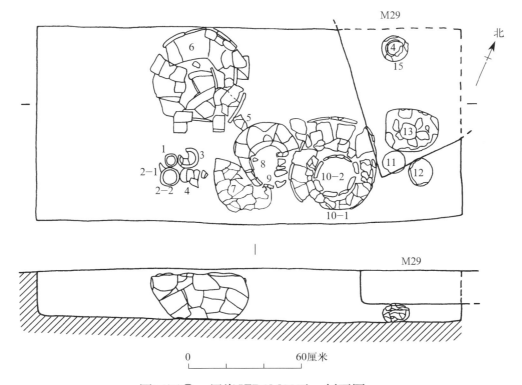

图三四〇　周岗JZD2M30平、剖面图

1. 原始瓷碗　2-1. 陶碗　2-2、12. 陶鼎　3、4、9、10-1. 陶器盖　5. 陶盆　6、8. 硬陶罐　7、13. 陶罐　10-2. 硬陶坛　11. 原始瓷豆　14. 硬陶碗　15. 硬陶瓿

随葬品有鼎 2、坛 1、罐 4、瓿 1、豆 1、盆 1、碗 3、器盖 4 共 17 件。

鼎　2 件。

JZD2M30：2-2，夹砂红陶。侈口，圆唇，折沿，折腹，圜底，三扁锥足。口径 12.6、高 10.0 厘米（图三四一，1；彩版二二三，4）。

JZD2M30：12，夹砂红陶。敞口，方圆唇，斜折沿，腹较直，圜底近平，三扁锥足。口径 14.0、高 7.2

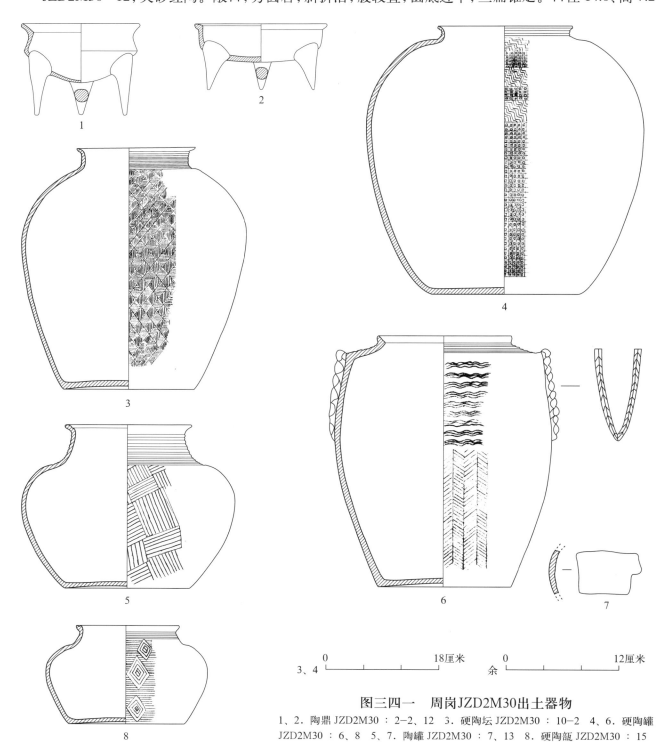

图三四一　周岗JZD2M30出土器物

1、2. 陶鼎 JZD2M30：2-2、12　3. 硬陶坛 JZD2M30：10-2　4、6. 硬陶罐
JZD2M30：6、8　5、7. 陶罐 JZD2M30：7、13　8. 硬陶瓿 JZD2M30：15

厘米（图三四一，2；彩版二二三，5）。

坛　1件。

JZD2M30：10-2，褐色硬陶。侈口，尖唇，卷沿，束颈，弧肩，弧腹，平底内凹。颈部饰弦纹，肩、腹部饰菱形填线纹。口径18.8、底径20.8、高39.6厘米（图三四一，3；彩版二二四，2）。

罐　4件。

JZD2M30：6，灰色硬陶。侈口，方唇，卷沿，肩微耸，鼓腹，平底，颈部饰弦纹，肩、腹部饰折线纹和回纹的组合纹饰。口径21.6、底径24.0、高44.0厘米（图三四一，4；彩版二二三，6）。

JZD2M30：7，泥质红陶。侈口，圆唇，卷沿，沿面有一道凹槽，束颈，溜肩，鼓腹，平底内凹。颈部饰弦纹，肩、腹部饰席纹。口径13.6、底径13.4、高17.8厘米（图三四一，5）。

JZD2M30：8，灰色硬陶，褐胎。侈口，尖唇，折沿，折肩，弧腹，平底微凹。上腹部堆贴对称"U"形绞索状堆饰。肩部饰弦纹，上腹部饰水波纹，下腹部饰叶脉纹。口径14.4、底径14.0、高27.5厘米（图三四一，6；彩版二二四，3）。

JZD2M30：13，泥质黑胎黑皮陶。仅余部分腹片，残长6.8、残高4.8厘米（图三四一，7）。

瓿　1件。

JZD2M30：15，灰色硬陶。侈口，圆唇，卷沿，沿面有一道凹槽，溜肩，鼓腹，平底内凹。颈部饰弦纹，肩、腹部饰套菱纹和弦纹。口径11.0、底径12.2、高10.7厘米（图三四一，8；彩版二二四，4）。

豆　1件。

JZD2M30：11，原始瓷。敞口，尖唇，折腹，喇叭状圈足。器内壁有轮制弦纹。釉已剥落。口

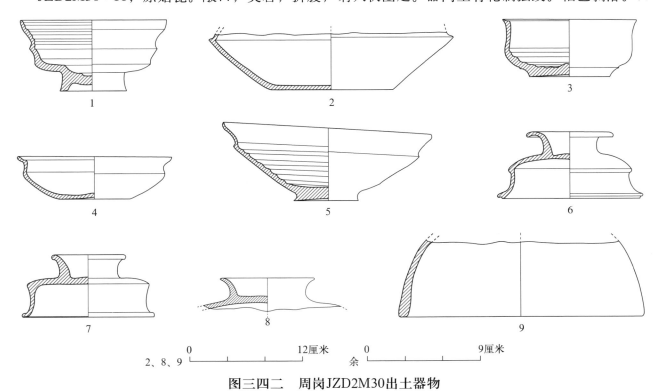

图三四二　周岗JZD2M30出土器物

1. 原始瓷豆 JZD2M30：11　2. 陶盆 JZD2M30：5　3. 原始瓷碗 JZD2M30：1　4. 陶碗 JZD2M30：2-1　5. 硬陶碗 JZD2M30：14
6～9. 陶器盖 JZD2M30：3、4、9、10-1

径 11.6、足径 5.3、高 5.8 厘米（图三四二，1；彩版二二五，1）。

盆　1 件。

JZD2M30：5，泥质灰胎黑皮陶。口及上腹残缺，折腹，平底。底径 13.0、残高 6.0 厘米（图三四二，2）。

碗　3 件。

JZD2M30：1，原始瓷。敞口，尖唇，卷沿，沿面凹，上腹较直，下腹弧收。平底微凹。内壁有螺旋凹槽。器表施青釉，有流釉现象。口径 10.6、底径 6.4、高 4.7 厘米（图三四二，3；彩版二二五，2）。

JZD2M30：2-1，泥质灰陶。敞口，尖圆唇，折沿，折腹，平底微内凹。口径 12.2、底径 5.6、高 3.4 厘米（图三四二，4；彩版二二五，3）。

JZD2M30：14，黑褐色硬陶。敞口，尖唇，折腹，平底微凹。器内壁有弦纹。口径 16.6、底径 5.2、高 6.4 厘米（图三四二，5；彩版二二五，4）。

器盖　4 件。

JZD2M30：3，泥质黑皮陶。喇叭状捉手，弧顶，弧壁，顶、壁间折，敞口，圆唇，卷沿，沿面有一道凹槽。捉手径 6.9、口径 11.7、高 5.4 厘米（图三四二，6；彩版二二五，5）。

JZD2M30：4，泥质黑皮陶。喇叭状捉手，弧顶，弧壁，顶、壁间折，敞口，圆唇，卷沿，沿面有一道凹槽。捉手径 5.9、口径 10.8、高 5.0 厘米（图三四二，7；彩版二二五，6）。

JZD2M30：9，泥质黑胎红陶。喇叭状捉手，下部残。捉手径 10.0、残高 3.2 厘米（图三四二，8）。

JZD2M30：10-1，夹砂红陶。敞口，圆唇，上部残。口径 26.0、残高 8.2 厘米（图三四二，9）。

31．JZD2M31

JZD2M31 位于土墩西南部的Ⅲ区，层位关系为⑥ a － M31 →⑥ b（图三四三；彩版二二六，1）。长梯形竖穴土坑墓，西北宽东南窄，直壁斜坡底，壁、底无明显加工痕迹，墓口与底均为西北高东南低，呈斜坡状，长 2.20、宽 0.94 ～ 1.15、深 0.20 ～ 0.34 米。墓向为西北－东南向，头向 345°。内填黄色花土，土质较硬。

随葬品有鼎 1、坛 1、罐 4、盆 1、器盖 3 共 10 件。

鼎　1 件。

JZD2M31：5，夹砂红陶。侈口，圆唇，折沿，腹较直，圆底，三扁锥足外撇。口径 19.2、高 15.8 厘米（图三四四，1；彩版二二六，2）。

坛　1 件。

JZD2M31：1-2，灰色硬陶。侈口，方唇，卷沿外翻，高颈，耸肩，鼓腹，平底内凹。肩部有一周手指捺窝。颈部饰弦纹，肩、腹部饰菱形填线纹和方格纹。口径 23.8、底径 22.4、高 62.5 厘米（图三四四，2；彩版二二六，3）。

罐　4 件。

JZD2M31：1-1，泥质黑胎黑皮陶。直口，方唇，圆折肩，弧腹，平底。肩部饰弦纹。口径 8.8、底径 7.8、高 10.0 厘米（图三四四，3；彩版二二七，1）。

JZD2M31：3，灰褐色硬陶，灰胎。侈口，圆唇，卷沿，高颈，弧肩，弧腹，平底。肩、腹部饰折线纹，上有抹断刻划。口径 8.7、底径 10.0、高 13.2 厘米（图三四四，4；彩版二二七，2）。

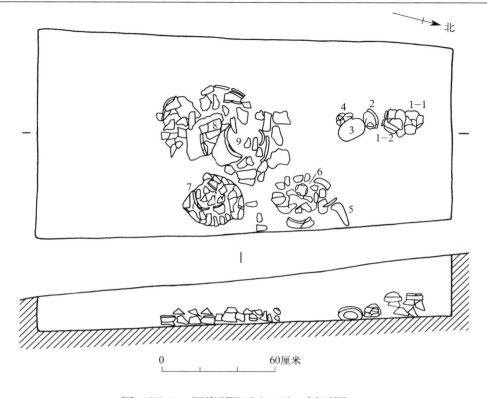

图三四三　周岗JZD2M31平、剖面图
1-1、7. 陶罐　1-2. 硬陶坛　2、6、8. 陶器盖　3、9. 硬陶罐　4. 陶盆　5. 陶鼎

JZD2M31：7，泥质黑胎黑皮陶。直口，方唇，沿面内凹，弧肩，弧腹，平底。肩部有对称两耳，残。口径11.0、底径12.7厘米（图三四四，5）。

JZD2M31：9，灰色硬陶。侈口，尖唇，卷沿，沿面有一周凹槽，束颈，溜肩，弧腹，平底内凹。肩部堆贴三个不对称的泥条辫形堆饰。颈部饰弦纹，肩、腹部饰席纹和方格纹。口径19.7、底径22.8、高39.6厘米（图三四四，6；彩版二二七，3）。

盆　1件。

JZD2M31：4，泥质灰陶。侈口，尖唇，折肩，弧腹，平底。内壁有螺旋凹槽。口径11.2、底径5.0、高3.6厘米（图三四四，7；彩版二二七，4）。

器盖　3件。

JZD2M31：2，夹砂红陶。残破，仅余桥形提梁。残高6.2厘米（图三四四，8）。

JZD2M31：8，夹砂红陶。桥形提梁，弧顶，弧壁残，敛口，圆唇。口径25.2厘米（图三四四，9）。

JZD2M31：6，泥质黑胎黑皮陶。喇叭状捉手，弧顶，弧壁，顶、壁间折，敞口，尖唇，卷沿，沿面有一周凹槽。捉手径7.0、口径17.6、高7.0厘米（图三四四，10；彩版二二七，5）。

（二）器物群

JZD2Q1

JZD2Q1位于土墩西北部的Ⅱ区，层位关系为①b－Q1－③（图三四五）。共随葬器物11件，

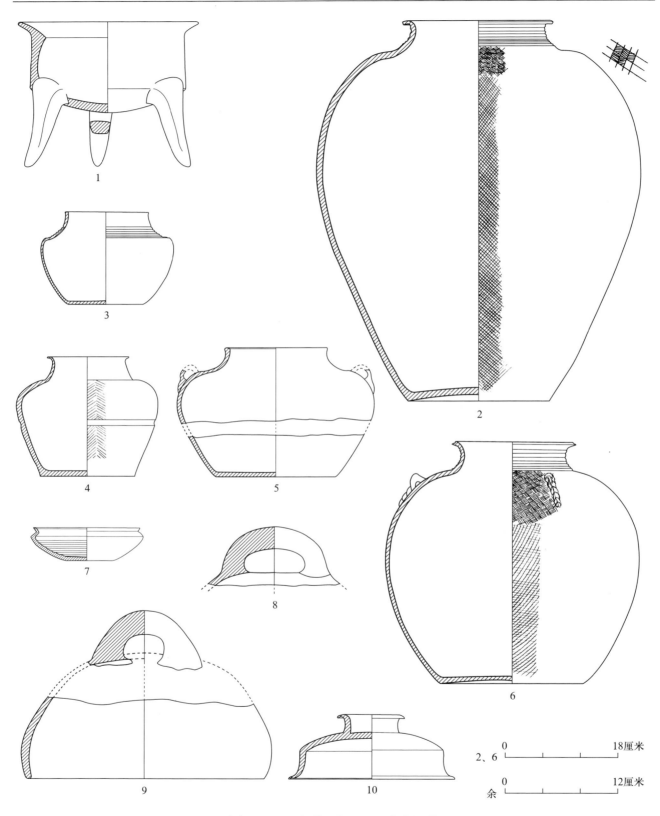

图三四四　周岗JZD2M31出土器物

1. 陶鼎 JZD2M31：5　2. 硬陶坛 JZD2M31：1-2　3、5. 陶罐 JZD2M31：1-1、7　4、6. 硬陶罐 JZD2M31：3、9　7. 陶盆 JZD2M31：4　8～10. 陶器盖 JZD2M31：2、8、6

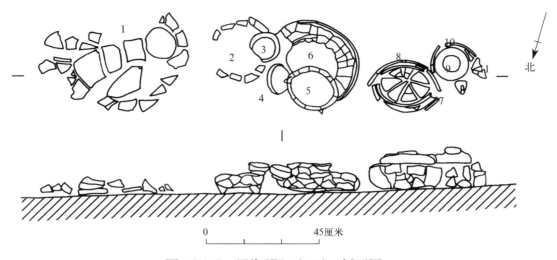

图三四五　周岗JZD2Q1平、剖面图

1. 硬陶坛　2、5. 陶鼎　3、4、9. 原始瓷碗　6、10. 陶罐　7、11. 陶盆　8. 硬陶瓿

大致为西南-东北走向，也可能为一座墓葬，因未发现墓坑，暂定为器物群。

出土器物有鼎2、坛1、罐2、瓿1、盆2、碗3共11件。1件原始瓷碗倒扣于1件泥质陶罐上，1件盆倒扣于瓿上做器盖用。

鼎　2件。

JZD2Q1：2，夹砂红陶。侈口，圆唇，折沿，弧腹，底残，三扁锥足，口径25.6厘米（图三四六，1）。

JZD2Q1：5，夹砂红陶。侈口，圆唇，折沿，腹底残缺，三扁圆锥形足，仅余部分口沿及器足（图三四六，2）。

坛　1件。

JZD2Q1：1，褐色硬陶。口、颈残缺，弧腹，平底内凹。上腹部饰席纹，下腹部饰菱形填线纹。底径21.4、残高37.8厘米（图三四六，3）。

罐　2件。

JZD2Q1：6，泥质黑皮陶。侈口，圆唇，卷沿，沿面内凹，溜肩，弧腹略残，平底内凹。颈部饰弦纹。口径15.5、底径15.4、高19.8厘米（图三四六，4）。

JZD2Q1：10，泥质红陶。敛口，圆唇，溜肩，弧腹残，平底内凹。口径10.0、底径9.6厘米（图三四六，5）。

瓿　1件。

JZD2Q1：8，灰色硬陶。侈口，圆唇，卷沿，沿面内凹，束颈，弧肩，弧腹，平底内凹。肩部对称贴附泥条捏制的耳状饰。肩、腹部饰弦纹和叶脉纹。口径14.2、底径16.8、高13.6厘米（图三四六，6；彩版二二八，1）。

盆　2件。

JZD2Q1：7，泥质黑皮陶。侈口，尖唇，折沿，折腹，平底内凹。口径18.0、底径13.6、高5.0厘米（图三四七，1；彩版二二八，2）。

JZD2Q1：11，泥质黑皮陶。侈口，尖唇，折沿，弧腹，底残。内壁可见旋痕。口径21.0厘米（图三四七，2）。

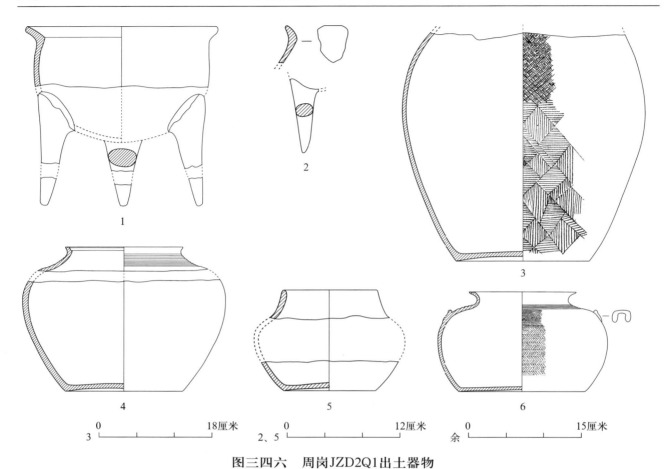

图三四六　周岗 JZD2Q1 出土器物

1、2. 陶鼎 JZD2Q1：2、5　3. 硬陶坛 JZD2Q1：1　4、5. 陶罐 JZD2Q1：6、10　6. 硬陶瓿 JZD2Q1：8

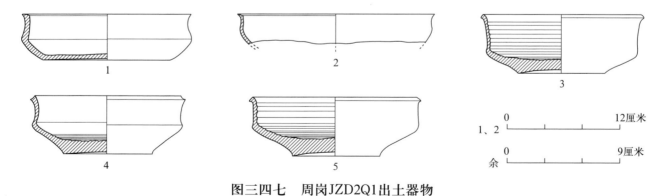

图三四七　周岗 JZD2Q1 出土器物

1、2. 陶盆 JZD2Q1：7、11　3～5. 原始瓷碗 JZD2Q1：3、4、9

碗　3件。

JZD2Q1：3，原始瓷。敞口，斜方唇，折腹，上腹略向内弧，下腹折收，平底内凹。内壁有螺旋凹槽。器表施黄绿釉。口径 12.9、底径 7.0、高 4.8 厘米（图三四七，3；彩版二二八，3）。

JZD2Q1：4，原始瓷。敞口，斜方唇，折腹，上腹略向内弧，下腹折收，平底内凹。内壁有螺旋凹槽。器表施黄绿釉。口径 12.3、底径 7.0、高 4.8 厘米（图三四七，4；彩版二二八，4）。

JZD2Q1：9，原始瓷。敞口，斜方唇，折腹，上腹略向内弧，下腹折收，平底内凹。内壁有螺旋凹槽。器表施黄绿釉。口径13.8、底径7.0、高4.8厘米（图三四七，5；彩版二二八，5）。

（三）建筑遗存

JZD2F1

建筑遗存位于土墩近中部的 I 区和两侧隔梁下，层位关系在⑦c层下，打破⑧层，包括两条基槽 JZD2G1、G2 和两个柱洞 JZD1、D2（图三四八；彩版二二九，1、2，彩版二三〇，1）。

基槽 JZD2G1、G2 方向呈西北－东南向，长条形，东南端略向内弯折，槽内填有大小不等的石块，大致可分两层，槽内填土为红褐土夹杂黄白花土，土质相对较硬。

JZD2G1 长 3.72、宽 0.29～0.38、深 0.40 米，JZD2G2 长 3.83、宽 0.28～0.40、深 0.25 米。两条基槽之间的南北两端各有一个近圆形柱洞，直壁近平底，JZD2G1D1 直径 0.50～0.61、深 0.30 米，JZD2 直径 0.30、深 0.30 米，填土为红褐土夹杂黄白花土，土质相对较硬。

根据层位关系，JZD2F1 建筑遗存完成后，在基槽周围铺一层黄褐色土，中心主墓 JZD2M4 用 53 块石块构成石床铺于其上，石床完全在基槽范围内，埋葬并随葬器物 11 件，仅个别器物叠压于基槽边缘，它们的方向、位置、范围基本一致，建筑遗存 JZD2F1 和中心主墓 JZD2M4 是一组有密切关系的有机结合的相关遗存。

JZD2F1 性质为年代早于中心主墓 JZD2M4 的象征性墓下丧葬建筑遗存，两侧的基槽为象征性的两面坡墙，两端的柱洞为中间的承重梁柱。

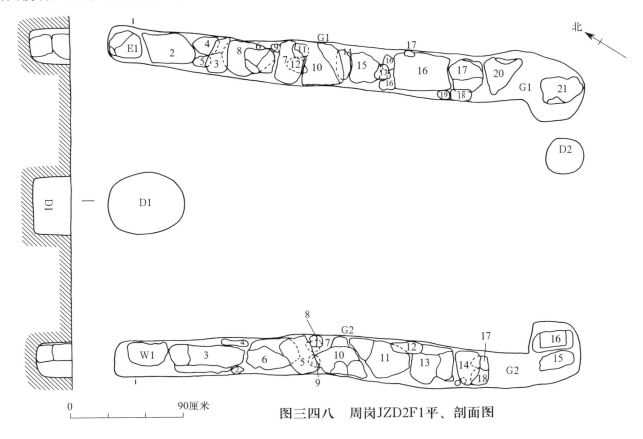

图三四八　周岗JZD2F1平、剖面图

（四）灰坑

1．JZD2H1

JZD2H1 位于土墩西南部的Ⅲ区，层位关系为②a－H1→②b，被现代沟打破（图三四九；彩版二三〇，2）。平面呈不太规整的圆形，斜坡壁，底较平，填土青灰色，土质疏松，坑底大部有一层极薄的黑色草木灰。残直径2.28、深0.10米。

2．JZD2H2

JZD2H2位于土墩西南部的Ⅲ区，层位关系为②b－H2→M24→⑤a，被现代沟打破（图三五〇；彩版二三〇，3）。平面呈不太规整的椭圆形，斜壁，平底，填土青灰色，土质疏松，有少量陶片。长径1.96、深0.30米。

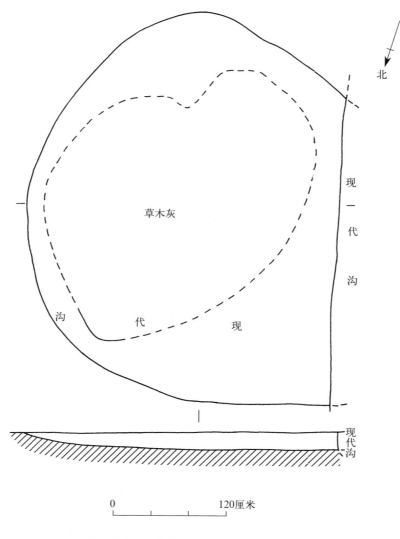

图三四九　周岗JZD2H1平、剖面图

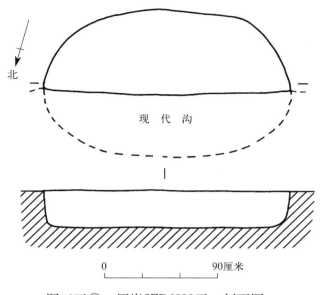

图三五〇　周岗JZD2H2平、剖面图

（五）地层

地层出土遗物比较多。主要有鼎、罐、瓿、碗、玦等。

1．JZD2②a层

碗　3件。

JZD2②a：1，原始瓷。敞口，斜方唇，唇面有一道浅凹槽，直腹斜收，平底内凹。器内壁有弦纹。施黄釉，釉部分剥落。口径12.8、底径8.4、高4.2厘米（图三五一，1）。

JZD2②a：2，泥质红陶。敞口较直，斜方唇，直腹斜收，平底内凹。器内壁有弦纹。口径13.6、底径8.0、高4.8厘米（图三五一，2；彩版二三一，1）。

JZD2②a：3，原始瓷。敛口，斜方唇，唇面有一道浅凹槽，直腹斜收，平底微凹。器内壁有弦纹。施黄釉，釉大部已剥落。口径8.5、底径6.3、高4.0厘米（图三五一，3；彩版二三一，2）。

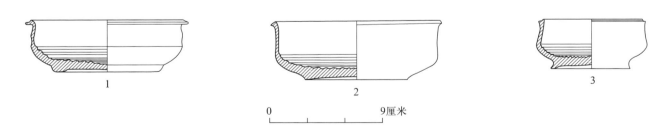

图三五一　周岗JZD2②a层出土器物
1、3. 原始瓷碗 JZD2②a：1、3　2. 陶碗 JZD2②a：2

2．JZD2②b层

罐　3件。

JZD2②b：2，泥质红陶。仅余双耳，残长4.5、残宽5.4厘米（图三五二，1）。

JZD2②b：3，泥质黑陶。残碎严重。

JZD2②b：4，红色硬陶，局部灰色。侈口，尖圆唇，束颈，弧肩，弧腹，平底。器身饰折线纹。口径 10.2、底径 10.8、高 10.8 厘米（图三五二，2）。

玉玦　1件。

JZD2②b：1，孔雀石。环形有缺口。直径 2.7、孔径 1.2、厚 0.35 厘米（图三五二，3）。

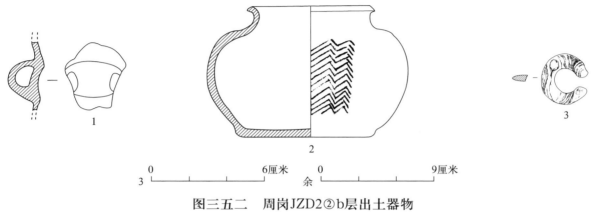

图三五二　周岗JZD2②b层出土器物
1. 陶罐 JZD2②b：2　2. 硬陶罐 JZD2②b：4　3. 玉玦 JZD2②b：1

3．JZD2④a层

碗　4件。

JZD2④a：1，原始瓷，灰白胎。敞口较直，斜方唇，唇面有一道凹槽。上腹较直，下腹斜收，平底。器内壁有弦纹。施青釉。口径 12.0、底径 7.0、高 4.2 厘米（图三五三，1；彩版二三一，3）。

JZD2④a：2，原始瓷。敞口较直，斜方唇，唇面有一道浅凹槽，直腹斜收，平底微凹。器内壁有弦纹。施青黄釉。口径 12.4、底径 6.6、高 4.0 厘米（图三五三，2；彩版二三一，4）。

JZD2④a：3，原始瓷，灰白胎。敞口，斜方唇，唇面有一道凹槽。直腹斜收，平底微凹。器内壁有弦纹。施青黄釉。口径 10.6、底径 7.0、高 3.6 厘米（图三五三，3；彩版二三一，5）。

JZD2④a：4，原始瓷。敞口，斜方唇，唇面有一道浅凹槽。直腹斜收，平底微凹。器内壁有弦纹。施青黄釉。口径 12.8、底径 6.6、高 4.6 厘米（图三五三，4；彩版二三一，6）。

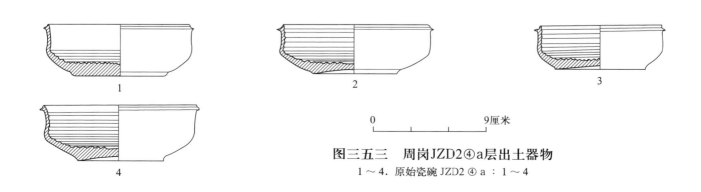

图三五三　周岗JZD2④a层出土器物
1～4. 原始瓷碗 JZD2④a：1～4

4．JZD2⑦a层

鼎　1件。

JZD2⑦a：4，夹砂红陶。侈口，圆唇，卷沿，腹底折交，圜底，三足略外撇，足截面呈扁圆形。口径21.8、高16.9厘米（图三五四，1；彩版二三二，1）。

坛　1件。

JZD2⑦a：2，灰色硬陶。侈口，尖唇，高领，溜肩，弧腹，平底内凹。颈部饰弦纹，肩、腹部饰菱形填线纹和方格纹。口径21.0、底径20.0、高40.8厘米（图三五四，2；彩版二三二，2）。

罐　1件。

JZD2⑦a：6，泥质黑胎红陶。口部残缺，弧肩，腹部较鼓，平底微凹。肩部饰弦纹，腹部饰席纹。底径10.8、残高9.2厘米（图三五四，3；彩版二三二，3）。

瓿　1件。

JZD2⑦a：1，灰色硬陶。口微侈，方唇，沿面内凹，溜肩，弧腹，平底内凹。上腹有两个对称泥贴耳，颈部饰弦纹，肩、腹部饰菱形填线纹和方格纹。口径12.6、底径12.4、高13.3厘米（图三五四，4；彩版二三二，4）。

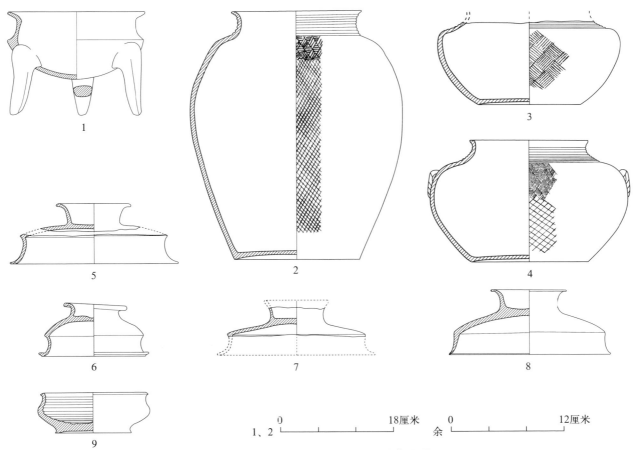

图三五四　周岗JZD2⑦a层及采集器物

1．陶鼎 JZD2⑦a：4　2．硬陶坛 JZD2⑦a：2　3．陶罐 JZD2⑦a：6　4．硬陶瓿 JZD2⑦a：1　5～8．陶器盖 JZD2⑦a：3、5、7、8　9．原始瓷碗 JZD2采：1

器盖　3件。

JZD2 ⑦ a∶3，泥质黑胎黑陶。捉手呈喇叭状，弧顶，弧壁残，顶、壁间折，敞口，圆唇，卷沿，沿面有一道凹槽。捉手径 8.0、口径 18.0 厘米（图三五四，5）。

JZD2 ⑦ a∶5，泥质灰陶。喇叭形捉手，弧顶，弧壁，顶、壁间折，敞口，卷沿，沿面有一道凹槽。捉手径 6.6、口径 11.7、高 5.8 厘米（图三五四，6；彩版二三二，5）。

JZD2 ⑦ a∶7，泥质灰陶器盖。残损严重，喇叭状捉手残，弧顶，顶、壁间折。残高 2.4 厘米（图三五四，7）。

JZD2 ⑦ a∶8，泥质灰胎黑皮陶。喇叭形捉手，弧顶，弧壁，顶、壁间折，敞口，圆唇，卷沿，沿面有一道凹槽。捉手径 8.0、口径 17.2、高 7.0 厘米（图三五四，8；彩版二三二，6）。

5．JZD2采集

碗　1件。

JZD2 采∶1，原始瓷。侈口，斜方唇，弧腹斜收，平底内凹。内壁有螺旋凹槽。施青黄釉。口径 11.4、底径 8.0、高 4.4 厘米（图三五四，9）。

四　小结

该土墩墓地层关系复杂，墓葬众多，大致呈向心式布局。对器物类型学的研究表明，该土墩墓从西周晚期一直延续到春秋晚期。中心主墓 JZD2M4 时代晚于 JZD2M21、M23 ～ M26，早于主墓的 5 座墓葬均分布于南侧，南侧也是打破关系最为复杂的区域。总体观察本区域土墩墓的情况，可以总结出若干规律：即中心主墓往往不是最早的，当然也不是最晚的，往往稍晚于最早的墓葬。且早于主墓的墓葬均分布于一侧，这一侧往往是打破关系较为复杂的，较早埋葬的墓葬由于时间稍微久远，或主墓下葬后又被重新规划，所以存在一定的打破关系。这之中可能代表了一种时间顺序和规划序列。

第四章　结语

第一节　年代

寨花头和周岗 8 座土墩墓群除寨花头 JNZD2 外，其余 7 座均遭到了不同程度的破坏，周岗 JZD1、寨花头 JNZD1、D3 土墩墓破坏程度较严重，其他 4 座破坏程度均较轻。因此出土遗物丰富，地层叠压打破关系复杂，时代特征非常明显，为我们通过层位关系和出土遗物判断年代问题提供了丰富的科学材料。

一　随葬品及祭祀器物组合

8 座土墩墓群共清理墓葬 95 座，器物群 50 组，灰坑 12 座，建筑遗存 4 座。出土可复原的商周时期完整和可修复器物共 1334 件，其中原始瓷器 294 件、硬陶器 379 件、软陶器 644 件、玉器 11 件、石器 6 件（表六）。总体来看，软陶中包括夹砂陶和泥质陶，夹砂陶主要为锥足或扁锥足的鼎和器盖，有的鼎底有烟怠痕迹，绝大多数墓葬中都有随葬。泥质陶主要有盆、钵、罐、少量瓿、坛、豆、碗、器盖、大口器、纺轮等；硬陶中主要有坛、罐、瓿等；原始瓷主要为碗、豆和少量罐。纹饰主要有弦纹、席纹、折线纹、方格纹、回纹、菱形填线纹、水波纹、锥刺纹、叶脉纹以及多种纹饰的组合纹样等。鼎、坛、罐、瓿等器类大多有专门的泥质陶或夹砂陶的器盖，还有的用钵、盆等倒扣在器口上作为代用器盖，形成一套相对的组合。硬陶器和原始瓷器的器类较简单，并且在软陶器中都能发现同类器，可能说明硬陶器和原始瓷器在宁镇地区并不是特殊的礼制性器物，并没有太多的用原始瓷器来区分等级的意义。

从表六中可以看出，在陶系上，两类包含物最丰富的遗迹并没有太大的区别，但是由于部分土墩墓是破坏后的统计结果，并且包含物中除了陶系的不同外，也要考虑器物类别的差别。所以下面主要以包含物丰富，保存较为完好且墓葬单位和器物群单位均较丰富的寨花头 JNZD1、D4 两座土墩墓为例进行详细的统计（表七）。从表七中可以看出，墓葬中的随葬品和祭祀器物组中的器物无论在器形还是陶系上都有一定的差别。墓葬中硬陶和原始瓷器的数量超过软陶器，且墓葬中常随葬较大型的原始瓷器和硬陶器，而器物群中豆、碗、盂类小型器物比例较大。单种器类上看，墓葬中的小型原始瓷器数量最多，大型原始瓷和硬陶器其次，而器物群中的器物以软陶器和原始瓷、硬陶的小型器物为主。墓葬中器类齐全，大小兼备，且还有较贵重的玉器随葬，说明墓葬随葬器物的特殊性。而器物群器物种类不齐，且多以小型器物居多，即使存在大型器物，口、颈或肩以下也大多残缺，可能代表了其为短期祭祀行为的特殊性和稍随意性。

表六　8座土墩墓包含物总体统计（括号中为占同类遗迹总数的比例）

	原始瓷器	硬陶器	软陶器	玉器	石器	总数	占总器物数的比例
墓葬	235（21.66%）	304（28.02%）	542（49.95%）	3	1	1085	81.33%
器物群	50（22.94%）	69（31.65%）	91（41.74%）	7	1	218	16.34%
灰坑			1			1	0.07%
地层	7	6	7	1	4	25	1.87%
采集	2		1			3	0.22%
盗洞			2			2	0.15%
总数	294	379	644	11	6	1334	

表七　寨花头D2和D4墓葬和器物群包含物统计

器类＼单位	原始瓷器		硬陶器		软陶器	玉器
	罐、坛类大型器物	豆、碗类小型器物	坛、罐、瓿类大型器物	盂、碗类小型器物		
寨花头D1墓葬	1	6	6	0	15	2
寨花头D4墓葬	2	54	70	3	130	1
寨花头D1器物群	0	8	3	0	7	0
寨花头D4器物群	0	4	4	0	6	0

二　分期与年代

（一）地层及遗迹的叠压打破关系

8座土墩墓群地层关系复杂，层位关系明确，为分期提供了重要的依据。

（1）寨花头 JNZD1 遗迹叠压打破关系

墩内有 2 座墓葬，10 组祭祀器物群，含 1 组打破关系：JNZD1M2 打破 JNZD1Q3。JNZD1Q3 中出有几何印纹硬陶坛，颈短，整体显矮胖，平底较大。JNZD1M2 中的同类器颈高，中腹外鼓较甚，平底较小。故这两个单位可以分成两组。JNZD1M2 中除坛外，其他器物包括夹砂陶鼎、瓿、罐、原始瓷豆、原始瓷碗、黑陶盆、泥质器盖等，原始瓷豆和原始瓷碗共出，且原始瓷碗的开口较大，圈足较矮。与 JNZD1Q3 中几何印纹硬陶坛器形相同，且原始瓷豆开口较小，圈足较高，而不见原始瓷碗的单位还包括 JNZD1Q1、Q5、Q8。与 JNZD1M2 出土同类器物的遗迹单位还包括 JNZD1Q4、Q6、Q7、Q9。JNZD1M1 中出土有夹砂陶鬲，墓底有石床，均不同于其他遗迹。在土墩墓中，一般土墩中心底部墓葬的年代最早，以后的墓都分布在其四周，最后形成一个大土墩，JNZD1M1 正好出土土墩中部，从位置上看，它也是土墩中年代最早的一座墓。

由上可知，寨花头 JNZD1 的遗迹可以分为三组。

（2）寨花头 JNZD2 遗迹叠压打破关系

墩内有 27 座墓，2 组祭祀器物群，含 6 组打破关系：JNZD2M10 打破 JNZD2M11，JNZD2M14

打破 JNZD2M18，JNZD2M15 打破 JNZD2M19，JNZD2M21 打破 JNZD2M23，JNZD2M19 和 M23 共同打破 JNZD2M24，JNZD2M24 打破 JNZD2M25。JNZD2M22 为带石床的中心主墓，出土有夹砂陶鼎、原始瓷碗，不见原始瓷豆，而同层下的 JNZD2M24 出土有原始瓷豆，不见原始瓷碗，但两者又共同出土有形制相近的印纹硬陶坛。因而两者应该属于同一组，只是 JNZD2M24 略早于 JNZD2M22。与 JNZD2M24 大致同时的还包括 JNZD2M25、M11（从地层关系上晚于其他遗存，但随葬品表现出较早的特征）、M18、M27 和 Q2。该组遗物要晚于寨花头 JNZD1，可归入第四组。寨花头 JNZD2 中的其他遗迹均随葬原始瓷碗，而不见原始瓷豆，碗底均较矮，并出现了原始瓷盅。泥质陶器盖器形非常低矮，远不同于上几组高耸的盖壁，故可划为第五组。

（3）寨花头 JNZD3 遗迹叠压打破关系

墩内有 5 座墓葬，2 组祭祀器物群，含 1 组打破关系：JNZD3M2 打破 JNZD3M4。JNZD3M1 ～ M4 均有石床，JNZD3M5 为竖穴土坑。从层位上看，JNZD3M5 开口于②层下，其他墓葬开口于①层下，表示 JNZD3M5 可能早于其他遗迹。器物特征上，所有均以原始瓷豆为主，不见原始瓷碗，豆盘腹壁中部均内曲。硬陶坛颈均较高，中腹部外鼓较甚。只是 JNZD3M5 中瓷豆的腹部内曲更甚，坛中腹部平缓，底部也较大。表示 JNZD3M5 可能早于其他墓葬。大致相当于以上所划分的第二组偏晚，此组还包括 JNZD3Q1 和 Q2。其他遗迹可归入第三组，相当于第三组偏早。

（4）寨花头 JNZD4 遗迹叠压打破关系

墩内有 21 座墓葬，8 组祭祀器物群，含 3 组打破关系：JNZD4M4 打破 JNZD4M3，JNZD4M14 打破 JNZD4M15，JNZD4M16 打破 JNZD4M17。JNZD4M3 原始瓷豆和原始瓷碗共存，豆盘敞口，不似前三组盘壁中部有明显内曲。器盖不似第三组高耸，也不似第五组矮扁。坛中腹部外鼓程度也小于第三组，因此以 JNZD4M3 为代表的遗存可以归入第四组。JNZD4M4 和 M16 均出现原始瓷盅，器盖器形较为低矮，均同于以上所分第五组。

（5）寨花头 JNZD5 遗迹叠压关系

墩内有 8 座墓葬，1 组祭祀器物群和 1 座灰坑，无打破关系。JNZD5M8 为中心主墓。所有遗迹中均出土相同的器物组合和相同的器物特征，如均有原始瓷豆，而无原始瓷碗，豆盘壁中部弧曲较浅，甚至不见弧曲。有些遗迹中虽然也有较早形态的鼎，但同时也有较晚形态的坛和瓿。因此，此墩所有遗迹均可归入第四组。

（6）寨花头 JNZD6 遗迹叠压关系

墩内有 1 座墓葬和 1 座灰坑，无打破关系。墓葬和灰坑中出土有鬲和甗，原始瓷豆圈足高，浅腹，盘壁直，且基本无沿。鼎腹较深。以上特征均同于第一组。

（7）周岗 JZD1 遗迹叠压关系

此墩破坏较为严重，未发现明确的墓葬，只编号了 26 组祭祀器物群。根据以上的分组标准，此墩可分为两组，分别相当于以上的第三组和第四组。

（8）周岗 JZD2 遗迹叠压打破关系

墩内有 31 座墓葬，1 组祭祀器物群，有两组打破关系：JZD2M2 打破 JZD2M3，JZD2M29 打破 JZD2M30。根据以上的分组标准，此墩可分为三组，分别相当于以上的第三组、第四组和第五组。

（二）分期与特点

以上各个墓葬情况基本相同，随葬品的组合规律比较明确和一致。因此，根据以上的分组情况可以将寨花头和周岗的土墩墓分为五期（表八）。

表八　寨花头与周岗土墩墓典型遗迹分期表

时代 单位	第一期 西周前期 （康王到穆王前期）	第二期 西周中期 （穆王后期到夷王）	第三期 西周后期～ 春秋前期 （厉王到寿梦）	第四期 春秋中后期 （寿梦到僚）	第五期 春秋末期 （阖闾、夫差）
寨花头D1	M1、Q2、Q10	Q1、Q3、Q5、Q8	M2、M4、M6、Q7、Q9		
寨花头D2				M24、M25、M11、M18、M27、Q2（偏早）、M22	M1～M10、M12～M17、M19、M20、M21、M23～M26、Q1
寨花头D3		M5、Q1、Q2（均西周中期偏晚）	M1～M4（均偏西周晚期）		
寨花头D4				M3、M10～13、M15、M18～M20、M21、Q5～Q8（均春秋中期偏早）M5、M6、M9、M14、M17（均春秋中期偏晚）	M1、M2、M4、M7、M8、M16、Q1～Q4、
寨花头D5				M1～M8、Q1、H1	
寨花头D6	M1、H1				
周岗D1			Q2～Q5、Q7～Q9、Q13、Q16～Q18、Q19（最早）、Q21、Q22、Q24、Q26	Q1、Q6、Q10～Q12、Q14、Q15、Q20、Q23、Q25	
周岗D2			M21、M23～M26	M1、M4、M7、M10、M11、M13、M15、M16、M18～M20、M27、M28～M31	M2、M3、M5、M6、M8、M9、M12、M14、M17、M22、Q1

（1）第一期

墓葬有石床。夹砂陶中有鬲，部分墓有鼎和甗。鼎为浅腹，圜底，锥足根部多带角状饰，口沿近无。泥质陶主要为黑皮陶，多罐、瓿，有少量灰陶坛和瓿。硬陶坛矮胖，大平底，矮颈，最大腹径偏上。原始瓷主要为豆，豆圈足较高，豆盘壁弧曲较甚，口微敛，或盘壁竖直，基本无沿。纹饰有折线纹及其与回纹、口字纹、变体云纹、羽状纹等组合纹饰，印纹一般较为粗深、规整。参考溧水乌山、浮山果园和南陵千峰山土墩墓的年代，本期年代大致处于西周前期后段。

（2）第二期

仍有大部分墓葬有石床。夹砂陶中没有鬲，鼎最多，有的鼎足根部已无角饰，略卷沿，沿较小。泥质陶多黑皮陶，硬陶比一期多，有坛、罐、瓿等，泥质陶的坛和瓿少见。坛体仍较矮胖，口略大，颈近无。原始瓷豆盘壁弧曲仍较甚，但已敞口。纹饰盛行折线纹以及回纹与折线纹的组合纹，另外还有席纹与方格纹、席纹与回纹、复线菱形纹与回纹、变体云纹与回纹等组合纹饰。参考浮山果园和南陵千峰山土墩墓的年代，本期年代大致处于西周中期。

（3）第三期

墓葬多数已无石床，或近简易石床。夹砂陶鼎少量仍有角状饰，卷沿较前期为大。新出大量泥质陶钵、盆和器盖、硬陶盂和原始瓷碗，器盖大纽，盖壁较直。盆、盘、钵均有平底，体较高胖，口径小于腹径。原始瓷豆和原始瓷碗共存，豆盘壁仍弧曲，但已较前期程度浅，圈足也变矮。碗假圈足较高，沿面内低外高，形成子母口。硬陶器比例较大，仍以坛、瓿和罐为主，坛口较小，颈较高，中腹外鼓，平底较小。纹饰多大方格纹、填线方格纹、编织篮眼纹、窗格纹、对称瓣形纹、S纹、Z形纹、叶状纹、羽状纹，折线纹和回纹的组合纹饰仍是本期的主要纹饰。参考浮山果园和高淳顾陇、永宁、金坛鳌墩和溧水宽广墩土墩墓的年代，本期年代大致处于西周晚期～春秋早期。本期延续时间较长，其中有些遗存存在偏早和偏晚的现象，由于器物往往早晚杂处，不便细分，暂均归入一期。

（4）第四期

基本无石床，大多数有墓坑。陶器较少，除鼎外还有平底盆、钵和假圈足碗，原始瓷豆仍存在，只是盘壁弧曲已近无，圈足较矮。硬陶较多，主要仍为罐、坛和瓿，另有少量盂和碗。原始瓷碗沿面近平，且装饰两道凹槽，形成子母口，假圈足较低。硬陶坛最大腹径偏下，矮颈，腹部外鼓较前期为弱。夹砂陶鼎多为鸭嘴形扁足较直或外撇，已无角状饰，宽折沿。泥质陶器盖纽仍较大，盖壁已较前期矮扁，口沿外撇较甚。纹饰流行席纹以及小方格纹与填线方格纹、席纹与填线方格纹、叶脉纹与水波纹等组合纹饰，其他还有叶脉纹、方格纹，开始出现米筛纹，原始瓷常见水波纹、锥刺纹、重弧纹等。附加堆纹多见于印纹硬陶坛腹部的瓣形堆饰。主要参考丹徒南岗山土墩墓的年代，本期年代大致处于春秋中后期。

（5）第五期

基本均有墓坑。陶器中鼎、豆较多，另有钵、盘、碗和器盖。盆变为较矮胖，口径大于腹径。硬陶中盂较多，均为敛口、折腹，此外罐、瓿、坛也较多，坛颈近无，最大腹径居中，上大下小，小平底。原始瓷豆不见。原始瓷碗假圈足很低，口沿内高外低。出现壁较直的原始瓷盅。夹砂陶鼎平折沿，浅腹，多为鸭嘴形扁足较直或外撇。器盖甚矮扁，盖纽小。硬陶的装饰除前期纹饰外，最有特点的是极长的瓣索纹。常见纹饰有小型规整的席纹、米筛纹以及席纹与填线方格纹、米筛纹与填线方格纹的组合纹饰，稍晚也出现了细方格纹。主要参考丹徒谏壁、大港、句容和南陵土墩墓的年代，本期年代大致处于春秋末期。

（三）器物分期

综合考虑地层和遗迹之间的叠压打破关系，和器物本身的发展变化，将典型器物分成原始瓷器、硬陶器和软陶器分别进行分型分式。

1．原始瓷器

选择器类丰富的豆和碗作为典型器物（表九）。

（1）原始瓷豆

圈足。分两型。

A 型　深腹，腹中部有凹曲。分四式。

圈足由高到矮。口部由微敛到小敞口，再到大敞口。腹下部折棱由偏低到偏高。

B 型　浅直腹，侈口。分三式。

圈足由高变矮。由无沿到卷沿。腹下部折棱由偏高到偏低。

（2）原始瓷碗

饼形底略凹。分两型。

A 型　敞口，双唇。分三式。

腹下部折棱由偏高到偏低。上腹部由较矮到较高，略斜弧到略直。圈足渐变矮。口沿双唇有外高内低到内外平齐再到内高外低。

B 型　略直口，双唇。分三式。

腹下部折棱由偏高到偏低。上腹部由较矮到较高，略斜弧到略直。圈足渐变矮。口沿双唇有外高内低到内外平齐再到内高外低。

2．硬陶器

选择器类丰富的坛、瓿和盂作为典型器物（表一○）。

（1）硬陶坛

小口、瘦高体、鼓腹、平底内凹。分五式。

最大腹径由偏上到偏下。领部由高领到矮领到高领再到矮领。沿面由微卷沿到卷沿再到沿面出现凹槽。腹底间由圆转到折转。纹饰由粗犷不规则到粗犷规则再到较细密。

（2）硬陶瓿

小口、扁体、鼓腹、平底内凹。分两型。

A 型　圆鼓腹，底径较大。分五式。

最大腹径由偏上到偏下。领部由高领到矮领到高领再到矮领。沿面由微卷沿到卷沿再到沿面出现凹槽。腹底间由圆转到折转。纹饰由粗犷不规则到粗犷规则再到较细密。

B 型　扁鼓腹，底径较小。分五式。

领部由高领到矮领到高领再到矮领。沿面由微卷沿到卷沿再到沿面出现凹槽。腹底间由圆转到折转。纹饰由粗犷不规则到粗犷规则再到较细密。

（3）硬陶盉

假圈足，敛口。分三式。

圈足由矮到高。敛口较浅到敛口较甚。肩部由圆弧到折肩。由无沿到卷沿再到直沿。

3. 软陶器

选择器类丰富的鼎、钵、盆和器盖作为典型器物（表一一）。

（1）陶鼎

侈口，盆形。分五式。

腹部由带把到逐渐退化以至消失。足由较直立到外撇。腹部逐渐变浅。口沿由小卷沿到大卷沿再到平折沿。

（2）陶钵

敛口。分三式。

敛口较浅到敛口较甚。肩部由折肩到圆弧。由无沿到卷沿再到无沿。器形由高到矮扁。

（3）陶盆

折肩，平底略内凹。分三式。

通体由高到矮扁。腹部由高到矮。由小卷沿到大卷沿再到平折沿。

（4）陶器盖

盉式，圈形捉手。分三式。

捉手由高变矮。盖壁由高变矮，由直壁变为斜壁。盖顶由平到圆弧。口沿由小卷沿到大卷沿。

需要注意的是，器物分期中各器物的形制演变与根据层位关系形成的各遗迹单位的早晚关系不一定能够完全对应，主要是层位关系上表现为较晚期的遗迹内出土的器物往往表现出较早的特征，更有甚者，地层关系上较晚期的墓葬随葬的全是较早期的器物。发掘者推测，这种情况的形成，一是因为随葬品多为硬陶和原始瓷等质地较为坚硬的器物，可以延续使用的时间较长；二是因为土墩内各墓葬埋葬的时间间隔确实不长；三可能是因为土墩墓内的地层大多不连续，地层的早晚关系不能全面掌控；四是土墩中部的中心主墓作为土墩内最主要的墓葬，应该是最早下葬的墓葬，但实际情况并不完全如此，有些中心主墓从器物判断时代稍晚，稍早的墓葬分布在它的外围，与其没有打破关系，说明为其预留位置的可能性较大，也因为如此，造成中心主墓中早晚期的器物杂糅。因此，以上器物分期表中器物的分型定式并不能完全与层位关系对应。

表九　典型原始瓷器分期表

原始瓷器\\时期	豆		碗	
	A型	B型	A型	B型
五期八段 春秋末期			寨花头D2M1：5（Ⅲ）	寨花头D4M16：1（Ⅲ）
四期六、七段 春秋中后期	寨花头D4M21：6（Ⅳ）		周岗D1Q14：5（Ⅱ）	寨花头D2M3：1（Ⅱ）
三期四、五段 西周后期～ 春秋前期	寨花头D3M3：2（Ⅲ）	寨花头D2M24：2（Ⅲ）	寨花头D1M2：10（Ⅰ）	周岗D1Q13：4（Ⅰ）
二期二、三段 西周中期	寨花头D1Q5：1（Ⅱ）	寨花头D1Q1：2（Ⅱ）		
一期一段 西周前期	寨花头D1M1：6（Ⅰ）	寨花头D6M1：7（Ⅰ）		

表一〇　典型硬陶分期表

硬陶器 / 时期	坛	瓿		盂
		A型	B型	
五期八段 春秋末期	寨花头D2M23：1（Ⅴ）	寨花头D2M23：12（AⅤ）	寨花头D2M23：19（BⅤ）	周岗D2M6：1（Ⅲ）
四期六、七段 春秋中后期	周岗D2M4：2（Ⅳ）	寨花头D4M4：1（AⅣ）	周岗D2M4：9（BⅣ）	周岗D2M10：11（Ⅱ）
三期四、五段 西周后期～ 春秋前期	寨花头D1M2：5（Ⅲ）	寨花头D1M2：2（AⅢ）	寨花头D4M9：2（BⅢ）	寨花头D4M21：8（Ⅰ）
二期二、三段 西周中期	寨花头D1Q3：1（Ⅱ）	寨花头D3M2：5（AⅡ）	寨花头D3M1：1（BⅡ）	
一期一段 西周前期	寨花头D1M1：2（Ⅰ）	寨花头D6M1：1（AⅠ）	寨花头D1M1：3（BⅠ）	

表一一　典型软陶器分期表

软陶器 时期	器盖	鼎	钵	盆
五期八段 春秋末期	寨花头D2M23：11（Ⅲ）	寨花头D2M23：15（Ⅴ）	寨花头D2M14：2（Ⅲ）	寨花头D2M23：17（Ⅲ）
四期六、七段 春秋中后期	寨花头D2M22：25（Ⅱ） 寨花头D4M4：6（Ⅱ）	寨花头D2M22：27（Ⅳ）	寨花头D2M16：12（Ⅱ） 寨花头D5M6：2（Ⅱ）	寨花头D4M7：3（Ⅱ） 寨花头D4M4：9（Ⅱ）
三期四、五段 西周后期～ 春秋前期	寨花头D2M22：14（Ⅰ） 寨花头D1M2：12（Ⅰ）	寨花头D5M1：9（Ⅲ）	寨花头D5M7：2（Ⅰ）	寨花头D5M5：10（Ⅰ）
二期二、三段 西周中期		寨花头D2M24：4（Ⅱ）		
一期一段 西周前期		寨花头D3M1：6（Ⅰ）		

第二节　寨花头和周岗土墩墓的特征

一　每墩一墓或多墓并存

本次发掘的 8 座土墩中，除了遭破坏而埋葬情况不详者，可以确定为一墩一墓的有 1 座，一墩多墓的则有 6 座。一墩一墓者除在土墩中心部位有一座墓葬外，在墩内一般会设置祭祀器物（寨花头 JNZD6 为一墩一墓，其墩内打破生土的 JNZH1 可能也属于祭祀行为）。一墩多墓的情况，除一座中心墓葬外，在其四周不同层面上还埋有多座墓葬和设置多组器物群（坑）。例如寨花头 JNZD1 在中心墓葬周围的不同层面上另埋有 1 座墓葬和 9 组祭祀器物群；JNZD2 在中心主墓周围埋有 26 座墓葬和 2 组祭祀器物群；JNZD4 在中心墓葬周围埋有 20 座墓葬和 8 组祭祀器物群。JNZD5 在中心主墓周围埋有 7 座墓葬和 1 组祭祀器物群和 1 座灰坑。本次发掘资料充分说明，江南地区的土墩墓不仅存在一墩一墓，而且存在一墩多墓，而且一墩多墓的现象明显较一墩一墓更为普遍。

二　多种埋葬方式共存

过去普遍认为，先秦时期的江南土墩墓是有别于其他地区的特殊葬俗，一般没有墓坑。采用平地掩埋、平地起封的特殊方式安葬。后来也发现部分墓葬有土坑，但并不普遍。主要集中在一墩一墓的土墩中。

此次发掘的 8 座土墩中，共清理出墓葬 95 座。埋葬方式主要有三种。

第一种埋葬方式是挖坑埋葬，挖坑埋葬占绝大多数。墓坑为长方形或长梯形，直壁，底部近平，有的铺有石床，墓坑长约 3.00、宽约 1.00 米，深浅不一，多数墓坑朝向墩心的一侧较深，如寨花头 JNZD2M3 等。石床有平整复杂和简易型两种，有的墓坑内壁和底部先经火烧，形成红烧土坑后，再铺垫石床，如寨花头 JNZD2M22，该墓墓壁及墓底均用火烧过，形成一层厚约 2.0 厘米的红烧土层。在墓底红烧土层上铺有"石床"。

第二种埋葬方式是挖浅坑，其上再堆小封土。如寨花头 JNZD2M20，位于土墩西部。开口在第⑥层表面，长梯形竖穴土坑墓，西宽东窄，直壁平底，墓口东高西低呈斜坡状，长 4.20～4.25、残宽 1.00～1.50、深 0.15～1.58 米，墓向东南－西北向，头向 110°。填土分为两层，第①层灰褐色土，内夹杂黄色土块及红色水锈斑，土质较硬；第②层黄色花土，土质硬，为器物上封土，呈圆拱形封土堆积。随葬鼎、坛、瓿、罐、碗、钵、盆、器盖、纺轮等 47 件器物。这种埋葬方式在土墩墓考古中是首次发现，它可能是中国发现的最早带封土的墓葬，不仅丰富了土墩墓丧葬的内涵，也为研究中国古代墓葬封土的起源提供了重要资料。

第三种埋葬方式是平地堆土掩埋，有的先在平地置石床，再堆土掩埋。比如周岗 JZD2M4 为本土墩的中心主墓，石床建造于其下的 JZD2F1 基槽范围内，系 JZD2F1 基槽被堆土垫平后再平地铺垫的。

以往在土墩墓发掘中很少发现有墓主人的骨骸残迹和葬具遗存，加之一般未见墓坑，这对判别墓葬颇为困难，而此次发掘在较多墓葬中发现了人牙和人骨腐痕以及木质葬具的朽痕，这在中、小型土墩墓发掘中较为少见，不仅从一个方面确证竖穴土坑就是墓葬。而且也为江南地区青铜时代土著居民的人类学研究和丧葬习俗提供了宝贵的科学资料。

三　一墩多墓的向心布局

此次土墩墓的发掘成果表明，一墩多墓的土墩在墓葬布局方式上呈现出多样化，其中向心结构的布局方式较为独特，与中原及周边地区的墓地布局存在显著差别，具有浓郁的江南土著文化特色，在土墩墓考古中也是首次发现。向心式布局即在土墩中心墓葬周围的不同层面上排列多座墓葬，头向均朝向中心墓葬，周围的墓葬常出现复杂的叠压打破关系，但与中心墓葬存在叠压打破关系的现象非常罕见。比如寨花头 JNZD2 共清理墓葬 27 座，中心墓葬为 JNZD2M22，开口于周围不同层面上的 26 座墓葬均朝向中心墓葬。寨花头 JNZD4 共清理墓葬 21 座，中心主墓为 JNZD4M21，开口于周围不同层面上的 20 座墓葬均朝向中心墓葬。寨花头 JNZD5 和周岗 JZD2 也具有同样的向心布局，而且周围墓葬存在较多复杂的叠压打破关系。绝大多数中心主墓不仅在所属土墩的墓葬中年代最早，而且占据着土墩中心这一显著而特殊的位置，特别是中心墓葬的构筑都较周围其他墓葬考究。以上四座土墩墓的中心主墓或在生土面上铺垫土层，或挖基槽、建木棚、铺石床，均精心构筑。这些现象不仅因为墩心位置较其他墓葬位置更为明确，而且说明中心墓葬的主人对于后期埋人的死者来说具有非常崇高的地位。另外，虽然中心墓葬的构建大多很考究，但它的随葬品并不一定多于周围的墓葬，多数土墩的中心墓葬随葬品相对较少，而且随葬品的品质和组合与周围墓葬也没有明显差异。这表明随葬品的多少不是衡量多墓土墩中墓主身份等级（官僚阶层意义上的身份等级）的尺度，不是决定土墩埋葬中心位置与周围位置的标准，中心墓葬的特殊地位与随葬品的多寡没有必要的关系，也许只是表明墓主人辈分的高低。

四　形式多样的丧葬建筑遗存

此次发掘的 8 座土墩中有 4 座发现了 4 座丧葬建筑，均为墓下建筑。

发现的墓下建筑如句容寨花头 JNZD1G1 和 G2、D2M22F1、D5F1、周岗 JZD2 等，一般位于土墩基础层面的中心，建筑内不见遗物。它们位于中心墓葬下面一层，与中心墓葬没有直接关系，但上下基本对应。在建造中心墓葬时已经被拆除或毁坏，仅存基槽、柱洞等。基槽有的完全封闭，有的是半封闭，有的在基槽内还垫有石块。如寨花头 JNZD1 为一墩两墓，另有 10 处器物群。建筑遗存在土墩中部的第④层下、打破第⑤层，由两条西北－东南向的基槽和其间一端的 1 个柱洞组成（另一端的柱洞可能遭白蚁活动破坏）。基槽范围长 3.00～3.35、宽 1.85 米。中心主墓在第③层下、打破第④层，有浅坑和石床，呈东北－西南向，随葬品 7 件。建筑遗存和中心主墓开口于不同层面，上下相隔约 30 厘米，位置与方向发生错位。寨花头 JNZD2 为一墩多墓向心结构。年代最早的建筑遗存位于土墩中部，方向为西北－东南向，由东、南、西、北四排共 48 个柱洞形成一长条形建筑遗存，柱洞平面形状呈三角形、不规则形及圆形，柱洞大多由四周向内倾斜，倾斜度为 75°～85°。中心主墓墓底石床在建筑之上，是东小部直壁，西大部口小底大斜壁，有石床，壁和底经烧烤的深坑墓，随葬品 26 件。石床基本在柱洞范围内。墓葬东段超出柱洞范围。建筑和墓葬应为丧葬行为过程中先后形成的具有有机联系的相关遗存，柱洞和墓葬的斜壁或许构成了两面坡人字形木构建筑的象征意义。寨花头 JNZD5F1 建在土墩中部的第⑥层表面，由基槽和柱洞组成，基槽的南、北、西三面环绕形成长条状，东部有缺口，基槽内密集分布着 32 个柱洞，柱洞基本向内倾斜。基槽的东西向中轴线上还有 4 个圆形柱洞，推测原来也是两面坡人字形建筑。中心主墓开口于④层下、打破第⑤层，有长条形浅坑、石床和墓道。建筑遗存和中心主墓的开口层面相距近 1 米，但石床基本在建筑基槽环绕的范围内。建筑和墓葬应为丧葬行为过程中先后形成的具有密切联系的相关遗存。这类建筑应属于营造墓地时的标识性祭祀建筑。周岗 JZD2 为一墩多墓向心结构。建筑遗存位于土墩中部，由两条西北－东南向的基槽和其间的两个柱洞组成。基槽范围长 3.85～3.80、宽 2.75 米，内填大小不等的石块，后在基槽周围铺一层黄褐色土，中心主墓用 53 块石块构成石床铺于其上，并大体在基槽范围内，随葬器物 10 件，建筑遗存和中心主墓成为了有机结合的统一体。

这些墓下建筑的发现，使我们对土墩墓的认识突破了其仅仅作为墓葬的范畴。此次发现的建筑遗存几乎都为土墩墓内处于中心位置，年代最早的遗迹现象，一般为东西方向（略有偏移），并与中心主墓（往往带有石床）密不可分。它的确立在土墩墓的营建过程中具有标识性意义，可能是当时的社会生活背景、家族结构形态、土地墓域观念、丧葬仪式过程在土墩墓的一个缩影，并为长期困扰学术界的印山越王陵独特的墓葬结构在江南地区找到了一种渊源。

五　以瘗埋器物群为主要特征的祭祀习俗

在所有的祭祀行为中，以放置器物进行祭祀的情况最为普遍，器物群的多少与墓葬数量的多少有关系。以瘗埋器物群进行祭祀的现象主要存在于一墩一墓或一墩几墓的土墩，一墩多墓的土墩中鲜有发现或仅可见到一两组零星的祭祀器物群。器物群的放置时间并不是同时的，它们之间有一定的层位差别和时间间隔，也就是说，它们是在不同的时间祭祀墓主放置的，并且从放置位置以及各群之间基本没有打破关系来看，应该都是经过了事先的规划。祭祀器物群（坑）位于中心墓葬周围的封土层斜坡表面，有的将斜坡状层面进行平整，形成簸箕形小龛或浅坑。一个土墩里祭祀器物群（坑）的数量在 1～10 组之间，每组放置的器物有 1～5 件不等（周岗 JZD1 有众多编号为器物群的遗迹现象，由于该土墩破坏较为严重，暂不计入统计，周岗 JZD2Q1 有 11 件器物，但该遗迹也可能是墓葬，此处也暂不统计），器形包括罐、坛、豆、碗、器盖、鼎、瓿、盆等，较大型的坛和罐大多均残。相比于本次发掘的茅山以东地区的金坛地区土墩墓来看，寨花头和周岗的土墩墓祭祀器物群无论在数量还是内涵来看都远逊于前者，可能与这一地区多一墩多墓类型有关。如寨花头 JNZD1Q4 位于土墩东南部，为一簸箕形浅坑，长约 0.64、宽 0.47～0.49、深约 0.07 米，浅坑内随葬鼎 1、器盖 1 件。JNZD2Q2 位于土墩西北部边缘，为一个极浅的不规则形凹坑，长 1.70、宽 1.27、深 0.03～0.08 米。随葬鼎 1、瓿 1、罐 1、器盖 2 共 5 件，大体顺土墩坡势放置，呈条形排列。

六　土墩的营造过程

从发掘的情况看，此次清理的多数土墩墓其营造过程首先是平整土地，然后在其上铺垫 1～3 层土，形成土墩的基础，从而也就确定了土墩的范围也即墓地范围；在此基础的中心部位建造中心墓葬及相关建筑，封土后形成最早的坟丘。也有的先在土墩中部之生土面或基础面上修建有标识性祭祀建筑，此后再在建筑基础上堆土并建造中心墓葬。中心墓葬出现以后的不同时期，在坟丘上逐渐堆土埋墓或进行祭祀活动；到一定时期后再进行一次封土，并且停止埋墓和祭祀活动，至此就完成了该土墩即墓地的营造过程。

七　大量具有明确层位关系的遗物

此次发掘的 8 座土墩中，共清理墓葬 95 座，祭祀器物群（坑）50 组。出土了各类遗物 1334 件。

墓葬的随葬品组合主要包括原始瓷豆或碗、硬陶瓿和坛、泥质陶罐、夹砂陶鼎等。随葬品一般放置在墓坑一侧和墓主人脚端，其中硬陶坛等高大器物多摆放在脚端。少数墓葬的随葬品仅放置于墓坑一侧或脚端。各墓的随葬品数量少则 1 件，最多达 46 件，多数为 10 余件。

清理出的墓葬和祭祀器物群都具有明确的层位关系，尤其在一墩多墓的土墩中，许多墓葬还存在诸多明确的叠压打破关系。这种情况在以往的土墩墓考古中较为少见。出土的大量具有明确层位关系的遗物为江南地区土墩墓的科学分期提供了坚实基础。

土墩墓主要分布在江苏、浙江、上海、安徽、江西以及福建的北部，它们分布范围大，延续时间长，在中国青铜时代考古中占据重要地位。但是，从 20 世纪 70 年代在江苏句容开始正式发掘并命名，以及 20 世纪 80 年代在浙江、安徽也相继发现土墩墓以来，各地发现的土墩结构异常复杂，对其争议不断，存在的诸多疑问也使土墩墓成为长期以来困扰考古学界的谜团，此次寨花头和周岗土墩墓的发掘为解开江南土墩墓之谜提供了一个重要契机，发掘过程中的诸多新发现和重要突破，不仅丰富了江南土墩墓的文化内涵，也澄清了长期以来学术界对土墩墓的许多模糊认识。从而为解开土墩墓之谜提供了第一手的科学资料。也为进一步研究江南土墩墓及青铜时代江南地区的社会结构提供了新资料。

长期以来，一般的观点都认为土墩墓是两周时期江南地区的一种特殊的埋葬方式，主要分布在苏南、皖南和浙江、上海等长江下游一带，这种墓有坟丘而无墓穴，利用丘陵地带的山冈或平原上的高地，在地面上安置死者和随葬器物，然后堆积起未经夯打的馒头状土墩，每个墩内埋葬一墓或埋几座甚至十几座墓。这是考古学界对土墩墓的初始认识，虽然在后来的土墩墓考古工作中不断被怀疑和否定。但一直都被看作是土墩墓的基本概念。

20 世纪 90 年代，发现在土墩墓中存在有墓坑的现象，这主要见于一墩一墓的土墩中，而且主要集中在江苏镇江丹徒至大港的长江南岸一带，后来随着各地土墩墓考古的连续开展，在对土墩墓的认识上又产生了新的争议，例如有的研究者认为土墩墓就是一墩一墓，不存在一墩多墓，周围的器物群是属于中心墓葬的祭祀品等等。此次对寨花头和周岗 40 座土墩的发掘表明，土墩墓中一墩一墓与一墩多墓的现象同时存在，而且一墩多墓的情况明显较一墓者更多；两者在随葬品上没有明显的等级差别，结合以往的发掘资料来看，它们在年代上也有共存的时期。在一墩多墓的土墩中，绝大多数墓葬都有墓坑，堆土掩埋的墓葬较少，很多墓葬中发现的人牙或人骨腐痕更有力地证明了遗存的性质。具有向心结构的多墓土墩是以往土墩墓考古所未见的，这种墓葬布局方式较为特别，与当时中原及其他地区的墓地都截然不同，目前来看仅存在于青铜时代的江南地区。种种迹象表明，一墩多墓的土墩可能是家族墓地。虽然这种推测还需要通过人骨 DNA 鉴定和其他资料来进一步证明，但具有向心结构的布局方式，以及墓地存在精心规划等现象，为确定土墩墓的性质提供了新的证据，也为深入研究西周至春秋时期江南地区的社会结构提供了宝贵资料。船棺和人字形椁室建筑在浙江印山等一些越国大型墓葬中曾有发现，但在小型土墩墓中这还是第一次发现，它们不仅时代早于印山越王墓，而且墓葬等级也明显较低。这一新发现说明印山越王墓中木构椁室建筑的出现具有当时社会的丧葬习俗背景，并不是越国特有的习俗，也不一定是贵族身份的标志。虽然这些葬俗的使用情况还有待进一步研究，但这些发现还是为吴、越两地古代居民的丧葬制度和族属研究提供了新资料。

　　有关土墩墓的分期研究，邹厚本先生在 20 世纪 80 年代就取得了重要认识。后来随着资料的不断丰富，杨楠先生又做了更为系统的研究。最新的研究成果集中展现在《江苏考古五十年》和《中国考古学·两周卷》中。这些有益的探索长期以来成为土墩墓研究的标志性成果。但由于诸多因素的限制，比如以往的考古资料缺乏更多具有明确层位关系的出土遗物等，过去的研究在分期排序中还存在一些不合理甚至矛盾之处。此次发掘中极其丰富且具有明确层位关系的出土遗物，为弥补土墩墓考古研究的不足，建立一个更为细化、科学、合理的分期标尺提供了翔实的第一手资料。并且分期结果表明，此地的土墩墓延续时间长，器类丰富，弥补了以前器物排列上的一些缺环，某种程度上，这可以成为吴国历史发展的缩影，可视为一部关于吴国历史的百科全书。